二十一世纪普通高等院校实用规划教材·经济管理系列

财 政 学

(第 2 版)

孙世强 主 编

陈家涛 张志娟 贾敬全 李桂馨 副主编

清华大学出版社

北 京

内 容 简 介

本书在注重财政学基本理论、基本知识、基本技能阐释的基础上，还注重结合中西方经济社会发展的新形势，探究实践中产生的新问题。在保证财政学体系的科学性、系统性、完整性、准确性与实用性前提下，体现了基础性与前瞻性、理论性与实践性的结合。在内容的选择上，立足于公共财政视角，安排了公共财政理论、公共财政支出、公共财政收入、公共财政管理四个部分，共计 15 章内容。通过本书的学习，可培养学生的社会责任意识，掌握评测公共财政绩效的一般方法，拓宽理论视野，知晓理论界研究的最新动向，了解财政实践面临的新问题。可极大地提升和培养学生运用公共财政理论进行分析和解决宏观与微观问题的能力。

本书既可作为普通高等院校经济管理专业的教材，也可作为相关人员的参考用书。

图书在版编目(CIP)数据

财政学/孙世强主编. —2 版. —北京：清华大学出版社，2016 (2018.11 重印)
(二十一世纪普通高等院校实用规划教材　经济管理系列)
ISBN 978-7-302-43712-3

Ⅰ. ①财…　Ⅱ. ①孙…　Ⅲ. ①财政学—高等学校—教材　Ⅳ. ①F810

中国版本图书馆 CIP 数据核字(2016)第 084828 号

责任编辑： 桑任松
装帧设计： 刘孝琼
责任校对： 周剑云
责任印制： 李红英

出版发行： 清华大学出版社
网　　址： http://www.tup.com.cn, http://www.wqbook.com
地　　址： 北京清华大学学研大厦 A 座　　**邮　　编：** 100084
社 总 机： 010-62770175　　**邮　　购：** 010-62786544
投稿与读者服务： 010-62776969, c-service@tup.tsinghua.edu.cn
质量反馈： 010-62772015, zhiliang@tup.tsinghua.edu.cn
课件下载： http://www.tup.com.cn, 010-62791865
印 装 者： 北京国马印刷厂
经　　销： 全国新华书店
开　　本： 185mm×230mm　　**印　张：** 18.75　　**字　数：** 449 千字
版　　次： 2011 年 1 月第 1 版　　2016 年 8 月第 2 版　　**印　次：** 2018 年11月第 3 次印刷
定　　价： 49.00 元

产品编号：067274-02

第 2 版前言

本书再版与修订基于三个原因，一是作为国家教指委财政学教指委委员，知晓财政学类专业本科教学质量国家标准，知晓财政学“三基内容”要体现的“意识、方法、知识、能力”四要素的融合。财政的“公共”落点是“人民”，财政学内容的传输要体现“为人民服务”的意识，所有的方法掌握、知识学习及能力提升都应统一到这一指导思想下，凡是不能很好地服务或支撑这四要素的内容，要删除。二是在反复使用本教材的过程中，有些内容与其他相关学科重复，为了提升教学综合效率和学生学习效率，需要调整。三是随着时代的发展，财政学基本理论与实践变化都很大，及时补充和修正显得尤为必要。我们力求以最新理论、最新资料、最新数据，列摆和解决最新实践问题。

本版教材编写与修订是在尊重原作者的第一版内容基础上，由长期从事财政学教学工作的教师进行再次编写与修订。除原作者外，参加本书编写与再修订的教师有淮北师范大学贾敬全教授(第一、二章)，国家教指委财政学教指委委员贵州财经大学朱红琼教授、博士(第三、六章)，国家教指委财政学教指委委员安徽大学李光龙教授、博士(第四章)、河南大学经济学院财政系陈家涛博士(第五、十章)，黄河科技学院张志娟副教授(第七、十一章)和李桂馨老师(第九章)，周口师范学院施孝忠老师(第八章、十二章)。在分工编写与修订的基础上，由国家教指委财政学教指委委员孙世强教授、博士(第十三、十四和第十五章)负责全书的统稿与修订，河南大学经济学院财政专业的吴亚楠、任倩倩、朱文华、丁恩超、雷铭和时玉婷研究生进行了大量的资料搜集和外文翻译工作。

在修订过程中，诸多同仁提出了修改意见，同时参阅了大量作者的研究成果，在此一并表示感谢。

尽管我们力求完美，但由于水平有限，书中难免有不妥之处，强烈恳请读者提出宝贵意见，我们会在下次的修订中完善。

编　者

前　言

财政学作为经济学的一个分支，在各财经类专业的课程体系中一直处于核心地位。随着社会的发展，经济学理论和研究方法发生了很大变化，财政学理论不断得到充实和完善，研究方法也在不断地更新，可以说财政学领域发生了很多、很大变化。本书在介绍财政学基础知识、基本理论和基本管理技能的基础上，融入了国内外财政领域最新发展成果和研究方法。

目前，国内流行的《财政学》教材大体分为两类：其一是以传统的社会主义国家财政体系为基础，加入新近引入的西方财政学理论，其主要内容是以我国1949年以来的计划财政体制与实践为模板进行实证描述与政策解释。虽然近年来随着修订版的不断出现，西方财政学的内容越来越多，但实证描述与政策解释的大体框架并未发生大的变化。其二是以西方的财政学体系为基础，加入所谓中国国情内涵，其特点是力图全盘引进在西方已经比较成熟的萨缪尔森与马斯格雷夫的财政学体系，并在内容上体现出我国公共财政体系改革与建设的特点。这两类教材虽然出发点有所不同，但随着时间的推移和中国特色的社会主义市场经济改革的深入，内容的差异已越来越小，其结构体系雷同，内容只是因中外体制不同而稍有差异。这种中国财政学与西方财政学合二为一的趋势扩展了财政学研究领域、创新了财政学理论，应用了西方经济学中的研究方法，但淡化了马克思主义基本理论，模糊了中国特色的社会主义市场经济特色，对原有的教学方案与计划也产生了巨大的冲击。本书以马克思主义和中国特色的伦理观为指导，借鉴了西方财政学的发展成果，尤其是立足于中国实际，创设了中国特色的财政学。

该书全面、及时地反映了当代财政学应关注的主要问题，如物业税问题、地方政府之间的财政竞争问题等，并力图准确地向学生和研究者介绍财政理论界有关财政学领域的最新观点和发展动向，尽最大努力应用最新的资料、数据来佐证财政理论，说明问题，这为拓宽学生视野、启迪学生思维，进一步进行深入研究奠定了基础。这是本书的特色之一。

本书作为一本公共经济学教材，作为一种尝试，试图用经济学的方法来引导学生思考公共经济问题，力图让学生了解政府活动或公共经济活动的经济规律或效率原则。这是本书的特色之二。

在体例方面，为了更好地提升教学效果，每章前都有知识要点、引导案例，每章后都有复习思考题，在形式上也体现了一种创新。这是本书的特色之三。

全书内容共分为公共财政理论、财政收入、财政支出、财政管理、宏观调控五大部分，囊括政府失灵、市场失灵、公共物品理论、公共需求理论、财政职能、税收原理、税收制度、国债、国有资产收入、财政支出基本理论、社会购买性支出理论、社会转移性支出理论、财政投融资理论、国家预算、预算管理体制、财政监督、财政平衡、财政赤字、财政政策、地方政府间财政竞争等 15 章内容。

本书由河南大学经济学院孙世强教授(博士)主编，吉林大学年志远教授(博导)主审，为全国多所大学的财政学同仁共同合作的集体成果。具体分工如下(以章为顺序)：

导论、第十三章	河南大学经济学院	孙世强教授、博士
第一章	河南财经政法大学	史自立教授、博士
第二章	河南大学经济学院	尚会永副教授、博士
第三章	吉林财经大学	赵惠敏教授、博士
第四、五章	河南大学经济学院	徐全红副教授、博士
第六、十二章	河南大学经济学院	张胜民副教授、博士
第七、十四章	河南大学经济学院	陈家涛副教授、博士
第八章	长春大学	张晓辉教授、博士
	河南科技学院	郭庆然副教授、博士
第九章	安华农业保险股份有限公司	程海荣博士
	河南大学经济学院	陈家涛副教授、博士
第十章	上海立信会计学院	杨光焰教授
第十一章	河南大学经济学院	王宝顺副教授、博士
第十五章	吉林大学经济学院	年志远教授、博士

在本书的编写过程中，借鉴了国内外同行专家、学者的一些科研成果，在此表示真诚的谢意！

在编写过程中，河南大学经济学院宋丙涛博士对本书架构和内容安排，提出了十分宝贵的意见。上海大学经济学院、郑州大学商学院、河南大学经济学院许多同仁也给予了大力支持，提出了宝贵的修改意见。吉林大学财政系财政专业研究生赵娜、刘铭、张倩、孙卫红、刘莉、李璐、王水含，河南大学财政系财政专业的研究生张明召、罗珊珊、李敬、王咏参与了书稿的通读与校对工作，在此一并表示感谢。

由于编者水平有限，书中的疏漏和不足在所难免，真诚地希望各位读者和专家不吝赐教。

编　者

目　录

导论……1

一、政府与公共财政……1

二、财政学的研究对象……2

三、财政学的研究方法……3

四、中西方财政学的演化……3

五、当代中国财政学建设的指导思想……7

复习思考题……8

第一章　公共财政理论……9

第一节　政府与市场……10

一、市场机制与市场失灵……10

二、政府与政府失灵……12

第二节　公共物品与公共需求……15

一、私人物品与公共物品……15

二、私人需求与公共需求……16

第三节　财政的产生与发展……17

一、财政的产生条件……17

二、财政的含义……18

三、财政的发展……19

四、财政与公共财政……19

第四节　财政职能……20

一、资源配置职能……20

二、收入分配职能……22

三、经济稳定和发展职能……23

复习思考题……25

第二章　公共财政支出……26

第一节　公共财政支出的性质及分类……27

一、公共财政支出的性质……27

二、公共财政支出的现行分类方法……28

第二节　公共财政支出绩效评价……29

一、财政支出绩效评价的概念……29

二、财政支出绩效评价的历史演进……29

三、财政支出绩效评价的原则……30

四、财政支出绩效评价组织实施的基本程序……31

第三节　公共财政支出控制……33

一、预算监督……33

二、政府采购的内涵……34

复习思考题……36

第三章　公共财政支出规模与结构……37

第一节　公共财政支出规模……37

一、公共财政支出规模的增长趋势……37

二、公共财政支出规模增长的理论分析……40

三、公共财政支出规模的影响因素……42

第二节　公共财政支出结构……44

一、制约公共财政支出结构的基本因素……44

二、我国公共财政支出结构的演进与优化……45

复习思考题......47

第四章　购买性支出......49

第一节　社会消费性支出......50

一、社会消费性支出的含义及特点......50

二、行政管理支出......51

三、国防支出......53

四、科学技术支出......55

五、教育支出......57

六、公共卫生支出......60

第二节　财政投资性支出......62

一、财政投资的基本理论......62

二、基础设施支出......66

三、农业财政支出......68

第三节　财政投融资制度......70

一、财政投融资的含义......70

二、财政投融资的特点......71

复习思考题......72

第五章　转移性支出......74

第一节　社会保障支出......74

一、社会保障的概念、特点与职能......74

二、社会保障支出的构成......77

第二节　财政补贴支出......82

一、财政补贴的基础理论......82

二、财政补贴的构成......83

三、现行财政补贴存在的问题及对策分析......84

第三节　税式支出......86

一、税式支出的概念......86

二、税式支出的分类......86

三、税式支出的形式......87

四、税式支出的社会效应分析......89

复习思考题......90

第六章　公共财政收入......92

第一节　公共财政收入的内涵、历史演变及其原则......92

一、公共财政收入的内涵......92

二、公共财政收入内容的历史演变......93

三、公共财政收入的原则......94

第二节　公共财政收入的分类......95

一、按公共财政收入来源分类......96

二、按公共财政收入形式分类......97

三、按公共财政收入管理方式分类......99

第三节　影响财政收入规模的因素分析......100

一、经济因素......100

二、政治因素......104

三、文化因素......105

第四节　我国公共财政收入规模增长变化的分析......106

一、我国公共财政收入规模增长变化趋势......106

二、我国公共财政收入规模增长变化比较......109

三、我国公共财政收入规模的合理性度量......111

复习思考题......115

第七章　税收原理……116
第一节　税收的概念、特点及分类……116
一、税收的概念及其理论依据……116
二、税收的特征……117
三、税收的分类……118
第二节　税收原则……120
一、税收原则演化……120
二、税收原则的现代观点……121
第三节　税收负担与税负转嫁……123
一、税收负担的含义、分类与度量……123
二、税负转嫁与归宿……125
三、影响税负转嫁的因素分析……127
第四节　税收的经济效应……129
一、税收的宏观经济效应……129
二、税收的微观经济效应……133
复习思考题……139
第八章　税收制度……140
第一节　税收制度的含义及构成要素……140
一、税收制度的含义……140
二、税收制度的构成要素……141
第二节　商品课税概述……144
一、商品课税的特征……144
二、我国现行商品课税的主要税种……144
第三节　所得课税概述……147
一、所得课税的特征……147
二、我国现行所得课税的主要税种……148
第四节　资源课税、财产课税概述……152
一、资源课税和财产课税的含义及特点……152
二、资源课税和财产课税的主要税种……152
复习思考题……158
第九章　国有资产收入……160
第一节　国有资产与国有资产收入……160
一、国有资产的概念与分类……160
二、国有资产收入的形式……162
第二节　国有资产管理……163
一、国有资产管理概述……163
二、国有资产管理体制……163
三、国有资产管理内容……164
四、国有资本运营……166
第三节　国有资产收入分配……168
一、国家参与国有资产收入分配的制度演化……168
二、现行的股份制企业的国有股股利分配……169
第四节　国有资本经营预算……170
一、国有资本经营预算的含义……170
二、国有资本经营预算的内容……170
复习思考题……172
第十章　国债及国债市场……173
第一节　国债的基本原理……174
一、国债的概念、种类及国债负担……174
二、国债的构成要素……178
三、国债的经济效应……179
四、国债的功能……181
第二节　国债风险及其管理……183
一、国债的负担率分析……183

二、国债依存度分析 186

第三节 国债市场及其功能 188

一、国债市场 188

二、国债市场的功能 191

复习思考题 192

第十一章 国家预算及预算管理体制 195

第一节 国家预算概述 196

一、国家预算的含义 196

二、国家预算制度的形成 197

三、国家预算的原则 198

四、国家预算的分类 199

第二节 国家预算的编制、执行与决算 204

一、国家预算的编制 205

二、国家预算的执行 206

三、政府决算 209

第三节 国家预算管理体制 209

一、国家预算管理体制的概念 209

二、国家预算管理体制的类型 210

复习思考题 212

第十二章 财政监督 213

第一节 财政监督概述 213

一、财政监督的概念、性质和作用 214

二、财政监督体系 217

第二节 财政监督的实现 220

一、财政监督的方式 220

二、财政监督的流程 222

三、财政监督的方法 224

第三节 财政监督的内容 225

一、财政预算监督 225

二、财政收入监督 227

三、财政支出监督 229

四、会计监督 231

五、国有资产监督 232

六、财政内部监督 233

复习思考题 233

第十三章 财政赤字及其效应 234

第一节 财政赤字的含义、类型、原因与规模衡量指标 235

一、财政赤字的含义 235

二、财政赤字的类型 236

三、财政赤字的原因 237

四、财政赤字规模的衡量指标 238

第二节 财政赤字的效应 239

一、人们对财政赤字的宏观经济效应认识的分歧 239

二、财政赤字的宏观经济效应的一般分析 240

三、对我国改革开放以来财政赤字的宏观经济效应的再认识 242

复习思考题 243

第十四章 财政政策、货币政策与宏观调控 244

第一节 宏观调控概述 246

一、宏观调控 246

二、宏观调控的基本目标 247

第二节 财政政策 249

一、财政政策的基本理论 249

二、财政政策的传导与效应 257

第三节　货币政策......263

一、货币政策的含义......263

二、货币政策工具......263

第四节　财政政策与货币政策配合......266

一、财政政策与货币政策配合的必要性......266

二、财政政策与货币政策配合的模式......267

三、财政政策与货币政策配合的效果......267

四、财政政策与货币政策搭配的选择......270

复习思考题......270

第十五章　地方政府间财政竞争......272

第一节　地方政府间财政竞争基本理论......272

一、财政竞争的概念......272

二、财政竞争产生的环境......274

三、财政竞争的形式......275

第二节　地方政府间财政竞争的社会效应......277

一、财政竞争的积极影响......277

二、财政竞争的消极影响......278

第三节　财政竞争的规范......280

一、转变政府职能，规范主体行为......280

二、完善财税体制，理顺政府关系......281

三、建立合理的地方官员绩效考核制度......282

四、提高财政决策过程的民主程度......282

五、健全相关机制，完善竞争条件......282

复习思考题......283

参考文献......285

导　论

【知识要点】

认清政府与市场之间及两者与社会需求的关系是财政学研究的核心。随着经济社会的发展，财政学理论及研究方法经历了一个不断充实完善的发展过程。了解中国财政学理论和方法的发展历程，掌握现阶段财政学理论和应用方法，洞察未来的财政学建设发展思路，对构建中国特色的财政理论和建设中国特色的社会主义市场经济具有重要意义。

【引导案例】

从亚当·斯密开始，市场经济一直是由政府与市场这两只手支配着，只不过在不同的经济发展阶段，这两只手各自的作用程度不同而已。从亚当·斯密时代到 20 世纪 20 年代末，是市场这只“看不见的手”起主导作用的自由市场经济阶段，而从 20 世纪 30 年代开始，政府这只“看得见的手”干预市场经济的作用在不断增强。现代市场经济是政治与市场的混合体，这两只手在混合经济中共同发挥作用的理念越来越成为全社会的共识。

试分析：

1. 为什么经济社会需要“看得见的手”和“看不见的手”两只手共同作用？
2. 这两只手作用是否有先后之分？
3. 这两只手发挥作用的领域和空间有何不同？

一、政府与公共财政

没有政府就没有国家秩序。国家的所有事宜都是由各级政府管理的。没有政府的国家就没有国防安全，就没有审判的司法体系和维持社会治安的保障体系。没有政府的国家就不能有向社会全体成员提供的基本服务，即没有公共卫生服务、消防安全服务、教育服务以及向穷人、老年人提供的社会保障等各种服务。没有政府的国家很难让我们生活的质量得以提升。因为政府就是这样的组织，该组织主要对居住在这一社会内的任何个人进行管理，并向其提供基本服务和相应资金，以保障个人公共需求的最大满足。政府部门为满足个人公共需求，要从事如何筹措公共收入，如何安排公共支出的活动。这就是最基本的公共财政的社会活动方式，而财政学就是研究政府活动或公共活动的经济学。

1776 年亚当·斯密(Adam Smith，1723—1790)《国民财富的性质和原因的研究》(简称《国富论》)的出版标志着财政学的产生。在亚当·斯密的思想体系中，信奉市场主体的作用，而将政府主体的作用只置于“守夜人”角色。20 世纪 30 年代的资本主义经济危机，使政府单纯的“守夜人”职能受到冲击，政府在经济方面的作用不断增强。此后在市场经济中从来就没离开过政府这只“看得见的手”的身影，只是在不同历史时期其作用有大小之分。市场“看不见的手”失灵需要政府“看得见的手”进行补救。与 20 世纪 30 年代的资本主义经济危机惊人相似的是 2008 年以来的世界性金融危机，政府的作用得到进一步认可和强化，政府在经济方面的作用规模、作用范围进一步扩大。为什么政府部门能满足公共需求，为什么在经济危机中政府的重要性得以彰显，这都源于政府自身的特点。一是政府具有强制力。政府可以向市场主体依据不同的身份采用多种形式进行筹资，其中就有以政权所有者的身份，依据政权的力量征税、筹措公款或公共收入。二是政府具有服务全社会的义务。政府是人民的政府，是为人民服务的政府，它有义务为每一位公民提供服务。公民的需求就是社会的需求，就是政府的义务。公民的需求有多种，政府也就要承担市场主体不可能承担的诸多政治和社会职能，如行政、国防、治安、义务教育、基础科研、公共卫生、公共设施等。三是政府活动的目标不是利润最大化。这是区别市场主体的一个主要标准。应当说，政府的目标不止一个，一般会围绕诸多政治和社会职能确立多个目标，但政府服务于公共利益、提高社会福利这一综合性的社会目标是永恒的。

实践证明，满足公共需求要靠政府。政府在经济领域里担当的角色，既可以作为经济参与者，直接从事社会经济活动，如取得收入、安排支出；也可作为政策制定者，制定和实施影响经济活动的各种经济政策；还可以作为经济管制者，管理和规范民间经济活动。[①] 当然，在现实生活中，政府的这些经济活动彼此总是相互影响的。但不论其担当何种角色，从事何种活动，其目的就是最大限度地满足社会公共需求。

二、财政学的研究对象

从哲学的角度说，对于某一现象的领域所特有的某一矛盾的研究，就构成某一门科学的对象。 立足这一理论，在中国不同的历史时期，财政领域面对的矛盾是不同的，从而产生了传统财政学和现代财政学的区分，其研究对象也不相同。传统财政学的研究对象主要是政府的收支及其管理行为，主要是解决收与支的矛盾。传统财政学的研究对象所涉及的范围，在理论界有大小之分：大范围包括国家预算、预算外资金、国家信用、国有企业财务及银行信贷(在计划经济时代，其特点是大财政、小银行，财政范围包括银行)等；小范围包括国家预算、预算外资金、国家信用、国有企业财务等。现代财政学的研究对象是公共部门的经济活动或政府部门的经济活动，主要是解决公共部门资源配置是否有效的矛盾。其研究对象所涉及的范围，在理论界有狭义和广义之分：狭义范围的研究对象仅包括国家预算控制下的政府活动领域；广义范围的研究对象包括公共部门活动所涉及的所有领域。所以，现代财政学的研究对象是研究政府所有财政活动及其管理的所有领域。

---

① 有关政府在经济领域中担当的角色的讨论，参阅皮尔逊的著作：Pierson C.The Modern State. Routledge，1996，P126。

三、财政学的研究方法

财政学作为一门应用性理论学科，最基本的研究方法要遵循马克思主义的唯物辩证法。只有运用马克思主义的唯物辩证法，才能形成一套从现象到本质、由本质到现象，从具体到抽象，再由抽象到具体的描述财政的方法论体系。

最基本的财政学研究方法就是实证分析和规范分析，其他如宏观分析方法和制度分析方法等都是这两种方法的延伸和拓展。

所谓实证分析，是指按事物的本来面目描述事物，说明研究对象“是什么”，它着重刻画经济现象的来龙去脉，概括出若干可以通过经验证明正确或不正确的基本结论。将这一方法运用于财政学，就是要按照财政活动的原貌，勾勒出从财政取得收入直至安排支出的全过程及其产生或可能产生的经济影响，财政活动与整个国民经济活动的相互作用，以及组织财政活动所建立的机构、制度和各种政策安排。

所谓规范分析，是指要回答“应当是什么”的问题，即确定若干准则，并据以判断研究对象所具有的状态是否符合这些准则，如果有偏离，应当如何调整。将这一方法运用于财政学，就是要以社会主义市场经济为前提，根据公平与效率这两大基本社会准则，判断目前的财政制度是否与上述前提和准则相一致，并探讨财政制度的改革问题。

宏观分析方法就是对经济总量进行均衡分析的方法，它最早是由凯恩斯纳入传统新古典分析方法体系的，因此在西方经济理论中占据很重要的地位。这种方法着重解决经济总量的均衡问题，在实际运用中大多只是经验描述，主要是为政府干预经济提供依据。

制度分析方法是对制度进行均衡分析的方法，即把市场经济作为一种制度安排的产物，考虑在交易费用为正的情况下经济的均衡问题。它主要侧重从制度安排的角度来考察和研究财政对资源配置和收入分配的影响。

随着时代的发展，科学研究方法也在不断创新。但本书注重的是理论与实践相结合、规范分析与实证分析相结合、定性与定量分析相结合、纵向和横向相结合的方法。

四、中西方财政学的演化

(一)西方财政学的演化

西方财政学作为一门独立的学科，是由英国经济学家、西方经济学古典学派的主要代表人物亚当·斯密在18世纪后半期建立的，迄今已有二百多年的历史。随着经济与社会的发展，西方财政学的主要内容有所改变。

1. 18世纪后期到20世纪30年代：古典学派和庸俗学派的观点

18世纪后期到20世纪30年代财政学以古典学派和新古典学派为中心。亚当·斯密在

1776 年出版的《国民财富的性质和原因的研究》中系统地讨论了财政赋税等问题，提出了税收的“公平、确定、简便、征收费用最小”四原则，在支出方面确立了“厉行节约”原则，在财政收支平衡方面提出了“量入为出”原则，在财政目标方面提出了“廉价政府”应成为财政所要追求的最高目标。亚当·斯密勾勒出了财政学的基本框架。由于亚当·斯密首次把财政作为政治经济学的一个部分来研究，作为一个经济范畴来分析，所以恩格斯认为亚当·斯密首创了财政学。后来的古典经济学家和庸俗经济学家，如大卫·李嘉图、让·巴蒂斯特·萨伊、约翰·斯图亚特·穆勒和庇古等，基本上是在亚当·斯密的框架中将财政学进行发展的。

2. 1929 年的经济大危机及“二战”期间的通货膨胀时期：凯恩斯主义

1929 年的经济大危机及“二战”期间的通货膨胀标志着资本主义国家经济趋向衰弱的重大变化。为挽救资本主义危机、维护资本主义制度，强调国家干预经济必要性的凯恩斯主义应运而生。西方国家传统的财政思想立足于两种思潮。第一种思潮是个人主义的国家观，在英、法、美等国占优势。他们认为，国家不应该也不能够通过财政来干预市场经济。第二种思潮是全体主义的国家观，在德国占优势。他们认为，国家应该通过财政来干预市场经济。两种思潮都有各自的理由。

20 世纪 30 年代的资本主义经济危机打破了古典经济学派关于市场机制自动调节经济发展的神话，以宏观经济分析为主要特色的凯恩斯主义应运而生，财政学也因此成为经济学体系中的一个重要组成部分。约翰·梅纳德·凯恩斯(John Maynard Keynes，1883—1946，简写为 J.M.凯恩斯)在其 1936 年发表的《就业、利息和货币通论》中系统地阐述了他的经济理论和财政思想。凯恩斯立足于有效需求不足的经济危机症候诊断，认为财政支出可直接形成社会有效需求，使市场经济实现充分就业。他首次论证了财政赤字的合理性。在税收方面，强调税收调节收入分配功能，主张建立以直接税为主和以累进税为特色的租税体系。在财政支出方面，立足“乘数理论”，论证了政府投资扩张社会总需求的乘数效应。所以他主张财政政策应从传统的预算平衡理念中解放出来，走向主动的、积极的赤字预算，以此刺激社会经济活动，增加国民收入。凯恩斯主义是 20 世纪 30 年代居主流地位的一大经济学派。其财政理论为现代世界各国的经济学者所接受并发扬光大，美国的阿尔文·汉森(Alvin Hansen，1887—1975)在继承凯恩斯学说的基础上弥补了凯恩斯忽视通货膨胀的缺陷，提出了具体的“补偿财政政策”的主张。凯恩斯主义者的观点对后来的财政学产生了重大影响。

3. 20 世纪 70 年代：古典学派理论的回归

20 世纪 70 年代，西方国家出现了失业与通货膨胀并存的“滞胀”问题，凯恩斯主义拿不出良策。货币主义、供给学派和理性预期学派的新保守主义经济学抬头，力图复归古典学派的自由主义传统，责难国家干预经济的危害。“货币”的政策替代了“财政最重要”的政策。供给学派的代表拉弗创立了著名的政府收入与税率关系的拉弗曲线，为刺激供给的减税政策提供了理论依据。

4. 20 世纪 80 年代：新凯恩斯主义的复兴

“拉弗曲线”理论为里根政府、老布什政府的以减税为中心内容的财政政策提供了理论依据，但其实施结果并不尽如人意。所以，克林顿(William Jefferson Clinton)1993 年入主白宫后，继承凯恩斯国家干预主义的新凯恩斯主义得以抬头。新凯恩斯主义强调宏观经济学的微观基础，提出了新型政府——市场观，认为现代经济是一种混合经济，政府与市场是互补而非替代关系；更加重视市场机制的作用，主张政府进行“粗调”；主张财政政策的调节要深入经济运行的内部，强调增加人力资本、研究开发等具有创新性的投资，而这显然意味着政府在教育、研究经费支出方面的增加。2008 年，发生了世界性的经济危机，美国政府 7000 亿美元的刺激经济投资政策实际也是凯恩斯主义的政府干预政策在经济上的体现。

5. 财政学研究的新领域

20 世纪 60 年代初期的美国以詹姆斯·M.布坎南(James Mcgill Buchanan，生于 1919 年)和戈登·图洛克(Gordon Tullock，生于 1922 年，其姓氏也译作塔洛克或杜洛克)为代表的“公共选择学派”在财政学的一个重要领域取得了重大理论进展。他们将财政作为公共经济部门，集中研究社会的公共需要以及满足这一需要的公共物品问题，分析了决定公共物品的生产和分配过程以及生产和提供公共物品的机器——国家的组织和机构。布坎南等人通过将投票论、政治联盟论、官僚主义论、制度选择等与经济分析方法相结合，研究了政治制度的运行，而其中财政问题始终居于研究的中心地位。在布坎南和图洛克《同意的计算》一书中，其主要研究的就是关于经济和社会中多数主义政治可能带来的有害效应的问题。他们认为，特殊利益集团、联合体等会促使政府制订一些增进其集团利益但要由整个社会和经济来承担其成本的项目计划，结果就形成了公共部门过度扩张的强烈倾向，伴随着转移支付水平的不断提高，税率也不断提高。因此，布坎南和图洛克建议政府要采取一系列“规则”或者是宪法来有效地限制公共部门的扩张。与积极性政府的观点不同，布坎南和图洛克的观点是反对政府干预市场的。这一学派的观点，自布坎南 1986 年取得诺贝尔经济学奖以后，引起了西方财政学的广泛关注。

(二)中国财政学的演化

1949 年以前，中国的财政学基本上秉承英美财政学体系；新中国成立以后，我国的财政学界才开始独立探索建立自己的财政学理论体系。20 世纪 50 年代中期经济建设的巨大成就和后期“大跃进”的失败，为财政基础理论的研究提供了正反两个方面的实践经验，出现了一个财政理论探讨的活跃时期，产生了许多流派。

新中国成立初期，由于当时特殊的政治经济形势，在我国财政理论研究中占统治地位的主要还是从苏联引进的“货币关系论”，以及在此基础上形成的一些流派，如“价值分配论”“国家资金运动论”等。货币关系论认为财政是一种货币关系，是适应国家职能需要，通过对收入和积累的分配，有计划地形成和使用国家集中性货币基金和非集中性货币基金的一种分配关系。价值分配论者认为国家参与价值分配，必然在社会的各方面，首先是在各个阶级之间形成一系列分配关系，而这些分配关系——国家分配价值所发生的分配关系，就是财政现象的本质。国家资金运动论者则认为社会主义财政就是社会主义国家资金所体现的经济关系，而国家资金是指社会主义国家所能掌握和运用的全部资金，包括长期运用的和短期运用的、集中运用的和分散运用的、可供分配使用的和只能作周转的。这就是说，它包括国家预算、国家银行和国有企业所能运用的全部资金。至于集体所有制单位和居民个人的资金，当国家以征收税收、吸引存款和储蓄等方式，把其中一部分转入国家手中的时候，这一部分资金就进入了社会主义财政的范围。

20 世纪 50 年代末至 60 年代初，在中国财政理论界对“货币关系论”的批评过程中，“国家分配论”逐渐占据主流地位。“国家分配论”认为财政是国家对社会的物质资料的分配。这种分配在不同条件下，或者表现为实物形态，或者表现为货币形态，但在各种表现形态的背后，实际上都是属于社会的物质资料的一种分配。相应的财政学的研究对象也就演化为国家关于社会产品或国民收入分配与再分配过程中的分配关系，也就是人类社会各个发展阶段中国家对社会的物质资料的分配关系。社会主义财政的本质也就发展为无产阶级专政的国家为实现其职能，分配社会产品和国民收入而形成的分配关系。这一观点初步奠定了“国家分配论”在中国财政学界的主流地位。

改革开放后，尤其是建立社会主义市场经济体制的过程中，我国引进和吸收了美英等国的财政理论，出现了对“社会共同需要论”“剩余产品分配论”“再生产前提论”等的一系列争论，形成了一些新的理论流派。“社会共同需要论”认为财政是由于人类社会生产的发展，出现了剩余产品和剩余劳动之后，发生了社会共同需要而产生的。它的实质是人们为了满足共同需要而对社会剩余产品进行分配所发生的分配关系。“剩余产品分配论”认为财政是由剩余产品形成各种社会基金的一个过程，始终体现国家、集体与个人之间的剩余产品的分配关系。“再生产前提论”认为研究财政的本质必须从社会再生产出发。综合各观点理论，我国著名财政学家陈共教授认为，从根本上说，决定财政的产生和发展的不是国家，而是经济条件，亦即社会现存的生产力和生产关系。

20 世纪 90 年代以后，我国财政学界开始注重源于西方的“公共财政论”的认识与辨析，一度引起许多关于所谓“国家分配论”与“公共财政论”的理论争论。但是，随着理论研究的不断深化，学术界越来越倾向于两者不是直接对立而是相互兼容的关系。事实上，只有在市场经济条件下，财政的公共性才能真正取得独立，才能形成成熟、规范、完全的存在形式——公共财政，亦即市场经济财政。当然，在争论过程中，以市场经济为背景的“公共财政论”的认识不断地得到清晰化和具体化。

五、当代中国财政学建设的指导思想

当代中国财政学建设的指导思想是以马克思主义基本原理为指导，借鉴西方财政学发展成果，立足中国实际，继承和发展，创设中国特色的财政学。

(1) 马克思主义基本原理是财政学的理论基础。马克思主义的劳动价值论、社会再生产理论、公共产品理论、国家理论及研究方法等，对当代中国财政学建设具有重要的理论指导意义。马克思的劳动价值理论，是财政学理论的基础。市场经济条件下的财政分配直接表现为价值分配，是价值运动的中枢。财政分配对象主要是劳动创造的剩余产品，财政参与价值分配和价值流通。价值增值的运动、财政政策的选择、税率的确定、税收转嫁与归宿等，无不以劳动价值论为重要依据。所以，我们要深入领会劳动价值理论的精神实质，用以指导财政税收工作实践，要自觉遵守支配商品生产和商品交换的价值规律，这有利于提高国民经济运行质量，有利于开辟较为充裕的财政收入来源。马克思的六项扣除理论对研究现代公共产品理论有重要意义。在《哥达纲领批判》一文中，公共产品理论较明显地体现在六项扣除的四项之中，即：和生产没有关系的一般管理费用；用来满足共同需要的部分，如学校、保健设施等；为丧失劳动能力的人等设立的基金；用来应对不幸事故、自然灾害等的后备基金或保险金。这些应当就是人们所说的公共产品(国家行政费和国防费应当归在一般管理费之中)。马克思主义经典作家认为，这些扣除是任何社会维系其生存和发展都不可少的。马克思主义的阶级分析理论和国家理论一直都是国家财政理论建立的基础。马克思主义用辩证唯物主义和历史唯物主义理论，科学地揭示了社会发展规律，使人类找到了改造社会的强大思想武器。在运用马克思主义研究财政学时，要认真研究马克思主义的基本原理，不能照搬照抄，要将其原理和研究方法运用到财政学建设中去。

(2) 借鉴西方财政学发展成果。借鉴西方财政学发展成果，不仅要有鉴别地吸收西方财政学中对我们有用的基本原理，还要学会对我们有用的方法。要掌握西方财政理论发展演化环境、演化规律、演化原因及政府不同时期的财政政策、税收政策特点，从历史性角度掌握政府不断地干预市场到不干预市场再到干预市场这一循环往复的变换过程，要通过这些现象认清实质。要了解 20 世纪 60 年代以来西方财政学在研究的范围、指导思想等方面的变化，要学会利用西方财政学的现代经济分析方法，要善于利用规范分析方法中的，如帕累托最优条件、契约曲线、效用可能性曲线、生产可能性曲线、边际技术替代率、边际转换率、消费者剩余和生产者剩余、无差异曲线、社会福利函数等分析方法与技术来说明现代财政问题。

(3) 中国财政学建设必须紧密结合中国社会的实际。紧密结合中国实际包括结合中国实际发展了的马克思主义理论成果，还包括一切从中国的国情出发，结合中国的现实问题得出的符合中国实际的结论。马克思主义传入中国后，同中国社会的具体实际相结合，产生了四次飞跃——毛泽东思想、邓小平理论、“三个代表”重要思想和科学发展观，这些中国化的马克思主义理论必然成为研究和学习财政学的理论基础和指导思想。

中国的实际就是社会主义初级阶段，也就是生产力不发达的阶段，而相对应的财政思想、研究内容、财政收支特点、财政政策取向等也必然体现阶段性和时代性。随着社会主义市场经济的不断完善，财政学理论体系和观点也需要不断地完善。但只要以马克思主义基本原理为指导，借鉴西方财政学发展成果，立足中国经济和国家治理实际，继承和发展，就一定能创设出中国特色的财政学。

复习思考题

一、名词解释

私人需求 公共需求 实证分析 规范分析

二、问答题

1. 简要说明政府及财政存在的必要性。
2. 财政学的研究对象是什么？
3. 简要说明财政学与公共经济学的关系。
4. 结合西方财政学理论演化说明政府作用程度的发展轨迹。
5. 简要说明当代中国财政学建设应遵循哪些指导思想。

第一章 公共财政理论

【知识要点】

财政学是研究公共经济活动规律的经济学科，公共经济活动是以解决公共经济问题与困境为目的的。虽然公共经济活动与公共经济问题是古来就有的经济现象，但用公共需求、公共产品理论来分析公共经济活动却是近几十年的事情，特别是在经历了市场机制的盲目扩张之后，从市场与政府对比角度来认识财政活动的基本规律才成为一种主流。因此，了解公共需求、公共产品、财政与公共财政的基本概念，理解公共经济活动的发展历史与现实公共经济问题是分析当代公共财政职能的前提。西方发达国家的公共财政特别强调了经济调节职能，尤其是“二战”后。但发达国家的危机经历也提醒我们，对这些职能的内涵应该有一个科学的反思与认识。本章将对这些财政学的基本理论与实践进行介绍。

【引导案例】

大数据是指海量且类型复杂的数据，具有种类多、流量大、容量大、有价值等特点，被称为信息化时代的“石油”。大数据不仅产生于政府内部，更多的是产生于政府外部的市场，但 80%以上的社会数据资源为政府所拥有。现在世界范围内都掀起公共信息和政府数据开放的浪潮，许多政府赋予了开放数据的制度约束，如美国政府的《信息自由法案》《开放政府指令》，英国政府的《信息自由保护法案》，加拿大的《信息获取法》等。可以说政府公共领域信息及政府开放数据的供给不仅是政府开放度和透明度的趋势体现，更是公共需求，是实现信息对称条件下的社会监督，提升政府绩效和财政资金使用效率的必要条件。但结合我国政府数据开放的制约因素，存在政策层面、法律层面、许可层面和政府网站信息管理层面的多种因素制约。政府开放数据、公共领域信息与大数据关联如图 1-1 所示。

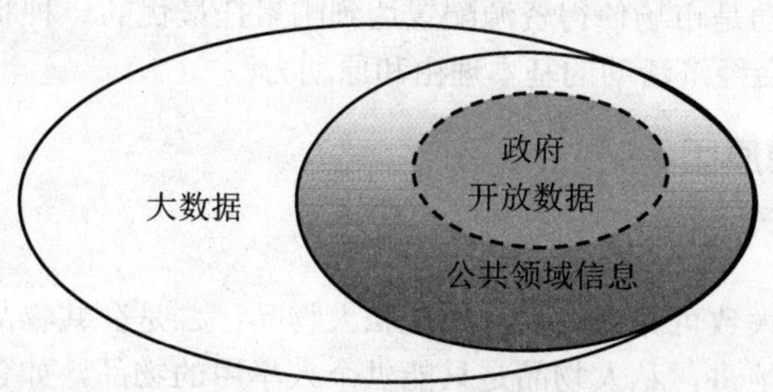

图 1-1 政府开放数据、公共领域信息与大数据关联

试分析：

1. 政府公布公共领域信息及政府开放数据的必要性。
2. 结合我国政府数据开放的制约因素，分析应如何优化公共信息及政府数据开放的环境。

第一节 政府与市场

一、市场机制与市场失灵

市场的作用机制是“看不见的手”，尽管市场经济的理念已经深入人心，但在现实生活中，市场机制低效率或无效率的困境仍然无处不在，并不时挑战着人们的市场经济信仰。事实上，我们身边被称为市场失灵的公共经济问题与公共经济现象比比皆是，比如众所周知的“公地”问题、环境卫生问题、邻居喧哗带来的噪声问题、河流湖泊污染治理问题等。究竟什么是市场失灵，其表现如何，是由什么原因引起的？这一系列相关问题正是本章所要研究的内容。

(一)市场失灵的含义

市场失灵是指市场机制这只“看不见的手”，因各种原因无法实现资源最佳配置而产生的市场低效率或无效率的一种状态。市场失灵是相对市场效率而言的。市场机制自身的缺陷导致的市场效率不高或低效率甚至无效率的状态，统称为市场失灵。换句话说，市场失灵是市场机制作用下的资源配置背离帕累托最优的一种状态。微观经济学说明，在一系列理想的假定条件下，自由竞争的市场经济可导致资源配置达到帕累托最优状态，但理想化的假定条件并不符合现实情况，市场失灵状态是经常性的。市场失灵通常表现为贫富差距拉大、失业问题严重、区域经济不协调、公共资源的过度使用等各方面。市场失灵与市场成功相对应。市场成功是市场使得资源配置达到帕累托最优的一种状态。理论界认为，市场失灵是政府介入社会经济活动的基本理由和原动力。

(二)市场失灵的原因

1. 公共物品

社会生产的物品大致可分为三类：一是私人物品；二是公共物品；三是介于两者之间的准公共物品。简单地讲，私人物品是只能供个人享用的物品，如食品、住宅、服装等。公共物品是可供社会成员共同享用的物品。任何称之为公共物品的产品都具备两个条件，即消费过程中的非排他性和非竞争性。非排他性是指当这类产品被生产出来，生产者不能排除别人不支付价格的消费。非排他性的形成原因在于两个方面：一方面是在技术上做不

到；另一方面即使技术上能做到，但排他成本高于排他收益。这两个方面的原因形成无法排他。非竞争性是因为对生产者来说，多一个消费者或少一个消费者不会影响生产成本，即边际消费成本为零。同时具备非排他性和非竞争性的这类公共物品很多，如国防、治安、航标灯、路灯等。从本质上讲，生产公共物品正是市场机制失灵的领域，是和市场机制的作用相矛盾的，市场主体是不会主动生产公共物品的，但公共物品是全社会成员所必须消费的，同时它的提供水平和满足状况等也反映了一个国家的福利水平，所以这类公共物品主要由各级政府提供。实践证明，相对于社会成员及经济发展需要而言，公共物品生产的滞后性是十分明显的。

2. 垄断

竞争是市场经济中的动力机制。对市场某种程度的垄断或完全垄断可使得资源的配置缺乏效率。通常情况下，垄断会阻碍资本的自由转移和自由竞争。垄断会削弱竞争程度，使竞争作用下降。产生市场垄断的主要因素有技术进步、市场扩大、企业兼并等，对这种状态的纠正需要依靠政府的力量。

3. 外部效应

外部效应实质是一个主体对另一个或一群主体带来的影响。这种影响有好坏之分，故有外部正效应和外部负效应之别。外部负效应是产生市场失灵的一大重要因素。外部负效应指的是某一主体在生产和消费活动过程中，对其他主体造成的损害，也称为经济活动的外在性。外部负效应实际上是由生产和消费过程中的成本外部化而产生的。生产或消费单位为追求更多利润，会放任外部负效应的产生与蔓延。例如化工厂，它的内在动力是赚钱，为了赚钱对企业来讲最好是让工厂排出的废水不加处理而进入下水道、河流、江湖等，以便降低治污成本，增加企业利润。但这会给环境保护、其他企业的生产和居民的生活带来危害。社会若要治理，就会增加负担。

4. 信息不充分和不对称

由于经济活动的各方参与人具有的信息是不同的，这就使得一些人可以利用信息优势进行欺诈，由此就会损害正当的交易。当人们对欺诈的担心严重影响交易活动时，市场的正常作用就会丧失，市场配置资源的功能也就失灵了。此时市场一般不能完全自行解决问题，为了保证市场的正常运转，政府需要制定一些法规来约束和制止欺诈行为。

5. 收入与财富分配不公

市场机制遵循的是资本逻辑与效率原则，目标是追求效应的最大化。从市场机制自身的作用来看，资本集聚越多，在竞争中越有利，收入与财富也越集中。另外，由于制度缺位和执行制度质量偏低，为资本所有者或雇主对其雇员进行剥夺提供了空间，使一些人更趋于贫困，造成了收入与财富分配差距的进一步拉大。这种差距的拉大会影响到消费水平而使市场相对缩小，进而影响到生产，制约社会经济资源的充分利用，使社会经济资源不能实现最大效用。

市场失灵的表现和产生原因还有许多，如公共资源过度使用问题、经济周期性波动问题、区域经济不协调问题、公共产品供给不足问题、失业问题等都会导致市场失灵。正确认识市场失灵的表现和产生原因，便于人们正确地认识市场机制的作用。古典经济学理论是以理想化的市场经济为前提的，但这一前提下的市场机制，由于在实践中受到1929—1933 年的大萧条及理论上的凯恩斯主义的影响，来自发达国家的发展经济学家，甚至是主流经济学家开始怀疑市场机制的功能，并试图让政府来取代市场的配置资源职能。但是，由于缺乏政府活动与市场经济各自有效的活动领域的划分，各司其职的专业化分工未能在宏观领域被大家认可，而福利经济学与结构主义的流行又为政府越位提供了理论依据。依赖政府进行资源配置发展战略的最终失败自然是意料之中的。

二、政府与政府失灵

(一)政府失灵的含义

现代市场经济是一种混合经济，政府和市场不是替代关系，而是互补关系。政府与市场在混合经济中应各司其职。政府在其职能的范围内，主要是通过立法和行政手段、组织公共生产和提供公共物品等手段作用于市场经济。市场经济需要政府干预，但政府干预并不总是有效的，也存在政府干预失败，即政府失灵。政府活动范围无外乎非公共物品市场和公共物品市场两个领域。政府失灵也体现在两个方面：一是政府对非公共物品市场的不当干预而导致市场价格扭曲、市场秩序紊乱；二是政府对公共物品配置缺乏公开、公平和公正，而导致政府形象与信誉丧失。其结果是个人对公共物品的需求得不到很好满足，公共部门在提供公共物品时趋向于浪费和滥用资源。政府失灵的核心是政府的活动或干预措施缺乏效率。政府失灵主要表现在以下几个方面。

(1) 政府政策的低效率，也即公共决策失误。公共决策主要是政府决策，政府对经济生活干预的基本手段是制定和实施公共政策。公共选择理论认为，政府决策作为非市场决策有着不同于市场决策之处。在政府决策中，虽然单个选择者也是进行决策的单位，但是做出最终决策的通常是集体，而不是个人。政府决策是以公共物品为决策对象，并通过有一定秩序的政治市场，即用选票来反映对某项政策的支持来实现。因此，相对于市场决策而言，政治决策是一个十分复杂的过程，具有相当程度的不确定性，存在着诸多困难、障碍或制约因素，使得政府难以制定并实施好的或合理的公共政策，从而导致公共决策失误。公共决策失误主要体现在短缺或过剩、信息不足、官僚主义、缺乏市场激励、政府政策的频繁变化等各个方面。

(2) 政府机构的低效率。政府机构低效率的原因在于政府缺乏竞争压力，没有降低成本的激励机制，行政资源趋向于浪费。因为官员花的是纳税人的钱，由于没有产权约束，

他们的一切活动根本不必担心成本问题；另外，官员的权力是垄断的，有无限透支的可能性。

(3) 监督信息不完备。从理论上讲，政治家或政府官员的权力来源于人民权利的让渡，因此他们并不能为所欲为，而是必须服从公民代表的政治监督。然而，在现实社会中，这种监督作用将会由于监督信息不完全而失去效力。再加上政府垄断，监督者可能为被监督者所操纵。

(4) 政府的寻租。寻租是投票人尤其是其中的利益集团，通过各种合法或非法的努力，如游说、行贿等，促使政府帮助自己建立垄断地位，以获取高额垄断利润。寻租者所得到的利润并非是生产的结果，而是对现有生产成果的一种再分配。寻租具有非生产性的特征。寻租的前提是政府权力对市场交易活动的介入。政府权力的介入会导致资源的无效配置和分配格局的扭曲，产生大量社会成本。这些社会成本包括寻租活动中浪费的资源、经济寻租引起的政治寻租浪费的资源、寻租成功后所损失的社会效率。寻租也会导致不同政府部门官员争夺权力、影响政府的声誉和增加廉政成本。

(5) 政府的扩张。政府部门的扩张包括政府部门组成人员的增加和政府部门支出水平的增长。对于政府机构为什么会出现自我膨胀，布坎南等人从五个方面加以解释：①政府作为公共物品的提供者和外在效应的消除者导致扩张；②政府作为收入和财富的再分配者导致扩张；③利益集团的存在导致扩张；④官僚机构的存在导致扩张；⑤财政幻觉导致扩张。

正因如此，以诺贝尔经济学奖获得者詹姆斯·M. 布坎南等为代表的公共选择学派对西方现行民主制度和国家政府深表怀疑。政府失灵的衡量尺度并不像市场失灵那样明确，因为政府干预经济往往不是为了实现静态的“帕累托最优”，而是为了争取动态的公平和效率。

(二)政府失灵的原因

实践证明，政府活动的结果未必能校正市场失灵，政府活动本身也许就有问题，甚至会造成更大的资源浪费。其主要原因包括政府决策的无效率、政府机构运转的无效率和政府干预的无效率。

1. 政府决策的无效率

公共选择理论在用经济模型分析政治决策时指出，民主程序不一定能产生最优的政府效率。

(1) 投票规则的缺陷导致政府决策无效率。投票规则有两种：一是一致同意规则；二是多数票规则。常用的投票规则是多数票规则，多数票规则也不一定是一种有效的集体决策方法。在政府决策超过两个以上时，会出现循环投票，投票不可能有最终结果。为了消除循环投票现象，使集体决策有最终的结果，可以规定投票程序。但是，确定投票程序的权力往往是决定投票结果的权力，谁能操纵投票程序，谁就能够决定投票结果。多数票规则不能反映个人的偏好程度，无论一个人对某种政治议案的偏好有多么强烈，他只能投一票，没有机会表达其偏好程度。

(2) 政治市场上行为主体动机导致政府决策无效率。公共选择理论认为，政府只是一个抽象的概念，在现实中政府是由政治家和官员组成的，政治家的基本行为动机也是追求个人利益最大化。因此，政治家追求其个人目标时，未必符合公共利益或社会目标，而使广大选民的利益受损。

(3) 利益集团的存在导致政府决策无效率。利益集团又称压力集团，通常是指那些有某种共同目标并试图对公共政策施加影响的有组织的团体。在许多情况下，政府政策就是在许多强大利益集团的相互作用下做出的。而这些利益集团，特别是拥有政治权势背景的利益集团，通过竞选捐款、院外游说、直接贿赂等手段，对政治家产生影响，左右政府的议案和选民的投票行为，从而使政府做出不利于公众的决策。

2. 政府机构运转的无效率

公共选择理论认为，政府机构运转无效率的原因主要表现在缺乏竞争、缺乏激励两个方面。

(1) 缺乏竞争导致的无效率。首先是政府工作人员之间缺乏竞争，因为大部分官员和一般工作人员是逐级任命和招聘的，且“避免错误和失误”成为政府官员的行为准则，故他们没有竞争的压力，也就不能高效率地工作。其次是政府部门之间缺乏竞争，因为政府各部门提供的服务是特定的，无法直接评估政府各部门内部的行为效率，也不能评价各部门间的运行效率，更难以设计出促使各部门展开竞争、提高效率的机制。

(2) 缺乏降低成本的激励导致的无效率。从客观来看，由于政府部门的活动大多不计成本，即使计算成本，也很难做到准确，再加上政府部门具有内在的不断扩张的冲动，往往出现公共物品的过度提供，造成社会资源的浪费。从主观来看，政府各部门对其所提供的服务一般具有绝对的垄断性，正因为有这种垄断地位，也就没有提高服务质量的激励机制。此外，由于政府部门提供的服务比较复杂，他们可以利用所处的垄断地位隐瞒其活动的真实成本信息，所以无法评价其运行效率，也难以对他们进行充分的监督和制约。

3. 政府干预的无效率

为了确保正常而顺畅的社会经济秩序，政府必须制定和实施一些法律、法规。但是，有些政府干预形式，比如政府颁发许可证、配额、执照、授权书、批文、特许经营证等，可能同时为寻租行为创造了条件。因为在这种制度安排下，政府人为地制造出一种稀缺，这种稀缺就会产生潜在的租金，必然会导致寻租行为。寻租行为一般是指通过游说政府和院外活动获得某种垄断权或特许权，以赚取超常利润的行为。寻租行为越多，社会资源浪费越大。

政府究竟是一个麻烦的制造者，还是一个问题的解决者，关键在于它是一个什么样的政府，它都做了哪些事情，以及它是如何去做这些事情的。正如 20 世纪 50—80 年代东亚的

成功与南美的失败一样既不能说明国家或政府是一个发展的障碍，也无法证实它是一个发展成功的保障。这些事实能够说明的仅仅是，政府的角色是至关重要的，因为公共问题的解决和公共物品的提供是离不开政府的。政府效率并不是一个在市场经济与工业经济发展过程中可有可无的变量。

第二节　公共物品与公共需求

一、私人物品与公共物品

(一)私人物品及其特征

20 世纪 50 年代以来，经过马斯格雷夫(Richard A.Musgrave)、萨缪尔森(Paul Samuelson，1915—2009)的发展，学术界逐渐接受了根据物品本身的特征来划分私人物品与公共物品的做法。他们认为，私人物品是严格符合排他性和竞争性的物品。排他性使个人可以被排除在消费某种物品和服务的利益之外，当消费者为私人物品付钱购买之后，他人就不能享受该种商品或劳务带来的利益。排他性是私人物品的第一个特征。竞争性是指消费者或消费数量的增加引起的商品生产成本的增加。私人物品大都具有竞争性。例如，甲多吃一块巧克力，生产者就必须多生产一块，而生产一块巧克力需要花费厂商一定数量的成本，从而减少用于生产其他物品的资源，也就是说对其他产量的生产形成竞争。竞争性是私人物品的第二个特征。

(二)公共物品及其种类

立足制度经济学视角，公共物品是指在一定的技术与制度条件下，因为物品的外部性特征或非排他性与非竞争性特征，而使得界定产权的交易成本大于界定产权之后带来的收益的物品。在这个定义中，公共物品是以其特性来区分的，该定义不强调物品需求与消费的公共性，但强调物品的公共性会因为技术条件与制度条件的变化而变化，因为这些条件的改变会影响产权界定的技术与成本，从而使外部性特征有所变化。公共物品按其特性分为纯公共物品与准公共物品两种。

1. 纯公共物品

纯公共物品是严格满足非排他性与非竞争性特征的物品。非竞争性意味着一种商品在给定的生产水平下，向一个额外消费者提供该商品的边际成本为零，这意味着存在共享消费的可能性，即一个个体的消费不减少其他个体可获得的消费量。非排他性意味着无法将这种物品据为己有，而排除他人在消费之外，也意味着不能或很难对人们消费这种物品收费。严格满足非排他性与非竞争性特征的物品很少，具体包括国防、义务教育、环境保护等。

2. 准公共物品

准公共物品是介于私人物品和纯公共物品之间的部分物品。准公共物品，有的教材中也称混合物品。具体包括以下两类。

一是具有非排他性和不充分的非竞争性的公共物品。例如，教育就属于这一类。教育是具有非排他性的。因为，对处于同一教室的学生来说，甲在接受教育的同时，并不会排斥乙听课。也就是说，甲在消费教育物品时并不排斥乙的消费，也不排斥乙获得利益。但是，教育物品在非竞争性上表现不充分。因为在一个班级内随着学生人数的增加，校方需要的课桌椅也相应增加。随着学生人数增加，老师批改作业和课外辅导的负担加重，成本增加，故增加边际人数的教育成本并不为零，若学校的在校生超过某一限度，学校还必须进一步增加班级数和教师编制，成本会进一步增加。因而学校教育具有一定程度的竞争性。由于这类物品具有一定程度的消费竞争性，因而称为准公共物品。

二是具有非竞争性特征，但非排他性不充分的准公共物品。例如，公共道路和公共桥梁就属于这种类型。受特定的路面宽度限制，甲车在使用道路的特定路段时，就排斥其他车辆同时占有这一路段，否则会产生拥挤现象。因此，公路的非排他性是不充分的。但是，公共道路又具有非竞争性。它表现为：一是公共道路上的车辆通过速度并不取决于某人的出价，一旦发生堵塞，无论出价高低，都会被堵塞在那里；二是当道路未达到设计的车流量时，增加一定量的车的行驶的道路边际成本为零，但若达到或超过设计能力，变得非常拥挤时，需要成倍投入资金进行拓宽修建或再建，它无法以单辆汽车来计算边际成本。正因为这类公共物品具有非竞争性和不充分的非排他性，因此也称为准公共物品。

二、私人需求与公共需求

(一)公共需求的含义及其与私人需求的区别

由于人类的共性，不论在何时、何地，多数社会成员会产生一些大致相同的需求，即集体性需求，这个需要被称为公共需求。公共需求与私人需求相比，虽然在实现两种需求的资源配置方式、运行机制等都不相同，但目的是相同的，都是为了满足人类社会的需求。与满足私人需求一样，满足公共需求在一定程度上讲，作为一种社会性的既定目标，同样涉及如何最优化地使用有限经济资源以最大限度地满足公众要求问题。公共需求与私人需求的不同之处在于：一是公共需求所要达到的既定目标不再通过市场过程由消费者个人的需求来确定，而是由本国公民选举产生的议会或政府通过制定、推行有关政策来加以确定的；二是满足公共需求不能单纯地通过市场机制来提供可分割性物品或劳务的方式予以实现，这类需求一般要通过集体提供某种不可分割性物品或劳务来予以满足，或者说通过市场解决不能达到令公众满意的程度。满足公共需求就是要求政府主持那些与提供公共物品或劳务有关的各种活动，这些活动构成政府财政活动的主要内容。

(二)公共需求的特点

公共需求的特点体现在以下五个方面：①需求的共同性。公共需求是社会公众在生产、生活和工作中的共同需要，并不是一般意义上所有私人需求的数学加总。②共同享用。公共需求是任何社会成员可以无差别地共同享用的需求。③有偿享用。这种公共需求的满足已通过社会成员缴税或付费等方式有偿享用。但社会成员的付出与所得并不体现对等原则。④提供公共需求的主体是政府。⑤公共需求的动态性。公共需求是任何社会形态都存在的，同时在不同社会形态下又有区别，这是公共需求共性与特性的统一。但是，随着生产力的不断进步和社会关系的发展，社会公共需求又是动态发展的。

第三节　财政的产生与发展

一、财政的产生条件

财政既是一个经济范畴，同时又是一个历史范畴。人类的发展历史表明，财政的产生受多种条件制约，不仅包括最基本的物质条件，还包括政治条件。基于这两个条件，有学者认为，我国财政不是产生于夏代，而是产生于比夏代早的炎黄时期。财政产生的条件也不应只以国家产生为依据。其依据在于：黄帝取得天子的地位，一是靠“习用干戈”使诸侯“宾从”；二是征伐“暴虐百姓”和“不用帝命”者，使诸侯悦服。总之是“修德振兵”。黄帝代神农为天子之后，已凌驾于诸侯之上，并以武力维持天子的地位。天子除主持祭祀和军事外，平时不参加生产劳动，而是从事利民和治民的活动。他们从事社会活动，其生活所需自然是靠社会提供。由此可知，当时财政支出的结构为：祭祀支出；军事支出；天子、诸侯生活用品支出；公益事业支出(兴修水利、抗灾等)。从“善施利物，不于其身”“顺天下之义，知民之急”来看，必然有公共福利和救济支出；从黄帝“习用干戈”和“征帅诸侯”可知，当时有力役之征，一方面征之于本部族的百姓，另一方面征之于诸侯。从以上史料分析可知，我国财政产生初期，财政收入主要包括天子向本部族征收的力役和实物、天子向诸侯征收的力役和实物、战争掠夺的财物、直接控制的奴隶的剩余劳动产品等。基于此，历史学家唐兰在《光明日报》撰文认为我国国家的出现，不是距今四千多年，而是距今六千多年的早期大汶口文化，比夏代早两千多年。又如 1994 年 3 月 14 日《报刊文摘》载中国文明的起源是在五千多年前的良渚文化，而不是四千多年前的夏商周时代。这是国家文物局专家组在余杭、德清良渚文化遗址考察后提出以上这个推断的，使中国文明史由此又上推了一千年。1994 年 6 月 16 日《湖北日报》载，据考古工作者发掘武汉市鼓山遗址获得大量的实物资料表明，早在禹建立夏朝之前一千多年，即距今五千五百年左右，我国长江中游地区就出现私有制的雏形。这些考古新发现是我们判定我国财政产生时间的重要依据。从以上历史记载，可以看到财政产生的条件主要有两个方面。一是物质条件，即剩余产品的出现。史书记载的黄帝、颛顼、帝喾、尧、舜、禹的生活和社会活动开支必然由社会上其他人提供，这只有在剩余产品产生后才有可能。即生产力发展到人的劳动力所生产的东西超过了单纯维持劳动力再生产需要的数量时，天子及百官脱离生产专门从事社会管理才有可能。剩余产品的出现是财政产生的首要条件。没有剩余产品，任何强权政治都无济于事。二是政治条件，即私有制和阶级的产生。依《史记·五帝本纪》载，“黄帝二十五子”，“帝颛顼高阳者，黄帝之孙”。“帝喾高辛者，黄帝之曾孙。”这不仅表明已产生家庭，而且帝位已由禅让制走向世袭制。天子还“置左右太监，于万国”，对不纳贡的诸侯以武力征伐，可见是一种强制的索取。也就是说财政是在私有制、阶级产生之后产生的，统治阶级凭借其力量，以公共需要的名义向征服对象索取人力、财力。

二、财政的含义

财政一词最早起源于西欧。13—15 世纪，拉丁文 Finis 是指结算支付期限的意思，后来演变为 Finare，则有支付款项、裁定款项或罚款支付的含义。到 16 世纪末，法国政治家波丹将法语 Finances 作为财政一词使用，认为财政是“国家的神经”，随后逐步泛指国家及其他公共团体的理财。日本自 1868 年明治维新以后，从西欧各国引用 Finance 一词，吸收中国早已存在并分开使用的“财”和“政”二字的含义，创造了“财政”一词并传入中国，逐步取代以前的各种名称，确立了财政的概念。综观我国几千年留存下来的古籍，可以看到“国用”“国计”“度支”“理财”等一类用词，都是关于当今的财政即政府理财之道的记载；还有“治粟内史”“大农令”“大司农”一类用词，则是有关当今财政管理部门的记载。我国使用“财政”一词，最早见于清朝光绪二十四年，即 1898 年，在戊戌变法“明定国是”诏书中有“改革财政，实行国家预算”的条文。“财政”一词的使用，是当时维新派在引进西洋文化思想指导下，间接从日本引进的。

在中国，对财政概念有不同的解释：第一种观点认为，财政是由国家分配价值所产生的分配关系，这种价值分配，在国家产生前属于生产领域的财务分配，在国家产生后属于国家财政分配；第二种观点认为，财政是为了满足社会共同需要对剩余产品进行分配而产生的分配关系，它不是随国家的产生而产生的，而是随着剩余产品的产生而产生的；第三种观点认为，财政是为满足社会共同需要而形成的社会集中化的分配关系。

但无论对财政概念作哪种解释，都应包括财政分配主体、目的、手段、对象四个要素。

第一，考察财政的分配主体。有学者认为财政的分配主体是统治阶级的代表人物，而不是国家。其原因在于：国家同财政一样，也是统治阶级手中掌握的工具。工具是不能作为支配主体的。国家与财政的关系，不应是主体与被支配体的关系。而更多学者认为国家就是财政分配的主体。

第二，财政分配的对象是劳动力或实物或两者的价值形式。劳动力(即力役)和实物是生产力水平较低时期财政采用的分配形式。征货币税是在商品货币经济发展到一定程度后的分配形式。目前我国财政的分配形式主要是货币形式。

第三，财政分配的手段是依据政权，强制征收。典型的例证就是在战乱时期，军队走到哪里，就在哪里筹军饷、军粮。和平时期，一般是凭借行政、法律手段征敛。

第四，财政分配的目的名义上是公共需要，实际上主要用于统治者的生活和巩固统治地位的需要。财政分配权掌握在哪个阶级手中，就为哪个阶级服务。财政产生初期，受原始社会末期共同劳动共同享受遗风的影响，加上统治者为争取人心，用于公共需要的部分会多些。但随着统治地位的日益巩固，这种秩序就发生了变化，公共需要已成为为统治者服务的一个借口而已。历史上的赋税，是官僚、军队、宫廷生活的源泉和他们统治活动的经济基础，用于公共需要的比重很小。

三、财政的发展

财政是社会生产力发展到一定历史阶段的产物。在国家产生以前，原始公社末期已经存在着从有限的剩余产品中分出一部分用于满足社会共同需要的经济现象，但这只是集体劳动成果由集体分配，属于经济分配，还没有财政分配。国家产生以后，在经济上占统治地位的阶级，为了维护国家的存在，依靠政治力量，强制占有和支配一部分社会产品，以保证国家机器的运行和社会发展，从而便从一般经济分配中分离出独立的财政分配，于是产生了财政。

由于社会生产方式及由此决定的国家类型不同，财政经历了奴隶制国家财政、封建制国家财政、资本主义国家财政和社会主义国家财政的历史演变。资本主义国家及其以前的财政是以生产资料私有制为基础的，是在经济上占统治地位的阶级凭借国家的政治权力对劳动人民进行的剥削，反映了剥削阶级对劳动人民的超经济剥削关系。社会主义国家财政是建立在生产资料公有制基础之上的，消灭了剥削制度，它是服务于人民根本利益的国家财政，体现了取之于民、用之于民的新型分配关系。由此可见不同类型的财政体现不同的分配性质。

四、财政与公共财政

近年来，在诸多场合出现“财政”和“公共财政”两个词，并且在基础理论研究上，对这两个词的含义、研究范围、理论依据等，引起一场学术争论。尤其是在涉及中国财政改革中，提出了市场经济体制改革下的财政应是“公共财政”，并以此为基础，提出“构建公共财政框架”的命题。从“财政”和“公共财政”这两个词的来源上看，是 Public Finance 一个英文词的两种不同译法，即这一词汇既可译成“财政”，还可翻译成“公共财政”，是同义语的反复。有学者认为同一个英文词多译出“公共”两字，实属多余。从研究角度来看，“财政”和“公共财政”立足的角度不同，大多数研究者认为计划经济体制下的财政是“财政”，市场经济条件下的财政就是“公共财政”。并且也认为这种替换只不过是财政在不同的历史时期服务的角度发生了改变，财政内容不断地得到充实，这是财政本身正常的发展过程，严格区分其实没有必要。

第四节 财政职能

财政职能是财政作为一个经济范畴所固有的职责和功能。西方财政学者对财政职能的划分主要集中在资源配置、收入分配、宏观经济稳定等方面。我国财政学界对该问题的研究有不同的思路，其表述内容也大不相同。本书是立足于财政是政府的经济行为，并且是履行并实现政府经济职能的角度研究的。所以，财政职能就是政府的经济职能，即资源配置职能、收入分配职能、经济稳定与发展职能。

一、资源配置职能

(一)资源配置职能的含义

资源配置是通过对现有的人力、物力、财力等社会经济资源的合理调配，实现资源结构的合理化，使其得到最有效的使用，获得最大的经济效益和社会效益。财政资源配置的主体是政府，财政资源配置也称政府资源配置。财政资源配置职能是指政府决定提供某种公共产品并为之提供资金的职责。资源配置是在现有技术水平、生产能力的基础上进行的，在不同的经济体制下，资源配置的方式是不同的。在传统的计划经济体制下，计划配置在整个社会经济中起着主导作用，财政配置是政府配置的重要手段，自然也就包含在其中了。在市场经济体制下，起主导作用的是市场配置，从总体上来说，市场配置是有效率的。在市场经济条件下，每一个经济活动主体都会受利益原则的驱使，根据市场要求调整其对资源的配置，使之获取尽可能多的利润。但是，市场并不是完美无缺的，仅仅依靠市场机制并不是在任何情况下都能实现资源的合理配置，它需要有财政配置相配合，才能达到整个社会资源的最佳配置。

政府之所以能够弥补资源配置中的市场失灵问题，是由政府资源配置的特点决定的。这是因为市场进行资源配置要求成本—收益内部化，而政府资源配置的成本—收益本身是外部化的。政府资源配置的资金来源是无偿的，提供的公共产品也是免费的。政府资源配置可以采用不等价交换的方式来解决，从而弥补了市场失灵领域的资源配置问题。

(二)资源配置职能的主要内容

资源配置职能的主要内容有以下几项。

(1) 调节资源在地区之间的配置。在世界范围内，地区之间经济发展不平衡是普遍现象。这一问题在我国显得更加严重，其中有历史、地理、自然等多方面的原因。解决这一问题，仅仅依靠市场机制是难以完全奏效的，完全利用市场机制还会产生逆向调节，使资源从经济落后地区向经济发达地区转移。这与整个经济和社会的发展与稳定是相悖的。因此，要求财政资源配置职能在这方面发挥作用。其主要是通过税收、投资、财政补贴和财政体制中的转移支付等手段和政策来实现的。

(2) 财政调节资源在产业部门之间的配置。合理的产业结构对提高宏观经济效果、促进国民经济健康发展具有重要意义。调整产业结构有两条途径：一是调整投资结构。增加对国家需要优先发展产业的投资，则会加快该产业的发展。相反，减少对某产业部门的投资，就必然会延缓其发展。二是改变现有企业的生产方向，即调整资产的存量结构，进行资产重组，来调整产业结构。就调整投资结构来看，首先是调整国家预算支出中的直接投资，如增加能源、交通和原材料的基础产业和基础设施方面的投资，减少加工部门的投资。其次是利用税收、财政补贴和投资政策引导企业的投资方向，鼓励企业向短线产品投资，限制其向长线产品投资。再次是调整资产存量结构，过去我国主要是依靠对企业实行“关、停、并、转”的行政手段来实现，今后根据社会主义市场经济的要求，除了必要的行政措施外，主要应通过市场竞争，实行兼并和横向经济联合来进行。在这方面，采取有利于竞争和对不同产业区别对待的税收政策，可以发挥一定的调节作用。

(3) 调节全社会的资源在政府部门和非政府部门之间的配置。这一配置体现在财政收入占国民生产总值或国内生产总值的比重上。提高这一比重，则使社会资源中归政府部门支配使用的部分增大，非政府部门支配使用的部分减小；相反，降低这一比重，则使社会资源中归政府部门支配使用的部分减小，非政府部门支配使用的部分增大。社会资源在政府部门和非政府部门之间的分配，主要是根据社会公共需要在整个社会需要中所占的比例来确定的。它是随着经济的发展、国家职能和活动范围的变化而变化的。政府部门支配使用的资源应当与其承担的责任相适应，过多或过少都不符合优化资源配置的要求。

(三)资源配置的机制

资源配置的机制包括以下几项内容。

(1) 确定政府提供公共物品和公共服务的范围，确定财政收入占国内生产总值的比重。在不同历史条件下，生产力发展水平不同，生产能力也存在差别，政府职能范围也存在差别，科学界定财政收支在国内生产总值的比重，可实现资源配置总体效率的提升。

(2) 建立国有资产预算，追求国有资本的保值增值。

(3) 建立科学的财政投融资管理体系。财政投融资是指政府为实现一定的产业政策和财政政策目标，通过国家信用方式把各种闲散资金，特别是民间的闲散资金集中起来，统一由财政部门掌握管理，根据经济和社会发展计划，在不以营利为直接目的的前提下，采用直接或间接贷款方式，支持企业或事业单位发展的一种资金活动。财政投融资是一种政策性投融资。科学确定财政投融资规模和支出结构对引致社会资本和一般商业金融投资的空白具有重大作用。

(4) 通过征税、补贴等手段，对资源配置、产业结构和地区结构进行调控。

二、收入分配职能

(一)收入分配职能的含义

财政收入分配职能是指财政通过收入再分配机制，重新调整由市场决定的收入和财富的分配，达到社会认可的公平和正义分配状态的一种功能。市场机制的分配原则是要素投入与要素收入相对称。在市场机制作用下，由于各经济主体所提供的生产要素不同，加之资源的稀缺程度迥异及各种非竞争因素的干扰，各经济主体获得的收入会出现较大差距，甚至会出现同要素投入而收入不对称，而产生过分悬殊的社会问题，而财政收入分配职能正是弥补市场机制在收入分配方面的缺陷和失灵，维持社会公平的重要机制。

目前我国收入分配失衡已成为客观事实，其表现为：①政府积累财富的比重越来越大而个人收入所占比例越来越小。央行公布的统计数据显示，“政府存款”项目下的资金额从1999 年的 1785 亿元一路上升到 2008 年的 16 963.84 亿元，猛增了 9.5 倍。十年来在劳动报酬和居民储蓄所占份额越来越萎缩的同时，政府储蓄率却在节节攀升，政府预算内财政收入占 GDP 的比重从 10.95%上升至 20.57%，若加上预算外收入、政府土地出让收入以及中央和地方国企每年的未分配利润，政府的预算收入几乎占到了国民收入的 30%。②财富越来越向少数人集中而工农大众收入偏低。《社会蓝皮书：2013 年中国社会形势分析与预测》显示，近年来，中国劳动者报酬占 GDP 的比重偏低且呈现出下降趋势，劳动者报酬占 GDP 的比重由 2004 年的 50.7%下降到 2011 年的 44.9%，而在发达国家，劳动者报酬占 GDP 的比重大多在 50%以上。③城乡收入差距大但存在缩小趋势。据中国统计局公开数据显示，全国收入差距的基尼系数从 2008 年的 0.491 下降到 2015 年的 0.462。城镇居民人均收入与农村居民人均收入的比例从 2008 年的 3.3 倍下降到 2015 年的 2.73 倍。城乡之间居民收入差距有所缩小。④权力资本的暴利在扩大而中小企业及普通民众的盈利空间被挤压。[①]改革开放以来，随着市场经济改革的逐步深入，我国的收入差距问题变得严峻起来。虽说收入差距是市场经济运行的必然产物，但财政参与权力资本暴利分配职能的弱化已经构成一项重要原因。

① 本部分内容根据新华社世界问题研究中心研究员丛亚平、李长久的文章《中国基尼系数超 0.5，可能致社会动乱》整理而成，引自《经济参考报》，2010 年 5 月 21 日。

(二)实现收入分配职能的手段

实现收入分配职能的手段包括以下几个方面。

(1) 明晰市场分配与财政分配的界限和范围，市场和政府应各尽其职。

(2) 完善收入政策。主要是规范工资制度，大幅提高职工收入和投资者收入，提高工资透明度。

(3) 完善分配领域的税收体系。通过税收增减来调节和缩小社会贫富差别，是最有力的减少社会阶层矛盾和动乱因素的有效手段。

(4) 建立规范的转移支付制度。转移支付是资源在不同所有者之间的转移，一般是指以政府为中介的资源转移与支付活动，包括政府间的转移支付和对个人的转移支付两个部分。政府间的转移支付包括中央对地方的各种财政补贴和税收让与，以及地方上级政府对下级政府的各种财政补助。对个人的转移支付，包括社会保障支出、救济支出、补贴等。其目的是维持社会成员最基本的生活水平和福利水平。

三、经济稳定和发展职能

(一)经济稳定和发展职能的含义

经济稳定的含义包括充分就业、物价稳定、经济增长和国际收支平衡四个方面的内容。充分就业的概念是英国经济学家 J.M.凯恩斯在《就业、利息和货币通论》一书中提出的，是指在某一工资水平下，所有愿意接受工作的人都获得了就业机会。充分就业并不等于全部就业或者完全就业，而仍存在一定的失业，但所有的失业均属于摩擦性的和季节性的，而且失业的间隔期很短。通常把失业率等于自然失业率时的就业水平称为充分就业。物价稳定是绝大多数国家的一个宏观经济调控目标和中央银行执行货币政策的首要目标。所谓物价稳定，是指一般物价水平在短期内不发生显著的或急剧的波动，但并不排除某种商品价格相对于其他商品价格的变动。世界各国普遍以通货膨胀率作为衡量物价稳定的一个指标。经济增长通常是指在一个较长的时间跨度上，一个国家人均产出(或人均收入)水平的持续增加。在较早的文献中经济增长是指一个国家或地区在一定时期内的总产出与前期相比实现的增长。总产出通常用国内生产总值(GDP)来衡量。对一国经济增长速度的衡量，通常用经济增长率来表示。经济增长率的高低体现了一个国家或地区在一定时期内经济总量的增长速度，它是衡量一个国家或地区总体经济实力增长速度的标志。国际收支平衡指的是一国在国际经济往来中维持经常性项目收支，包括进出口收支、劳务收支和无偿性转移支付的大体平衡。经济发展的含义包括生产能力的增长、经济结构的改善、社会制度的优化以及居民生活质量的提高。市场机制在经济稳定和发展方面的缺陷体现在市场经济活动是有周期的，会出现经济波动的状态，导致总供给与总需求的不平衡。

(二)实现财政经济稳定和发展职能的手段

实现财政经济稳定和发展职能的手段包括以下几个方面。

(1) 充分发挥财政制度本身的“自动稳定器”功能。自动稳定器功能体现在经济处于不稳定状态时，财政制度有自动调节总需求维持经济平衡的作用。不同的财政制度所具有的稳定功能的强弱程度是不同的。所以在财政制度的设计上，要选择对经济波动起自动稳定程度强的财政制度。财政制度包括收入制度和支出制度。收入制度取决于税收。通常情况下，所得税、社会保障税等直接税所占比重大的税制结构的自动稳定功能要强，而商品课税类等间接税所占比重大的税制结构的自动稳定功能要弱。就支出结构而言，主要体现在转移支付上。一般而言，社会保障支出比重大的支出结构，其自动稳定经济的功效要大于社会保障支出比重小的支出结构。

(2) 通过相机抉择的财政政策维持总供求的大体平衡。财政的自动稳定作用是一种对经济波动的缓冲，并不能完全消除经济波动。实行相机抉择财政政策意味着某些财政政策没有自动稳定的作用，需要借助外力才能对经济产生调节作用，一般来说，需要政府根据一定时期的经济形势变化情况，采用不同的财政政策。相机抉择的财政政策的主要内容是：当总需求小于总供给时，采用扩张性财政政策，扩大总需求，反经济衰退；当总需求大于总供给时采用紧缩性财政政策，抑制总需求，反通货膨胀；在总供求基本平衡时，实行中性财政政策，主要发挥市场机制的作用。

(3) 通过投资、补贴和税收等手段，加快基础设施建设和产业结构调整。扩大农业、能源、交通运输业等基础设施建设，加快“瓶颈”产业的发展。通过投资、补贴和税收等体现的不同导向，实现产业结构的优化与提升。

(4) 财政保证满足非生产性的社会公共需求，使增长与发展相互促进。这些非生产性的社会公共需求，如社会经济发展所需的和平与安定环境、生态保护、卫生水平等，都是衡量经济发展质量的重要标准。要避免一些发展中国家出现的“有增长而无发展”“有增长速度而无发展质量”的现象。

上述财政职能是理论界所共识的。但是这些职能都是基于经济维度认识的。有些学者对财政职能进行了扩展研究，将经济正义职能作为财政的一项职能。这些学者认为财政职能是根据社会发展的实际需要而动态发展的。面对现阶段的诸多问题，经济正义已经成为社会的公共需求和解决一切社会问题的钥匙。经济正义符合非竞争性和非排他性公共物品属性的界定标准，是现有财政职能和社会规制所不能替代的，相反，与经济正义职能的配合还能推动现有财政职能和社会规制效应的提升。学者们还认为经济正义职能主要可通过制度安排、组织公共生产和预算安排三个方面传导机制和手段来实现。不能否认将经济正义列为财政职能，实现了财政职能由单一的显性研究转向显性与隐性的全面研究，符合科学发展要求，在理论上和实践上是有重大意义的。

十八届三中全会公报中，将财政视为“国家治理的基础和重要支柱”，财政地位大大提

升。财政的“国家治理”功能也成为学者们发展财政功能的一大焦点。该功能的拓展，不仅超越了经济范式，而且是从政治、社会角度对财政功能的新认识，同样值得重视。

复习思考题

一、名词解释

市场失灵　政府失灵　外部效应　非对称信息　公共物品　非排他性　非竞争性　公共需求　财政

二、问答题

1. “看不见的手”和“看得见的手”是市场和政府作用经济的两种机制，这两种机制有何优势与不足？

2. 对公共物品的分类不是绝对的，取决于市场条件和技术条件，对此，你如何理解？

3. 简述公共需求及其特点。

4. 论述财政职能内涵及其实现目标的手段。

三、案例分析

沙河南岸有许多村镇，北岸有一个附近最大的集镇。沙河是条小河，除非下雨，平时没什么水。因此，几个村镇的人平时到集镇都是走河道里的小路。但是，去年夏天出了一件事：沙河南岸一个村的一个五年级学生在放学回家时被雨后沙河的洪水冲走了！这事让同村的郭顺老人好几天睡不着觉。因为他的孙女、孙子都在镇上上学。为了避免悲剧再次发生，他决定在沙河上修座桥。

桥修好后，不仅方便了自己的孙女、孙子，所有的过往学生和村民都方便了，后来不仅人走，原来要绕道走大路的板车、摩托车、三轮车、拖拉机也都来走。导致过桥的人很多，爱护这座小桥的人却很少。半年后小桥被严重损坏，以致有些行人说：“这是什么桥，怎么没人修一修？”

郭顺老人愤怒了。他又掏了2000多元钱把桥修好。不过他在桥头摆了一张桌子，并挂了一张牌子，上面写着，“过桥收费：行人0.1元，各类车辆1元。拖拉机、汽车禁行，学生免费。”有人看到牌子又说：“这是什么桥，怎么还收钱？”

(资料来源：刘京焕，陈志勇. 财政学案例. 北京：高等教育出版社，2013)

试分析：

1. 这座桥属于公共产品吗？

2. 行人两次提到“这是什么桥”给了我们怎样的启示？

3. 郭顺老人最后收钱的原因是什么？

第二章　公共财政支出

【知识要点】

公共财政支出具有自我膨胀的倾向，西方市场经济国家经过多年的博弈，形成了资金的使用部门、资金使用权的审批部门、资金使用效率的评价部门之间互相独立和制衡，以此来达到政府、企业和居民之间的利益平衡，保证社会经济的可持续发展。政府采购、预算监督及政府支出的绩效评价是控制财政支出膨胀的主要手段。

【引导案例】

艾森豪威尔总统任职期间，掀起了美国州际公路网建设高潮。美国州际公路是美国有史以来耗资最大的公共项目，建成了覆盖全国的高速公路网络。《州际公路法案》要求联邦政府拨款 250 亿美元，征用土地 160 万英亩来建设 4.1 万英里长的高速公路，需要挖掘土石方 420 亿立方码(1 立方码=0.585 立方米)，在公路下铺设数万英里的排水管道，修建 54 663 座桥梁和 104 个隧道。这对美国经济的发展产生巨大影响，石油公司、建筑公司、水泥生产商、钢铁公司、木材公司、涂料生产商和橡胶公司等都参与了这一公路系统的建设。艾森豪威尔总统任内这一被称为“横跨美国的彩带”项目雇用了近百万工人，耗时 40 年，跨越了三个时区，被认为是“二战”之后美国最伟大的经济成就。

(资料来源：里夫金. 第三次工业革命：新经济模式如何改变世界[M]. 张本伟，孙豫宁译. 北京：中信出版社，2012.)

试分析：

1. 美国政府介入高速公路项目的原因是什么？
2. 结合美国州际公路网建设项目，应怎样进行绩效评价？
3. 对比中国的公路建设，对其利弊进行全面分析。

从宏观上看，政府在霍布斯那里被描写为具有自我增长倾向的“利维坦”，它的自我增长的倾向将导致个人财富和权利空间的缩小；从微观上看，西方经济学假定政治家具有强烈的个人偏好，不管是出于个人的价值追求，或者是出于约束机制不健全条件下个人经济利益的考虑，政府总是有扩张支出的欲望；此外，频繁爆发的经济危机及凯恩斯政策的施行迫使政府的支出一再扩张。

所以必须约束政府的扩张速度，根据一定财政年度内政府所承担的义务，赋予其相应的支出的权利。政府根据一定财政年度的事权安排，提出预算，交由议会讨论和表决，并根据当年的实际支出需求状况提出调整，然后由独立于资金使用单位的其他部门或独立的第三方机构对于预算或者某个政策执行效果进行绩效评价，并根据评价的结果在政策上进行相应的调整。

第一节　公共财政支出的性质及分类

一、公共财政支出的性质

财政的本质是以国家为主体的分配，相对于市场所进行的初次分配，被称为二次分配。公共财政支出是指在市场经济条件下，政府将所筹集的财政收入用于满足社会共同需要，提供公共产品和服务而进行的财政资金的支付。公共财政支出不同于以往社会制度的财政支出模式，封建社会的财政支出定位是为了保证政权的稳定性，资本主义社会的公共财政支出定位不仅是为了保证资本主义制度的稳定性，而且也要对市场机制无法发挥作用的领域进行干预、修补和完善，并且不断进行边界的调整以保证市场机制充分发挥作用。实践证明，这套制度在发展生产力方面具有优势，马克思评价其在不到 100 年的时间里所创造的社会财富是以往一切社会的总和。但同时经典经济学家对资本主义这套制度又存在着争议，马克思批评其是保护资本家阶级利益的制度，只是在保护资本家长期利益的动机的驱使下，才被迫改善工人的生活待遇。

(一)公共性

一般认为自然垄断领域、基础研究开发、社会保障等领域具有公共性，是需要政府发挥作用，通过公共支出来发展市场力量的领域。在自然垄断领域，随着人们对自然垄断效应认识的不断加深，人们越来越意识到自然垄断领域需要引入市场竞争机制和私有化改造，需要政府在其中发挥作用。在基础研究开发领域，基础研究具有高投资、低收益，并且难以商品化的特点，但其所产生的知识积累却是技术及技术产业化的前端，如果没有基础研究在知识创造方面的进展，那么企业所进行的技术开发和产业化活动就成了无源之水，因此在理论上这一领域被认为是政府公共支出的一个重要领域。在社会保障领域，根据西方国家的实践，为了保持制度的活力，政府和企业之间在社会保障方面进行了分工。企业在劳动力使用上只承担有限责任，即按照法律规定缴纳社会保障费用及按照合同发放工资，这样做的结果有利于保持企业的竞争力，促进社会生产力的发展。而由于经济周期和企业调整被解雇的工人，以及医疗、养老无着的工人将造成对社会安全的冲击，通过强调政府在个人保障方面的无限责任而保障了社会的稳定。通过这样一种制度的构造，使整个社会保持了稳定和活力。

此外，公共性是不断调整的范畴，比如政府通过建立公共实验室、研发平台和中小企业孵化器降低某些领域的进入门槛，助推中小企业发展，而这些公共活动会不断地吸引私人投资的进入，会缩减政府在该领域的支出直至退出，以至让市场机制发挥作用。

(二)阶级性

阶级性是财政的基本属性。各社会集团围绕财政收入的分配进行博弈，一定的社会制度就决定了财政支出特定的方向和结构。

公共财政被认为属于市场经济体制的财政模式，而市场经济被认为是通过复活资本的力量，通过市场机制对经济主体的选择，高效率地创造社会财富和推动社会发展的模式。社会财富的生产方式决定着社会财富的占有方式和分配模式，同时也决定着政府收入的取得方式。公共财政的支出要服务于该种生产方式的要求，体现该种生产方式主导力量的意志和要求，否则就会伤害到这种制度的活力。在公共财政的支出方面要满足于资本增值的需要，只要市场能够发挥作用的领域，政府就要退出来，并且不断地为市场创造更多条件来保证效率要求。在分配结果上，政府支出的获益主体和成本承担主体在市场经济发展中会产生分化：有些社会阶层获益较多，而有些人获益较少，有些人只承担了成本，而没有获益，由此造成了分配中的不均衡。从各社会阶层的评价上来看，对同一财政支出活动的评价，各经济主体会发生分歧，而各个社会阶层的分歧很难超越各自的利益范围。任何公共财政支出都存在一个价值的判断，各个社会阶层对于政府的公共性定位存在差别。

二、公共财政支出的现行分类方法

国内外财政支出的分类方法较多，有的是基于理论研究和经验分析的角度，有的是基于编制国家预算的角度。而根据 2007 年 1 月 1 日正式实施的政府收支分类改革，我国现行支出分类采用了国际通行做法，即同时使用支出功能分类和支出经济分类两种方法对财政支出进行分类(以《2015 年政府收支分类科目》为例)。

按支出功能分类，就是按政府主要职能活动分类。我国政府主要支出功能科目包括：一般公共服务、外交、国防、公共安全、教育、科学技术、文化体育与传媒、社会保障和就业、社会保险基金支出、医疗卫生与计划生育、节能环保、城乡社区事务、农林水事务、交通运输、资源勘探信息、商业、服务业、金融、援助其他地区、国土海洋气象、住房保障、粮油物资储备、预备费、国债还本付息和其他支出共计二十三项。商务服务业、金融、援助共他地区、国土海洋气象、住房保障。

按支出经济分类，是按支出的经济性质和具体功能所做的一种分类。在支出功能分类明确反映政府职能活动的基础上，支出经济分类明确反映政府的钱究竟是怎么花出去的。支出经济分类与支出功能分类从不同侧面，以不同方式反映了政府支出活动。我国支出经济分类科目是在二十三项支出功能分类项下，分别设置了工资福利支出、商品和服务支出对个人和家庭的补助、对企事业单位的补贴、转移性支出、债务利息支出、基本建设支出、其他资本性支出和其他支出等 9 类。

支出功能分类、支出经济分类与部门分类编码和基本支出预算、项目支出预算相配合，

可实现对任何一项财政支出进行“多维”定位，清清楚楚地说明政府的钱是怎么来的，干了什么事，最终用到了什么地方，进而为预算管理、统计分析、宏观决策和财政监督等提供全面、真实、准确的经济信息。

第二节　公共财政支出绩效评价

现代经济的复杂性程度越来越高，当然政府的作用也越来越大，政府也越来越需要动员更多社会资源来完成政府的职能。从纳税人角度讲，当然要求政府的公共支出具有经济性、效率性和有效性。

由于政府支出所产生的绩效内容广泛，对一项政策所产生的直接效益和间接效益、经济效益和社会效益的衡量就存在很大难度。比如，某地的某项财政支出所支持的创新活动对改善遥远地区居民的生活水平有很大影响，但可能对本地的经济和社会效益没有发生什么变化。此外，大量财政支出所产生的社会效果并没有完整的统计资料，大量评价依靠主观定性指标确定。因此，对政府支出进行准确评价的难度是显而易见的。也可以说，绩效评价既是科学，也是艺术。

一、财政支出绩效评价的概念

财政支出绩效评价，就是运用科学、规范的绩效评价方法，依据一定的原则，对照统一的评价标准，对财政支出的过程和结果进行科学、客观、公正的衡量和评判，并通过评价找出财政支出决策和执行中的问题以及改进的方法。

对这个定义的理解，首先是评价的对象不是企业和家庭的支出，而是政府的公共支出。绩效是效益、效率和有效性的统称，它包括行为过程和行为结果两个方面。就行为过程来讲，它包括投入过程是否合规和合理；就行为结果而言，它又包括产出与投入相比是否有效率、行为的结果是否达到预期的目标以及产生的影响。就我国而言，往往重视结果，而对于过程是否符合程序比较轻视，政策发生扭曲的概率就比较大。

二、财政支出绩效评价的历史演进

对于财政支出绩效评价的研究，学者一般追溯到1906年美国纽约成立的市政研究局，对政府绩效评价始于该机构。而真正大规模地对政府支出进行绩效评价则始于 20 世纪 70 年代，当时的经济衰退和政府职能的大规模扩张使美国政府形成了严重的财政危机，政府支出规模较三四十年代扩大了 1 倍以上。巨大的公共支出规模，不仅使公众的税收负担增加，经济运行的风险和通胀风险加大，而且使政府的支出难以为继。1973年尼克松政府颁布了“联邦政府生产率测定方案”，力图使公共部门绩效评估系统化、规范化、经常化。20

世纪 80 年代，随着新公共管理运动的兴起，政府财政支出绩效评价进入一个新的高潮，绩效管理成为西方各国行政改革的一个重要组成部分。20 世纪 90 年代，在政府再造运动的影响下，公众普遍开始关注政府机构的施政绩效，绩效预算方法开始成为新的预算工具。

在政府支出绩效评价过程中，有两个重要特征：一是在这样一个过程中，美国的制度设计和传播作用非常明显。美国政府的一系列思想迅速被西方其他国家政府仿效。二是企业管理思想的一些突破对于政府支出管理方面产生了显著影响。比如，1982 年出版的《追求卓越》一书启发了公共管理部门，要像企业一样关注顾客满意度和质量。1997 年美国学者在企业管理中采用“平衡记分卡”的做法也被美国政府的公共管理部门所引入。

在这个过程中，新公共管理思想逐渐取代传统的公共管理思想，对政府运行的理念产生了很大影响。以马克斯·韦伯(Max Weber，1864—1920)为代表的传统管理思想倡导按照理性对任务进行分解，在公共管理中坚持科层化、标准化、非人格化，运用相对固定的程序来实现既定的目标，而新公共管理思想以寻求高效、高质量、低成本、应变力强、响应力强、有更健全的责任机制为特征。

对我国而言，政府支出绩效评价还没有全面铺开，尽快地对我国的公共支出进行绩效评价，对于约束政府开支，提高支出的效率和改进政府的工作都有比较明确的正面意义。

三、财政支出绩效评价的原则

公共支出绩效评价不同于企业从事经济活动的效益评价。企业内部支出效益评价主要考虑本企业内部的经济效益指标，以直接的投入和产出为基本的分析框架，一般不对由企业支出活动产生的对其他经济主体就业、国际收支等社会效益指标进行分析。而财政支出的社会效益指标却是评价财政支出效率的重要因素，因为财政支出的目标就是追求社会效益的最大化。因此，对财政支出绩效评价的难度要高于对企业的评价。对财政支出的绩效评价时，形成了对财政支出绩效评价的一般规范，即原则。

(一)全面性和特殊性相结合原则

要对政府的一项公共支出进行准确评价，就必须综合考虑其所产生的经济效益和社会效益、短期效益和长期效益、直接效益和间接效益、整体效益和局部效益等。但在不同的项目中，所有这些考虑并不是同等重要的，而是根据不同时期特定财政支出的主要目的，考察其在某个方面的特殊效益及其完成情况。

(二)统一性和差别性相结合原则

进行财政支出绩效评价工作，应该在基本的规范方面有一套统一的原则、制度、标准和程序，以此作为评价工作的基本规范。同时，又要根据评价的具体对象的差异，充分考虑其特殊性，在评价指标选择和权重的设定方面有足够的灵活性。

(三)定量和定性相结合原则

定量计算是通过选择一定的数量指标进行判断，而定性是根据判断者的主观意志所形成的判断。在对一项事物的评价中，有些指标，如经济收益、吸收就业人口、创汇等需要进行定量分析；但公众满意度、居民幸福指数、企业家信心指数等指标则是主观的，必须通过定性分析。尽管评价本身就是主观判断加之于客观事物，其主观性是显而易见的，这就需要在评价过程中尽量由有代表性的专家和公众进行评价，这样才能得出公信力强的结果。

四、财政支出绩效评价组织实施的基本程序

公共支出绩效评价的组织实施，是指执行公共支出绩效评价的机构、人员根据评价工作流程和目标，制定具体方案并开展工作，在保证评价质量的基础上完成总体的绩效评价工作。其基本程序就是评价工作所坚持的一般程序，具体如下。

(一)前期准备

在确定了评价目标以后，成立相应的组织机构，选取评价的对象，并对评价对象下达评价通知书。

1. 确定评价目标

确定评价目标是实施财政支出绩效评价的基础。明确了评价的目标，才能突出绩效评价的针对性，并根据不同的评价目标制定不同的评价方案和相应的指标体系。

2. 选取评价的组织机构

确定评价目标后，应根据评价目标，联合相关政府机构成立评价组织机构，该机构负责整个评价工作的组织领导。

3. 确定评价对象，下达评价通知书

公共支出绩效评价的客体，即效益评价的行为对象，由评价主体依据需要确定。评价通知书是评价组织机构出具的行政文书，也是评价对象接收的评价依据。

(二)方案设计

评价组织机构根据评价工作的规范，针对评价目标，拟定评价工作的具体方案、评价规则，设计具体的评价指标体系，确定评价标准，选择评价方法。

(三)绩效评价的实施流程

1. 现场评价

(1) 收集基础资料。绩效评价工作人员根据评价工作的要求，通过各种形式，收集以往资产负债表、年度审计报告、评级报告、往来账目等所需资料。

(2) 组织问卷调查。评价工作组织人员根据评价的目的，设计问卷表格，对不能亲自访谈的对象或者不方便当面进行提问的问题通过问卷的形式收集资料。

(3) 组织专家评议。通过专家打分的方法对问卷的基本情况进行评判，获取定性指标的结果。

2. 撰写报告

(1) 形成初步的评价结论。根据定性标准和定量指标获得基本结论。

(2) 征求有关单位意见。通过与相关单位通报相应的评价结果，讨论基本的结论和意见。

(3) 撰写评价报告。根据相关单位的意见反馈，依据所掌握的资料，重新推演结论在资料和逻辑上是否可靠，并据此写成研究报告。

3. 工作总结

评价项目完成后应进行工作总结，将工作背景、时间地点、工作基本情况、初步结论、审核认定结果、评价工作过程中遇到的问题及工作建议等形成书面材料，上报评价组织机构备案。

(四)评价工作的质量控制

做好公共支出绩效评价，建立质量控制机制是必要的。质量控制机制由评价规范、实施程序、奖励处罚制度和其他保障制度组成，绩效评价的质量控制既涉及评价工作的管理层面、业务技术层面，又涵盖职业道德等行为规范和国家有关法律、法规。

绩效评价工作具有主观性，主观判断会映照到客观经济活动中。因此，其判断就会因判断者自身素质的差异导致不同的判断结果。比如，世界三大评级公司穆迪、标普和惠誉对于国家风险的判断就存在着较大不一致。三大评级公司对价值观与欧美体系比较一致的国家评级要高于价值观有所差异的国家。即使是对于同一企业所面临的风险这样一个微观判断因评价主体不同也会出现差异，何况对涉及面甚广、财政支出的溢出效应较大的社会政策评定。由于知识和技术传递的便捷性，一个国家对本国某个企业技术开发活动的支持，则会因溢出效应对其他国家的技术开发活动提供帮助，并且这一帮助和政府支持活动之间可能有比较长的时间间隔。比如说 20 世纪七八十年代美日等发达国家在开发液晶面板的公共支出，对于提高我国居民的文化享受水平有很大的相关性，当然也对于保护我国青少年的视力免受传统显示器的伤害有比较大的作用，但是对美日等国当时的公共开支的评价很

难把这些因素进行准确衡量。因此，准确评价一项政府支出活动的效益具有相对性。

对我国而言，因为政府权力受到的约束比较小，财政支出的评价过程多是内部自我评价，以及上级行政机关对下级的评价，缺乏公正独立的第三方给予的公正无偏的绩效评价。这与国家的市场经济是否具备权力分散和权力制衡的体制性特征相关。我国完全是政府主导下的市场经济，难以形成具有独立性的评级部门，现有的评级公司对政府权力具有较高的依附性。

第三节　公共财政支出控制

对财政支出过程的控制源于政府支出中所存在的委托代理关系，一般而言，个人并不能够较好地体现政府的意志、公正无偏地执行支出计划，但还必须把财政支出的任务分解给不同的人。因此，财政收入的提供者和财政支出的实际控制者之间就形成了若干委托代理链条。为了保证代理人能够完成委托人的目标，保证支出的效率，就需要通过一系列制度设计来保护委托人的利益和规范代理人的行为。预算监督和政府采购就是其中两个最重要的制度设计。

预算监督是保护财政支出最终负担主体利益的制度，它是市场经济国家纳税人为了抑制政府支出的随意性和低效率而长期斗争的结果。只有议会批准的预算，才能够获得支出的权利。同样政府采购是支出流程的一个重要环节，是为了降低政府采购的成本和提高政府支出的效率而实行的一种制度创新，它同样要纳入预算监督环节。

一、预算监督

国家预算是指由政府编制的，经过立法机关审批，反映年度内财政收支状况的计划，是具有法律规定和制度保证的文件。预算监督是对财政支出的约束，主要体现在财政预算审批和监督两个环节上。

(一)预算审批的准则

(1) 完整性。所有财政收支都应在国家预算中得到反映，并且以收支总额反映出来，不能在预算收支之外另行组织收支。

(2) 可靠性。国家预算必须详细反映财政收支状况，各项收支数据必须准确，不能够笼而统之，以大的支出方向涵盖详细的支出结构。

(3) 公开性。全部财政收支必须经立法机关审批，且向社会公布，接受公众监督。

(4) 年度性。应按预算年度编列财政收支，我国的预算年度是采用历年制。

(二)预算审批的流程

(1) 预算编制。在新的预算年度开始前，由政府预算管理部门确定公共支出总额和结构。

(2) 预算审批。交由立法机关审批成为正式的预算。

(3) 预算执行。各政府部门按照预算的要求，组织各项收支活动。

(4) 预算决算。预算年度结束之后，由管理部门编制决算草案，经审计后提交立法机关批准，形成政府决算。

(三)预算监督主体

(1) 立法机构。立法机构通过预算审查和批准的权力对预算进行监督，这是预算监督中重要的一环。

(2) 纳税人。因为纳税人实际上是财政支出的负担主体，也是政府公共物品享受的主体，他们对于公共物品提供的成本和效率之间的关系最为关心。除了组成立法机构对预算进行监督之外，纳税人对于预算执行的效果发挥个体监督。

(3) 行政部门。行政部门不但是预算的编制和执行机构，同时也在内部设立预算的审计机构和监督机构，督促各部门提高预算执行力。

(4) 社会中介组织。包括各审计师事务所、会计师事务所、资产评估公司等部门，对于预算执行质量的评定有助于提高公众的认识水平。

(5) 新闻媒体。新闻媒体通过对预算相关的事件报道有助于形成社会舆论的压力，促使政府部门提高预算执行的质量。

预算监督制度是市场经济国家平衡纳税人和政府权力的一种制度设计，通过预算的编制和执行权及审批权在不同部门的分布，促使政府提供公共物品的数量和质量能够符合纳税人的利益。但是要高质量地执行这一制度，也应有较高的要求。比如，对权力机构预算的审查代表应该由来自各行业的具有公信力的精英组成。另外，政府不能够干预和决定代表的产生。在预算执行中要有一个信息管理系统，以及时收集各种信息并向代表和纳税人进行反馈等。

二、政府采购的内涵

(一)政府采购的概念及必要性

政府要实现其职能、提供相应的公共物品，就需要消耗一定的社会资源。在计划经济体制下，我国主要采用国有企业生产；而在市场经济体制下，政府所消耗的社会资源主要通过政府购买的形式获得。政府采购是政府及其所属单位使用财政性资金以公开招投标为主要方式获得商品、劳务和工程的行为。政府采购不仅是指具体的采购过程，而且是采购政策、采购程序、采购过程及采购管理的总称，是一种对公共采购管理的制度。

因为政府采购的主体是政府，购买活动量非常巨大，购买活动能够影响到企业的发展和社会需求总量。因此，政府的购买活动能够体现政府的发展意图、产业政策及调节社会总需求。目前，经过数百年的发展和完善，国际上许多市场经济国家的政府采购已由单一的财政支出管理手段，演变成兼有财政支出管理和国家宏观调控及引导产业发展的重要工具，是政府介入经济运行的最直接方式之一。

(二)政府采购的内容

政府采购内容是指依法制定的《集中采购目录》以内的货物、工程和服务，或者虽未列入《集中采购目录》，但采购金额低于规定的限额标准的货物、工程和服务。《政府集中采购目录》由国务院和省、自治区、直辖市人民政府规定。

原有的采购内容主要根据《政府集中采购目录》，一般是采购各单位通用的货物、工程和服务，如计算机、打印机、复印机、公务车、电梯、取暖锅炉等货物，房屋装修和修缮工程，会议服务、汽车维修、保险等有形服务。其中，中央预算单位《政府集中采购目录》的采购内容还包括在中央部门内通用的货物、工程和服务，如防汛抗旱和救灾物资、医疗设备和器械、气象专用仪器、警用设备和用品、质检专用仪器、海洋专用仪器等。《政府集中采购目录》中的采购内容，无论金额大小都属于政府采购的范围。

随着经济的发展，现在采购内容不断扩展，已由原来的有形采购扩展到现在的无形服务领域，购买服务不断扩展。综合各省的购买服务指标，现总结出现有的购买服务指导目录，如表 2-1 所示。

表 2-1　政府向社会购买服务指导目录

性质(一级目录)	类别(二级目录)
基本公共服务	公共教育、劳动就业、人才服务、社会保险、社会救助、养老服务、儿童福利服务、残疾人服务、优抚安置、医疗卫生、人口和计划生育、住房保障、公共文化、公共体育、公共安全、公共交通运输、“三农”服务、环境治理、城市维护等
社会管理性服务	社区建设、社会组织建设与管理、社会工作服务、法律援助、扶贫济困、防灾救灾、人民调解、社区矫正、流动人口管理、安置帮教、志愿服务运营管理、公共公益宣传等
行业管理与协调性服务	行业职业资格和水平测试管理、行业规范、行业投诉等
技术性服务	科研和技术推广、行业规划、行业调查、行业统计分析、检验检疫检测、监测服务、会计审计服务等
政府履职所需辅助性事项	法律服务、课题研究、政策(立法)调研草拟论证、战略和政策研究、综合性规划编制、标准评价指标制定、社会调查、会议经贸活动和展览服务、监督检查、评估、绩效评价、工程服务、项目评审、财务审计、咨询、技术业务培训、信息化建设与管理、后勤管理等

复习思考题

一、名词解释

购买性支出　转移性支出　财政支出绩效　国家预算　预算监督　政府采购

二、问答题

1. 如何理解财政支出的公共性？
2. 简述财政支出绩效评价组织实施的基本程序。
3. 简述预算监督的必要性。
4. 简述预算监督的内容。
5. 简述政府购买公共服务的必要性。

三、论述题

结合我国财政支出的诸多不足，阐释如何提升财政支出绩效。

第三章　公共财政支出规模与结构

【知识要点】

公共财政支出规模是指在一定时期(通常为一个预算年度)内，政府通过财政渠道安排和使用财政资金的绝对额或相对比率。公共财政支出具有随人均收入提高而不断增长的趋势。公共财政支出结构是指各类财政支出占总支出的比重，也称财政支出构成。公共财政要求政府为社会提供公共物品，满足社会公共需要，更好地行使财政职能，确保经济健康发展和社会稳定。公共财政支出结构需要不断优化。

【引导案例】

“三公”经费是指政府部门人员因公款吃喝、公车消费及公费旅游产生的支出。2010年中央行政单位、事业单位和其他单位“三公”支出合计94.7亿元。2012年6月财政部公布，2011年中央行政单位、事业单位和其他单位的“三公”经费支出合计为93.64亿元。2014年3月5日，李克强在人民代表大会第二次会议上表示，2013年中央国家机关“三公”经费减少35%，31个省份本级公务接待费减少26%。2014年度中央部门“三公”经费支出合计58.8亿元，比上年减少11.35亿元，下降16.2%，比预算数减少12.71亿元，下降17.8%。2015年7月7日，中央部门再度晒账单，“三公”经费实现了五连降。虽然2010年至2015年“三公”经费支出呈现逐年递减趋势，但与国外相比，无论其规模，还是占财政支出比例，还是较高。因这“三项”费用的滥用导致社会对政府的普遍不满。

(资料来源：根据李克强总理在十二届全国人大二次会议报告等内容整理得到。)

试分析：

1. 与国外相比，“三公”经费仍然居高不下的原因。
2. 提出从根本上促使“三公”经费合理化的建议。

第一节　公共财政支出规模

公共财政支出规模是指一定时期(通常为一个预算年度)内，政府通过财政渠道安排和使用的财政资金的绝对量与相对量。

一、公共财政支出规模的增长趋势

经济发达国家历经 200 多年的实践证明：公共财政支出具有不断膨胀的趋势，且随着人均收入的提高，财政支出占 GDP 的比重也相应随之提高。

由于各国国情及每个国家历史发展阶段不同，因而不同国家以及同一国家的不同发展阶段，财政支出规模增长的幅度也不相同。大体体现出如下特点：一是发达国家由于经济发达、税源充足、满足公共需求能力强，一般财政支出占 GDP 比重较高，中央财政占整个财政支出的比重较低。而发展中国家却受经济不宽裕、需要加强中央控制的制约，其财政支出占 GDP 支出比重较低，中央财政支出占财政支出的比重相对较高。二是财政支出占 GDP 的比重一般呈逐渐上升趋势，但不会超过 60%的临界线。三是发展中国家尤其是各转型国家，该比例大都要经历一个 U 形的转换过程，转型前畸高、转型中下降、市场化后再逐步提高。

我国公共财政支出占 GDP 比重的发展变化除有其自身的特殊性以外，某些方面也符合上述特点。1978 年，中国财政支出占 GDP 的比重为 30.78%，到 1995 年曾下降到 11.22%，2008 年提高到 19.93%，2009 年为 22.38%，2010 年为 22.38%，2011 年为 23.09%，2012 年为 24.25%，2013 年为 24.65%，2014 年为 23.83%，2015 年为 27.63%。

改革开放后，我国财政支出增长率，除 1980 年、1981 年两年负增长外，其余年份都是正增长的，且增长速度较快。在“六五”时期，年均增长速度为 10.3%；“七五”时期，年均增长速度为 9.0%；“八五”时期，年均增长速度为 17.2%；“九五”时期，年均增长速度为 18.4%；2002 年，年均增长速度为 16.5%。所以财政支出增长率基本上是一条波浪式上升的曲线，有的年份波幅较大。但财政支出占 GDP 比重的运行则是另外一种情形：1995 年以前这段时间内，由于财政支出增长速度低于 GDP 增长速度，导致财政支出占 GDP 的比重一路下滑，1996 年才停止下滑，1997 年开始回升，而且回升速度较快。因此，改革开放后，我国财政支出占 GDP 比重运行的曲线呈现先逐年下滑而后又逐年回升的特征，这种发展变化的趋势体现了经济体制转轨时期的特征。我国财政支出增长率及小口径财政支出占 GDP 比重发展变化趋势见表 3-1 和图 3-1。

表 3-1　我国财政支出增长率及财政支出占 GDP 规模

年　份	预算内财政支出/亿元	财政支出增长率/%	小口径财政支出占 GDP 比率/%
1978	1122.09	33.00	30.78
1979	1281.79	14.23	31.55
1980	1228.83	−4.13	27.03
1981	1138.41	−7.36	23.27
1982	1229.98	8.04	23.11
1983	1409.52	14.60	23.64
1984	1701.02	20.68	23.60
1985	2004.25	17.83	22.23
1986	2204.91	10.01	21.46
1987	2262.18	2.60	18.76

续表

年　份	预算内财政支出/亿元	财政支出增长率/%	小口径财政支出占 GDP 比率/%
1988	2491.21	10.12	16.56
1989	2823.78	13.35	16.62
1990	3083.59	9.20	16.52
1991	3386.62	9.83	15.55
1992	3742.20	10.50	13.90
1993	4624.30	24.05	13.14
1994	5792.62	24.78	12.02
1995	6823.72	17.80	11.22
1996	7937.55	16.32	11.15
1997	9233.56	16.33	11.69
1998	10798.18	16.94	12.79
1999	13187.67	22.13	14.71
2000	15886.50	20.46	16.01
2001	18902.58	18.99	17.24
2002	22053.15	16.67	18.33
2003	24649.95	11.78	18.15
2004	28486.89	15.57	17.82
2005	33930.28	19.11	18.35
2006	40422.73	19.13	18.69
2007	49781.35	23.15	18.73
2008	62592.66	25.74	19.93
2009	76299.93	21.90	22.38
2010	89874.16	17.79	22.38
2011	109247.79	21.56	23.09
2012	125952.97	15.29	24.25
2013	140212.10	11.32	24.65
2014	151662.00	8.17	23.83
2015	175768.00	13.17	27.63

（资料来源：根据国家统计局历年《中国统计年鉴》和财政部网站数据资料整理而成。）

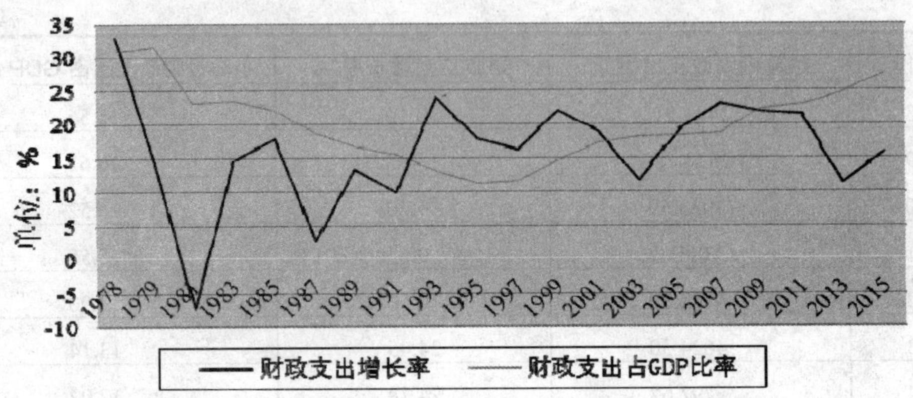

图 3-1　我国财政支出增长率及小口径财政支出占 GDP 比重变化趋势

二、公共财政支出规模增长的理论分析

(一)瓦格纳的政府活动不断扩大法则

德国最著名的财税学家、优秀的经济学家、资产阶级近代财政学的创造者阿道夫·瓦格纳是最早揭示财政支出变化规律的经济学家之一，他从历史发展的趋势来研究财政支出的总体趋势。

瓦格纳在考察了英国工业化革命以及当时的美、法、德、日的工业化状态之后，曾预言，现代工业急剧发展会引发社会进步的要求，而社会进步必然导致国家活动的增长。他认为："财政经济就是为筹集完成国家总体经济机能的任务所必需的物质辅助手段而不能不进行的活动，由此可见，财政经济活动范围必须随各时期的国家任务、国家活动的范围以及种类而决定。"因此，从不同国家和时代比较政府职能及财政支出规模，社会发展进步国家的中央及地方政府活动呈现有规律的扩大的趋势。这种扩大既属外延的又属内涵的，即在中央及地方政府不断提出新任务的同时，政府职能也在进一步扩大，对应的财政支出规模也必然扩大。

他据此提出了"政府活动扩张法则"，即瓦格纳法则。该法则具有如下含义：随着经济的工业化，不断扩大的市场和市场主体之间的关系更加复杂，市场关系的复杂化引起对商业法律和契约的需要，并要求建立一套司法组织执行这些法律；工业化的发展推动了城市化的进程，人口居住将密集化，由此将产生拥挤等外溢性问题，也需要增加公共部门进行干预和管理；当人们的收入增加时，教育、娱乐、文化、保健与福利等也在增强，财政支出水平随需求弹性而增强。这一理论的基本内容可以概括如下。

(1) 财政支出的增长幅度大于经济增长幅度，是一种必然趋势。

(2) 政府消费性支出占国民所得的比例是不断增加的。

(3) 随着经济发展和人均所得的上升，公共部门的活动将越来越重要，政府支出也逐渐增加。

(二)皮科克和威斯曼的梯度渐进增长理论

英国经济学家皮科克(Peacock)和威斯曼(Wiseman)在瓦格纳分析的基础上，根据英国1890—1955年的支出增长状态，于1961年提出了“梯度渐进增长理论”。该理论认为，财政支出的增长取决于内外两个因素。就内部因素而言，在一般情况下，经济发展、收入水平上升，税收也会随之上升，尽管政府希望多筹集收入，较多增加支出，但当公民一般不愿意多缴纳税收，政府无理由多征税时，财政支出随经济增长呈线性状态增长。就外部因素而言，当社会发生激变，如战争、经济危机和社会处于转型时期等情况时，政府会被迫增加税收，公民在危机时期也迫于形势愿意多承担税负，财政支出会急剧上升。在这种情况下，社会激变促使财政支出替代了较多的私人支出，而大大扩展了财政支出的相对规模。但是社会激变结束后，财政支出并不会退回激变前的水平，因为社会激变后留下许多问题，如战争留下的还债、抚恤等支出。经过混乱后，公众对社会问题有了较深刻的认识，会支持政府把混乱时的特定费用支出用于激变后维持安定的民用支出。这样，社会往往会进入一个新的支出水平并维持下去。

(三)马斯格雷夫和罗斯托的经济成长阶段论

美国经济学家马斯格雷夫(Richard A. Musgrave)和罗斯托(W.W.Rostow)则用经济发展阶段论来解释公共财政支出总量及结构变化的趋势，提出“经济成长阶段论”。该理论认为，在市场经济发展的不同阶段，财政支出会有不同的侧重点和结构组合。在经济发展早期，政府为经济发展提供社会基础设置(如道路、环境卫生、法律等)，这些投资成为经济起飞的必备条件，这时，政府投资占全社会投资的比重较高。但随着经济的发展及私人经济发展的壮大，这种投资比例会下降，政府的投资开始转向公共产品提供领域和对私人投资领域补充作用的方面，但由于这一时期，市场失灵的问题日益突出，成为阻碍经济发展进入成熟阶段的关键因素，从而在市场起基础作用的同时，要求政府部门加强对经济的干预。对经济的干预显然要以财政支出的增长为前提。随着经济进入成熟阶段后，财政支出的结构会发生相应的转变，公共支出将从基础设施转向教育、社会保障等领域，而且这方面支出的增长将显著快于其他支出的增长，甚至快于GDP的增长速度。在大量消费阶段，目的在于维持收入和推行收入再分配的项目将在公共支出中占较大比重，主要基于提高国民素质和经济福利水平。这些都要求公共支出不断增加。马斯格雷夫认为，公共财政支出不断增加的决定因素主要有经济、人口与社会政治因素等。

(四)鲍莫尔法则

美国经济学家鲍莫尔(Baumol)对财政支出不断增长的原因从公共部门平均劳动生产率状况的角度进行了分析。他在论文《不均衡增长的宏观经济学》(1976)中指出，随着时间的推移，既定数量的公共品价格相对于既定数量的私人产品之间的价格会上升，如果对于公共部门活动的需要是无弹性的，就必然造成财政支出不断增长的趋势。

鲍莫尔按技术进步的程度将经济部门划分为进步部门和非进步部门。进步部门是指由于技术进步的规模经济导致人均劳动生产率大幅度提高的部门；非进步部门是指劳动生产率提高缓慢的部门。两个部门的差异源于技术和劳动发挥作用的程度不同。在进步部门中，劳动只是一种基本手段，它被用来生产最终产品，因而劳动可以由资本替代，如在生产中用机器来替代劳动，而这并不会影响到生产出来的产品的性能。而在非进步部门中，劳动往往就是最终产品，因而劳动投入的减少就可能引起产品性能的改变，如政府的服务、手工业等劳动密集型产业，这些部门的劳动生产率并不是没有提高的可能性，只是其提高的速度相对缓慢而已。

私人部门劳动生产率的提高，将引起部门工资水平的上升。而公共部门为了得到应有的劳动投入量以向社会提供足够的服务，其工资水平的提高必须与私人部门保持同步。这将使得公共部门提供服务的单位成本相对上升，于是就必然会形成财政支出不断增长的趋势。

三、公共财政支出规模的影响因素

一个国家或地区一定时期内财政支出规模的变动涉及多种复杂因素，与当时的政治经济条件、国家的方针政策、国际环境等都有密切联系。概括起来，主要有以下三个方面的因素。

(一)经济因素

经济因素是制约财政支出规模的最根本因素。经济因素主要是指一国或一个地区的经济发展水平、经济体制类型、经济结构、经济发展方式和政府干预经济的程度等。

(1) 经济发展程度。一定时期经济发展水平从根本上制约着国家财政所能聚集的财力规模，因而也就制约着财政支出的规模。没有财政收入的数量增加，就不可能有财政支出规模持续地扩大。

(2) 经济发展速度。随着经济的发展速度增快，必然带来其他社会事业如科教文卫、行政管理、国防、城市公用事业、社会保障等规模的不断扩大，这都要求财政安排相应数量的资金，财政支出规模必然随之膨胀。

(3) 经济体制。经济体制及与之相适应的财政分配体制的选择对财政支出规模的影响非

常重要。一般而言，在实行计划经济体制的国家，财政支出规模大一些，而在实行市场经济体制的国家，如果财政活动范围比较宽，分配体制的集中度比较高，财政支出规模都比较大。相反，同样是在实行市场经济体制的国家，如果财政分配活动范围较小，参与再分配的能力有限，分配体制相对分散，其财政支出规模就较小。

(4) 经济发展方式。如果是粗放式经济发展方式，财政支出效益低，取得相同绩效前提下财政支出规模要比集约式经济发展方式下财政支出规模大。

(5) 政府干预经济程度。显而易见，政府干预经济程度与财政支出规模成正比。

(二)政治因素

政治因素对财政支出规模的影响主要表现在以下三个方面。

(1) 政府的职能。财政是实现政府职能的手段，政府的职能决定了政府活动的范围，也决定了财政支出的范围和规模。随着生产社会化程度的提高、政府的管理职能和对经济运行的宏观调控功能的不断加强及市场规模的不断扩大，相应要求财政支出的规模也不断扩大。

(2) 社会稳定。当一国或地区出现社会动荡如政局不稳定或战事冲突等事件时，往往导致财政支出的大幅度增长。

(3) 政府行政效率。一般来说，一国政体结构的行政效率越高，政府机构越精简，经费开支必然越少；反之，若政府机构臃肿，人浮于事，效率低下，经费开支就必然多。

(三)社会因素

(1) 人口问题。财政支出规模同人口因素有着更为直接的关系。如果维持原有的消费水平不变，那么支出的规模会因人口增加而扩大。如果要提高消费水平，那么支出的规模将会更加膨胀。人口数量制约财政支出规模主要表现在：①人口总量的增长，要求政府财政相应增加用于社会生产、科教文卫、行政管理以及其他事业的支出；②适龄劳动人口的增加，要求财政增加就业及再就业方面的支出；③老年人口的增加，要求财政相应增加老年人生活设施的投资和赡养费用的支出。特别是我国这样的人口大国，又是发展中国家，人口对财政支出规模的影响更是不可忽略。

(2) 国际环境。国际环境包括国际经济环境和政治环境两个方面。全球经济一体化的发展进程有利于世界经济快速发展，当在一定范围内出现经济危机时，各国为维护国民经济的稳定发展，就需要有相应的财政政策和财政支出的扶持。同时国际政治环境尤其是周边国家的环境，及其对该国政局的稳定和社会安定的影响，也是制约财政支出规模的重要因素之一。

上述经济因素、政治因素和社会因素都是基于宏观角度分析的，但合理的财政支出规模，不仅需要分析影响财政支出的宏观因素，而且需要分析和控制影响财政支出的微观因素。如政府提供公共物品的需求度、公共物品的成本和价格、公共物品的质量、政府当期的政策目标、一国消费的风俗习惯等，都会影响财政支出的规模和结构。

第二节　公共财政支出结构

公共财政支出结构是指各类财政支出占总支出的比重，也称财政支出构成。公共财政支出结构可综合反映一国政府活动的方向和范围。

一、制约公共财政支出结构的基本因素

公共支出作为政府实现其职能的基本经济手段，体现政府的工作重心和经济社会发展的目标。但公共支出总量及各项支出的数量是不能随意而为的，它受到政治、经济等多种因素的制约。由于政府的工作重心不同及政府的经济与社会发展的目标不同，所以在不同的历史时期，随着政府工作重心的转变，国家采取的方针、政策的变化，财政支出结构也会相应发生变化。或是调整支出的项目，或是增减支出的数量，使一定时期财政资金的流向与比例同一定时期政府的工作重心及经济与社会发展目标相一致，这样才能保证政府所承担的政治经济任务的完成及发展目标的实现。

制约公共财政支出结构的因素如下。

(一)政府职能

政府的职能影响着公共支出的结构。政府职能是一个动态的发展过程，在经济发展的不同阶段，由于经济体制的变化以及人们在认识上存在的差异，政府职能、范围及侧重点也会存在着差异，相应地也就决定了公共支出结构也存在差异性。

(二)经济发展阶段

实践证明，随着经济发展阶段的提升，公共财政支出结构变化是有一定规律的：政府的经济性支出占公共支出的比重呈明显的递减趋势；社会服务性支出占公共支出的比重呈递增的趋势；政府维持性支出占公共支出的比重呈明显的递减趋势；社会服务性支出内部转移支付支出呈急剧上升的趋势。因为，在经济发展的早期阶段，社会需要大量基础设施，而这些是市场主体不愿意投资或没有能力投资的，这一时期公共支出中的投资会占很大比重。在中期阶段，市场体系发展比较完善，私人资本积累达到了一定的水平，那些需要由政府投资的具有较大外部经济效应的公共基础设施已基本建成，财政的公共投资会下降。在成熟时期，人们对生活质量提出了更高要求，私人消费的补偿性支出处于显著地位。这一阶段，公共支出中公共消费支出将占主导地位。

(三)经济发展水平

发达国家鉴于其综合国力强盛、财力基础雄厚，因此公共集中度相对较高、结构更富

有活力。转移性支出占整个支出的比重较高，尤其是社会保障支出比例较高；中央财政支出占财政支出的比重较高，并且其购买性支出占财政支出的比重比较低，大体维持在 40%左右的水平，将更多财力通过转移支付让渡给地方。发展中国家因其经济基础薄弱，法制薄弱，因此在支出规模与结构上反映出这样的特点：财政支出占 GDP 的比重较低，一般在 20%～25%之间；采购性支出比例较高；地方支出一般占财政支出的比重较高。

(四)政府在一定时期的社会经济发展政策

政府在一定时期的大政方针和经济社会发展目标直接影响政府公共财政支出结构。比如，我国若以“保增长、保民生、保稳定”为政策目标，则相应财政支出在民生方面的投入占整个财政支出的比重就上升。

二、我国公共财政支出结构的演进与优化

(一)我国公共财政支出结构的演进

我国作为一个发展中国家，财政支出结构具有发展中国家的一般特征。1978 年我国改革开放以后，国家高度集中社会资源的状态已被改变。财政支出从“建设财政”迅速转变为“吃饭财政”，政府及其财政不再承担基础性资源配置任务。财政投资在全社会资产投资中所占比重大幅度下降，并且从“生产领域”退到“基础设施”等非营利性领域。传统的“单位保障”状态开始打破，财政对社会保障承担越来越大的直接责任。同时，在全部财政支出中，购买性支出所占比重有所下降，而转移性支出所占比重有所上升，这是财政支出结构优化的一种表现。具体来看，财政支出结构优化主要表现为：①经济建设费所占比重自 1998 年以来有所下降，但仍占财政支出的较大比重，超过 30%(发达国家直接用于经济建设的支出未达到 30%)。②社会文教费用所占比重自 1998 年以来总体上有所提高，但幅度不大。③国防费所占比重下降。④行政管理费所占比重较高，这一点要引起关注。

随着我国经济发展水平的不断提升和体制制度的不断完善，公共财政支出结构应以民生为调整取向，以科学发展观为指导，促进人的全面发展，相应要求对社会保障、健康和教育投入加大。立足可持续发展角度，财政支出要考虑资源的合理开发和环境保护，发展循环经济和低碳经济，减轻持续的能源环境压力。要加大财政转移支付力度，缩小收入分配差距。

(二)我国公共财政支出结构的优化

1. 我国公共财政支出结构优化的基本原则

(1) 满足政府职能的原则。在社会主义市场经济体制下，政府职能主要是通过财政参与

社会资源配置、弥补市场缺陷、为社会提供必不可少的公共产品和公共服务来实现的，公共财政支出要满足政府实现职能的需要。所以，科学界定政府公共支出预算范围特别重要。

(2) 兼顾公平效率的原则。该原则要求政府在公共支出分配中做到合理、公开、透明，对社会资源要优化配置，即政府公共支出预算规模要适当、公共支出结构要合理。

(3) 体现政府政策目标的原则。公共财政支出是政府调控经济，实现其社会经济目标的重要工具。因此，公共财政支出结构必然且必须体现政府当时的政策目标。如果二者不一致，必然出现逆向调节，政府的政策目标就难以实现。

2. 我国公共财政支出结构优化的措施

(1) 完善政府职能。市场经济体制下政府的一个重要职能是提供“公共物品”。在这里，所说的公共物品包括国防、基础设施建设、文化、科技、教育、公共卫生、环保等企业和个人不愿意或不能举办而又是社会存在和发展所必需的事务，即只有社会共同需要的事务，政府财政才能提供资金支持。因此，政府公共支出预算的范围，应主要限定在国家机关及那些代表社会共同利益和长远利益的非营利的领域或事务，将不属于这个范围的领域或事务逐步推向市场，由企业和个人去兴办或由市场机制去调节。

(2) 提高政府行政效率。政府必须在法律框架下维护市场秩序，进行宏观调控，提供公共物品，也就是说政府的所有行为要受法律约束。因此，必须完善相关法律，在法律框架下提高政府效率，要增强“政府提供公共产品和公共服务”决策程序的透明度。要深化政府机构改革，大力压缩政府运行成本，保证政府机构的正常运转，同时，合理确定财政支出的范围。但是，也必须注意到，行政机构的数量与规模、行政经费供给的数量也必须和市场经济体制的要求相适应。供给规模过小，不能满足政府提供公共产品的需要；供给规模过大，在财政收入一定的情况下，将阻碍其他事业的发展，导致财政支出结构的不合理和财政收支矛盾的恶化。

(3) 科学界定财政支出范围。在市场经济条件下，财政应以满足社会公共需要为标准参与社会资源的配置，政府公共支出范围必须以社会公共需要为标准来界定和规范。一般而言，政府公共支出的范围界定如下：一是消耗性支出。一般是指政府直接配置、直接消耗的支出。主要包括国防支出，对外事务支出，各级政府、人大、政协、检察院、法院支出，基础教育、基础科研、卫生保健等公益性事业支出。二是转移性支出。一般是指政府不直接消耗，而是通过再分配转移出去由社会消耗的支出。主要包括价格补贴等。三是公共工程等民生支出。一般是指用于公益性基础设施的支出。

(4) 完善预算管理体制。理论界普遍认为应通过以下三个方面完善预算管理体制。一是推进部门预算改革。这既是优化支出结构的需要，又是实现依法理财的客观需要。采用科学零基预算、绩效预算等先进科学的预算编制方法，以提高公共资金的使用效率。二是全

面推行政府采购制度。扩大政府采购的范围；建立统一的信息治理系统；优化组合采购方式。三是推行国库集中收付制度(会计集中核算)。国库集中收付制度遵照国际惯例的要求，有利于公正、公开、公平和优化政府收支行为，提高其效率。

(5) 建立、健全财政支出绩效监督制度。作为财政监督的重要组成部分，财政支出绩效监督是指财政部门以提高财政资金分配与使用效益为目的，在有效开展财政支出合规性监督的基础上，运用科学、规范的绩效监督方法，按照绩效的内在原则，对照部门预算要求，对财政支出行为过程及其结果进行客观、公正的制约和反馈。做好财政支出绩效监督，必须要从经济性、效率性和效益性三者之间的相互联系中对公共财政资金支出情况进行综合考察、分析，才能得出客观、公正的结论。因此，加强对财政资金使用效益的监督，是为确保财政资金无论在数量上还是结构上真正发挥效果的重要举措。

3. 当前优化公共财政支出结构的重点

目前，政府投资要从一般竞争性生产领域中退出，转向基础设施和保障民生、促进可持续发展的领域上。具体包括：①继续对能源、交通运输和农业等方面增加投资，提高基础产业的供给水平。②对供水、供气、居民取暖、用电、公共交通等公用事业，可增加投资加快其发展。③增加对道路、桥梁、农田、水利、排水、排污等基础设施和城市公共设施的建设投资。④逐步扩大环境保护方面的投资支出，如重视生态保护，加大对治理河流、空气污染工程和国土整治、城市绿化的投入等环境保护、污染源综合治理等项目工作，发展循环经济、低碳经济，保护生态环境，使环境质量明显改善。保证社会保障支出是事关经济改革、发展和社会稳定的一个全局问题，政府在当前和今后一个时期，应在养老保障、失业救济及城市居民最低生活保障等方面加大投入。建立和健全社会保障体系，加大对低收入者的福利性住房投资；继续增加教育及医疗卫生投资。要加大教育及医疗卫生投资力度和优化教育及医疗卫生支出结构。加大科技、文化、体育事业投入力度，完善公共卫生体系。从发达国家看，社会保障支出呈不断上升的趋势，所占财政支出的比重一般为40%。虽然我国社会保障支出无法达到西方国家那样的水准，但从长期趋势看，不断提高社会保障支出比重已日益成为财政运行发展的一个基本规律和国际经验。

复习思考题

一、名词解释

公共财政支出规模　瓦格纳法则　公共财政支出结构　梯度渐进增长理论　经济成长阶段论　鲍莫尔法则

二、问答题

1. 发达国家的公共财政支出增长趋势如何？
2. 西方财政理论是如何解释公共财政支出规模不断增长的？
3. “梯度渐进增长理论”阐述的基本原理是什么？
4. 影响公共财政支出规模的因素有哪些？
5. 针对当前经济情况，论述优化我国公共财政支出结构应采取哪些对策。
6. 制约公共财政支出结构的因素有哪些？

第四章　购买性支出

【知识要点】

公共支出可分为购买性支出和转移性支出两类，而购买性支出又包括社会消费性支出和财政投资性支出两种。掌握购买性支出的概念、种类、性质和内容，对购买性支出结构诊断、合理结构定位、政策供给及高效配置资源具有重要意义。社会消费性支出主要包括行政支出、国防支出、科技支出、教育支出等。在财政投资性支出内容中，要掌握财政投资的特点、投资原则、投资内容及其绩效评价。重点掌握基础设施支出和农业财政支出两部分内容。这些支出大都是无偿的，在这部分内容中我们还要重复介绍财政投融资制度的相关内容。

【引导案例】

教育支出与学生成绩关联分析

为了确定在公立学校中教育经费支出和学生成绩之间是否存在某种关系，美国联邦政府的《全国教育进展评价》(NAEP)计划常常被用来测量学生的受教育水平。对于参加 NAEP 计划的 35 个州，表 4-1 给出了每名学生每年的经常性教育经费支出和 NAEP 测试综合分数的统计数据。综合分数是数学、自然科学和阅读三门课程 2009 年 NAEP 测试分数的总和。满分是 1300 分。对于未参加 NAEP 计划的 13 个州，则给出了每名学生每年的经常性教育经费支出。

表 4-1　参加 NAEP 计划的州学生每年经常性教育经费支出和 NAEP 测试综合分数

州序号	教育经费支出/美元	综合分数/分	州序号	教育经费支出/美元	综合分数/分	州序号	教育经费支出/美元	综合分数/分
1	4049	581	13	4041	618	25	3280	650
2	3423	582	14	5247	625	26	5515	657
3	4917	580	15	6100	625	27	7629	657
4	5532	580	16	5020	626	28	6413	658
5	4304	603	17	4520	627	29	5410	660
6	3777	604	18	8162	628	30	5477	661
7	4663	611	19	4521	629	31	5060	665
8	4934	611	20	6554	638	32	4985	667
9	4097	614	21	5338	639	33	6055	667

未参加NAEP计划的13个州每名学生每年的经常性教育经费支出分别为3602、4067、4265、4658、5164、5297、5387、5438、5588、6269、6391、6579、7890美元。

(资料来源：http://www.1000tj.com/detail.aspx?id=460603，根据统计案例：美国教育经费支出和学生成绩整理而成。)

试分析：

1. 利用回归分析研究每名学生的教育经费支出和NAEP测试综合分数之间的关系，并对研究结果进行讨论。

2. 根据这些数据求出估计的回归方程，你认为能利用它来估计未参加NAEP计划州的学生的综合分数吗？

3. 对未参加NAEP计划的州，求出学生综合分数的估计值。

4. 根据上面的分析，你认为学生的教育水平与州教育经费支出的多少相关吗？

第一节　社会消费性支出

一、社会消费性支出的含义及特点

(一)社会消费性支出的含义

社会消费性支出是政府直接在市场上购买并消耗商品和服务所形成的支出，是购买性支出的两大组成部分之一。社会消费性支出是国家执行其政治和社会职能的财力保证。社会消费性支出包括行政管理支出、国防支出、科技支出、教育支出等。社会消费性支出可分为公共消费支出和个人消费支出两个部分。凡是购买的商品和劳务是由集体共同享受的，属于公共消费，如机关办公用品、城市公共设施等；凡是购买的商品和劳务是由个人单独享受的，属于个人消费，如行政事业单位人员个人工资、津贴等。社会消费性支出与投资性支出同属购买性支出，其最大区别在于前者是非生产性的消耗性支出，并不形成任何资产，但两者都是社会再生产正常运行所必需的。近年来，我国的社会消费性支出始终保持着稳步增长的态势，在保证国家主权及领土完整、维护国内政局稳定、促进社会各项事业的健康发展方面发挥了巨大作用。社会消费性支出的满足社会共同需要的本质构成了财政活动存在的客观依据。

(二)社会消费性支出的特点

与政府转移性支出和投资性支出相比较，社会消费性支出表现出如下几个特征。

(1) 社会消费性支出的结果会使社会产品消耗，价值丧失，不能收回或补偿。

(2) 社会消费性支出具有连续性，只要消费单位存在，就得连续不断地支出。

(3) 社会消费性支出同人们的切身利益、眼前利益密切相关，具有增长刚性。

(4) 消费性支出很少受到技术经济条件的制约。

二、行政管理支出

(一)行政管理支出的构成

行政管理职能是政府众多职能中的一项最基本职能，是国家依法行使国家权力、组织和管理国家事务的活动。行政管理支出是财政用于国家各级权力机关、行政管理部门、司法检察机关和外事机构行使其职能所需的经费。行政管理支出规模由多种因素形成，而且具有历史延续性。行政管理支出具体包括行政支出、公检法支出、外交支出及对外援助支出等。其中，行政支出包括国家机关经费、行政业务费、干部培训费及其他行政经费；公检法支出包括司法检察支出和公安、安全支出两个二级科目；外交支出是我国进行外交活动所开支的经费，包括驻外机构经费、各级党政机关与各民主党派和人民团体出国访问经费，还包括外国代表团招待费、向外国政府或国际组织的捐赠支出等；对外援助支出包括成套项目支出、一般物资支出、优惠贷款援助本金及贴息支出、医疗援助支出、科技合作援外支出和其他支出。

(二)行政管理支出规模变化的一般规律

行政管理支出规模增长的刚性，即支出的绝对数增长是一个规律，这一规律已经被各国的实践所证实。其原因在于：第一，社会经济发展使得经济活动日益复杂，经济关系的复杂和交易活动的频繁使得公共事务日益增多，原有机关的扩大和新设机关都使得人头费和行政业务费增加。第二，工业化、城市化、市场化转型期的人际关系日益复杂，贫富分化以及人群间分层增多，必然会导致犯罪率和违法事件的增加，为了保证社会有序运行，用于维持社会秩序的机关经费必须增加。第三，随着国际化浪潮和中国在国际事务中发挥越来越重要的作用，国际交往和外事活动变得频繁起来，驻外机构费用、国际援助费用、国际维和费用显著增加成为必然。尽管行政管理支出的绝对数是增长的，但它在财政支出总额中所占比重应该呈下降趋势，世界各国的实践经验都已证明了这一点。

(三)行政管理费规模及国际比较

我国行政管理费规模分析。我国行政管理费规模变化情况如表 4-2 所示。

表 4-2　行政管理费规模变化情况

年　份	行政管理费/亿元	行政管理费增速/%	行政管理费占GDP 的比重/%	财政总支出/亿元	财政总支出增速/%	行政管理费占财政总支出的比重/%
1978	49.09	13.3	1.35	1122.09	33.0	4.37
1980	66.79	16.7	1.47	1228.83	−4.1	5.44
1985	130.58	4.3	1.45	2004.25	17.8	6.52
1990	303.10	15.8	1.62	3083.6	9.2	9.83
1995	872.68	19.6	1.44	6823.7	17.8	12.79
2000	1787.58	17.2	1.80	15 887	22.5	11.25
2004	4059.91	18.1	2.54	28 487	15.6	14.25
2005	4835.43	19.1	2.64	33 930	19.1	14.25
2006	5639.05	16.6	2.66	40 422.73	19.1	13.95
2007	8514.24	—	3.20	49 781.35	23.2	17.10
2008	9795.92	15.1	3.12	62 592.66	25.7	15.65
2009	9164.21	−6.4	2.69	76 299.93	21.9	12.01
2010	9337.16	1.9	2.33	89 874.16	17.8	10.39
2011	10 987.78	17.7	2.32	109 247.79	21.6	10.06
2012	12 700.46	15.6	2.44	125 952.97	15.3	10.08
2013	13 755.13	8.3	2.42	140 212.10	11.3	9.81
2014	13 876.21	0.88	2.18	151 662.0	8.2	9.15
2015	13347.27	−3.81	1.97	175 768	15.8	7.59

注：表中的 2006 年以前的行政管理费是“国家财政主要支出项目”内的行政管理费，包括公检法司支出和外交外事支出。2006 年的行政管理费根据 2007 年的《中国统计年鉴》相关数据整理而成。

由于 2007 年全国财政预算实施了政府收支分类改革，现行的“一般公共服务”相当于 2006 年及以前的“行政管理费”。因此，2007 年(包括)以后，用“一般公共服务”代替“行政管理费”。2015 年数据来源于前瞻网文章《2015 年 11 月我国一般公共服务财政预算支出分析》中的 1～11 月数据加总，第 12 月数据取自前 11 个月的平均值。

从表 4-2 中可以看出，我国行政管理支出规模呈现以下特点。

(1) 我国行政管理费绝对规模过大。表现在两个方面：一是行政管理费占 GDP 的比重增加过快。只是从 2014 年起，增速回落。二是行政管理费占财政支出的比重呈抛物线发展。我国这一指标 1978 年仅为 4.37%，2007 年该比重达到 17.10%，创历史新高。2007 年以后，该比重迅速回落，2015 年降低至 7.59%。

(2) 从弹性理论上讲，行政管理费弹性系数是衡量行政管理费规模是否合理的又一项指标。行政管理费弹性系数是行政管理费增长率与财政支出增长率的比值，通常情况下，该比值应该在 0～1 之间。从 1980—2015 年，许多年份都在 1 以上，有些年份远远大于 1。说

明我国行政管理费用的支出在规模化的同时，更加需要合理化。

(3) 在国际比较中我国行政管理支出明显过大。部分国家 2006 年一般公务支出占财政总支出的比重如下：法国为 13.3%，德国为 12.5%，韩国为 13.2%，美国为 13.5%，而中国的比重为 15.7%[①]。2006 年我国行政管理费占财政支出的比重相比其他国家高出 2～3 个百分点。以美国为例，2007 年行政支出占政府财政支出的比重下降到 10%，而我国竟高达 17.1%。可见，与很多国家相比，我国的行政管理费支出规模都明显过大。

(4) 影响行政管理支出的因素较多，主要有政府职能和机构设置、政府效率、社会经济的增长因素、财政收支水平、通货膨胀等各方面。

三、国防支出

(一)国防支出的内容

国防承担着一个国家对外防御、对内维持秩序的基本国家职能，是一种面向全体社会成员提供的公共服务。该种公共服务无法通过市场机制作用提供，因为该种公共服务具有非排他性和非竞争性特点，属于纯公共产品，必须由国家来提供。国防支出就是指政府预算中用于国防费用的总和。

不同的国度和出于不同时期的具体防务需要，各国国防支出的内容变化很大且无一个固定的模式，但基本上都可以划分为维持费和投资费两大类。维持费主要用于维持军队的稳定和日常活动，提高军队的战备程度，是国防建设的重要物质基础，包括军事人员经费、军事活动经费、武器装备维修保养费和教育训练费。投资费主要用于提高军队的武器装备水平，是增强军队战斗力的重要条件，主要包括武器装备的研制费、武器装备的采购费、军事工程建设费和防控费。

我国国防支出项目包括人员生活费、训练维持费和装备费。国防费的保障范围，既包括现役部队，又包括民兵和预备役部队，并负担部分军官供养、军人子女教育、支援国家经济建设等方面的社会性支出。每年增加的国防费，主要是用于改善军人工资待遇和部队生活条件、加大军事装备和基础设施投入、支持军事科研建设、平抑物价上涨因素、增加非传统安全领域国际合作费用等。近年来，中国国防费中人员生活费、活动维持费和装备费成三足鼎立之势。

(二)我国国防支出规模及其增长趋势

我国国防支出规模及其增长趋势见表 4-3。我国国防支出占财政总支出和 GDP 的比重如图 4-1 所示。

① 国际货币基金组织. 政府财政统计年鉴，2007 年。

表 4-3　我国国防支出及其增长趋势

年　份	国防支出/亿元	国防支出占财政总支出的比重/%	国防支出占GDP的比重/%	年　份	国防支出/亿元	国防支出占财政总支出的比重/%	国防支出占GDP的比重/%
1983	177.13	12.57	2.97	2000	1207.54	7.6	1.22
1984	180.76	10.63	2.51	2001	1442.04	7.63	1.32
1985	191.53	9.56	2.12	2002	1707.78	7.74	1.42
1986	200.75	9.1	1.95	2003	1907.87	7.74	1.4
1987	209.62	9.27	1.74	2004	2200.01	7.72	1.38
1988	218	8.75	1.45	2005	2474.96	7.29	1.35
1989	251.47	8.9	1.48	2006	2979.38	7.37	1.41
1990	290.31	9.41	1.56	2007	3554.91	7.14	1.38
1991	330.31	9.75	1.52	2008	4178.76	6.68	1.39
1992	377.86	10.1	1.4	2009	4951.10	11.28	1.48
1993	425.80	9.17	1.21	2010	5333.37	5.93	1.33
1994	550.71	9.5	1.14	2011	6027.91	5.52	1.27
1995	636.72	9.33	1.05	2012	6691.92	5.31	1.29
1996	720.06	9.07	1.01	2013	7410.62	5.29	1.30
1997	812.57	8.8	1.03	2014	8082	5.33	1.27
1998	934.70	8.66	1.11	2015	91149	5.19	1.43
1999	1076.4	8.16	1.2				

(资料来源：根据 1979—2015 年的《中国统计年鉴》及相关数据整理而成。)

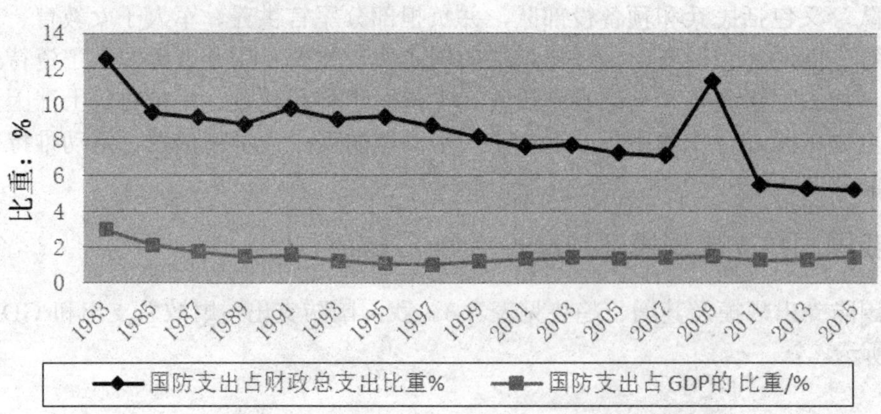

图 4-1　国防支出占财政总支出和 GDP 的比重

从表 4-3 和图 4-1 中可以看出，1978—2015 年，我国国防支出占财政总支出的比重总体上呈下降趋势。除 1978—1984 年、1992 年外，其他年份比重都在 10%以下，2010 年甚至降到了 6%以下。这种状况表明自改革开放以来，我国财力已经完全转到以经济建设为中心上来了。进入 21 世纪，虽然中国国防支出的绝对额从 2001 年的 1442.04 亿元增加到 2015 年的 9114.9 亿元，但中国国防支出的相对规模变化不大，2001—2015 年国防支出占 GDP 的比重都在 1.2%～1.5%之间。按照 2015 年财政预算，中国国防支出将增加 10.1%，升至 8868.98 亿元(约 1450 亿美元)。相较于 2011 年的 12.7%，2012 年的 11.2%，2013 年的 10.7%，2014 年的 12.2%，中国军费已连续 5 年呈两位数增长，但增幅创 5 年来最低。

影响我国国防支出的因素很多，包括政治、经济、兵役制度、国防支出效率和地域等因素。关于国防费的合理规模也必须从国际和国内安全形势出发进行战略性综合判断。

四、科学技术支出

科技支出内容包括研究与发展(R&D)、科技成果转化与应用、科技服务三个方面。从财政角度来讲，科学技术属于混合公共物品。市场主体有支出的动力，同时有些科技支出必须政府投资。科技是第一生产力，不仅可以引导社会文明进步，能促进生产力发展，而且可以推动市场关系变革，推动市场经济发展。

(一)我国科技支出的现状

我国科技支出不足体现在总量不足和比例偏低两个方面，以科学研究支出为例可说明我国科技投入情况，见表 4-4。

表 4-4　财政用于科研的支出

年　份	科学研究支出/亿元	占财政支出的比重/%	占 GDP 的比重/%
1996	348.6	4.39	0.51
1999	543.9	4.12	0.66
2000	575.6	3.62	0.64
2001	703.3	3.72	0.73
2002	816.2	3.70	0.75
2003	975.5	3.96	0.83
2004	1095.34	3.85	0.69
2005	1334.91	3.93	0.73
2006	1688.5	4.18	0.80
2007	1783.04	3.58	0.69
2008	2129.21	3.4	0.71

续表

年　份	科学研究支出/亿元	占财政支出的比重/%	占 GDP 的比重/%
2009	2744.52	3.60	0.81
2010	3250.18	3.62	0.81
2011	3828.02	3.50	0.81
2012	4452.63	3.54	0.86
2013	5084.30	3.63	0.89
2014	5254	3.46	0.83
2015	712355	3.56	0.93

(资料来源：据 1996—2015 年《中国统计年鉴》(中国统计出版社)及相关数据整理而成。)

从表 4-4 中可以看出，我国财政用于科学研究的支出是逐年增加的，特别是“十五”时期增长幅度较大，但占财政总支出的比重和占 GDP 的比重并没有明显提高，而且占财政总支出的比重在逐年降低。2008 年以来，总量虽然逐年增加，但占财政支出的比重和占 GDP 的比重分别维持在 3.5%和 0.8%左右。

另外，据统计，在“十二五”期间，我国科技经费支出中，研究与发展(R&D)经费的投入有较大进展，2014 年比 2010 年增长了 1 倍多，其中企业自筹资金已经超过 76%，R&D 经费占 GDP 的比重已经由 2010 年的 1.76%上升到 2014 年的 2.09%，基本上是每年提高 0.1 个百分点。[①]但我国与世界发达国家的水平相比还有很大差距。2007 年，绝大多数发达国家的 R&D 经费强度(研究开发经费与区域生产总值之比)都在 2%以上，以色列甚至超过 4%。高水平的 R&D 经费投入强度是这些国家具有较高创新能力的保障。“十三五”期间，在“全民创业、万众创新”的大背景下，中国研发经费投入强度再创历史新高，国家财税对科技创新扶持作用增强。2015 年全国研发经费投入总量为 1.4 万亿元，比 2012 年增长 38.1%，年均增长 11.4%；目前我国已成为仅次于美国的世界第二大研发经费投入国家。2015 年我国研发经费投入强度(研发经费与 GDP 之比)为 2.10%，比 2012 年提高 0.17 个百分点，已达到中等发达国家水平，居发展中国家前列。

(二)国家的科技投入政策

(1) 实施激励企业技术创新的财税政策。财税政策能诱导并鼓励企业增加研究开发投入，增强技术创新能力。例如，实施消费型增值税，将企业购置的设备已征税款纳入增值税抵扣范围，可积极鼓励和支持企业开发新产品、新工艺和新技术，加大企业研究开发投入的税前扣除等激励政策的力度；实施促进高新技术企业发展的税收优惠政策；结合企业所得税和企业财务制度改革，鼓励企业建立技术研究开发专项资金政策；允许企业加速研究开发仪器设备的折旧；对购买先进科学研究仪器和设备给予必要税收扶持政策；加大对

① 国家统计局. 中国统计年鉴(2007)，北京：中国统计出版社，2008。

企业设立海外研究开发机构的外汇和融资支持力度，提供对外投资便利和优质服务的财税政策等。

(2) 支持引进技术消化、吸收和再创新，支持重大技术装备研制和重大产业关键性技术的研究开发。

(3) 实施促进自主创新的政府采购。制定《中华人民共和国政府采购法》实施细则，鼓励和保护自主创新。建立政府采购自主创新产品协调机制。

(4) 探索以政府财政资金为引导，政策性金融、商业性金融资金投入为主的方式。

五、教育支出

(一)教育支出的属性定位

教育发达程度、教育投入水平常常是衡量一个国家民族素质和文明程度的重要标准。从经济角度分析，教育可以促进劳动力再生产，提高劳动者素质，同时教育还可以促进科技向生产力的转化，增加社会福利水平。百年大计，教育为本，教育分初、中、高级三个层次。世界上多数国家对初级教育都通过法律规定为义务教育，其目的是为保证公民的基本素质。从经济性质上看，义务教育属于纯公共物品。义务教育的纯公共物品属性定位决定了该项事业要由政府承担。而义务教育之外的高层次教育，如高等教育、职业教育和成人教育等，则具有两面性。一方面高层次教育是提高公民素质的教育，可以为国家培养建设人才，从而促进社会经济的发展。从这一角度说，高层次教育属于公共物品范畴。另一方面，受教育者可以从高层次教育中获得更多的知识和更高的技能，为将来自己的发展奠定基础。但同时，教育是一种内部收益和外部收益相统一的过程，个人可以从高层次教育中得到内在化和私人化的利益，而且每个个体接受高层次教育就会减少另一个个体的高层次教育。按公共物品理论，教育具有一定的非排他性和一定的竞争性。所以，现在市场经济条件下的高层次教育属于混合物品。现在，高层次教育已经成为家庭的一种消费，既然是消费，就要根据自己的经济、智力实力来选择。高层次教育混合性公共物品的定位，决定其提供可由政府提供，也可由市场提供。

(二)我国教育经费支出的状况

根据教育支出的特点，各国政府特别是发展中国家政府一般是在提供教育服务方面发挥主导作用。从我国教育经费来源构成看，仍以政府投入为主，2012 年国家财政性教育经费占全部教育经费的 80.29%以上，占 GDP 的比重达到 4.28%。除政府财政投入外，目前已经形成社会团体和公民个人办学、社会捐资和集资办学、收取学费和杂费及其他经费等多种形式多元化的教育资金来源，见表 4-5。我国教育经费规模虽然近年来得到大幅的增长，但教育总体投入水平较低的状况并没有得到根本改变，同世界发达国家和某些发展中国家相比仍然存在差距。从政府教育投入占 GDP 的比重来看，我国政府教育投入占 GDP 的比重与大多数国家相比仍然处于较低的水平。根据世界银行《2000/2001 年世界发展报告》的数据，政府教育投入占 GDP 的比重 1997 年全世界平均水平为 4.8%，低收入国家为 3.3%，中等收入国家为 4.8%，高收入国家为 5.4%，而我国在 2007 年以前，这一比重一直在 3%以下。虽然 2014 年这一比重达到 4.28%，并且连续四年保持 4%以上，但距世界平均水平还有一定差距。如果按在校学生人均教育经费来比较，差距会更大。

表 4-5　教育支出总额及支出结构

年　份	全部教育经费/亿元	全部教育经费占GDP 的比例/%	财政性教育支出/亿元	财政性教育支出占GDP 的比例/%	财政性教育支出占全部教育经费的比例/%
1992	867.05	3.25	728.75	2.71	84.05
1995	1877.95	3.21	1411.52	2.32	75.16
2000	3849.08	4.31	2562.61	2.58	66.58
2001	4637.66	4.77	3057.01	2.79	65.92
2002	5480.03	5.21	3491.40	2.90	63.71
2003	6208.27	5.29	3850.62	2.84	62.02
2004	7242.60	4.53	4465.86	2.79	61.66
2005	8418.84	4.60	5161.08	2.79	61.30
2006	9815.31	4.65	6348.36	2.93	64.68
2007	12 148.07	4.72	8280.21	3.12	68.16
2008	14 500.74	4.82	10 449.63	3.33	72.06
2009	16 502.74	4.84	12 231.09	3.59	74.12
2010	19 561.85	4.87	14 670.17	3.65	74.99
2011	23 869.29	5.04	18 586.70	3.93	77.87
2012	27 695.97	5.33	22 236.23	4.28	80.29
2013	30 364.72	5.34	24 488.22	4.3	80.65
2014	32806.46	5.16	26420.58	4.15	80.53
2015	34535.36	5.27	27517.03	4.5	79.68

(资料来源：根据 1992—2015 年《中国统计年鉴》及相关数据整理而成。2015 年全部教育经费占 GDP 的比例依据前三年的平均值计算，并依据此平均值推算全部教育经费总额。)

(三)衡量教育改革成败的标准

理论界认为普遍性、公平性和效率是衡量教育改革的三大主要标准。教育是一个国家进步的基础，也是国民有尊严生活的前提。从这个意义上讲，一项成功的教育制度和教育模式，必须首先保证每一个国民有接受基本教育的机会。这就是教育的普遍性。教育的普遍性应当包括基础教育普及率、高等教育普及率和终身教育发达程度等诸多方面。以美国为例，从克林顿政府到布什政府，都非常重视教育的普及问题。克林顿执政后强调，“作为总统在今后 4 年最优先解决的课题是使全体国民受到世界上最好的教育”；“必须使全美 8 岁儿童学会读写、12 岁孩子能联机上网接受多媒体网络化教育、18 岁青年能上大学、每个

国民都有继续学习的机会”。而布什总统的教育改革方略口号则是“不让一个儿童落伍”。由此可见，美国以追求基础教育的100%入学率，同时注重高等教育率和终身学习为其教育政策向导。

在中国，根据官方公布的数据资料，我国义务教育普及率已达到98%，2015年高等教育毛入学率为40%。与20年前相比，的确有了长足进步。但如果我们换一种思路看就会发现问题所在——98%的义务教育率，说明还有 2%的儿童会沦为文盲；40%的高等教育毛入学率，则说明还有绝大部分人无法上大学，但中国的大学绝大多数是公立的，换句话说，全国 60%的人要为大学建设纳税却无法享受由此带来的好处。如果用更高的标准衡量，现代社会通常把仅仅会识字而没有掌握现代基础技术如计算机应用、基本法律知识等的人也称为文盲，这样一来，中国的文盲率可能超过20年前。中国在教育的普及率上还有一个问题就是，终身教育率极其低下，更多的人，尤其是农村的孩子，接受几年简单的识字教育和算术教育之后，很难得到职业培训和继续教育。在一个知识更替频繁的年代，缺乏终身教育，无异于没有教育。所以，中国的教育普及性问题，还只是万里长征走出了第一步。如果简单地为义务教育的普及率和高等教育毛入学率的提高而沾沾自喜，将是很危险的。

教育改革的第二个问题是公平性。在这一问题上，与20年前相比，中国教育的公平性亟待提升。教育的公平性，表现在城乡的公平、地区的公平和层次的公平等各个方面。首先是城乡的公平问题。这些年来，中国的教育投资有所增加，但这些投资偏重于重点高校和城市。一段时期里，县乡教育的投入和支出，基本上靠本县农民的经济维持。现在，无论是校园硬件设施建设，还是师资力量等软件水平，城乡教育的差距都在扩大。其次是地区的公平问题。前几年，围绕北京、湖北、新疆等地高考分数线的差异问题，媒体展开了异常激烈的争论。高考分数线差别，只是我国地区教育差距的一个缩影。从硬件设施到师资力量，从资源分配到就业差异，中国教育的地区差异可以说是无处不体现。以师资为例，好的地方高校乃至中小学，可以吸引到优秀的人才，而欠发达地区，则呈现越来越低水平的态势。随着经济的发展，这种差异有继续扩大的趋势。再次，在层次的公平性方面，中国的教育重名校、重普通高教、重本科和研究生阶段教育，相对而言，忽视了一般学校、职业教育、非学历教育和专科教育。这种一扬一抑的政策选择，使得中国教育陷入了一个怪圈——越是广大民众需求旺盛的教育模式，越是得不到支持。

教育的效率也是中国教育的一大弊端。所谓教育的效率，是指教育产生的实际成果和成本的比例。不可否认，中国教育特别是高等教育的效率有很大的提升空间。它着重表现在三个方面：一是毕业生的质量越来越差。现在很多高校的毕业生之所以找不到工作，除了竞争加剧之外，一个重要原因是他们的学习过程形式化突出，很多学生大学四年碌碌无为。二是科研力量降低。大学中的绝大多数论文抄袭成风，了无新意。学生中能真正参与创新和研究的比例越来越低。这一点，在研究生教育阶段尤为突出。三是学术自由陷入桎梏。学术的行政化、等级化和审批学术使高校成了行政机关，效率低下，资源浪费严重。

在中国教育支出改革的财政政策选择上，要以教育的普遍性、公平性和效率三大主要标准为目标，确定合宜的对策。要按照公共财政的要求调整财政支出结构，加大财政支持教育的力度；进一步加大财政的教育投入力度，同时应努力提高财政的集中度；拓宽财政性教育投资的收入来源；改革教育的投资分配体制，优化教育投资结构。

六、公共卫生支出

(一)公共卫生支出的含义及作用

我国的公共卫生支出主要由财政拨款，包括卫生事业费、中医事业费、计划生育事业费、药品监督管理费、医学科研经费、卫生行政管理费、政府其他部门卫生服务费等。其支出对象覆盖医疗卫生管理机构、公共医疗机构、公共卫生防疫机构、医学科研机构和突发性公共卫生事件的医疗救护等。公共卫生支出是对一个国家未来的最重要的战略投资，是构建社会安全网的核心所在，是拉动内需和经济可持续发展的动力所在。卫生支出可以创造巨大的经济发展基础和就业机会，它不仅是医药产业、医疗器械产业，实际上是我们国家未来服务业，特别是面向民生服务业发展的一项重要抓手，可以起到促结构转变和促就业发展的双重作用。

(二)公共卫生支出的属性定位

根据公共产品理论，医疗卫生服务可以分为三类：一是纯公共医疗服务，如传染性疾病检测与控制、突发公共卫生事件的处理和健康教育等，这类服务同时满足非排他性和消费上的非竞争性两个条件；二是准公共医疗卫生服务，如预防免疫、妇幼保健等，此类服务满足非排他性和非竞争性两个条件之一或都不满足但是有较大的外部性；三是私人卫生医疗服务，包括大部分医疗服务。鉴于此，医疗卫生服务的提供方式相应地分为政府提供、混合提供和市场提供三种方式。纯公共卫生服务必须由政府提供。因为纯公共卫生服务包括饮水安全、传染病与寄生虫病防治、病菌传播媒介的控制等，具有很大外部性。政府在这一领域承担完全供给责任。准公共医疗卫生服务可以由政府提供，也可以由市场提供。从理论上认为，该项服务首先由市场提供，政府可以通过对提供该项服务的企业以补贴的形式提供资金，提供该项服务的企业再通过向使用者收费的方式解决部分资金来源。为应对低收入人群面对重大疾病风险时可能出现的社会问题，政府补贴应主要在医疗保险制度中体现，其中一部分保险金由政府承担，另外部分由单位和职工共同分担。中国目前面向城市居民的医疗保险制度和面向农村居民的新型农村合作医疗制度均采用这种方式。私人卫生医疗服务主要由市场提供。

(三)我国公共卫生支出的现状分析

从我国政府对公共卫生的支出总量来看，我国目前的卫生总费用及人均指标均低于世界平均水平。表 4-6 的数据表明，我国的卫生保健支出的指标与中低收入国家相当，有些指标甚至略低，与发达国家有较大差距。

表 4-6　世界公共卫生支出发展指标

项　目	卫生总费用占GDP 的比例/%	个人卫生支出占卫生总费用的比例/%	政府一般性卫生支出占政府总支出的比例/%	政府卫生支出占GDP 的比例/%	个人卫生支出占GDP 的比例/%
世界平均	9.4	40.8	14.3	5.56	3.84
低收入国家	4.9	61.1	8.5	1.91	2.99
中低收入国家	4.4	61.0	5.5	1.72	2.68
中上收入国家	6.1	45.1	10.5	3.34	2.75
高收入国家	12.5	38.0	17.1	7.74	4.75
中国	5.1	47.5	12.1	2.68	2.42

（资料来源：世界卫生组织《2012 年世界卫生统计》。）

从公共卫生支出占中央财政支出的比重来看，我国远低于发达国家。统计数据显示，2012 年卫生支出占 GDP 比例的全球平均水平为 9.4%，而我国仅为 5.1%。(即便是 2014 年，全国卫生总费用占 GDP 的比例是 5.56%，跟 2013 年持平。2015 年这一比例也未超过 5.7%。) 通过该表还可以看出，我国卫生费用中政府所占的份额是总费用的一半，而由公民自己承担另外一半，凸显了我国政府对公共卫生投入的不足。

(四)国际医疗卫生体系经验借鉴

1. 发达国家政府卫生支出占国家卫生总投入的比重较大

大多数国家卫生投入中，政府卫生支出所占比重都在 40%以上。发达国家相对比重更高，大部分都在 70%以上，即使是市场化模式显著的美国，政府卫生投入的比重也一直维持在 40%以上，2012 年达 47.7%。发展中国家卫生投入中政府卫生支出所占比重相对较小，印度 2012 年为 30.3%；我国 1996 年为 46.59%，2012 年上升至 52.5%。这一点通过世界卫生组织《2012 年世界卫生统计》中的各项指标会得到更进一步的说明，见表 4-6。

2. 转轨时期政府卫生支出规模出现一定程度的下降是合理的

在经济体制由计划经济转向市场经济的过程中，转轨国家政府的职能会产生一定的变化，由过去的“万能政府”向满足社会公共需要的政府转变。因而，这一过程中政府卫生支出规模出现一定程度的下降是合理的。但是随着经济稳定，卫生事业基础建设基本建成后，政府卫生支出的比重应该稳定在一个比率附近。

3. 政府卫生支出的公共性不断加强

从政府的职能支出结构看，用于提供教育、卫生、社会保障与福利及住房与社会环境等服务的社会服务支出增长迅速，日益成为政府支出的重点。如发达国家的这一支出比重都超过了50%，我国政府对于卫生事业的投入也不断增长，但与世界平均水平还有一定差距。从1996年到2012年间，我国政府卫生支出占财政支出的比重出现了下降再上升的态势，但差距仍然存在。我国政府需要加大对卫生事业的投入。

第二节　财政投资性支出

一、财政投资的基本理论

(一)财政投资的特点

社会总投资是由政府投资(或称为财政投资)和非政府投资(或称为民间投资)两部分组成的，政府投资包括预算内投资和预算外投资两部分，本书所说的财政投资，主要指的是预算内投资。一般具有以下特点。

1. 投资的目的不同

政府投资是一种政策性投资，政府可以从社会效益和社会成本角度来评价和安排自己的投资活动。政府投资可以不盈利或微利。非政府投资具有营利性。非政府部门投资以追求利润的最大化为目标，完全由市场机制来调节，它不可能顾及投资的社会效益。

2. 资金来源的性质不同

作为投资主体的政府，资金来源或是无偿的，或是以政府的财力或信誉为后盾筹集的。因此，政府可以进行大规模、集中性的投资。非政府部门投资主要依靠其自身的积累和社会筹资来解决资金来源。在一般情况下，投资的规模往往会受到较大的限制。

3. 投资的领域不同

政府可以投资于社会效益较好但经济效益一般甚至很差的项目。因此，财政投资性支出对象主要包括非经营性、非竞争性以及对国家经济发展有战略影响的项目。而利润动机使非政府部门投资大多只能从事那些投资数额相对较小、资金周转快、见效快的短期投资项目。

4. 政府管理介入的程度不同

政府投资是一种以政府财力作为资金来源的投资，政府有关部门要参与投资项目的立

项、可行性研究、审批等，而具体施工则由建设单位负责，项目建成后的运营，也多是采取企业化管理方式。而非政府投资的风险基本上是由投资主体承担的，相比之下，政府较少或基本上不介入非政府投资。

(二)财政投资的原则

一般来说，市场经济条件下的政府投资选择，应充分考虑以下的因素或原则。

1. 财政投资不能对市场的资源配置功能造成扭曲或障碍

政府财政投资选择要建立在尊重市场规律、有利于充分发挥市场的资源配置功能的基础上。从原则上讲，凡市场能解决的问题，政府就应少加干预。能由非政府渠道解决的筹资、投资问题，政府亦可考虑退出。相反，凡是市场解决不了或不宜由市场自发解决，即有利于克服市场固有缺陷，属于市场失灵范畴的投资问题，政府则应积极介入。这样，既能把政府投资控制在必要的以解决市场失灵为目标的限度之内，又能使国家宏观调控与市场资源配置功能有机结合起来，做到相辅相成、交互为用。

2. 财政投资不宜干扰和影响民间的投资选择和投资偏好

在社会投资主体多元化、投资来源多渠道化、投资决策相对分散的条件下，政府的投资选择，一方面要为众多的企业投资和民间投资创造必要的与经济增长相适应的外部环境或基础条件；另一方面要充分考虑其对民间投资、市场竞争格局可能带来的影响。政府投资规模的增长，不应以牺牲民间投资为代价，要力避挫伤非政府投资主体在其所适应的领域进行投资的积极性。

3. 财政投资要着眼于社会经济效益和投资效益

政府投资既然是一种公共性、基础性和公益性的投资，其社会效益、宏观经济效益和投资效益状况，它的外部经济效应及其乘数效应如何，理应成为它的出发点及归宿点。一项好的政府投资计划或公共投资选择，可以而且完全应该起到所谓四两拨千斤的作用。

(三)财政投资的主要内容

在市场经济条件下，政府投资一般由以下三个方面构成。

(1) 公共设施和基础设施。如道路、桥梁、码头、水利设施、污染治理、环保工程等，这类项目具有公用和公益性质，难以产生直接收益。

(2) 自然垄断产业。如铁路、邮政、供水、供电、供气等，这类产业具有规模收益递增和成本递减的特征，难以实现竞争性经营，若由市场调节，就会降低乃至丧失配置效率。

(3) 高风险、高技术产业。主要是重大的技术先导产业，如航天、新能源、新材料等。农业在市场经济中属于弱质和有风险的产业，并且农业的发展状况对经济和社会的稳定有重大影响，因而农业投资也是公共投资的重要内容。此外，对发展中国家而言，由于私人部门的资本积累有限，对投资风险的承受能力不强，为了扶持和促进资本积聚程度高、对改善经济结构和实现经济快速发展有重大影响的一些基础产业的发展，如矿产资源开发、能源建设、基本原材料生产等，往往也需要进行相应的公共投资活动。

(四)财政投资的方式

财政投资方式是指政府通过什么样的方法将集中起来的财政资金用于公共投资建设中去。研究投资方式的目的就是要确定以什么样的方式投资才能提高财政资金的使用效益。一国的经济体制、经济制度及人们对公共投资的认识等，都会影响人们对投资方式的选择。一般情况下，财政投资方式有财政拨款方式、财政贷款方式和股份制方式三种。财政拨款方式是一种无偿拨付的方式，对该项资金的使用不需要偿还。该方式的最大优点是可以集中国家有限的财力进行重点建设。该方式适用于具有较大的社会效益而无经济效益的投资项目。财政贷款方式是政府以低息或无息的信贷方式提供财政资金，而使用单位负有偿还责任的支出方式。财政贷款方式分财政部门直接贷款和通过银行间接贷款两种。财政贷款方式现在是各国公共财政投资支出的一个重要形式。它可以促进用款单位节约使用资金，提高财政资金的使用效益。股份投资方式是现行财政投资最具有直接性和间接性双重性质的比较灵活的投资方式。国家投资公司可与社会其他主体合股投资，或通过证券投资购买社会其他主体的股票等方式取得企业资产的部分所有权和经营权。因为各方主体共担风险，也就避免了“争投资、争项目”的现象，并且能克服短视行为。所以，股份投资方式能实现财产所有权、经营权和资产收益的统一，同时还可广泛动员社会资本，补充国家投资资金的不足。

(五)财政投资的绩效评价

1. 项目绩效评价方法

(1) 成本—效益分析法，即将一定时期内项目的总成本与总效益进行对比分析的一种方法，通过多个预选方案进行成本效益分析，选择最优的支出方案。该方法适用于成本和收益都能准确计量的项目评价，如公共工程项目等。但对于成本和收益都无法用货币计量的项目则无能为力，一般情况下，以社会效益为主的支出项目不宜采用此方法。

(2) 最低成本法，也称最低费用选择法。该方法适用于那些成本易于计算而效益不易计量的支出项目，如社会保障支出项目。该方法只计算项目的有形成本，在效益既定的条件下分析其成本费用的高低，以成本最低为原则来确定最终的支出项目。

(3) 综合指数法，即在多种经济效益指标计算的基础上，根据一定的权数计算出综合经济效益指数。该方法目前被我国多个部门采用，评价的准确度较高、较全面，但在指标选择、标准值确定及权数计算等方面较复杂，操作难度相对较大。

(4) 因素分析法，即将影响投入和产出的各项因素罗列出来进行分析，通过计算投入产出比进行评价的一种方法。

(5) 生产函数法。该方法是通过生产函数的确定，明确产出与投入之间的函数关系，借以说明投入产出水平即经济效益水平的一种方法。用公式表示就是 $Y=f(A, K, L, \cdots)$，其中 Y 为产出量，A、K、L 等表示技术、资本、劳动力等投入要素。利用生产函数法不仅可以准确评价综合经济效益，而且对评价资源配置经济效益、规模经济效益、技术进步经济效益等都有重要作用，但函数关系的确定较为复杂。

(6) 模糊数学法，即采用模糊数学建立模型，对经济效益进行综合评价的方法。它将模糊的、难以进行比较、判断的经济效益指标之间的模糊关系进行多层次综合评价计算，从而明确各单位综合经济效益的优劣。

(7) 方案比较法，主要用于财政项目资金管理。首先评价各方案有无经济效益、社会效益，然后对各方案的经济效益、社会效益进行事前估算，并根据估算结果进行方案选择。

(8) 历史动态比较法，将某一类支出或项目的历史数据进行对比分析，了解其历史上的变化及效益波动情况，既可以看出其发展趋势，也可以了解各种因素在不同时期的影响及作用机理，进而分析其效益差异的成因及改进方向。

(9) 目标评价法，即将当期经济效益或社会效益水平与其预先目标标准进行对比分析的方法。此方法可用于对部门和单位的评价，也可用于周期性较长项目的评价，还可用于规模及结构效益方面的评价。

(10) 公众评判法。对于无法直接用指标计量其效益的支出项目，可以选择有关专家进行评估并对社会公众进行问卷调查，以评判其效益。该方法适合对公共管理部门和财政投资兴建的公共设施进行评价。该方法具有民主性、公开性的特点，但应用范围有限且有一定模糊性。

绩效评价应采取定量与定性分析相结合的方式进行，审计在实施绩效评价时，可采用一种评价方法，也可多种评价方法并用。

2. 财政投资项目审计绩效评价指标的设立

(1) 投资项目经济效益评价指标。

经济效益指标更多的是定量指标，可以根据“成本—效益”理论设置经济效益指标体系，实际操作可根据相关统计数据和财务数据直接计算。在实践中，投资项目经济效益评价指标体系大都选用下列指标，见表 4-7。

表 4-7 经济效益分解指标

单项指标	规模效益指标	新增固定资产
		新增固定资产/基建投资支出
	管理效益指标	非建设性支出/基本建设支出总额

续表

综合指标	直接效益指标	基本建设支出总额/基本建设投资所创造的产值
		基本建设项目总耗时/基本建设支出总额
综合指标	直接效益指标	预期年限内项目新增财政收入/基本建设支出总额
		投资地区因该项目产生的经济效益
		地区产业部门因该项目产生的经济效益
	间接效益指标	新增国民收入/基本建设支出总额
		新增国内生产总值/基本建设支出总额

(2) 投资项目社会效益评价指标。

社会效益评价更多的是要采用定性分析方法，可根据复合效益理论设置出社会效益评价指标，在实际操作中可采用专家评分和群众问卷调查的方法确定各指标的取值。投资项目社会效益评价指标体系一般选用下列指标，见表4-8。

表4-8　投资项目社会效益评价指标体系

对社会环境的影响	就业效率(含直接效益、间接效益) 对居民收入的影响 对社会居住条件的影响 对基础和服务设施的影响 对公众卫生保健的影响 对社会文化教育的影响 对社会生活的影响 对项目的支持率
对自然与生态环境的影响	对自然环境的影响 对生态环境的影响
对自然资源的影响	国土资源开发效率 自然资源综合利用率
对社会经济的影响	对收入分配的影响 对技术进步的影响 促进地区经济发展 促进城乡建设

二、基础设施支出

(一)基础设施与基础设施支出的含义

基础设施是指为社会生产和居民生活提供公共服务的物质工程设施，是用于保证国家

或地区社会经济活动正常进行的公共服务系统。它不仅是国民经济的基础，也是社会生产、消费的共同市场条件和共同流通条件。基础设施包括交通设施、生活动力设施、通信设施、文教设施、环卫设施、消防急救设施、医疗设施、社会福利设施、居民住宅设施等。基础设施具有较强的外部性，而且规模大、周期长，需要政府供给。因此，基础设施支出是指能够为企业提供作为中间投入的生产的基本需求，能够为消费者提供所需要的基本消费服务，能够为社区提供用于改善不利的外部环境的服务等基本设施建设的支出。基础设施支出具有“乘数效应”，即能带来几倍于投资额的社会总需求和国民收入。一个国家或地区的基础设施是否完善，是其经济能否长期持续稳定发展的重要基础。

(二)基础设施支出的筹资方式

基础设施建设资金的来源有以下几种方式：①财政。一般情况下，对非经营性基础设施主要采取拨款形式，而对经营性基础设施主要采取有偿形式。②专用资金。中央或地方可设立基础设施专有基金，如铁路基金、邮电基金、通信基金等。③股票市场。股权融资无须还本付息、资金来源长期稳定，这正是基础设施部门筹资所急需的。④外资。具体形式有向国际金融组织贷款和政府间优惠贷款、融资租赁、在境外上市、组建海外共同基金等。⑤银行。包括政策性银行和普通长期信用银行，前者是为国家重点发展基础设施与基础产业筹集资金的，后者以其纯商业性而区别于前者。

近年来，在西方国家兴起了诸多政府吸引私人资本进入基础设施建设的新型项目融资方式——PPP 方式，已成为基础设施资金的重要来源。PPP 可以理解为一系列项目融资模式的总称，具体有 BOT 方式、TOT 方式、ABS 方式等。①BOT 方式。BOT 方式的基本运作过程是：由政府与私人签订项目特许经营协议，授权签约方的私人企业承担基础设施的融资、建设和经营；在协议规定的特许期内，项目公司向设施的使用者收取费用，用于收回投资成本，并取得合理的收益；特许期结束后，签约方的私人企业将这项基础设施无偿转让给政府。BOT 方式在国际上比较流行，已被证明为基础设施建设中一种成功的融资途径。②TOT 方式。TOT 方式，即“移交—经营—移交”方式，是指委托方(政府)与被委托方(外商或私人企业)签订协议，规定委托方将已经建成投产运营的基础设施项目移交给被委托方在一定期限内进行经营，委托方凭借所移交的基础设施项目的未来若干年的收益(现金流量)，一次性地从被委托方那里融到一笔资金，再将这笔资金用于新的基础设施项目的建设，经营期满后，被委托方再将项目移交给委托方。TOT 方式具有以下优点：一是可以盘活资金；二是能引进先进的经营管理方法；三是具有很强的操作性，无须人民币即可自由兑换，也无须投融资体制的全部完善；四是仅转让项目经营权，不涉及产权、股权的让渡，以避免不必要的争执和纠纷；五是不存在外商对基础设施的长期控制问题，不会威胁国家安全等。③ABS 方式。ABS 方式，即以资产为支持的证券化，是指以项目所属的资产为基础，以该项目所能带来的预期收益为保证，通过在资本市场上发行高级别债券募集资金的一种项目融资方式。

三、农业财政支出

(一)农业财政支出的含义

农业财政支出是国家财政用于发展农业、改善农业生产条件等方面的支出。农业是为人类提供食物和其他生活资料的物质生产部门，是国民经济的基础。农业支出对实现农业现代化、缩小城乡差别、实现城乡统筹发展方面具有重要意义。

农业财政投入分为预算内资金投入和预算外资金投入两个部分。预算内资金投入是指列入国家预算支出直接拨付的支农资金；预算外资金投入是指不列入国家预算内地方财政部门和农业有关主管单位用于发展农业的投入。这里主要研究预算内资金投入。列入国家预算支出的支农资金，主要包括农林、水利、气象等方面的基本建设投资支出，农林企业挖潜改造资金支出，农林部门科技三项费用，农林、水利、气象等部门的事业费支出，支援农业生产支出，农村救济费支出等。除此之外，国家还利用信贷支援、价格支援和税收优惠等多种手段，全方位地支援农业生产发展。

(二)我国农业财政支出的现状

我国农业财政投入情况见表4-9。

表4-9　我国农业财政投入和占财政支出的比重

年　份	财政农业支出/亿元	我国历年财政支出总额/亿元	财政农业支出占财政总支出的比重/%
1978	150.66	1122.1	13.43
1980	149.95	1228.8	12.2
1985	153.62	2004.3	7.66
1989	265.94	2823.8	9.42
1990	307.84	3083.6	9.98
1996	700.43	7937.6	8.82
2000	1231.5	15 887	7.75
2001	1456.7	18 903	7.71
2002	1580.8	22 053	7.17
2003	1754.5	24 650	7.12

续表

年　份	财政农业支出/亿元	我国历年财政支出总额/亿元	财政农业支出占财政总支出的比重/%
2004	2337.6	28 487	8.21
2005	2450.3	33 930	7.22
2006	3172.97	40 422.73	7.85
2007	3404.70	49 781.35	6.84
2008	4544.01	62 592.66	7.26
2009	6720.41	76 299.93	8.81
2010	8129.58	89 874.16	9.05
2011	9937.55	109 247.79	9.10
2012	11 973.88	125 952.97	9.51
2013	13 349.55	140 212.10	9.52
2014	14 002.00	151 662	9.23
2015	17 242.00	175 768	9.8

(资料来源：根据 1979—2015 年《中国统计年鉴》(中国统计出版社)相关数据整理而成。)

由表 4-9 可以看出，从 1978—2015 年，无论是财政农业支出总量，还是财政农业支出占财政总支出的比重，都在逐年增加。农业财政支出从 1978 年的 150.66 亿元增加到 2015 年的 17242.00 亿元，增加 100 倍以上。虽然这两项指标绝对量在逐年增加，但其相对数的比较则差强人意，见图 4-2 和图 4-3。

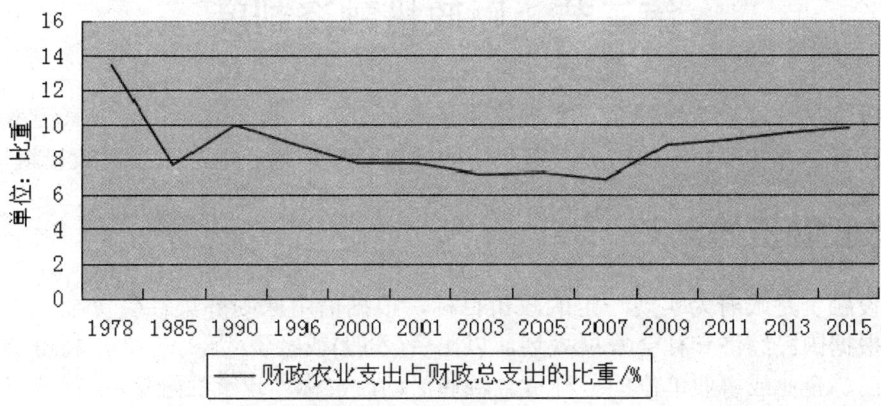

图 4-2　财政农业支出占财政总支出的比重情况

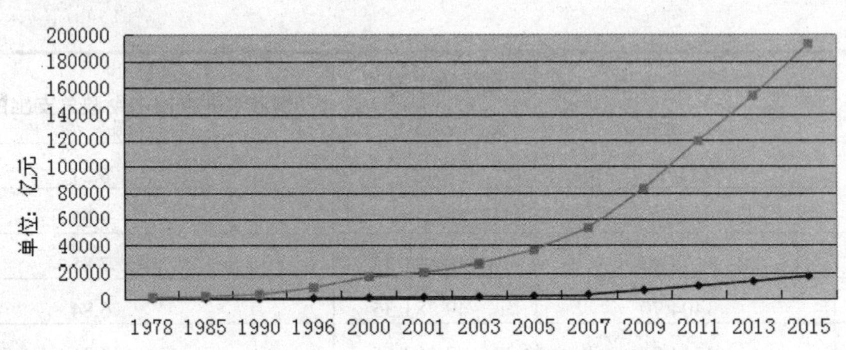

图 4-3　财政农业支出、财政支出绝对量变化情况

从图 4-2 中可知，农业财政支出在财政总支出中所占份额由 1978 年的 13.43%下降到 2015 年的 9.8%，下降了 3.33 个百分点，其中的最低值仅为 6.84%。2008 年以来，这一比重虽在缓慢回升，但仍在 10%以下。

从图 4-3 所描述的两条线的斜率可以明显地看出，我国历年财政支出的增长速度远远大于财政农业支出的增长速度。财政支出总额和农业财政支出绝对额差距在拉大。

总的来看，农业财政支出占财政总支出比例的变化具有十分明显的波段性下降及近些年又呈现回升的趋势，1979—1985 年期间农业财政支出占财政总支出的比例基本上呈下降趋势，1985—1991 年，又呈逐年上升势头，而此后又转入下跌，直到 1997 年达到 8.30%的低点，1998 年有大幅度上升，1999 年到 2008 年除个别年份的比例上升外，主要呈现下降趋势，2008 年以来主要呈上升趋势。

第三节　财政投融资制度

财政投资是一种政策性投资，主要投资于非经营性、非竞争性和对国家经济发展有战略影响的项目。为实现一定的产业政策和财政政策目标，相应地产生了财政投融资制度。

一、财政投融资的含义

财政投融资是政府为实现一定的政策目标，根据信用原则筹集社会资金，由财政集中管理，并根据国民经济和社会发展规划，以出资(入股)或融资(贷款)方式，将资金投向亟须发展的部门、企业或事业单位的一种资金融通活动，也称“政策性融资”。财政投融资投资的主要领域是公共物品，财政投融资投资作为先行资本，可形成对企业、商业银行等市场主体进行投资的诱导机制。财政投融资是财政和金融有机结合的一个经济范畴，在促进经济高速发展、社会全面进步的过程中发挥了极其重要的作用。

二、财政投融资的特点

财政投融资具有如下几个特点。

(1) 财政无偿拨款与有偿投资相结合。从财政投融资制度的资金来源上看，可以是财政无偿拨付的铺底资金和启动资金，也可以是财政给投融资营运主体的有偿借贷。投融资资金营运主体可以以国家财政为担保人发行债券筹集社会资金，也可以作为普通企业向国家银行或商业银行取得贷款。总之，国家财政可以视调节经济的需要而采取无偿或有偿两种形式灵活地调度和提供资金。

(2) 财政信用与银行信用相结合。财政投融资制度作为政府的一种金融活动，既可以凭借财政信用发行债券，将资金用于固定资产投资，又可以以银行信用的形式，让投融资营运主体吸储和拆借资金，以保证投融资资金运用的灵活性和充足性。

(3) 调节经济与资金增值相结合。财政投融资资金属于投资性资金，资金的运用可促进经济结构的调整，并促进经济增长。财政投融资制度将资金的所有者、经营者、使用者三者分开，为资金的保值增值提供了有力保证。这使国家财政可以根据经济调节目标的需要，灵活地调整投资政策和利润政策，在保证实施政府政策的前提下实现资金的保值、增值。

(4) 财政投融资的管理是由国家设立的专门机构——政策性金融机构负责统筹管理和经营。政策性金融机构既不是一般意义上的金融企业，也不是制定政策的机关，实际上是一种执行有关长期性投融资政策的机构，是政府投资的代理人。我国政策性金融机构主要是指 1994 年成立的国家开发银行、中国农业发展银行和中国进出口银行三家政策性银行。国家开发银行是由国务院领导，主要担当国家基础设施、基础产业和支柱产业的项目建设，承担国际金融组织转贷款业务等，目的是消除经济社会发展的瓶颈制约。自 2003 年以来，国家开发银行把基础设施领域的经验，逐渐拓展到“三农”和新农村建设、中小企业、低收入家庭住房、节能环保、教育、医疗卫生等社会瓶颈和民生领域，服务范围在不断扩大。中国农业发展银行是国务院直属领导的我国唯一的一家农业政策性银行，主要职责是按照国家的法律、法规和方针、政策，以国家信用为基础，筹集资金，承担国家规定的农业政策性金融业务，代理财政支农资金的拨付，为农业和农村经济发展服务。中国进出口银行是直属国务院领导的、政府全资拥有的政策性银行，是我国外经贸支持体系的重要力量和金融体系的重要组成部分，是我国机电产品、成套设备和高新技术产品出口及对外承包工程及各类境外投资的政策性融资主渠道、外国政府贷款的主要转贷行和中国政府援外优惠贷款的承贷行。

我国政策性银行具有业务职能的政策性、资金来源的政府性与市场性相结合的特点。政策性银行的政策性是不言而喻的，政策性银行的目标正是为配合国家政策服务的，其业务活动主要是在各自领域体现国家相关政策。资金来源的政府性主要体现在三个方面：一是财政借款。即由政府组织资金，再转借给政府性金融机构使用。实际上，财政借款正是政策性银行区别于商业银行的独特手段，它构成了政策性银行长期稳定低成本的资金来源。这些资金的特点主要在于期限较长，一般都在 15 年以上。二是财政贴息。主要是政府从每年预算中划拨贴息资金，对特殊行业、特殊项目提供低利率贷款。三是税收减免。政策性银行长期享有特殊的税收优惠政策。资金来源的市场性主要是指近年来，政策性银行不断地在金融市场上融资。我国政策性银行的资金来源正逐步从政府性向市场性迈进。

复习思考题

一、名词解释

社会消费性支出　行政管理费　国防支出　购买性支出　政府投资　财政投融资　政策性银行

二、问答题

1. 简要说明社会消费性支出的性质和特点。
2. 简要说明行政管理费和国防费的性质。
3. 结合实际分析控制我国行政管理费的具体措施。
4. 结合我国科技支出的性质、现状，谈谈提升我国科技支出效率的对策。
5. 论述政府介入和干预公共卫生事业的理由。
6. 我国目前教育支出的绩效如何？如何提升？
7. 说明政府投资的特点、范围和决策标准。
8. 简述基础设施投资的属性和提供方式。
9. 我国财政对农业投入的特点有哪些？
10. 我国对农业财政投入存在哪些问题？政府应采用什么样的农业投入政策？
11. 什么是财政投融资？财政投融资有哪些特点？
12. 简述我国的政策性银行的职能和特点。

三、案例分析

教育部公开国有资产占用情况

按照预算法和《2015 年政府信息公开工作要点》要求，今年首次公开了国有资产占用情况。国有资产占用情况包括部级领导干部用车、一般公务用车、一般执法执勤用车、特种专业技术用车等车辆以及单位价值 200 万元以上大型设备。教育部公开的国有资产占用情况数据显示，教育部本级、75 所直属高校以及 35 个直属事业单位共有车辆 9198 辆。其中副部(省)级及以上领导用车 80 辆、一般公务用车 1980 辆、特种专业技术用车 250 辆、其他用车 6888 辆。其他用车主要为学校教学科研车辆、学校通勤车、校园安全维护车、校园

通信传递车辆等；价值200万元(含)以上的大型设备3523台(套)。

(资料来源：http://news.eastday.com/eastday/13news/auto/news/china/u7ai4317150_K4.html)

试分析：

1. 结合教育系统车辆使用情况的实际，分析是否还能进一步提升国有资产绩效。
2. 结合中日教育系统车辆使用情况的差距，提出如何完善提升国有资产的措施。

第五章 转移性支出

【知识要点】

转移性支出是指政府按照一定的方式，把一部分财政资金无偿地、单方面转移给居民和其他受益者的支出，主要包括社会保障支出、财政补贴支出、税式支出等。它体现了政府的非市场性再分配活动。在财政支出总额中，转移性支出所占的比重越大，财政活动对收入分配的直接影响就越大。

【引导案例】

转移性支出的发展趋势

20 世纪 30 年代以前，转移性支出在西方许多国家财政支出中所占比重较小，但在 30 年代以后，情况则发生了很大变化：一是转移支出特别是其中对居民的补助支出，占财政支出的份额急剧增大，在有些国家甚至占财政支出的一半或一半以上；二是用于转移支出的资金也稳定地由某些特定的税收(如工薪税)提供；三是日益紧密地同政府的社会保障计划结合在一起。因转移支出具有单方面和无偿特征，一般来说，西方很多学者把它与税收相对照，称之为“负的税收”。

试分析：

1. 结合世界性转移性支出的趋势分析中外转移性支出的异同。
2. 分析中外转移性支出绩效，提出提升中国转移性支出绩效的建议。

第一节 社会保障支出

一、社会保障的概念、特点与职能

(一)社会保障的概念

社会保障是以国家为主体，依据一定的法律规定，通过国民收入的再分配，以社会保障基金为依托，对公民在暂时或者永久性失去劳动能力以及由于各种原因生活发生困难时给予物质帮助，用以保障居民最基本的生活需要的一项社会政策。社会保障作为一种社会事业，是政府的经济行为，也是公民应当享有的权利。

在市场经济条件下，伴随着经济周期的变化，社会经济对劳动力吸收能力会发生变化。整个社会经济会因各种技术的发展带来结构性的失业。此外，劳动者由于各种原因也会面

临生老病死等各种困难。通过社会保障建设，重新构建国家、企业和个人之间的关系，它能够保障企业自由雇用的权利，使企业能够通过自由地选择雇员以提高效率，同时也能够保障个人生存的权利和社会的稳定。可见，社会保障在维护社会稳定和社会安全方面发挥着特有作用。它能弥补市场分配存在的不足，维护社会收入分配的相对公平，对缓解社会矛盾，协调社会关系，维护社会稳定，无疑具有重要意义；社会保障能解除劳动者的后顾之忧，为他们创造安心工作的心理环境；社会保障有利于建立一种机制，实现扩大内需，促进经济发展，扩大就业，增加收入，再到扩大内需的一种良性循环。

(二)社会保障的特点

1. 广泛性覆盖

社会保障的实施主体是国家，其目的是满足整个社会成员的基本生活需要。因此，社会保障的受益范围广泛，应该是全方位地覆盖。完整的社会保障体系应包括任何一个社会成员。

2. 强制性参与

由于每一个人对社会保障的需求有很大差别，在经过付出与收益权衡之后，一些社会成员可能做出不加入社会保障的选择，这显然与社会的整体利益相违背。因此，必须以法律形式加以确定，并强制执行。

3. 立法性保障

社会保障作为政府社会政策的一部分，要求全社会共同承担风险，势必会涉及社会的各个层面和各种复杂的社会关系。为使社会保障具有权威性，正确调整各阶层、群体以及个人社会保障利益关系，必须把国家、雇主和雇员在社会保障中的关系用法律形式固定下来。

4. 约束性收益

社会保障只涉及基本生存保证，所带来的不是享受，而只是满足基本生活保障需要。受益程度的约束性是由社会保障存在的前提和基本出发点决定的。由于社会保障的项目、水平及制度健全程度受社会化大生产发展程度的制约，过多、过滥的保障项目和过高的保障水平会影响社会保障的效率，并影响到社会成员的劳动积极性，不仅不利于实现公平，也不利于为社会成员创造相对平等的机会。

(三)社会保障的职能

1. 社会保障的社会性职能

(1) 社会补偿职能。社会保障首先是最低的生活保障，也就是根据最低生活水准来判断贫困者，并给予适当救济，使其能维持基本生存水平。社会保障的社会职能主要体现在社会救济和社会保险两个方面，前者具有明显的扶贫特征。最低生活保障是社会保障的基本职能。

(2) 社会稳定职能。社会保障作为一种社会安全体系具有稳定社会的功能。社会成员生存无保障是导致社会不安定的主要因素之一，社会保障通过保障社会全体成员的基本生活需要来实现整个社会秩序的稳定。因此，世界各国把社会保障视为社会的减振器和安全网，给予高度重视。

(3) 社会公平职能。在市场经济条件下，社会运行会自动向效率倾斜，优胜劣汰的竞争规律使得弱者贫困在所难免。社会保障通过资金筹集和待遇的给付，把一部分高收入人群的收入转移到另一部分低收入人群手中，达到促进社会公平的目标。

2. 社会保障的经济职能

(1) 调节投融资职能。社会保障基金是直接来自保险费、财政负担以及运用资金的增值收入，具有较高的稳定性。社会保障基金已被广泛运用到财政投融资上，在保证基金增值的基础上，客观上已经成为国家调节投资的一大支柱。在发达国家，由于向全体国民征收年金积累额十分庞大，运用这些年金积累，对于国家产业调整起了很大作用，已经成为对本国经济实行合理控制的有效手段。在一些发展中国家，社会保障调节投融资的功能也很明显，社会保障基金往往通过向国家基础设施和重点项目投融资，不仅支持了国家建设，而且基金本身增值很快。

(2) 平衡需求功能。社会保障通常还被称为调节经济的蓄水池，具有非常有效的平衡需求作用。当经济衰退而失业增加时，由于失业给付和社会救济，抑制了个人收入减少的趋势，给失去职业和生活困难的人们以购买力，从而达到扩大有效需求的目的，一定程度上促进了经济复苏；当经济高涨而失业率下降时，社会保障支出相应缩减，社会保障基金规模因此增大，可以抑制社会需求急剧膨胀，最终使社会的总需求与总供给达到平衡。可见，社会保障支出会自动地随着国民经济运行变化情况呈现出反向增减变动，体现了社会保障支出的内在稳定器功能。

(3) 收入再分配功能。社会保障对低收入阶层给予生活所需要的给付，或者在老年、失业、伤病、残废等情况发生时，实施必要的收入给付，实质是对市场运行所造成的收入分配不公平进行的再分配。可以说这是社会保障的最主要功能，社会保障对收入再分配有垂直性再分配和水平性再分配两种方式。前者是进行从高收入向低收入阶层的收入转移，后者是在劳动时与非劳动时、健康正常时与伤残时之间进行的所得转移。社会保障正是通过上述两种再分配手段来实现对收入的再调节，尽量缩小贫富差距，缓和社会矛盾的。

(4) 保护和配置劳动力功能。一方面，在市场竞争中，受优胜劣汰规律的支配，必然造成部分劳动者退出劳动力市场，这部分劳动者及其家属因失去收入而陷入生存危机，社会保障通过提供各种帮助而使这部分社会成员维持基本生活需要，从而保护劳动力的生产和再生产。另一方面，通过建立全社会统一的社会保障网络，打破了靠血缘维持的家庭保障

格局，超越了企业保障的局限，使劳动者在变换工作和迁徙时无后顾之忧，从而促进了劳动力的合理流动，实现了劳动力要素的有效配置。

二、社会保障支出的构成

(一)社会保险

社会保险是指国家根据法律，强制由劳动者、企业和政府三方共同筹集基金，在劳动者及其家属生、老、病、死、伤、残、失业时给予的物质帮助。社会保险是最基本的社会保障项目，是现代社会保障的核心内容。社会保险的主要内容如下。

1. 养老保险

养老保险是向达到法定年龄而退出社会劳动的劳动者，在养老期间，国家给予的一定数额的收入帮助。

从养老保险范围上看，城镇各类企业职工、个体工商户、灵活就业人员和自由职业者都要参加企业职工基本养老保险。2015 年年末全国参加基本养老保险人数为 85833 万人，比上年末增加 1601 万人。

从养老保险费用来源角度看，主要是企业和职工的缴费，财政负责弥补养老保险计划的赤字。缴费比例分为以企业参保和以个体劳动者参保两类，各类企业按职工缴费工资总额的 20%缴费，职工现按个人缴费基数的 8%缴费。职工应缴部分由企业代扣代缴。个体劳动者，包括个体工商户和自由职业者按缴费基数的 18%缴费，全部由自己负担。

从基本养老保险筹资模式上看，从世界范围上看，一般分现收现付制、完全基金制和部分基金制三种。现收现付制是指以同一个时期正在工作的一代人的缴费来支付已经退休的一代人的养老金的保险财务模式。它根据每年养老金的实际需要，从工资中提取相应比例的养老金，本期征收，本期使用，不为以后使用提供储备。完全基金制，即完全用过去积累的缴款及投资收益提供保障金的制度。具体来说，就是一个人在就业期间向政府管理的基金公司持续缴款，该基金随着时间的推移也不断生息增值，当这个人退休后，就可以从这个账户持续地获取收入。部分基金制是现收现付制和完全基金制相结合的一种筹资模式。它在通过现收现付制满足当前支付需要的前提下，留出一定的储备以适应未来的支出需要。我国目前进行的养老保险制度改革就是由旧的现收现付制度转向部分现收现付制(社会统筹)和部分基金制(个人账户)相结合的混合型制度，即社会统筹与个人账户相结合制度。

从基本养老保险享受条件上看，新的养老保险制度规定，个人缴费年限满 15 年，在退休后可按月领取基本养老保险金。基本养老保险金由基础养老金和个人账户养老金组成。退休后的基础养老金的月标准为省、自治区、直辖市或地(市)上年度职工月平均工资的 20%。

个人账户养老金的月标准按本人退休后的个人账户存储余额除以 120 的方法确定。个人缴费年限不满 15 年的，退休后不能享受基础养老金，但个人账户的存储额可一次性地支付给本人。新的养老保险金制度实施前已经退休的职工，按原规定发放养老金，同时执行养老金调整办法。对于在新的养老保险制度实施前参加工作、实施后退休的而且个人缴费和视同缴费年限累计满 15 年的退休人员，要按照“新老办法平稳衔接、待遇水平基本平衡”的原则，在发放基础养老金和个人账户养老金的同时，还要发放一定数额的过渡性养老金。

2. 医疗保险

医疗保险是为社会保险成员按一定标准支付的医疗费用和医疗服务的一种社会保障。医疗保险是以合同的方式预先向被保险人收取医疗保险费，建立医疗保险基金，当被保险人患病并去医疗机构就诊而发生医疗费用后，由医疗保险机构给予一定的经济补偿。

在保险范围上，规定城镇所有用人单位，包括企业(国有企业、集体企业、外商投资企业、私营企业等)、机关、事业单位、社会团体、民办非企业单位都要为职工投保医疗保险，称为基本医疗保险。乡镇企业及其职工、城镇个体经济组织业主及其从业人员是否参加基本医疗保险，国家规定由各省、自治区、直辖市人民政府确定。农民合同制职工参加单位所在地的社会保险，社会保险经办机构为职工建立基本医疗保险个人账户。农民合同制职工在终止或解除劳动合同后，社会保险经办机构可以将基本医疗保险个人账户储存额一次性发给本人。

在保险费用的筹集上，城镇基本养老保险费由用人单位和个人共同缴纳，用人单位缴费率控制在职工工资总额的6%左右，具体比例由各地确定，职工缴费率一般为本人工资收入的2%。

在农村，农村医疗保险主要是指新型农村合作医疗，简称新农合。资金的筹集是采取个人缴纳为主、集体补助为辅、政府予以支持的办法。集体补助要根据当地集体经济状况而定，各级政府应有适当的财政投入，作为合作医疗的启动、扶持资金。目前的新型农村合作医疗费主要是由中央财政、地方财政和农民个人共同筹集。新农合筹资标准由试点启动阶段的每人每年不低于 30 元(各级财政补助标准不低于 20 元，其中，中央财政和地方财政各补贴 10 元，个人筹资 10 元)，提高到扩大试点阶段的每人每年不低于 50 元(各级财政补助标准不低于 40 元，其中，中央财政和地方财政各补贴 20 元，个人筹资 10 元)，再到全面实施阶段的每人每年不低于 100 元(各级财政补助标准不低于 80 元，其中，中央财政和地方财政各补贴 40 元，个人筹资 20 元)。2010 年开始，新农合筹资标准进一步提高，每人每年不低于 150 元(各级财政补助标准不低于 120 元，其中，中央财政和地方财政各补贴 60 元，个人筹资 30 元)。2014 年，按照医改要求，在继续推进医保城乡统筹工作的基础上，进一步提高新农合筹资标准和保障水平，各级财政对新农合的补助标准进一步提高到每人

每年 320 元。同时，进一步优化统筹补偿方案，住院和门诊费用报销比例保持在 75%和 50%左右，并继续推进儿童白血病等 22 种重大疾病保障工作。将城乡居民大病保险工作推广到 50%以上的新农合统筹地区，进一步降低群众的大病负担。

在运行模式上，基本医疗保险基金由社会统筹使用的统筹基金和个人专项使用的个人账户基金组成。个人缴费全部划入个人账户，单位缴费按 30%划入个人账户，其余部分建立统筹基金。个人账户专项用于本人医疗费用支出，可以结转使用和继承，个人账户的本金和利息归个人所有。统筹基金和个人账户确定各自的支付范围，统筹基金主要支付大额和住院医疗费用，个人账户主要支付小额和门诊医疗费用。统筹基金要按照“以收定支、收支平衡”的原则，根据各地的实际情况和基金的承受能力，确定起付标准和最高支付限额。

新型农村合作医疗制度，是执行社会统筹与个人账户相结合的运行模式，是大病统筹、小病理赔为主的农民医疗互助共济模式。

从改革实践上看，中国将逐渐统一城乡居民基本医疗保险制度乃至整个社会保险制度，实行统一管理。

3. 失业保险

失业保险是指对因失业中断工作的劳动者给予基本的生活费、医疗补助费，并为他们提供转业培训和职业介绍服务的一种社会保障制度。失业保险具有普遍性、强制性和互济性特点。根据失业保险条例的规定，城镇企业、事业单位的所有人员，均应纳入失业保险覆盖范围。失业保险的筹集，即失业保险基金主要来源于社会筹集，由单位、个人和国家三方共同负担。其主要构成是城镇企业事业单位、城镇企业事业单位职工缴纳的失业保险费，失业保险基金的利息，财政补贴，依法纳入失业保险基金的其他资金。从 2015 年 3 月 1 日起，失业保险费率暂由现行条例规定的 3%降至 2%，单位和个人缴费的具体比例由各省、自治区、直辖市人民政府确定。在省、自治区、直辖市行政区域内，单位及职工的费率应当统一。在申请失业保险金程序上，用人单位退工后，凭退工单、劳动手册等证明，由本人到户籍所在地的街道社会保障事务所进行失业登记，符合领取条件并要求现在就领取失业保险金的，填写“失业保险金申领登记表”，然后根据街道通知的时间、地点到区县职业介绍所办理核定待遇和申领失业保险金手续。

社会保险除上述三大主要险种以外，还有一些辅助险种，包括生育保险、疾病保险、工伤保险、丧葬和遗属保险、伤残保险。

(1) 生育保险。生育保险是社会保险的其中一项，是国家通过立法，对怀孕、分娩女职工给予生活保障和物质帮助的一项社会政策。其宗旨在于通过向职业妇女提供生育津贴、医疗服务和产假，帮助她们恢复劳动能力，重返工作岗位。我国生育保险待遇主要包括两项：

一是生育津贴，用于保障女职工产假期间的基本生活需要；二是生育医疗待遇，用于保障女职工怀孕、分娩期间以及职工实施节育手术时的基本医疗保健需要。

(2) 疾病保险。疾病保险是指以保险合同约定疾病的发生为给付保险金条件的保险。对被保险人因疾病、分娩引起的收入损失、费用支出或因疾病、分娩所致死亡或残废，保险人按照保险合同规定承担给付保险金责任的保险。疾病保险的责任范围可包括：①工资收入损失；②业务利益损失；③医疗费用；④残废补贴；⑤丧葬费及遗属生活补贴等。疾病保险一般不包括因意外伤害所致的各项损失。

疾病保险和医疗保险都属于健康保险，都以被保险人的健康为保险标的，但又有很大区别：①保障范围不一样，医疗保险保障范围更广。疾病保险，也就是重大疾病保险，主要针对那些会威胁到生命或者花费比较大的重大疾病。而医疗保险保障范围就宽了很多，从一般的疾病到重大疾病都在医疗保险保障范围之内。但医疗保险不保死亡，疾病保险都保死亡。②赔偿标准不同。疾病保险是定额赔付。也就是只要患合同规定的重大疾病，保险公司立即按照保险金额赔付。比如保额 20 万，那保险公司就赔偿 20 万。医疗保险是按实际所用医疗费来赔付。比如保额 1 万，住院花费了 5000 元，那保险公司可能会赔偿 4000 元(实际费用的 80%)。③保险期间不同。医疗保险的保险期间只有 1 年。今年投保，如果 1 年内没有住院，那保险合同就终止了，要想继续得到保障，就得再交钱续保。疾病保险的保险期限一般都在 20 年以上，甚至是终身型的。

(3) 工伤保险。工伤保险是指劳动者因在生产或工作过程中负伤导致暂时或永久丧失劳动能力时，享受工资、医疗费、伤残补助的权利。其标准一般均高于非工伤的劳动者。

(4) 丧葬和遗属保险。丧葬和遗属保险是指对已故劳动者提供的丧葬费用和对其遗属给予的生活补贴。

(5) 伤残保险。伤残保险是指劳动者因病或工作伤害而成残疾，向其支付的伤残补助金。

(二)社会救济

社会救济是指公民在其收入低于贫困线或因自然灾害，发生其他不幸事故而生活困难时，国家和社会向其提供满足最低生活需求的一种保障措施。社会救济是最初的社会保障项目。通过社会救济可使无生活来源的人、遭受自然灾害而生活一时困难的人及生活在最低生活标准以下的人获得最起码的生活保障。社会救济是公民应享受的基本权利，也是国家和社会必须始终认真履行的、最起码的社会职责。社会救济的资金来源是财政预算拨款或通过税收减免进行的间接补助，另外还有部分彩票公益金和一定数量的民间捐赠。

社会救济主要是作为社会保险的补充形式，解决一些社会保险不能解决的问题。社会救济与社会保险的主要区别在于：一是社会保险的对象是能够正常劳动且能获得维持基本生活所需收入的劳动者；社会救济的对象主要是不能正常劳动或者不能获得维持基本生活所需收入的社会成员。二是社会保险的标准较高，一般能保证受益人一定的生活水准；社

会救济只保证受益人最低的基本生活水平，因此，社会救济标准比社会保险津贴的标准要低。三是社会保险一般存在着权利和义务的对应关系，缴费(税)多者，能获得的保险津贴就多，反之就少；而社会救济不存在权利与义务的对应关系，只要申请救济者符合社会救济的要求，就可以向社会救济机构申请救济。其目的就是要实现社会公平。

(三)社会福利

社会福利是指国家和社会根据法律规定，向所有公民普遍提供保证一定生活水平和尽可能高的生活质量的资金和服务的一种社会保障形式。它表现为国家和社会提供的各种福利设施、社会服务以及举办的各种社会福利事业。社会福利的享受不带任何前提条件，其目的是改善公民生活，提高公民的生活质量。社会福利的经费一般由财政负担，社会福利范围的大小和水平的高低可以通过法律和行政办法，根据生产发展水平和消费水平加以调整。

我国目前的社会福利具体包括以下三个方面。

(1) 国家和社会团体兴办的以全体社会成员为对象提供的公益性事业和社会服务。主要包括：环境保护、教育、科学技术、文化、体育、卫生等服务和设施。社会成员在享受这些社会福利时是免费或者低费用的。

(2) 具有局部性或者选择性的社会福利。主要是指政府和单位为了照顾一定地区或者一定范围内的居民对部分必要生活资料的需要而采取的优惠措施，如对寒冷地区的冬季取暖补贴、夏季的降温防暑补贴、独生子女补贴等。

(3) 特殊社会福利，又称民政福利。这是指政府和慈善机构为残疾人和无劳动与生活能力的人举办的福利工厂、养老院、福利院等。

(四)优抚安置

优抚安置是指国家对从事特殊工作者及其家属，如军人及其亲属予以优待、抚恤、安置的一项社会保障制度。在我国，优抚安置的内容主要包括提供抚恤金、优待金、补助金，举办军人疗养院、光荣院，安置复员退伍军人等。地方政府民政部门设置复员退伍军人安置机构，负责办理退役士兵接受和安置的日常工作。

目前我国优抚安置的具体内容包括以下几个方面。

(1) 抚恤。这是政府和社会对因公伤残军人、因公牺牲及病故军人家属采取的一种物质抚慰方式。包括伤残抚恤和死亡抚恤。

(2) 优待。它是指从政治上和物质上给予优待对象良好的物质或资金待遇、优先照顾和专项服务。

(3) 退役安置。它是指国家和社会为退出现役的军人提供资金和服务，以帮助其重新就业的一项优抚保障制度。安置的对象包括转业的军官、复员志愿兵和退伍义务兵。

第二节　财政补贴支出

一、财政补贴的基础理论

(一)财政补贴的含义及作用

财政补贴是一国政府根据一定时期政治经济形势及方针政策，为达到特定目的，对指定的事项由财政安排的专项补助支出。财政补贴对有效贯彻国家经济政策，以财政资金带动社会资金以实现扩充财政资金的经济效应，对加大技术改造力度，推动产业升级，有利于社会经济稳定等方面具有重要作用。就其对经济作用的机理而言，主要是通过改变需求结构和供给结构实现的。财政补贴可以改变需求结构。人的需求客观上有一个结构，决定这个结构的因素主要有两个：一是人们所需要的商品和劳务的种类；二是各种商品和劳务的价格。一般来说，商品或劳务的价格越低，需求越大；反之，需求越小。居民对消费品的需求以及企业对投入品的需求，莫不如此。既然价格的高低可以影响需求结构，那么能够影响价格水平的不同形式的财政补贴便有影响需求结构的作用。财政补贴也可改变供给结构。财政补贴改变供给结构是通过改变企业购进的产品价格从而改变企业盈利水平的机制进行的。财政补贴有调整需求结构和供给结构的作用，把它当作调节经济运行的政策手段来运用是理所当然的。然而，财政补贴既为一种调节手段，使用范围及规模就有一个限度，超过这个限度，有利作用就可能趋减，甚至反而出现消极作用。

同属于一种转移性支出，财政补贴支出同社会保障支出是否有关联呢？从相同角度看，两种形式的支付都是无偿的。无论以什么名目得到政府的补贴，都意味着实际收入的增加，经济状况都较前有所改善。然而，两者又有差别，一是体现在同相对价格体系的关联上。财政补贴总是与相对价格的变动联系在一起，或者是补贴引起价格变动，或者是价格变动导致财政补贴。因为有这种联系，很多人索性就把财政补贴称为价格补贴。社会保障支出则不与产品和劳务的相对价格发生直接联系，固然人们获得保障收入后用于购买商品或劳务，可能使商品或劳务的价格发生变化，但这种影响既不确定又是间接的。二是对经济结构的影响上。财政补贴具有改变资源配置结构、供给结构与需求结构的影响，而社会保障支出则很少有这种影响。根据上述分析，我们可以把财政补贴，尤其是价格补贴理解为一种影响相对价格结构，从而可以改变资源配置结构、供给结构和需求结构的政府无偿支出。

(二)财政补贴的特点

1. 财政补贴资金的无偿性

财政补贴属于政府的一项财政支出，是国家从已经取得的财政收入部分中的再次返还，

是无偿的。

财政补贴与税收优惠不同，虽然二者都是给对方让利，但所依据的法律及支出程序是不同的。税收优惠的对象只能是纳税人，具有针对性与专门性；财政补贴的对象可以是为实现特定目的，对指定事项的各个环节的各类主体。

2. 财政补贴形式的多样性

财政补贴的形式较多，如政府直接拨款、提供政府津贴、提供财政无息贷款、长期低息贷款、政府直接注入资本金而不参与分红、设立政府基金、政府为商业信贷提供财政担保等。上述方式都可以归属为补贴，资金来源与性质都没有改变。

3. 财政补贴的临时性

财政补贴在促进经济发展的各类措施中，处于辅助地位。这是因为财政补贴容易引发“补贴依赖症”的不利结果，即接受补贴者变得过于依赖补贴，失去了增强自身竞争力的动力，不思改革与创新。因此，财政补贴在短期内使用尚可，但不宜长期使用。从经济学角度分析，补贴的过分使用可以把资源从有效向无效分流，干扰价格信号，扭曲分配方式，以至降低分配效率。

二、财政补贴的构成

根据不同标准，财政补贴有不同的分类。①按补贴对象划分，财政补贴可以分为个人补贴和企业生产经营补贴。②按财政补贴列收列支的不同方法划分，财政补贴可以分为财政直接列入财政支出和冲减财政收入两种。世界大多数国家将财政补贴全部列入财政支出。我国将企业政策性亏损补贴以冲减收入方法处理，除此之外的其他补贴都在财政支出中列支。③按财政补贴的环节划分，财政补贴分为生产环节补贴、流通环节补贴和消费环节补贴。④按补贴的经济性质划分，财政补贴可分生产补贴和生活补贴。⑤按财政补贴的透明度划分，财政补贴可分为明补和暗补。我国的财政补贴，无论是对个人生活还是对企业生产经营，都有明补和暗补两种形式。

我国的财政补贴的内容包括很多，主要有价格补贴、企业亏损补贴、财政贴息等。

1. 价格补贴

价格补贴是指国家财政在商品购销价格倒挂的情况下，对工商企业支付的补贴和购销价格顺挂情况下对消费者支付的提价补贴。

2. 企业亏损补贴

企业亏损补贴又称国有企业计划亏损补贴，主要是指国家为了使国有企业能够按照国家计划生产经营一些社会需要但由于客观原因生产经营中将出现亏损的产品，而向这些企业拨付的财政补贴。导致企业计划性亏损的原因，主要是产品计划价格水平偏低，不足以抵补本行业的平均现金成本而造成的亏损。

企业亏损补贴与价格补贴两者有所不同。从补贴对象上看，价格补贴主要与市场零售有关；而企业亏损补贴主要与工业生产资料有关。从补贴的直接受益人来看，价格补贴的直接受益人是城乡企业居民；而企业亏损补贴的直接受益人主要是相关的企业。从补贴的环节来看，价格补贴多在流通环节，一般向商业企业提供；而企业亏损补贴在生产环节，一般向生产企业提供。从补贴用途来看，价格补贴主要用于弥补购销倒挂给企业造成的价差损失；企业亏损补贴主要向经营价格倒挂产品的企业提供经营费用和合理留利。

3. 财政贴息

财政贴息是指国家财政对使用某些规定用途的银行贷款的企业，对其支付的贷款利息提供的补贴，也就是政府代企业支付部分或全部贷款利息。比如，为支持中小企业创新，对达到国家扶持条件的部分中小企业的贷款进行财政贴息。

在我国政府的财政统计中，财政补贴主要有价格补贴(在现行财政科目中称为政策性补贴支出)和企业亏损补贴两大类。除这两大类之外，还有专项补贴和财政贴息。税式支出实际上也是一种财政补贴形式。税式支出将在下一节专门阐述。

三、现行财政补贴存在的问题及对策分析

(一)现行财政补贴存在的问题

1. 财政补贴的项目过多，妨碍了市场经济的有效运行

当前许多行业都存在着财政补贴，并且贯穿从生产到流通的各个环节。补贴项目繁多，有农业补贴、农业综合开发产业化经营财政补贴、太阳能集热系统财政补贴、家电下乡补贴、汽车以旧换新补贴等多项。仅价格补贴项目，列入国家预算支出的就有二三十项。这些繁多的财政补贴，干扰了市场经济对资源的合理化配置，加剧了财政收支的矛盾，使政府财政背上了沉重的负担。

2. 临时性财政补贴演变成了长期支出

政策性、灵活性和时效性是财政补贴的重要特征。然而，现在的许多财政补贴则只能增不能减，导致一些临时性补贴项目成为长期财政支出项目，其临时性、时效性几乎丧失。

3. 财政补贴制度不规范，不利于企业改善经营管理、转换经营机制

财政补贴中的企业亏损补贴从理论上讲只能对政策性亏损进行补贴，但我国实际上对很多经营性亏损也进行了补贴。据统计，对经营性亏损的补贴数目占企业亏损补贴数目的一半左右。这种补贴机制造成企业经营亏损以后不去想办法改善经营管理、提高生产和经

营的效率，而是想办法争取补贴，造成企业经营机制难以转换。

4. 财政补贴方式运用不当，造成了财政补贴支出效益低下

近年来，我国的一部分财政补贴方式已逐渐由“暗补”转为“明补”，取得了较好的成效。但是还有很大一部分财政补贴缺乏科学的效益评估、追踪问效的机制，财政补贴的经济效益无法充分发挥。

(二)我国财政补贴的改革

1. 合理确定财政补贴项目，控制财政补贴的总规模

我国的财政补贴项目太多，财政补贴的总规模过大，已经成为财政的沉重包袱。科学、合理地界定财政补贴项目是我国财政补贴制度改革中最为关键的一个环节。科学、合理地界定财政补贴项目，不仅可以优化财政补贴的结构，也可以控制财政补贴的总额，有利于减轻政府负担，同时有利于提高财政补贴的效益。

2. 规范财政补贴制度，取消经营性亏损补贴

经营性亏损补贴的存在有两个原因：一是政府干预过多使得政策性亏损和经营性亏损不分。二是政府为了社会稳定，而给予某些企业经营性亏损补贴。要取消经营性亏损必须从两个方面考虑：①明确政府的职能，做到政企分开。减少对企业的干预，使企业的政策性亏损和经营性亏损分开。同时，通过一定的机制尽量减少企业的政策性亏损，从而彻底清除经营性亏损补贴并减少政策性亏损补贴。②改革、完善社会保障制度。只有实行了完善的覆盖城乡的社会保障制度，地方政府才会让该破产的企业破产，而不必为了社会稳定来补贴经营性亏损的企业。

3. 财政补贴政策随着社会经济形势的变化而变化

财政补贴政策具有很强的政策性和时效性。财政补贴的对象、补贴的数额及财政补贴的期限等都是依据一定时期的国家政策需要而制定的。随着时间的推移，当国家的经济政策随着形势的变化而变化时，财政补贴措施也应做相应的调整。为了加大新能源的开发和利用，国家实施了太阳能集热系统财政补贴项目。为提高农村消费水平，国家还制定了家电下乡补贴。

4. 加强对财政补贴的管理

我国在财政补贴的管理方面还存在着很多问题，如有的财政部门对补贴款的使用监督管理不严，造成一些单位出现冒领、挪用补贴款等问题。只有加强财政补贴的管理，才能消除这些问题，才能控制不必要的财政资金支出，从而提高财政补贴效率，降低财政补贴规模。

5. 适应国际形势变化，调整财政补贴政策

为了维护世界贸易中非歧视、自由透明和公平竞争的秩序，WTO专门制定了《补贴与反补贴措施协议》，旨在规范和统一各国的财政补贴政策及其行为。这一协议直接影响了我国现行的财政补贴政策，并要求我国财政补贴政策做出相应的调整。我国现行的财政补贴政策经过30多年的市场取向改革，逐步接近了市场经济规律的要求和世界通行规则，但仍然带有相当程度的传统计划经济体制的成分和色彩，带有不发达国家传统发展模式的很多特征。例如，对竞争性产业和国企的大量补贴，并未有效地改善它们的经营效率和竞争实力，且产生的“挤出”效应，严重地影响着国家对科教、技术创新、环境保护、公益设施的投入与支持，导致财政功能和补贴政策在一定意义上的错位。在发展冲动的驱使下，地方财政竞相推出种种财政补贴的“优惠政策”，使得财政补贴颇为混乱，也导致了市场竞争秩序的“失序”。

第三节 税式支出

一、税式支出的概念

1967年，美国财政部官员萨里(S.Surrey)在一次讲话中第一次使用了税式支出这个词。1968年，美国将其运用于财政预算分析，公布了美国第一个税式支出预算。此后，许多国家相继开始对税式支出问题进行研究，并广泛运用于税收实践。我国对税式支出的规范化研究一直到20世纪80年代才开始予以重视。随着社会主义市场经济的发展，优化税式支出结构、选择税式支出方式、评估税式支出效果等方面将是规范化的财政税收管理的重要内容。

1974年度美国预算法案规定，税式支出是指“由于采取偏离正常税收结构的特殊措施而引起的收入损失”。这一概念来自对既定事实的确认。因此，税式支出是指各国政府为了实现政治经济及社会发展目标，通过采取与现行税法的基本结构相背离的税收制度来鼓励特定经济活动，减少纳税人的特定负担而发生的政府支出。它属于一种特殊的政府支出。作为税式支出必须具备两个必要条件：一是税式支出必须以一个具体税法中的规范性条款为基准，再考虑税法中偏离规范化的特殊条款——优惠减免规定，形成税式支出依据；二是税式支出必须有明确的社会、经济政策目的，由于减少税收使纳税人受益，从而使某一事件或某项业务得到支持和发展，以达到政府预期的目标。

二、税式支出的分类

从税式支出所发挥作用的角度，税式支出可分为照顾性税式支出和刺激性税式支出。照顾性税式支出，主要是针对纳税人由于客观原因在生产经营上发生临时困难而无力纳税所采取的照顾性措施，或纳税人由于自然灾害造成暂时性的财务困难，政府除了用预算手

段直接给予财政补贴外，还可以采取税式支出的办法，减少或免除这类纳税人的纳税义务。税式支出明显带有财政补贴性质，其目的在于扶持国家希望发展的亏损型或微利企业以及外贸企业，以求国民经济各部门的发展保持基本平衡。但需要注意的是，在采取这种财政补贴性质的税式支出时，必须严格区分经营性亏损和政策性亏损，要尽可能避免用税式支出的手段去解决因主观经营管理不善而产生的经营性亏损。刺激性税式支出，主要是指用来改善资源配置、提高经济效益的特殊减免规定，主要目的在于引导产业结构、产品结构、进出口结构及市场供求，促进纳税人开发新产品、新技术以及积极安排劳动就业等。这类税式支出是税收优惠政策和税收调节经济杠杆作用的主要体现。刺激性税式支出又可以分为两类：一是针对特定纳税人的税式支出，二是针对特定课税对象的税式支出。前者主要是针对那些享受税式支出的特定纳税人，不论其经营业务性质如何，都可以依法得到优惠照顾，如我国对福利企业的照顾。而后者则主要是从行业和产品性质来考虑，不论经营者是什么性质的纳税人，都可以享受优惠待遇，如我国对农、牧、渔业等用盐可减征盐税的照顾等。

三、税式支出的形式

就刺激经济活动和调节社会生活的税收支出而言，其一般形式大致有税收豁免、纳税扣除、税收抵免、优惠税率、延期纳税、盈亏相抵、加速折旧及退税等。

(一)税收豁免

税收豁免是指在一定期间内，对纳税人的某些所得项目或所得来源不予课税，或对其某些活动不列入课税范围等，以豁免其税收负担。至于豁免期和豁免税收项目，应视当时的经济环境和政策而定。最常见的税收豁免项目有两类：一类是免除关税与货物税，另一类是免除所得税。前者可降低企业的固定成本和生产成本，增强企业在国内外市场的竞争能力。后者一方面可以增加新投资的利润，使企业更快速收回所投资本，减少投资风险，以刺激投资；另一方面可以促进社会政策的顺利实施，以稳定社会正常生活秩序，诸如对慈善机构、宗教团体等的收入不予课税等。

(二)纳税扣除

纳税扣除是指准许企业将一些合乎规定的特殊支出，以一定的比率或全部从应税所得中扣除，以减轻其税负。在累进税制下，纳税人的所得额越高，这种扣除的实际价值就越大。因为，一方面，有些国家的纳税扣除是按照纳税人的总所得，以一定的百分比扣除的。在扣除比率一定的情况下，纳税人的所得额越大，其扣除额就越多；另一方面，就某些纳税人来说，由于在其总所得中扣除了一部分数额，使得原较高税率档次降低到低一级或几级的税率档次，这等于降低了这部分纳税人的课征税率。

(三)税收抵免

税收抵免是指允许纳税人从其某种合乎奖励规定的支出中，以一定比率从其应纳税额中扣除，以减轻其税负。根据从应纳税额中扣除的数额是否允许超过应纳税额的标准划分，税收抵免划分为“有剩余的抵免”，即扣除数额不超过应纳税额和“没有剩余的抵免”，即没有抵尽的抵免额返还给纳税人两类。在西方国家，税收抵免的形式多种多样，其中最主要的有两种形式，即投资抵免和国外税收抵免。投资抵免，因其性质类似于政府对私人投资的一种补助，故亦称为投资津贴。投资抵免是指政府规定凡对可折旧性资产投资者，可由当年应付公司所得税税额中，扣除相当于新投资设备某一比率的税额，以减轻其税负，其目的是促进资本形成并增强经济增长的潜力。投资抵免是鼓励投资以刺激经济复苏的短期税收措施。国外税收抵免，常见于国际税收业务中，即纳税人在居住国汇总计算国外的所得税时，准予扣除其在国外的已纳税款。国外税收抵免与投资抵免的主要区别在于：前者是为了避免国际双重征税，使纳税人的税收负担公平；后者是为了刺激投资，促进国民经济增长与发展，它恰恰是通过造成纳税人的税收负担不平等来实现的。

税收抵免与税收扣除不同，前者是在计算出应纳税额后，从中减去一定数额；后者则是从应税收入中减去一定金额。由于税收抵免可以减轻纳税人的税收负担，增加其税后所得，它通常作为一种政府的政策工具在实践中加以应用，以实现政府的某些政策目标。

(四)优惠税率

优惠税率是指对合乎规定的企业课以较低的税率。其适用的范围，可视实际需要而予以伸缩。这种方法，既可以是有期限的限制，也可以是长期优待。一般来说，长期优惠税率的鼓励程度大于有期限的优惠税率，尤其是那些需要巨额投资且获利较迟的企业，常可从长期优惠税率中得到较大利益。在实践中，优惠税率的表现形式很多。例如，纳税限额即规定总税负的最高限额，事实上就是优惠税率的方式之一。

(五)延期纳税

延期纳税也称“税负延迟缴纳”，是指允许纳税人对那些合乎规定的税收，延迟缴纳或分期缴纳其应负担的税额。这种方式一般可适用于各种税，且通常都应用于税额较大的税收上。延期纳税相当于纳税人得到一笔无息贷款，能在一定程度上帮助纳税人解除财务上的困难。采取这种办法，政府的负担也较轻微，因为政府只是延后收款而已，充其量只是损失一点利息。

(六)盈亏相抵

盈亏相抵是指准许企业以某一年度的亏损抵消以后年度的盈余，以减少其以后年度的应纳税款；或是冲抵以前年度的盈余，申请退还以前年度已纳的部分税款。一般而言，抵消或冲抵前后年度的盈余，都有一定的时间限制，我国企业所得税法规定，可连续抵扣 5 年。这种方式对具有高度冒险性的投资具有相当大的刺激效果。从其应用的范围来看，盈亏相抵办法通常只能适用于所得税方面。

(七)加速折旧

加速折旧是指按照税法规定准予采取缩短折旧年限、提高折旧率的办法，加快折旧速度，减少应纳税所得额的一种税收优惠措施。折旧是企业的一项费用，折旧额越大，企业的应课税所得越小，税负就越轻。从总数上看，加速折旧并不能减轻企业的税负，政府在税收上似乎也没损失什么。但是，由于后期企业所提的折旧额大大小于前期，故税负较重。对企业来说，虽然总税负未变，但税负前轻后重，有税收递延缴纳之利，相当于政府给予一笔无息贷款；对政府而言，在一定时期内，虽然来自这方面的总税收收入未变，但税收收入前少后多，有收入迟滞之弊，政府损失了一部分收入的“时间价值”。因此，这种方式同延期纳税方式一样，都是税收支出的特殊形式。

(八)退税

退税是指国家按规定对纳税人已纳税款的退还。作为税式支出形成的退税是指优惠退税，是国家为鼓励纳税人从事或扩大某种经济活动而给予的税款退还。具体包括两种形式：出口退税和再投资退税。出口退税是指为鼓励出口而给予纳税人的税款退还，一是退还进口税，即用进口原料或半制成品，加工制成成品后，出口时退还其已纳的进口税；二是退还已纳的国内增值税、消费税等。再投资退税是指为鼓励投资者将分得的利润进行再投资，而退还纳税人再投资部分已纳税款。

四、税式支出的社会效应分析

(一)税式支出正效应

理论界基于不同角度，列举了税式支出的诸多正效应。主要体现在以下几个方面：①从发挥税收宏观调控作用来看，可以鼓励某些事业发展和某些有益行为；②从发挥税收微观调节作用来看，可以照顾某些弱势群体(如小企业、低薪雇员、农民)；③从政府职能与市场机制的关系来看，可以在市场机制作用有限的情况下，对经济产生某些矫正作用；④从加强财政管理的角度来看，有利于促进财政、税收制度的法制化、规范化。

(二)税式支出负效应

理论界基于不同角度，列举了税式支出的诸多负效应。主要体现在以下几个方面：①由于税收承担了更多的经济、社会职能，必然使税法和税收管理更加复杂，同时会增加税收成本。②可能违背公平原则。一些纳税人享受税收优惠，就意味着另一些纳税人税负的相对提高，会产生在税收总额不变的情况下引起税收负担的结构性变化。③利益的驱动可能造成税收优惠的滥用。例如，国家之间、地区之间利用税收优惠展开不正当竞争，一些纳税人借机逃税、避税。为此，欧盟已经采取了一些限制措施。④可能误导、扭曲纳税人的经济行为(如企业的组织形式、投资项目、经营地点的选择)。⑤减少税收收入。

复习思考题

一、名称解释

社会保障　社会保险　财政补贴　价格补贴　财政贴息　税式支出　税收豁免　纳税扣除　税收抵免　延期纳税　退税

二、问答题

1. 社会保障支出有哪些特征？包括哪些内容？有哪些职能？
2. 简述财政与社会保障的关系。
3. 论述财政补贴的作用和经济影响。
4. 论述税式支出的原则和内容。
5. 你认为哪种社会保障基金筹资模式更适合中国国情？为什么？
6. 我国在税收优惠方面存在哪些问题？你认为应该如何改进？
7. 税式支出有哪些形式？各种形式作用于社会经济的机理如何？
8. 税式支出有哪些社会效应？

三、案例分析

2009 年，美国进行了“全民医保”改革。令人不解的是，美国是世界上唯一没有实现全民医保的发达国家。现有医保体系覆盖率约为 85%，估计有 4700 万人没有任何医疗保险，约占美国人口的 15%。无保险者中绝大多数是有工作的穷人，包括新移民和全日制学生。

哈佛大学法学院、医学院以及俄亥俄大学研究人员共同完成了一项调查，调查对象是美国尚未出现经济衰退时期随机挑选的 2007 年 1 月至 4 月申请破产的 2314 个家庭。调查

结果公布在《美国医学杂志》网络版上。调查结果显示，这些家庭平均每年需要支付 2.26 万美元的医疗费用。因为高额医疗费用而申请破产的家庭大部分都通过雇主上了健康保险，其中 77.9%的家庭在家庭成员发生疾病前就拥有保险，另有 60.3%的家庭还购买了私人保险。调查还显示，“因病致贫”家庭大部分是中产阶级家庭，其中 2/3 的家庭拥有房产，3/5 的家庭有成员接受过高等教育。不过在很多情况下，疾病导致家庭中收入较高的成员失去工作，从而无法继续上保险，再加上医疗费用高，二者的“共振”导致破产。糖尿病以及神经系统疾病是这些家庭破产的主要原因。

（资料来源：http://lnb.gansudaily.com.cn/system/2009/06/09/011127427.shtml，资料有调整。）

讨论：1. 查阅相关资料，谈谈为什么美国作为发达国家却难以解决医保问题？

2. 对比中美医保现状，分析中国医保绩效。

第六章　公共财政收入

【知识要点】

财政收入是政府为了履行其职能，满足公共财政支出的需要，在一定时期内凭借一定的权力从企业和家庭中所获取的货币或实物收入。从不同视角对财政收入进行研究，可以对财政收入进行不同的分类，并产生不同的认识。财政收入规模的大小由经济、政治、社会以及文化等多种因素综合决定。确定合理的财政收入规模对国家经济发展非常重要，合理的财政收入规模是保证社会资源优化配置、国民收入合理分配、政府职能有效发挥、社会经济健康发展的必要条件。

【引导案例】

根据中国新闻网报道，2014 年中国财政收入同比增长 8.6%，增速跌至 1991 年以来新低，二十多年来两位数高速增长的态势被打破。中国财政部的数据显示，2014 年中国一般公共财政收入为 140 350 亿元，比上年增长 8.6%，增速比 2012、2013 年分别回落 4.3 和 1.6 个百分点，为近 23 年来首次跌破两位数。其中，中央财政收入为 64 490 亿元，同比增长 7.1%；地方财政收入(本级)为 75 860 亿元，同比增长 9.9%。

(资料来源：http://www.chinanews.com/gn/2015/01-30/7020906.shtml，资料进行了修改。)

试分析：

1. 结合实际，分析财政收入增速回落的原因。
2. 分析我国目前财政收入结构存在哪些问题，如何改进？

第一节　公共财政收入的内涵、历史演变及其原则

一、公共财政收入的内涵

公共财政收入即财政收入，是政府为了履行其职能，满足公共财政支出的需要，在一定时期内凭借一定的权力从企业和家庭中所获取的货币或实物收入。

从上述定义中，我们可以概括财政收入的四个要素：主体、目的、依据和结果。具体而言，财政收入的主体是政府，财政收入的目的是为了满足政府财政支出的需要，财政收入的依据是政府的权力，财政收入的结果表现为政府对社会财富的占有。

我们还可以从下面两个方面来理解财政收入的定义：一是静态的财政收入，财政收入最终的结果表现为政府获取了一定的收入，对现代社会来说，主要是货币形式的收入，代

表着政府占有了一定量的社会物质财富，从而形成了国民收入在政府、企业和家庭间的一种分配利益格局；二是动态的财政收入，财政收入也是一个动态的过程，是政府在一定时期内一直进行的一项活动，主要表现为政府不断地组织资金获取收入的过程，而在这一过程中相应地体现了国家的相关政策。

对于财政收入的认识，我们还需要从以下三个方面进一步把握。

(1) 财政收入是整个财政活动的前提。公共财政最根本的目的是为社会提供公共物品，满足人们的公共需要，而围绕此目的开展的公共财政活动主要表现为资金收入的获取、公共支出的安排以及财政资金的管理等。要安排公共支出提供公共物品，要对财政资金进行管理，首先必须有一定的财政收入。所以说财政收入是财政支出的前提，是整个财政活动的前提，是政府的各项职能得以实现的前提条件，也是整个财政动态过程的开始。

(2) 财政收入是政府宏观调控的重要工具之一。政府在使用具体的财政收入手段筹集财政资金的同时，还可以运用这些财政收入手段对经济进行宏观调控。例如在市场经济下，政府可以通过税收、公债等收入手段引导社会资源在私人部门之间、私人部门和公共部门之间以及公共部门之间进行配置，促进社会资源优化配置；政府也可以通过税收等收入手段调节收入和财富在社会成员之间的分配格局，促进收入分配的公平，提升社会福利水平；政府还可以通过税收、公债等收入手段调节社会总供求，熨平经济波动。

(3) 财政收入对经济发展的影响重大。政府筹集财政收入的过程是通过介入到国民收入的分配中凭借其一定的权力对家庭和企业收入的部分占有。在这一取财过程中，如果制度设计合理，就能够很好地做到既获取了一定规模的财政收入，而又不会因为对其他经济主体收入的占有而给他们带来伤害，损害他们经济活动的积极性进而抑制经济的发展。但如果制度设计不当，就可能在筹集财政收入的过程中对其他经济主体造成伤害，使得整个国民经济的发展减缓，进而也会使得财政收入源泉枯竭，更严重的可能会导致社会动荡不安。财政收入不仅仅是对已经创造出来的社会财富的被动占有，在占有过程中财政收入很可能会对社会财富的创造带来积极或消极的影响。因此财政收入对经济发展的影响重大，应尽力做到“取财而不伤财”。

二、公共财政收入内容的历史演变

自从人类社会进入文明社会以来，人类经历了奴隶社会、封建社会、资本主义社会和社会主义社会。相应的，国家财政收入的内容也经历了奴隶制国家财政收入、封建制国家财政收入、资本主义国家财政收入和社会主义国家财政收入的历史演变。下面详细说明每一种国家形态下的财政收入的具体内容。

奴隶制国家财政收入：①王室土地收入。国王是最高的统治者，也是最大的生产资料占有者。他强迫奴隶从事各种生产劳动，直接占有其劳动成果。这是当时财政收入的主要来源。②贡赋收入。国家实行“分田制禄”“分封制国”，把土地连同奴隶分给下级奴隶主和官僚作为俸禄，每年向他们收取贡赋，被征服的国家和部族每年也要缴纳贡物。③捐税收入。对于一部分自由民，他们拥有少量的生产资料，主要是自耕农和小手工业者向国家缴纳赋税。

封建制国家财政收入：①官产收入。封建国王是最大的封建地主，拥有大量的土地，皇室在直属领土上直接剥削农奴取得收入，以及取得所管辖的各级封建诸侯纳贡收入等。②赋税收入。在承认土地私有的前提下，封建制国家凭借政治权力按土地、人口征税。国家还对财产收益、货物进出关卡开征税收。③专卖收入。国家通过对某些物产，如盐、铁、酒等实行专卖，取得收入。④特权收入。国家通过对矿、鱼、盐、铸币等特权的出让而取得收入。

资本主义国家财政收入：①税收收入。随着社会生产力的发展，在资本主义初期以工商税收即间接税为主，后来发展为以所得税即直接税为主。②债务收入。利用国家信用的形式发行公债取得收入，用以弥补财政赤字。③国有财产收入。国家对直接拥有的财产进行开发经营取得的收入。④国有企业收入。国有企业多为邮政、电信、铁路等基础服务性行业，构成财政收入的一个来源。

关于社会主义国家财政收入分类及形式详见本章第二节。

三、公共财政收入的原则

财政收入原则是人们对于财政收入与经济发展关系规律的总结。财政收入原则对政府筹集财政收入、制定财政收入政策起着指导性的作用，不同的财政收入原则也体现了政府不同的理财思想。

财政收入不仅关系到社会经济发展和人民生活水平的提高，也关系到正确处理国家、企业和个人三者之间和中央与地方两级利益的关系，还关系到不同对象的合理负担问题。为了处理好这些关系，在组织财政收入时，必须掌握好以下三项原则。

(一)保证财政支出需要原则

财政收入是一切财政活动的前提和起点，没有充足的财政资金，政府的一切活动就难以开展，政府的政策也难以贯彻执行。所以说财政收入起初是为了满足支出目的而筹集的，因而财政收入的首要原则是保证政府正常支出的需要。

但是，这一原则并不意味着政府可以借着支出需要之名号无限度地“取财”，应做到“取之有度”。政府取财，既要基于正常支出的需要，还要考虑民众的承受能力。同时，由于财政支出规模具有不断扩张之趋势，为满足不断扩张的支出需要，财政收入也需要不断增加。为避免政府因此而不断修改收入制度使得民众负担加重，对收入制度的设计需要考虑其弹性。也就是说，财政收入应该是有弹性的收入制度，这样，随着经济的增长，不需要人为地修改收入制度，财政收入便可以与经济规模同步扩大。财政收入的弹性至关重要，如果

一国财政收入各项目大都缺乏弹性，政府只能靠不断修改收入制度增加收入，这样会使得国家收入分配关系不稳定，甚至危及经济稳定。

财政收入弹性的大小可以用弹性系数来衡量，财政收入弹性系数可用下式计算。

$$\text{财政收入弹性系数}=\frac{\text{本年财政收入}-\text{上年财政收入}}{\text{上年财政收入}}\Big/\frac{\text{本年GDP}-\text{上年GDP}}{\text{上年GDP}}$$

若收入弹性系数大于 1，则表明财政收入的增长速度会超过 GDP 的增长速度，相应的，财政收入占 GDP 的比重将提高；反之，若收入弹性系数小于 1，则财政收入虽然增长，但低于 GDP 的增长速度，因而财政收入占 GDP 的比重将下降。

(二)不损害经济发展原则

财政与经济的关系是经济决定财政，财政影响经济。政府在参与国民收入分配过程中，要注意对经济发展的影响。财政收入是政府对家庭和企业收入的部分占有，而在这一过程中很可能会因政府对其他经济主体收入的占有而给他们带来伤害，损害他们经济活动的积极性进而抑制经济的发展，同时也会对财政收入规模带来不利影响。如对个人征收劳动所得税会减少个人的收入水平，则可能会影响他的劳动时间的长短，进而抑制其劳动积极性；对企业利润征税会减少其投资收益，则可能会影响企业投资的积极性等。由此可见，政府在取得自身收入的过程中，不能只顾财政收入的取得，还应将必要的财力留给单位和个人，以调动和发挥他们的积极性；政府要通过发展经济、扩大税基来增加财政收入。因此，财政收入的取得应有利于国民经济的发展，政府在设计财政收入制度时应考虑到其对经济发展的影响，尽可能地减少对微观经济主体的不利影响。

(三)合理和公平原则

政府在筹集财政收入过程中，还应注意合理分配各主体间的负担，保证社会公平。合理负担原则主要体现在税收中，是指在组织财政收入时，按纳税人收入的多少，采取不同的征收比例，负担能力强的多负担，负担能力弱的少负担。它通常采取不同的征税范围、不同的税率、减免税等方式来实现。实行合理负担，是实现企业公平竞争的需要，也是保证国家财力的需要。

第二节　公共财政收入的分类

要对财政收入进行分析首先需要对财政收入进行科学的分类。各国学者都十分重视对财政收入的分类，而研究的视角不同，对财政收入的分类也有所不同。如可以将财政收入分为经常性收入和临时性收入，强制性收入和非强制性收入，直接收入、间接收入和预期收入，公共经济收入和私人经济收入等。我国的财政收入主要有以下几种划分方法。

一、按公共财政收入来源分类

按财政收入来源分类，有助于研究财政与经济之间的关联关系，进一步理解经济决定财政、财政影响经济的运行机制，进而有助于分析财政收入来源的结构，从中寻求增加财政收入的途径。

(一)所有制来源

财政收入的来源按所有制来划分，有来自全民所有制经济、集体所有制经济、私营经济、个体经济、外资企业、中外合资经营企业和股份制企业等的收入。我国是以公有制经济为主导、多种经济成分并存的经济结构，国有企业是经济发展的主要增长点，发挥主导性作用。我国公有制经济提供的财政收入比重相当高；但随着对非公有制经济发展的鼓励与支持，非公有制经济不断发展壮大，非公有制经济提供的财政收入将会不断增长，并成为财政收入的重要来源，我国的财政收入制度也应及时地随国民经济结构的变化做出相应的调整。

(二)部门来源

财政收入的来源按部门划分，有来自农业、工业、交通运输、商业服务等部门的收入。这些部门又分别归入第一产业、第二产业和第三产业。第一产业包括农业、牧业、林业、渔业等，第二产业包括工业和建筑业，第三产业包括除上述一、二产业以外的其他各业。目前，我国已经停征农业税和农业特产税，财政收入绝大部分来自第二产业，随着生产力的发展和科学技术的进步，第三产业产值在国民生产总值中的占比也越来越高，财政收入来源于第三产业的比重也随之提高。随着产业结构的调整，财政收入制度也应及时做出相应调整。

(三)地区来源

财政收入的来源按地区划分，主要是来自各区域或行政区划的收入。从这一角度分析财政收入来源的结构，可以看出财政收入的地区分布状态，通过对财政收入地区分布状态的分析来认识区域经济差异和财政差异，进而可以制定区域经济发展战略和财政分配政策。

(四)经济来源

财政收入的经济来源是就财政收入与社会总产品价值构成的关系而言的。社会总产品价值由 C、V、M 三部分构成，研究社会总产品价值构成同财政收入的关系应着重研究社会总产品价值构成中哪些因素形成财政收入的主要来源以及其构成变化对财政收入的影响。

在社会总产品价值构成中，C 是补偿生产资料消耗的价值部分，包括原材料等劳动对象消耗的补偿值和补偿固定资产消耗的部分即折旧。C 一般不能构成财政收入的来源。V 是新创造的价值中归劳动者支配的部分。西方国家普遍实行高工资制度和以个人所得税为主体税种的税收制度，所以西方国家的财政收入主要来自 V；而在我国，V 虽构成财政收入的一部分，但它在全部财政收入中所占的比重较小。M 是新创造的归社会支配的剩余产品价值部分。我国财政收入主要来自 M 部分，M 是财政收入的基本源泉，只有 M 部分多了，财政收入的增长才有坚实的基础。

在社会总产品一定且 V 不变时，C 部分缩小则 M 部分增大；反之，C 部分增大则 M 部分减小。因此降低物化劳动消耗即 C，是降低生产成本，增加 M 从而增加财政收入的主要途径。在社会总产品一定且 C 不变时，V 部分增大，M 部分减少；相反 V 部分减少，M 部分则增大。但 V 是职工工资，不能简单地认为越少越好，职工的工资不仅不能降低，随着生产的发展还要不断提高。因此要降低 V，只有通过提高劳动生产率，减少必要劳动时间，相对延长剩余劳动时间，才可以生产出更多的剩余产品价值 M，从而增加财政收入。

二、按公共财政收入形式分类

财政收入的形式是指政府取得财政收入的具体方式。这种分类是我国当前财政收入的主要分类方式，它是以财政收入的形成依据为标准来划分的。主要可分为税收收入和非税收入两大类，而非税收入具体又可分为政府收费、债务收入、国有资产收益及其他收入。按财政收入形式分类可用于分析财政收入规模的变化趋势。在我国财政统计中，将按财政收入形式的分类称为“国家财政分项目收入”。

(一)税收收入

税收是国家凭借政治管理权力，强制地、无偿地取得财政收入的一种形式。税收是各国最主要的财政收入形式，发达国家的财政收入中税收均占 90%以上，即使经济欠发达国家税收也占 60%～80%。在我国税收收入占全国财政收入的 80%以上。我国现行税收种类包括增值税、消费税、土地增值税、城市维护建设税、资源税、城镇土地使用税、房产税、车辆购置税、车船税、印花税、契税、烟叶税、企业所得税、个人所得税、关税、船舶吨税和耕地占用税四大类 17 个税种。

(二)政府收费收入

收费是公共部门提供有偿服务所收取的工本费和手续费，或者是公共部门支配、管理特定社会资源而获得的收入。政府收费凭借的是政府对公共商品或劳务的所有权征收的。

1. 收费类型

政府收费主要包括规费收入、使用费、环境保护费和纠纷调节费收入等。

规费收入是指国家机关向居民或法人提供某种特定服务或实施行政管理所收取的手续

费和工本费。如工商执照费、结婚证书费、户口证费、商品检验费、商标注册费、公证费、护照费等。国家收取规费，除了为获取一定的财政收入外，主要目的是为了便于对某些行为进行管理和统计。

使用费是对享受政府所提供的特定公共产品或劳务的人所收取的费用。实际上是遵循受益的原则，模拟私人物品的定价方式收取的享受公共物品的价格，目的是为了补偿提供特殊商品和服务的部分或全部成本。按世界银行有关文件的说法，使用费是指为交换公共部门所提供特殊商品和服务而进行的支付。从理论上来说，政府收费主要是使用费。

环境保护费是政府为了维护、治理和保护人类社会的自然环境而对有污染、损害、侵蚀环境行为的单位和个人所收取的费用。由于现代经营活动客观存在着内部经济和外部不经济的矛盾，而自然环境中的许多要素，如空气、水体、绿地、森林等又不能分割使用和等价交换。因此，为了社会的可持续发展，国家有权也有义务用收取环境保护费的方式，抑制对自然环境的破坏，加强自然环境的再生机能和保证自然环境的良性循环。

纠纷调节费是国家机关在处理公民、法人和其他组织间民事或经济纠纷时，为调节当事人之间权利义务关系而收取的费用。主要包括调解费、仲裁费、诉讼费。纠纷的调节毕竟是对特定对象所提供的特定服务，收取一定的调节费，一方面是对调节服务中的费用补偿，另一方面也是为了对纠纷当事人的一种利益约束，它有利于减少和制止民事与经济纠纷的发生。

我国目前全部收费的种类大致可分为六大类：第一类是专项收入，包括排污费收入、水资源费收入、教育费附加收入、矿产资源补偿费收入、探矿权采矿权使用费及价款收入、国家留成油销售后上缴收入等；第二类是行政事业性收费收入；第三类是罚没收入；第四类是国有资本经营收入；第五类是国有资源有偿使用收入；第六类是其他收入。

2. 收费与税收的区别

收费是财政收入的一种辅助形式，但也是税收所不能替代的，收费有其自身的特性和作用。收费与税收的区别如下。

(1) 主体不同。税收的主体是国家，税收管理的主体是代表国家的税务机关、海关或财政部门；而费的收取主体多是行政事业单位、行业主管部门等。

(2) 特征不同。税收具有无偿性，纳税人缴纳的税收与国家提供的公共产品和服务之间不具有对称性。费则通常具有补偿性，主要用于成本补偿的需要，特定的费与特定的服务往往具有对称性。税收具有稳定性，而费则具有灵活性。税法一经制定对全国具有统一效力，并相对稳定，费的收取一般由不同部门、不同地区根据实际情况灵活确定。

(3) 用途不同。税收收入由国家预算统一安排使用，用于社会公共需要支出；而费一般具有专款专用的性质。

当某一收入既可以采取税收形式又可以采取收费形式时，应根据政府的政策目标和效率原则进行选择。

(三)国有资产收入

国有资产收入是指国家凭借其所拥有的资产产权取得的财政收入，主要是指国有资产管理部门以国有资产所有者代表的身份，以上缴利润、租金、股息、红利和权益转让等形式所取得的国有资本经营收入和以资产占用费、租金、使用费等形式取得国有资源性资产的收入。目前，国有资产收入主要包括：从国有企业取得的国有资本投资收益；从国有资产产权转让取得的产权转让收入；从国有资源性资产有偿使用取得的国有资源有偿使用收入。资源性国有资产收入主要包括：矿产资源管理收入、水资源管理收入、土地资源管理收入、海洋资源管理收入、草原资源管理收入、河流航道使用费收入、森林采伐管理收入及其他资源管理收入等。

(四)债务收入

债务收入是国家或政府以债务人的身份，采取信用的形式通过举债的方式从社会上吸收闲置资金以弥补财政支出的需要所取得的收入。这种收入是一种非经常性的财政收入，凭借的是国家的公共信用，其发行也必须遵循信用原则：有借有还。政府的债务收入同私人债务一样具有偿还性，到期不仅要还本还要付息；政府在获得债务收入的同时，又形成一种预期的财政支出，这点与税收的无偿性不同；政府举债还具有认购的自愿性，是否购买以及购买多少完全由认购者自己决定，不具有强制性，这点与税收的强制课征不同。

债务收入在具体内容上包括国内债务收入和国外债务收入。债务收入的具体形式包括：债券、财政向国家银行借款收入、其他国内借款收入、向国外政府借款收入、向国际组织借款收入和其他国外借款收入等。

(五)其他收入

其他收入是指上述几种收入之外的政府的各种收入，如罚没收入、捐赠收入等。另外，一些学者将通货膨胀税也列入其他收入之中。通货膨胀税是指政府为了弥补其所提供的物品和劳务的费用而扩大货币供给，从而造成物价的普遍上涨。为了弥补政府支出，政府可以通过增加投放流通领域的货币量，或者是通过向中央银行借款或透支的办法扩大货币供给，其结果都将导致物价水平的普遍上涨，这必然使人们手中持有货币的实际购买力下降，从而政府部门所能支配的资源即财政收入增加。这种政府引致的通货膨胀实质上是将私人部门占有的一部分社会资源转移到公共部门，只不过它采取了一种较为隐蔽的形式而已，被人称为“通货膨胀税”。

三、按公共财政收入管理方式分类

按财政收入的管理方式不同，可将财政收入分为预算内收入和预算外收入两大类。目前我国财政统计中的“财政收入”属于预算内收入，特征是统一纳入国家预算，按国家预算立法程序实行规范管理，由各级政府统筹安排使用。预算内收入主要是税收和部分收费。

与预算内收入相对应的是预算外资金收入。预算外资金收入是指国家机关、事业单位和社会团体为履行或代行政府职能，依据国家法律、法规和具有法律效力的规章而收取、提取和安排使用而未纳入国家财政预算管理的各种财政性资金。并明确做出以下规定：国有企业提取的各项基金(包括税后留利)不再作为预算外资金管理；地方财政部门按国家规定收取的各项税费附加，作为地方财政固定收入，统一纳入地方财政预算后，不再列入预算外资金的管理范围；事业单位和社会团体通过市场获得的并不体现政府职能的经营服务收入，不作为预算外资金管理，但要依法纳税；将乡自筹和乡统筹资金明确纳入预算外资金管理。预算外资金收入是收费形式的收入，在资金性质上明确属于财政资金，但没有纳入预算内收入统计，由收费部门安排使用，实行“收支两条线”管理。

根据《财政部关于将按预算外资金管理的收入纳入预算管理的通知》(财预〔2010〕88号)的有关要求，从2011年起，除教育收费纳入财政专户管理外，其他预算外资金全部纳入预算管理。

第三节　影响财政收入规模的因素分析

对财政收入规模大小的衡量既可以用绝对指标，也可以用相对指标。绝对指标即财政收入总额，一般是政府在一定时期内通过税收等收入形式所获得的财政收入的总量，反映了一个国家或地区在一定时期内的经济发展水平和财力的集中程度，体现了政府运用各种财政收入手段参与收入分配、调控经济运行以及配置资源的范围和力度。相对指标即财政收入占GDP的比重，反映了在GDP中政府以财政收入方式集中和使用的份额，揭示了政府与微观经济主体之间占有和支配社会资源的关系。该比重越高，表明政府集中分配的力度越强，政府占有的社会资源越多，微观经济主体可支配的资源相对越少；反之，该比重越低，表明政府集中分配的力度越弱，政府占有的社会资源越少，微观经济主体可支配的资源相对较多。通常采取相对指标来衡量财政收入规模。

财政收入规模是衡量一国公共支出水平和财政状况的重要指标。在政府职能相对稳定的前提下，财政收入规模越大，财政越充裕。虽然财政收入的主体是政府，但财政收入规模的大小以及其增长速度的快慢，并不是以政府的主观意愿为转移的，而是由经济、政治、社会以及历史文化传统等多种因素综合决定的。

一、经济因素

虽然制约和影响财政收入规模的因素很多，但从根本上来说，一国的财政收入规模首先还是受经济条件的制约和影响。经济因素是制约财政收入规模的最根本因素，这些因素主要包括经济发展水平和产业结构、政府的收入分配政策以及价格水平。

(一)经济发展水平和产业结构

1. 经济发展水平对财政收入规模的基础制约

经济发展水平对财政收入规模的影响表现为基础性的制约，二者之间就像根与叶、源与流的关系。所谓根深则叶茂，源远则流长。经济发展水平反映一个国家的社会产品的丰富程度和经济效益的高低。经济发展水平高，社会产品丰富，则国内生产总值就多，政府从社会中可获得的财富基数增多，则财政收入总额在收入制度不变的情况下就会增多，其占国内生产总值的比重也很可能升高。

财政收入归根结底是一部分货币形态的社会总产品。社会总产品从价值上看包括 *C*、*V*、*M* 三个部分：*C* 是补偿生产资料消耗的价值，是为了维护简单再生产而存在的，不应作为财政收入的来源；*V* 是劳动者为自己劳动创造的必要劳动价值，从理论上讲应该全部留归劳动者个人，但是为了维护收入分配的公正、合理，保持社会的稳定，各国政府都通过税收形式对收入者进行再调节，*V* 的一部分会形成财政收入；*M* 是新创造的价值中归社会支配的剩余价值部分，是财政收入的基本来源。假设社会总产值不变，经济增长方式转变、生产要素利用效率提高会带来物耗降低、社会资源的节约，社会必要劳动时间的减少，导致 *C* 和 *V* 减少，*M* 增加，那么相同的 GDP 就会带来更多的财政收入。

进一步来讲，在价格相对稳定的前提下，人们的必要产品消费是相对固定的，因而，随着人均 GDP 的增加以及技术的进步，剩余产品的增加速度就超过了 GDP 的增加速度，在财政分配制度相对稳定的情况下，财政收入规模就可能相应放大。假设某一时期的人均 GDP 为 500 美元，其中必要产品的价值为 300 美元，财政从剩余产品的价值中取走 50%，则财政收入占 GDP 的比重为 20%。若该国人均 GDP 增加到 1000 美元，必要产品的消费部分增加为 500 美元，则在财政制度不变的情况下，其财政收入规模就上升为 25%。由此可见，随着经济的发展和人均 GDP 的提高，即使财政收入制度不变的情况下也会导致财政收入比重提高。财政收入规模的扩大必须以经济发展为前提条件，没有经济发展，财政就成为“无源之水，无本之木”。

从现实世界各国的情况来看，发达国家的财政收入规模大都高于发展中国家，而在发展中国家，中等收入规模的国家又大都高于低收入国家，绝对额如此，相对额也如此，详见表 6-1。表中虽然列举了部分发达国家和不发达国家财政收入占 GDP 的比重，但这些数字完全可以证明，经济决定财政，没有经济不发达而财源却丰裕的社会。

表 6-1　不同时期发达国家与发展中国家财政收入占 GDP 的比重

单位：%

国　别	1990 年	2000 年	2005 年	2010 年	2011 年	2015 年
英国	30.10	30.90	41.11	36.47	37.16	35.74
法国	23.50	28.40	51.19	48.32	49.51	53.23

续表

国 别	1990年	2000年	2005年	2010年	2011年	2015年
美国				24.7	22.76	20.06
土耳其	16.10	26.30	32.30	32.21	32.18	35.95
秘鲁	10.77	12.22	18.65	19.94	20.08	20.34
中国	15.70	13.50	17.30	20.7	21.96	22.49

(资料来源：国家税务总局税收科学研究所研究报告《中外税收负担、非税负担及总体负担的比较》、历年《中国统计年鉴》和 MALAYSIA ECONOMY 网站相关数据整理而成。)

2. 产业结构变动对财政收入规模的影响

产业结构变动对财政收入规模的变化具有重要影响。由于不同产业以盈利状况体现的比较利益的高低不同，因而不同产业对财政收入的贡献率是不同的。由于第一产业的比较利益相对较低，当第一产业产值占 GDP 的比重较高时，财政收入规模相对较低。当第二产业和第三产业产值占 GDP 的比重较高时，财政收入规模也相对较高。正是由于不同产业的比较利益的大小不同，各自对财政收入贡献率的高低各异，因而，伴随着国家产业结构的不断演进，其财政收入规模也会因此发生相应的变化。产业结构的演进程度决定着财政收入规模的变化幅度。

(二)财政收入分配政策

在经济发展水平一定的情况下，财政收入规模的大小取决于政府收入分配政策，这好比做蛋糕和分蛋糕，蛋糕大小确定了，财政收入能分得多少取决于分配比例问题。但反过来说，如果分配不合理，很可能在分蛋糕的过程中使得蛋糕变小，从而使得财政收入规模变小。

在经济发展水平和生产技术水平既定的条件下，政府的分配政策在很大程度上制约着财政收入规模。经济发展水平是一国收入分配的客观条件，GDP 就是可供社会分配的蛋糕，在蛋糕大小既定的条件下，通过收入分配政策的调整也会影响到财政收入规模的大小和结构的变化。所以，即使在经济发展水平相同的国家，财政收入规模和结构也会存在着较大的差异。20 世纪 90 年代以来，国家收入分配政策调整效果不断显现，政府、企业和居民三者收入分配关系发生了明显的变化。在国民可支配收入构成中，企业和政府部门收入在国民收入分配中的总体占比呈上升趋势，居民收入占比总体呈下降趋势。从占比上看，1992 年政府部门、企业和居民三者可支配收入占国民可支配收入的比重为 20.0%、11.7%和 68.3%，到 2009 年这一比重变为 20.5%、20.6%和 58.9%。17 年间，政府部门收入占国民可支配收入的比重上升了 0.5 个百分点；企业收入占国民可支配收入的比重上升了 8.9 个百分点；居民收入占国民可支配收入的比重下降了 9.4 个百分点。从总量上看，政府部门可支配

收入从1992年的5388.9亿元增加至2009年的70617.9亿元，年均增长16.3%；企业可支配收入从1992年的3159亿元增加至2009年的7.07万亿元，年均增长20.1%；居民从1992年的1.84万亿元增至2009年的20.31万亿元，年均增长15.2%。在这三者中，居民可支配收入增长相对较慢，年均增速分别比企业和政府部门低3.8和1.1个百分点。2015年居民人均可支配收入21966元，按2015年年末13.6亿人计算，居民收入总量为29.87万亿，年均增长7.9%。所以，一国的国民收入分配政策在很大程度上会对财政收入规模和结构带来影响。

国民收入分配政策主要是指一国政府采取的对国民收入进行再分配的政策措施，主要是从宏观负担水平角度考虑政府分配比例问题。但这里存在一个负担选择的问题。一般来说，政府收入所占比重越高，也就是财政收入负担越重，则相应的财政收入总量越多；若财政收入负担较轻，则个人和企业所得的收入就会较多，而政府收入所占比重就会减少。当然，这是以GDP不变为前提条件的，但事实并非如此，政府的分配政策会反过来影响到经济蛋糕的大小，影响到GDP的大小。如果企业的财政负担较重，不仅会减少留利，而且会进一步影响到它们的扩大再生产投资能力，从而减缓经济增长速度；对个人实行重负担政策会导致一部分人失去工作热情，认为工作不如闲暇，甚至可能会通过偷税漏税等违法活动来逃避税收负担。所以这些政策会对经济带来影响，会导致GDP的缩小，进而会影响到财政收入规模的大小。

所以说只有设计适当的财政收入政策和制度才能保证财政收入的增长。我国的经济发展和科学技术的应用已经为财政收入增长创造了前提条件，整个社会的财源扩大了，只要配合以好的财政分配政策和制度，就可以既保持经济增长，又获得较多的财政收入。合理的财政收入政策和制度既是保证财政收入的条件，也是制约财政收入的重要因素。

(三)价格水平

在现代社会，财政收入表现为政府获得的一定量的货币收入，它是在一定的价格体系下形成的，又是按一定时期的现价计算，所以价格的变动必然影响到财政收入规模。价格对财政收入规模的影响可以从以下三个方面来分析。

1. 价格总水平的升降对财政收入规模的影响

财政收入是政府获得的货币收入，但政府只有把货币转化为物资才能用于各项事业的发展上。一旦社会发生通货膨胀而货币贬值，就很可能出现财政收入名义上增长但实际上可支配的实物量不增反而减少的现象。因此，要了解和掌握财政收入的实际规模及其增长情况，就必须把财政收入增长率与物价上涨率放在一起分析。大致有以下几种情况：①财政收入增长率高于物价上涨率，则财政收入名义上增长实际也增长。如我国1985年零售物价上升率为8.8%，而财政收入增长率为22%。②财政收入增长率低于物价上涨率，则财政收入名义上增长但实际上下降。如我国1989年零售物价上升率为17.8%，而财政收入增长率仅为13.1%。③财政收入增长率与物价上涨率大体一致，则财政收入名义上增长但实际上不增不减。如我国1986年零售物价上升率为6%，财政收入增长率为5.8%，二者大体一致。

2. 产品比价变动对财政收入规模的影响

价格总水平的变动往往是和产品比价的变动同时发生的，而产品比价的变动将以另一种形式影响财政收入。一是产品比价变动会引起货币收入在企业、部门和个人各经济主体之间的转移，形成国民收入的再分配，使财源分布结构发生变化。二是财政收入在企业、部门和个人之间的分布是非均衡状态，也就是说各经济主体上缴财政的税收比例是不同的，这样产品比价变化导致财源结构改变时，相关企业、部门和个人上缴的税收就会有增有减，而增减的综合结果最终都会影响财政收入规模。

3. 价格再分配对财政收入规模的影响

价格再分配机制对财政收入规模的影响主要取决于两个因素。①通货膨胀产生的原因。通货膨胀是一种货币现象，是指流通中的货币量超过了客观条件需要的量。过多的货币量通常由财政赤字和信用膨胀两条渠道形成。如果通货膨胀是由财政赤字引起的，由此引起的过量的货币发行称为财政发行，财政收入占有份额会增加，财政从中得到好处。在许多经济发达的西方国家，过去长期实行赤字财政政策，并通过市场机制形成有利于国家的再分配，这种由于通货膨胀形成的财政收入所得被称为“通货膨胀税”。如果通货膨胀是由信用膨胀引起的，那么财政在再分配中会有得有失，通常是所失大于所得，财政收入规模实际下降。②现行的财政收入制度。财政收入制度主要指税收制度，主要指的是税收的税率结构，如累进税率、比例税率或是定额税率。不同的税率形式在通货膨胀发生时会对财政收入的实际增长带来不同的影响。如果实行的是以累进的所得税为主体的税制，当通货膨胀发生时，纳税人适用的税率会随其名义收入的增长而产生“档次爬升”效应，跳到更高的税率级次，从而产生有利于增加财政收入的再分配；如果实行的是以比例税的流转税为主体的税制，则税收收入的增长将与物价上涨率同步，当通货膨胀发生时，财政收入只有名义上的增长而不会有实际的增长；如果实行的是定额税率为主体的税制，纳税人的应纳税额不会随名义收入的增长而变化，所以当通货膨胀发生时，财政收入的增长低于物价上涨率，财政收入即使有名义增长实际收入也是下降的。

二、政治因素

财政是“以财行政”“以政控财”与“依法理财”的统一。影响财政收入规模的政治因素主要包括政府的职能范围和政治体制。

财政收入规模的大小最终取决于政府公共事务管理范围的大小，而政府公共事务管理范围又取决于政府职能范围。政府的职能范围越大，需要的财政支出规模越大，相应的需要的财政收入规模也就越大；反之，则越小。因此政治因素对财政收入规模的影响，主要

是从需求角度影响公共经济中的财政支出规模，并进而影响财政收入规模的。

从西方国家来看，在自由竞争时期，以亚当·斯密为代表的西方经济学家把自由竞争的私人经济活动看作一种自然秩序，认为有一只“看不见的手”在操纵着经济的运行，使得人人追求私利的经济活动最终产生了一个对大家都有利的结果。市场经济如此高效，所以政府对它的任何干预都是多余的，因此政府应尽可能地减小自己的活动范围，做一个最小限度的政府，像“守夜人”那样防止外来侵略和维持国内治安即可。在这种理念下，政府的财政收支规模都很小。到了资本主义垄断时期，由于经济危机特别是1929—1933年的大危机的发生，催生了凯恩斯主义的政府观，为走出经济危机，凯恩斯主张政府大幅度干预经济，通过政府支出刺激需求以求渡过危机。在这种理念下，财政收支规模呈现不断增长的趋势。

所以说，不同时期的政府职能范围的变化也会导致财政收入规模的变化，财政是政府的一种理财活动，永远也不可能是一种纯经济的分配活动。而一国的政治体制也会影响到财政收入规模的大小。如集权制国家和分权制国家的财政收入规模必然是不同的，英法两国的财政收入规模较高，部分是由于其政治体制倾向于集权；瑞典等北欧国家的财政收入规模之所以最高，是因为这些国家赋予政府的职能范围较大，由政府包办的社会福利范围最大；美国的财政收入规模之所以相对较低，是因为美国政治体制倾向于分权，而且政府拨付的社会福利费水平较低，政府对经济的干预较少。

三、文化因素

一个社会的文化传统、价值观念及其内含于人们思想中的行为准则，决定着人们的行为习惯，尤其决定着人们对私人产品和公共产品的需求偏好，决定着整个社会对公共经济与私人经济的选择，进而影响着财政收支规模的选择。

首先，文化具有代代相传的继承性。不同的国家乃至同一国家的不同区域，往往具有不同的文化传统，体现着各自的文化特点。更主要的是，从历史性角度看，不同的文化传统和特点在不断地传承着，影响着经济社会的方方面面。各国不同的文化，决定了各国居民的价值观念和行为习惯各不相同。具体到对公共产品和私人产品的出资消费方面，不同文化素质的人群，其消费需求偏好不同。这种不同的消费需求偏好，又会导致其对公共产品和私人产品选择的差异性，直接影响着政府按照社会公共需要兴办的公共经济规模，影响着处理私人经济与公共经济关系的财政收入分配规模。

其次，文化具有发展性。文化的创新与发展，既可以通过渐变的方式来实现，有时也会以文化突变来实现跨越式发展。当社会居民的文化传统、价值观念和行为准则发生变化的时候，体现在人们对私人产品和公共产品选择行为上的变化，必然影响到社会公共需要内容的变化，进而影响到社会成员对政府应该承担的公共职责的重新认识，影响到政府为履行公共职责而进行的财政收入分配规模。

社会经济发展中的财政收入规模的变化，是上述各种因素综合影响的结果。其中，从

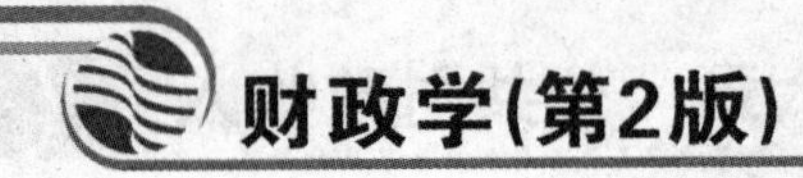

财政收入规模的长期变化趋势来看，经济因素最具有决定意义。

第四节　我国公共财政收入规模增长变化的分析

一、我国公共财政收入规模增长变化趋势

(一)财政收入规模统计口径的界定

我国现行的财政收入包括预算内财政收入和预算外财政收入，同时还包含了一部分本应该明列支出而仍然在财政收入中冲销的国有企业计划亏损补贴。人们采用不同的分析口径来论述财政收入规模，就可能得出各自不同的分析结论，而不同的分析结论又会对政府采取的财政收入分配政策产生不同的影响。因此在讨论我国财政收入规模问题时，有必要对财政收入规模的统计口径加以界定。

我国理论界对以税收收入和非税收入渠道形成的财政收入规模的分析，主要存在着以下几种不同的分析口径：一是大口径分析，我国财政收入规模内容具体包括预算收入、预算外收入和制度外收入；二是中口径分析，我国财政收入规模主要包括预算收入和预算外收入两方面的内容；三是小口径分析，我国财政收入规模主要是指预算收入中的一般预算收入。

通常我们所讲的财政收入占 GDP 比重是指一般预算收入(包括税收收入和纳入一般预算管理的非税收入)占 GDP 的比重。但是由于我国财政收入构成内容的相对复杂性，在分析财政收入规模问题时仍需要注意以下一些具体情况：首先，自 1985 年开始我国对于企业亏损补贴一直作财政收入冲减处理，但是，根据企业亏损补贴的性质，作为支出项更为合理，而且国际货币基金组织也建议将其作为新增附加支出处理。其次，目前在政府收入中存在数额巨大的预算外资金并没有计入财政收入，但其来源与使用与预算内资金的性质相似，所以，应该计入财政收入。再次，根据 1996 年国发 29 号文件规定，在国家财政尚未建立社会保障预算制度之前，社会保障基金先按预算外资金管理制度进行管理，专款专用，但至今社会保障基金收入未纳入预算外资金收入统计。因此，在核算财政收入口径时，有必要将社会保障基金一并计入财政收入。最后，在我国的经济中存在着大量制度外收入，即政府及其所属机构凭借行政权力或垄断地位，完全采取各种非税收入形式收取的未纳入预算内或预算外管理的各项灰色收入，这部分收入掩盖了我国财政收入总量的真实水平。考虑到以上四个方面，财政收入统计的大口径或全口径范围为

全口径财政收入=名义财政收入+企业亏损补贴+预算外资金+社会保障基金+制度外收入

(二)我国公共财政收入规模增长变化的总体趋势

改革开放三十多年来我国财政收入的变化是巨大的，财政收入绝对数逐年上升，财政

收入相对数则呈现先降后升的趋势，最近几年财政收入年增幅开始快速上升。我国财政收入占 GDP 的比重及其增长趋势如图 6-1 所示。

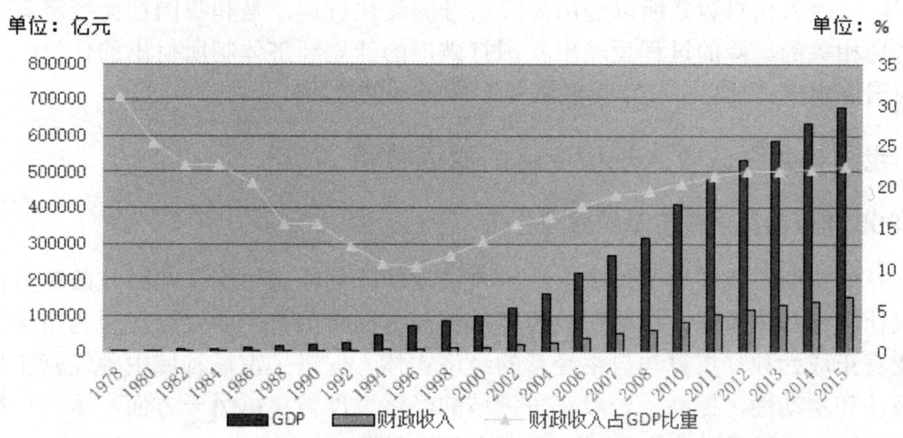

图 6-1　我国财政收入占 GDP 的比重及其增长趋势

从图 6-1 中可知，自改革开放以来我国财政收入规模的变化大体可分为以下几个主要阶段。

1. 1978—1995 年，财政收入规模相对下降阶段

如图 6-1 所示，我国财政收入随着经济的不断增长而增长，总体上看增长势头很好。就财政收入绝对量的增长来看，增长速度虽然各年有波折，但整体增速不是很慢。就财政收入相对量即财政收入相对于 GDP 的增长来看，1995 年以前呈现不断下降的趋势：1978 年财政收入占 GDP 的比重高达 31.06%，经济体制改革后，这一比重逐年下降，到 1995 年下降到 10.27%，为最低点。由于我国财政收入规模下降幅度过大，不仅削弱了国家对社会经济的宏观调控能力，而且也影响到了政府机构的正常运转，使政府面对许多本应该由其担负的公共职责，却因为财政收入规模过小而在财力上呈现为力不从心状态。

2. 1996—2005 年，财政收入规模的止跌回升阶段

如图 6-1 所示，我国财政收入相对于 GDP 的增长于 1996 年开始回升，1996 年回升为 10.41%，到 2005 年达到 17.11%。

3. 2006—2015 年，财政收入规模高速增长阶段

从财政收入占 GDP 的比重来看，由 2006 年的 17.92%上升到 2013 年的 22.71%，2014 年为 22.05%。从 2006 年一直上升到 2013 年，虽然 2014 年的比重有所降低，但总体趋势都是在增长。从增长的绝对指标和相对指标两方面看，2007 年财政收入既延续了自 1995 年以来的强劲上升势头，又带有一定的超常规增长特征。2015 年财政收入已达到 152 217 亿元，比上年增长 8.4%。

也有学者将我国财政收入规模变化的阶段详细划分为水平徘徊阶段、缓慢增长阶段、大幅增长阶段和高速增长阶段四个阶段。

我国财政收入相对数之所以经历先降后升的变化过程，是和我国社会经济改革以及经济发展密切相关的。降的过程反映出我国打破旧的计划经济体制所付出的代价，升的过程显示出我国逐步建立社会主义市场经济体制所得到的成果。

(三)我国公共财政收入规模变化的原因分析

1. 1995 年以前相对数下降的原因分析

改革开放初期，我国为了打破财政统收统支的计划经济体制，在财政改革方面主要采取了放权让利等具体措施，这些财政改革措施一方面将国有企业逐渐还原为市场主体，使国有企业真正成为独立核算与自主经营的经济实体，促进了市场领域中各经营主体参与竞争的积极性和主动性，提高了一般竞争领域的经济发展效率；另一方面，这种放权让利的财政改革措施也导致了财政收入相对规模的不断下降。

1984—1988 年，国家财政先后对国有企业实行了两次让利放权的改革，这项改革使国有企业的留利水平提高了，但却使财政收入减少了。改革前的 1983 年，国有企业的留利为 41.8%，改革后的 1988 年，留利上升至 47.9%。我国的“利改税”是 1994 年完成的，20 世纪 80 年代还处在“利改税”的中前期，那时的“国企”利润是财政收入的重要来源，“国企”留利多了，上缴自然也就少了。再者，享受了让利放权政策的国有企业，由于众多的原因，并没有如改革所期望的那样显示出应有的活力，效益仍在不断下滑，也不能为财政带来增量，所以，也造成财政收入相对数的下降。

2. 1995 年以后相对数上升的原因分析

我国财政收入相对数下降走势是 1995 年见底，1996 年走势开始回升。

20 世纪 90 年代后半期以来，我国为了正确处理政府与市场的关系，适当提高政府的宏观经济调控能力，提出了“提高财政收入‘两个比重’，全面振兴国家财政”和“构建与我国社会主义市场经济体制相适应的公共财政框架体系”的新一轮财政改革目标。通过贯彻一系列有助于提高财政收入规模的财政改革措施，使财政收入相对规模呈现了一种“止跌回升”的趋势，公共经济中的财政收支矛盾也得到了一定程度的缓解。

这一时期进行的税制的调整在适应改革的需要和经济发展的需要以及在保证财政收入规模水平方面都起到了很好的作用。1994 年我国经历了幅度最大的一次税制改革。这一次税制改革不但完善了以增值税、营业税为主体税种的我国流转税体系，而且建立了中央和地方的分税体制，解决了多年存在的中央和地方税源控制权和财权划分不清的问题，有效地调动了中央与地方共同积极组织税收收入的积极性。1994 年实行分税制改革，目的之一是要提高国家财政收入比重，建立财政收入稳定增长机制。这一套税收制度在以后各年中

因为征管不断加强和征税效率不断提高而不断发挥出潜力，因而导致财政收入连年增长。还有研究称，以前我国征税效率仅为50%左右，由于不断加强征管，近年来也只提高到70%左右。换句话说，我国目前这套税收制度还有30%的潜力可以挖掘。1994年税制改革的效应是我国这些年财政收入不断增长的主要原因之一。

3．2006—2015年财政收入快速增长的原因分析

2007年税收收入的增长速度超过了GDP的增长速度，由此引发了社会广泛关注的税收高速增长问题，也有人称为税收超常增长问题。对于近年来税收的快速增长，主要原因有以下几方面。

首先，经济发展和产业结构的变化。在GDP保持不变的情况下，由于产业结构的变化也可能导致财政收入占GDP比重的上升，因此会出现财政收入增长速度超过GDP增长速度的情况。三大产业各自的增长率和提供的GDP与财政收入的相对份额是明显不同的。GDP由第一、第二、第三产业增加值组成，而全国财政收入是由二十几种税收及非税收入组成的。不同的收入有不同的经济来源。产业结构的变化会导致财政收入的财源结构变化，进而导致财政收入规模变化。

其次，居民收入的持续增长。居民收入的增长，主要反映在个人所得税增长方面。特别是2007年，由于税务机关对年收入超过12万元的居民采取了限时申报措施，在当年扣除额从1600元提高至2000元的情况下，税额仍猛增至3184亿元，增幅达到30%以上。

第三，征管力度的提高。长期以来，我国税收征管工作存在着税源管理覆盖不全、监控不力、执法不统一和不严肃、欠税逃税处罚偏轻和偷、逃、骗税违法现象较多等问题，造成税款大量流失。近年来，我国税收征管理念逐步向“依法治税”和“税收服务”转变，强化税收监督，加大征管力度。如2007年税务机关进一步加强税收征管工作，在土地增值税方面，各级税务机关对房地产开发企业依法进行了土地增值税清算，征收管理力度较往年显著加强。在个人所得税方面，年所得12万元以上的纳税人自行申报个人所得税的工作在各地税务机关首次开展，完善了全员全额扣缴申报管理，同时强化了转让二手房等财产转让所得税的征管，很大程度上弥补了提高个人所得税“起征点”(费用扣除额)而造成的减收。在税费改革方面，继续加大清理税外收费力度。这些措施有效堵塞了税收漏洞，抑制了偷漏税现象，是我国财政收入持续高速增长的重要原因。

二、我国公共财政收入规模增长变化比较

对于改革开放三十多年来我国财政收入规模的增长变化，我们从其绝对规模变化和相对规模变化两个方面都能进行分析。

本部分内容侧重横向、纵向两个方面的国际比较。通过比较1998年以来部分国家财政收入占国内生产总值的比重和部分OECD国家政府税收和非税收入占GDP的比重等相关指标来反映中国财政收入规模变化情况的。相关数据见表6-2和表6-3。

由表 6-2 可知，无论是发达国家还是发展中国家，随着社会经济发展水平的提高，各国财政收入规模都随之扩大，财政收入比重除个别年份外，一般都有所提高。由此可看出影响财政收入规模大小的因素是多方面的，虽然经济发展水平对财政收入规模起基础性制约作用，但各国的分配政策以及政治、文化因素也会对财政收入规模有一定的影响。

1998 年以来部分国家财政收入占国内生产总值的变化趋势见表 6-2。

表 6-2　1998 年以来部分国家财政收入占国内生产总值的比重

单位：%

国家/地区	1998 年	2000 年	2002 年	2004 年	2006 年	2008 年	2009 年	2010 年	2011 年	2015 年
世界	—	—	24.07	24.48	26.94					
澳大利亚		26.59	26.65	27.27	27.88	33.87	33.30	32.01	32.87	34.48
加拿大	21.40	20.87	19.75	19.71	19.53	39.76	38.28	37.79	38.03	38.61
法国	42.96	42.83	42.39	42.08	43.03	49.47	48.42	48.32	49.51	53.23
德国	30.05	30.34	29.59	28.65	28.87	43.97	44.44	42.05	42.04	44.61
埃及	22.23	21.32	19.54	19.95	24.01	27.78	27.78	25.07	24.06	21.71
巴基斯坦	16.19	13.89	13.90	13.49	13.45	14.94	14.70	14.52	15.69	14.55
菲律宾	17.27	15.16	14.35	14.55	16.17	15.83	14.61	15.00	15.74	19.35
印度	11.12	11.91	11.77	12.22	12.63	19.71	18.91	18.71	19.65	20.77
瑞典	40.40	38.92	37.32	38.04	37.92	51.68	51.88	51.50	51.99	48.38
英国	37.22	37.90	36.08	36.33	38.78	37.77	36.91	36.47	37.16	35.74
美国	—	—	18.15	17.54	19.28	32.38	30.37	30.32	31.50	20.06
中国	11.7	13.5	15.7	16.5	17.92	19.53	20.1	20.7	21.96	22.49

注：不包括赠予。

(资料来源：中国的相关数据来源于《中国财政年鉴 2007》，中国财政杂志社，第 398 页；其他数据来源于世界银行《世界发展指标》(WDI)，转引自 2008—2009 年《世界经济年鉴》，第 581 页；2015 年数据根据 MALAYSIA ECONOMY 网站相关数据整理而成。)

20 世纪 90 年代以来 OECD 国家政府税收和非税收入占 GDP 比重的变化见表 6-3。

表 6-3　1991—2008 年 OECD 国家政府税收和非税收入占 GDP 的比重

单位：%

国别 \ 年份	1991 年	1995 年	2000 年	2005 年	2006 年	2007 年	2008 年
澳大利亚	33.0	34.5	36.1	36.3	36.0	35.4	35.5
加拿大	43.9	43.2	44.1	40.8	40.7	40.5	39.9

续表

年份 国别	1991 年	1995 年	2000 年	2005 年	2006 年	2007 年	2008 年
法国	47.6	48.9	50.1	50.5	50.3	49.7	49.6
德国	43.3	45.1	46.4	43.6	43.8	43.9	43.4
意大利	42.6	45.1	45.3	43.8	45.4	46.6	45.9
日本	33.4	31.4	31.4	31.7	34.6	33.4	35.0
韩国	22.7	24.6	29.3	31.9	33.8	35.2	35.7
荷兰	52.3	47.2	46.1	44.5	46.2	45.6	46.0
西班牙	39.5	38.0	38.1	39.4	40.5	41.0	38.2
瑞典	61.0	58.0	60.7	56.1	55.3	54.9	54.0
英国	39.8	38.2	40.3	40.8	41.6	41.7	41.9
美国	32.9	33.8	35.8	33.4	34.2	34.5	33.3
欧元区	44.7	45.6	46.3	44.9	45.4	45.5	44.9
全部 OECD 国家	37.6	38.1	39.3	38.0	38.9	38.9	38.5

(数据来源：OECD Economic Outlook(2008 年 11 月)。2008 年数据为 OECD 预测数。)

2003—2015 年，中国政府一般预算收入从 21 715 亿元增长到 1543 200 亿元，占 GDP 比重从 16%上升到 22.8%。其中，税收收入从 20 017.00 亿元增长到 11.060 4 万亿元，占 GDP 比重从 14.7%上升到 16.34%。

除了一般预算收入以外，中国政府还以行政权力和国有资产所有者身份集中一部分社会资源，具体包括政府性基金收入、社会保险基金收入等税收以外的非税收入。在当前财政收入增长总体趋缓的形势下，非税收入对财政收入的重要性进一步增强，特别是对地方财政的重要性更大。在 2014 年地方财政收入中，非税收入占地方财政收入的比重为 22.1%。2014 年中央财政收入中，非税收入占中央财政收入的比重为 6.9%。2015 年中央财政收入中，非税收入 6997 亿元，占中央一般预算收入的比重为 10.11%。地方非税收入 20328 亿元，占地方本级一般公共预算的比重为 24.5%。

三、我国公共财政收入规模的合理性度量

(一)合理确定财政收入规模的必要性

确定合理的财政收入规模对国家经济发展非常重要，合理的财政收入规模是保证社会资源优化配置、国民收入合理分配、政府职能有效发挥、社会经济健康发展的必要条件。

社会资源是稀缺的，各利益主体之间对资源的占有存在着此消彼长的关系。在市场经济条件下，社会资源主要在提供私人物品满足个人需要的民间部门和提供公共产品满足社会公共需要的财政部门之间进行配置，资源配置效率的高低也就是关系政府的资源配置与市场的资源配置的恰当结合问题，也就涉及财政收入占 GDP 比重的合理适度的问题。无论

是政府还是微观经济主体，如果过多地占用社会资源，都会导致资源配置不合理，降低社会总效益。只有财政收入占 GDP 比重保持在合理、适度的水平上，才能使政府集中配置的资源和其他经济主体配置的资源合理互补，公共产品和私人产品合理搭配，社会资源配置获得最佳的效益。

如果一国财政收入占 GDP 比重过低，可能会造成财政资金短缺，财力严重分散，使财政提供公共产品的职能难以正常发挥；反之，如果财政收入占 GDP 比重过高，企业和个人将不堪重负，国家将为此付出代价。我国过去一段时间内，预算内的财政收入占 GDP 比重明显偏低，不能有效地保证理应由财政承担的重要投入，对引导社会资金的合理流动也缺乏力度，教育、公共卫生、环境保护、社会保障、科技进步、农业发展等方面的投入不足，财政职能未能正常发挥。近年来我国财政收入增长速度加快，应防止财政收入占 GDP 比重过高，以致影响市场中微观经济主体的经济活力，影响到经济健康发展。总之，财政收入占 GDP 的比例过低或过高都不利于经济的发展和社会的稳定。

(二)合理的财政收入规模的判断标准

一个国家的财政收入规模取决于政治、经济、社会以及各国的历史文化传统和特殊国情等多种因素，对于财政收入规模合理水平的判断，并没有一个统一的和绝对的标准，一般也只能采用同本国自身的纵向比较和同国际的横向比较的方法，分析财政收入规模的发展趋势，作为合理确定财政收入规模的参考值，最终仍然需要根据本国的国情通过政治程序来确定。

对于国家财政收入规模大小的合理判断标准，很多学者进行了研究。李俊生(1994 年)认为，国家财政规模大小及其合理与否的程度取决于符合财政资源配置的外在合理比例要求的程度，理想的财政收入规模效率水平是这样一种状态，即在一个财政年度内，财政收入总额和理想效率条件下的财政支出总额基本相等。叶振鹏、张馨(1995 年)指出，社会主义双元财政模式下的公共财政最佳规模是由市场效率准则来决定的，当政府新增单位公共服务所提供的利益与该单位服务相应税额所产生的负利益相等时，政府为企业提供了最大利益，此时公共财政处于适度的数量状态上。张素琴(2005 年)认为从理论上讲合理财政收入规模应满足以下四个标准：①财政收入增长和经济增长协调同步；②财政收入要满足政府最低支出；③税收收入和非税收入相结合，统筹安排；④财政收入应以一定时期剩余产品为上限。

在现实中，往往从下列标准出发来衡量财政收入规模是否合理、适度。

(1) 财政收入增长与经济增长协调、同步。财政收入来源于经济，只有经济发展了，财政才会有充足的来源。在税收作为政府财政收入主要来源的情况下，使税收收入增长与经济增长保持协调、同步是问题的关键。如果政府收入的增长速度大大超过经济增长速度，意味着政府在经济的增量中占有的部分过大，微观经济主体获得的部分过小，不利于整个国民经济的协调发展。若财政增长的速度太慢，则意味着政府在经济增量中占有比例太小，很可能无法正常发挥政府职能，难以对国民经济实施正常调控，导致国民经济无序进行。

财政收入弹性等于财政收入年均增长率与 GDP 年均增长率的比值，它是反映政府财政收入与经济增长协调发展较合适的指标。从理论上分析政府财政收入与经济增长的关系，

二者应当基本保持同步。

(2) 满足政府最低支出标准。在政府职能既定的前提下，财政收入规模的大小应以所取得的财政收入能够维持政府正常行使职能的经费支出及公共产品的最基本供给的资金需要。在这里需要科学地确定一般社会公共需要量，包括纯公共品和需要由政府提供的非公共品的需要量。明确了一般社会公共需要量，就可以明确财政资金的使用方向及其必要量，进而确定财政收入规模。在市场经济体制环境中，应当首先按照社会公共需要界定好政府的职能。政府的职能界定清楚了，作为政府活动成本的政府支出的规模也就可相应界定下来。以此为基础，便可随之界定弥补政府支出之需的政府收入的规模。

(3) 公平与效率标准。公平标准要求在确定财政收入规模时必须充分考虑社会的平均支付能力，公平地分配财政负担。其基本要求是：具有相同经济条件的人应承担相同的财税负担，具有不同经济条件的人应承担不同的财税负担。在公平财政负担的基础上，根据社会平均支付能力来确定合理、适度的财政收入规模。效率标准要求在确定财政收入规模时必须充分考虑是否有利于社会资源最佳配置、经济稳定增长和人们生活不断改善。

(三)对我国公共财政收入规模的判断

就我国财政收入规模问题，很多学者进行了深入的研究。陈共(2011)认为鉴于中国的预算外管理收入比重较高，当前应控制财政收入增长速度，优化支出结构，提高支出效率。宋凯、彭阳坤(2013)得出我国财政收入占GDP比重在世界范围内处于较低水平。肖婷玉(2014)通过对我国财政收入规模与结构现状分析，并结合十八届三中全会关于财政体制改革的文件要旨，得出了现代财政体制建设，要与政治经济社会发展相一致的财政规模。

在我国，研究者对财政收入规模问题的认识或判断之所以存在分歧，主要是对不同口径的财政收入规模的认识不同。比如，在我国占主流地位的观点认为我国财政收入规模过小。这里所说的财政收入规模主要指的是小口径的预算内的财政收入规模。1995 年，有人分别对世界 23 个发达国家、29 个中等收入国家和 12 个低收入国家财政收入的平均比重作过统计，结果发现，发达国家的财政收入平均相对数为 39%左右，中等收入国家的平均相对数为 26%，低收入国家的平均相对数则为 20.7%。而我国预算内财政收入规模到 2014 年为 22.05%，既低于发达国家，也略低于发展中国家，因此可以说我国财政收入规模过小。

但诸多学者提出，虽然我国预算内财政收入规模不大，但如果考虑到预算外财政资金和财政统计分析口径等因素，我国的财政收入规模不是偏小，而是相对偏大。我们在进行国际比较时必须考虑统计口径的差异，发达国家财政收入中包括社会保障收入，且比重较大；而我国目前社会保障收入未全部纳入预算内收入统计，除了社会保障收入之外，我国还有很多其他预算外收入来源。有人估算，政府预算外收入大致相当于预算内收入的 50%～60%。因此在进行国际比较时，我国财政收入中的预算外收入是不能忽略的。

所以在通过横向比较判断我国财政收入规模水平是否合理时，应当从全部政府收入来分析政府收入占 GDP 的比重。全部政府收入应包括预算内财政收入、预算外收入、中央政府基金收入、社会保障收入、列收列支的企业亏损补贴和制度外收入等。按照这种大口径计算财政收入规模的水平，实际上已经接近我国计划经济时期财政收入规模的水平，也接近财政收入规模比较低的发达国家如美国的水平，已经高出发展中国家的平均水平。因此可以判断，我国当前的财政收入规模虽然仍存在继续提高的余地，但继续提高的空间已经不大。

(四)对我国财政收入规模合理调节的思路

财政收入规模的合理性是社会资源优化配置、国民性合理分配、政府职能高效发挥和社会经济健康发展的关键，而如何进行调节使财政收入规模趋于合理则是社会发展的重中之重。

(1) 规范政府与市场的关系，确定合理的财政收入规模。一个国家的财政收入规模受经济、政治、社会以及历史文化和特殊国情等多种因素的影响，不可能用一个简单的数字来确定，而必须全面考虑各种影响因素的综合作用。在当前市场经济体制下，关键是要合理处理政府与市场的关系，在此基础上确定财政支出规模，进而再确定财政收入的规模水平。

(2) 规范政府收入，控制预算外收入增长，提高政府可控财力。各国的财政收入从国家预算的统一性和完整性原则的要求来看，理应就是政府收入。但我国的财政收入按其统计口径来看并非全部政府收入，实际上仅仅是与预算外相对应的预算内收入。在我国小口径财政收入规模过小、不能保障政府履行其职能的情况下，我国的预算外收入和制度外收入从表面上看增大了政府的财力，但各项经费分别由不同的政府部门自收自支、自行管理，财政不仅难以对其进行有效的调剂，也难以控制其使用方向和使用效益，实际上处于一种管理失控的状态。所以这两类收入虽然支持了一些事业的发展，支撑了一些政府部门的运转，但对财政来说却是“体外循环”，并没有相应地形成政府可支配财力，并且我国预算外收入规模相当大，相当一阶段维持在预算内收入的 50%～60%。随着预算管理体制的改革，预算外收入和制度外收入急剧减少。

由于我国的预算外收费负担过重，已经影响了经济的正常运行，制约了社会经济的发展。合理调节我国财政收入规模的重点不是对政府收入总量的控制，应该是对不同层次的政府收入进行规范：继续进行税费改革，将可以规范为税收的收费纳入预算内；控制预算外资金收入的增长；继续清理整顿没有确实统计数字的制度外收入，增加税基、完善现行税制，进而提高预算内财政收入占 GDP 的比重，降低我国大口径的财政收入规模，增强我国政府的可控财力。

复习思考题

一、名词解释

财政收入　财政收入弹性系数　规费收入　税收　预算内收入　预算外收入　制度外收入

二、问答题

1. 组织财政收入应遵循哪些原则？
2. 财政收入包括哪些形式？其依据有何不同？
3. 影响财政收入规模的因素有哪些？
4. 探讨社会因素对财政收入的影响。
5. 如何判断我国财政收入规模是否合理？
6. 结合实际，论述实现中国财政收入规模合理的路径。

第七章 税 收 原 理

【知识要点】

本章要求学生在掌握税收概念、特点及分类的基础上，熟知税收原则的演化规律、税收负担与税负转嫁的基本理论，尤其要重点掌握影响税负转嫁的各种因素、税收的宏观与微观经济效应等内容。正确认识与评判现代税收原则，通过税收的宏观与微观经济效应认清税收在现代经济中的作用。

【引导案例】

对尿布和塑料袋等征税与环境保护

英国民意调查表明，绝大多数公众都特别关注一次性尿布、塑料袋、杀虫剂、喷雾剂等那些污染环境的产品，并希望政府征收惩罚性税收，以抑制或减少这些产品的使用。据调查，英国有 90%以上的婴儿使用一次性纸尿布。英国环保人士认为，一次性纸尿布丢弃后要很长时间才能分解，在分解过程中还会释放有毒的气体，而且一次性纸尿布耗费的能源是棉尿布的 35 倍。据此，英国环境部长米歇尔提议，对超市使用的塑料袋按每个 10 便士征税，以减少浪费和污染。虽然英国财政大臣布朗当时否决了环境部长提出的加税建议，但表示将在预算报告中建议提高垃圾掩埋税。

除此之外，调查报告显示，超过 40%的受调查者还希望对杀虫剂征收更高的税，还有 1/3 的人希望针对喷雾剂采取财政限制措施。

环境对人类的影响实在是太大了，垃圾处理、生态破坏等问题已经成为世界性的一个难题，引起了各个国家的重视，税收调节作用显得越来越重要了。

(资料来源：http://www.hydsj.gov.cn/html/lm_76/20121011140333.html)

试分析：

1. 税收对环境保护的机理。
2. 结合我国的环境问题，分析应该进行怎样的税制改革？

第一节 税收的概念、特点及分类

一、税收的概念及其理论依据

税收是国家为了实现其职能，凭借政治权力，按照法律规定的标准，取得财政收入的

一种形式。税收是财政收入的最基本形式。关于税收存在的理论依据，说法不一。一种是溯源于17世纪英国著名哲学家托马斯·霍布斯(Thomas Hobbes，1588—1679)的“利益交换说”。他把税收看作政府与公民之间的一种利益交换关系，认为是人民享受政府提供公共事业服务而必须付出的代价。另一种是洛克、卢梭等人提出的社会契约说。洛克(John Locke)在试图以自然法学说说明国家的起源和本质问题时，提到政府没有巨大的经费就不能维持，凡享受保护的人都应该从他的产业中支出他的一份来维持政府的主张。社会契约论集大成者卢梭(Jean-Jacques Rousseau，1712—1778)认为社会秩序来自社会契约，而社会契约的执行取决于“主权者”执行。他将税收看作“主权者”执行社会契约的必要支出。还有一种是调控经济说。20世纪中叶，西方资本主义国家逐步从经济自由主义转向注重国家干预。凯恩斯主义兴起，世界各国越来越注重税收对整个国民经济的调控功能，以保证社会经济稳定协调发展。直至今天，这些学说对提升公民的纳税意识和税收效率仍具有现实意义。

二、税收的特征

(一)强制性

税收的强制性体现在两个方面：一是以政权为依据，二是以法律为准绳。税收是国家凭借政治权力，通过颁布法律、法令进行的。税法是国家法律的一个重要组成部分，任何人必须遵守税法，依法纳税，否则就要受到法律制裁。税收的强制性源于国家的政治权力。从征税主体——国家来说，这种分配是神圣不可侵犯的；从纳税主体——纳税人来看，纳税是一种义务，纳税人必须绝对服从于国家的这种分配。税收的这一特征是税收有别于公债、国家资产的股利、收费等财政收入形式。

(二)无偿性

税收的无偿性是指国家征税以后，税款即成为国家所有，不再直接归还给纳税人，也不向纳税人支付任何代价或报酬。税收的这种无偿性，同国家债务收入所具有的偿还性是不同的。然而，国家征税并不是最终的目的，国家取得的税款最终转化为财政支出用于各种公共物品，满足社会公共需要，单个纳税人总会或多或少从中获得利益，尽管其所获利益与所纳税款价值上不一定相等。所以，税收的无偿性并不是绝对的，而是一种无偿性与非直接、非等量的偿还性的结合。

(三)固定性

税收的固定性指国家征税必须通过法律形式，事先规定课税对象和课征额度。也可以理解为规范性。税收固定性的含义包括三个层次，即课税对象上的非惩罚性，课征时间上的连续性和课征比例上的限度性。税收的固定性特征，是税收区别于罚没、摊派等财政收

入形式的重要特征。税收的固定性体现了国家征税必须通过法律形式，事先规定纳税人、课税对象和课征额度。税收的固定性也称税收的确定性。这一特征，是税收区别于财政收入其他形式的重要特征。税收的固定性实际上是指税法的确定性，不能把固定性误解为税法是永远固定不变的。税收制度和政策要随生产力和生产关系的变化而改变，但要保持税法的相对稳定。

三、税收的分类

(一)按征税对象分类

按征税对象不同划分，税收可分为流转税类、所得税类、财产税类、资源税类及特定行为目的税类五种。这是目前世界上通行的分类方法。

流转税类是以商品的流转额和非商品流转额为课税对象的税种，包括增值税、消费税和关税等。

所得税类是指以纳税人的所得额为征税对象的税种。所得税又包括对所得额征税和对收益额征税两类。前者是指对纳税人的纯收入(即总收入扣除成本、费用、损失及流转税额后的余额)征税；后者是指对纳税人的收入总额不扣除成本和费用，对其毛收益征税。目前，世界上大多数国家采用前者，如企业所得税和个人所得税都属于这一类。采用后者的国家较少。我国目前开征的所得税主要有个人所得税和企业所得税两种。

财产税类。财产税类是以各种财产(包括动产和不动产)为征税对象的税种。世界上财产税包括两大类：一般(抽象)财产税和个别(具体)财产税。根据静态和动态的不同情况，还可分为财产交易、保有、转让等不同种类的财产税。现在正在酝酿出台的物业税也属于对房产在保有环节征收的一种财产税。我国目前开征的财产税有房产税和车船税等。

资源税类是指对开发和利用国家自然资源而取得级差收入的单位和个人征收的税。其目的在于对从事自然资源开发的单位和个人所取得的级差收入进行适当调节，以促进资源的合理开发和使用。由于级差收入也是一种所得，因此，在有些国家将资源税并入所得税。目前，我国的资源税包括资源税、城镇土地使用税、土地增值税等。

特定行为目的税是指为达到特定的目的而对特定的对象和特定的行为征收的一种税。包括城市维护建设税、车辆购置税、耕地占用税、烟叶税、印花税、契税和环境税(尚未开征)。

(二)按税收的计量标准分类

按税收的计征标准可将税收分为从价税和从量税两大类。从价税是以征税对象的价格为计税依据而征收的税种，如我国目前征收的增值税等；从量税是以征税对象的数量、重量、容积或体积为计税依据而征收的税种，如资源税、适用于部分消费品的消费税等。

(三)按税收与价格的关系分类

按税收与价格的关系可将税收分为价内税和价外税两大类。凡是税金构成价格组成部分的，属于价内税；凡是税金作为价格之外附加的，则属于价外税。因此，价内税的计税价格为含税价格，价外税的计税价格为不含税价格。西方国家的消费税大多采用价外税方式。

(四)按税负能否转嫁分类

税收按税负能否转嫁可分为直接税和间接税两大类。直接税是指由纳税人直接负担的各种税收。因此，纳税人就是负税人。通常人们将所得税和财产税划为直接税。间接税是指纳税人能将税负转嫁给他人负担的各种税收。因此，纳税人不一定是负税人。通常人们将商品税(流转税)归属于间接税。

(五)按税收管理权限和使用权限分类

按税收管理权限和使用权限进行分类，也称按隶属关系分类，可将税收分为中央税、地方税和中央地方共享税三大类。中央税是指中央管辖课征并支配的税种，如我国目前开征的消费税、关税、车辆购置税等；地方税是指由地方管辖课征并支配的税种，如我国目前开征的资源税、土地使用税、土地增值税、印花税、城市维护建设税、房产税、车船税等；中央与地方共享税是指属于中央政府与地方政府共同享有并按照一定比例分成的税种，如增值税、企业所得税、个人所得税和印花税等。

由于各国国情不同，税种划分也不一样，有些国家(如美国)的地方政府拥有税收立法权，可以自行设立税种，这种税显然属于地方税，而中央政府开征的税种属于中央税；有些国家的税种由中央政府统一设立，但根据财政管理体制的规定，为了调动地方理财的积极性，将其中一部分税种的管辖权和使用权划给地方，称为地方税，而归中央管辖和使用的税种属于中央税，再将不易划分的税种归为共享税。我国目前税种的划分就属于后者。

(六)按税收能否作为单独的征税对象分类

按税收能否作为单独的征税对象，可将税收分为正税和附加税两大类。

所谓正税是指具有特定的征税对象，并按照规定的税率独立征收的税收，如我国目前开征的增值税、消费税等。所谓附加税是指按某种正税的一定比例加征的税收。它有两种表现形式：一是以应纳税额加征一定比例的税，如现行的城市维护建设税规定可按增值税、消费税税额的 7%、5%、1%的差别比例征收城市维护建设税；二是以应纳税所得额加征一定比例的税收，如我国目前开征的对超过一定数额的劳务报酬加成征收的个人所得税等。

第二节 税收原则

一、税收原则演化

税收原则是政府在设计税制、实施税法过程中所遵循的准则，是评价税收制度优劣、考核税务行政管理水平的基本标准，是决定纳税人、纳税对象、征税规模、征税方式的基本要素。近年来，人们习惯上也将税收原则称为治税思想。对税收原则的理解，因各国的经济、政治与文化的不同而有所区别。从历史上看，首先比较明确提出税收原则的经济学家，有英国重商主义前期的托马斯·霍布斯(Thomas Hobbes，1588—1679)、重商主义后期的威廉·配第(William Petty，1623—1687)、詹姆斯·斯图亚特(James Stuart，1712—1780)、德国新官房学派代表尤斯蒂(J.H.G.Justi，1717—1771)。其中，又以威廉·配第和尤斯蒂的课税原则较为具体。威廉·配第作为古典政治经济学的奠基人和财政理论的先驱，他提出的一般课税原则可概括为公平原则、便利原则、节省原则。尤斯蒂除提出国库原则是课税的最高原则之外，还提出了以下六大原则：①促进自发纳税的课税方法；②不得侵犯人民合理的自由和增加对人民生活及工商业的危害；③平等课税；④具有明确的法律依据，征收迅速，期间没有不正之处；⑤挑选征收费用最低的货物课税；⑥纳税手续简便，税金分期缴纳，时间安排得当。这些人的观点对税收原则理论的进一步发展产生了重要影响。

将税收原则明确化、系统化的第一人是古典政治经济学的鼻祖亚当·斯密。他在《国民财富的性质和原因的研究》一书中提出了平等、确实、便利、最小征收费用四大课税原则。斯密的平等原则是指国民应依其在国家的保护下所得收入的多少为比例，向国家缴纳租税；确实原则是指国民所纳税目与条例应该是确实的，而且纳税的时间、地点、手续、数额等，都要明确规定；便利原则是指政府对国民的征税时间、地点、方法和形式等尽量使纳税人感到方便；最小征收费用的原则亦称征收经济原则，是指在征收任何一种税的过程中，国家的收入额与纳税人所缴纳的数额之间的差额越小越好，亦即税务部门征税时所耗用的费用应减少到最低程度。

继亚当·斯密之后，英、法、德等国家的经济学家，如西斯蒙第(J.C.L Simonde de Sismondi，1773—1842)、穆勒(John Stuart Mill，1806—1873)、萨伊(Jean Baptiste Say，1767—1832)、赫尔德(David Held)、诺曼(Angell Sir Norman，1873—1967)等又提出了许多课税原则，试图从不同角度对亚当·斯密的课税原则予以补充。相比之下，发展得最为完备的当属阿道夫·瓦格纳(Adolf Wagner，1835—1917)的课税原则。阿道夫·瓦格纳在他的代表作《财政学》中，提出财政政策原则、国民经济原则、社会公正原则、税务行政原则。所谓财政政策原则，即课税能充足而灵活地保证国家经费开支需要的原则，故有人也称之为财政收入原则。该项原则包含收入充分原则和收入弹性原则。收入充分原则是指赋税必须能够满足国家的财政需要；收入弹性原则是指税收收入能随着经济增长而自动增加。所

谓国民经济原则，即国家征税不能阻碍国民经济的发展，应尽量有助于促进国民经济发展。该项原则包含税源选择原则和税种选择原则。税源选择原则是指要正确选择税源。他指出，正确的税源选择应以国民所得为税源，不能以资本所得和财产所得作为税源，否则就会侵蚀国民经济的基础。税种选择原则是指要考虑税负转嫁的作用，应尽量选择难以转嫁或转嫁方向明确的税种。所谓社会公正原则，即税收负担应普遍和平等地分配给各个阶级、阶层和纳税人。该项原则包含普遍原则和平等原则。普遍原则是指课税应毫无遗漏地遍及社会上的每个人。平等原则是指社会上的所有人都应当按其能力的大小纳税，能力大的多纳，能力小的少纳，无能力的(贫困者)不纳，实行累进税率。普遍原则要求人人纳税，而平等原则又要求对有些人免税，这表面上似乎有些抵触。但从瓦格纳的分析来看，这两项原则并没有矛盾。平等原则要求税制中要有最低课税限度标准、低所得者免税等规定，主要是从纳税人的经济状况或负担能力来说的；而普遍原则要求不能从纳税人的非经济因素来袒护某类人。所谓税务行政原则，即税法的制定与实施都应当便于纳税人履行纳税义务。该项原则包含确实原则、便利原则、最少征收费用原则。这三项原则与亚当·斯密的相应原则含义相同，只不过瓦格纳的最少征收费用原则，不仅要求税务部门的稽征费用要小，而且纳税人因服从税法、履行纳税义务所发生的费用也应尽可能的小。可以看出，瓦格纳的课税原则要比亚当·斯密的课税原则完善得多。

二、税收原则的现代观点

在现代税收理论中，对税制评价的两个最重要的原则是效率原则和公平原则。效率原则分为经济效率原则和行政效率原则两类；公平原则分为横向公平原则和纵向公平原则两类。

(一)税收的效率原则

税收的效率原则包括税收的经济效率和税收的行政效率两个方面的内容。前者体现税收对经济运转效率的影响；后者体现征税过程本身的效率。

1. 税收的经济效率原则

税收的经济效率原则对应着税收中性原则。所谓税收中性，是指政府课税不扭曲市场机制的运行，或者说不影响私人部门原有的资源配置的效果。反之，政府课税改变社会私人部门资源配置的效果就是税收的非中性。税收中性实质是强调在征税时不能使税收超越市场机制而成为资源配置的决定因素。

根据税收中性理论，税收的经济效率原则是指政府通过税收制度的实施把部分资源转移给公共部门的过程中，尽量使不同税种对市场经济运行的扭曲所造成的福利损失最小化。其表现为税收的征税费用最少，税收的超额负担尽可能最小等。税收的征税费用包括税务部门的征管费用和纳税人的纳税费用。税务部门的征管费用包括税务机关的办公费、设备购置费、发票印制费及税务人员的工资、津贴等，这些费用统称为税收成本。税收成本可视为负税收。纳税人的纳税费用包括自行申报、登记、税务咨询及发生税务纠纷的费用。税收的征税费用占税收收入的比例是衡量税收经济效率的重要标志。税收的超额负担对应着税收中性。它是指政府通过征税将社会资源从纳税人向政府部门转移过程中，给纳税人造成的相当于纳税税款以外的负担。主要体现在以下两个方面：一是资源配置方面的超额负担，二是经济运行方面的超额负担。前者是指国家在征税时，一方面减少纳税人支出，另一方面增加政府部门支出，若因征税而导致的纳税人经济利益损失大于因征税而增加的社会经济效益，则产生资源配置方面的超额负担。后者是指因为征税改变了商品的相对价格，导致对纳税人的消费和生产产生不良影响，产生了经济运行方面的超额负担。税收的超额负担大小是决定税收经济效率的又一个重要指标。

2. 税收的行政效率原则

税收的行政效率是指征税过程中所支出的费用占收入的比例。这里的费用包括：税务行政费用和纳税人按税法纳税时所支出的费用。税务行政费用指税务机关为获得税款的耗费，包括各种公务经费和人员经费。纳税人按税法纳税时所支出的费用包括为缴纳税款，公司、个人委托代理的各项费用，雇佣律师、顾问的酬金，以及避税所花费的时间、金钱以及所受的惩罚等。税收的行政效率要求体现“最少征税费用原则”。要提高税收的行政效率，必须从节约税收征管费用和减少纳税费用两方面入手。

(二)税收的公平原则

经济学上的公平包括经济公平和社会公平两种。经济公平强调要素投入与要素收入相对称。社会公平是要求在经济公平的基础上，通过税收等各种手段纠正市场分配缺陷，实现让所有公民都能获得维持一定生活水平的物质条件，消除两极分化。所以，税法的公平原则应体现在创造平等竞争环境，按收益征税和依据负担能力征税上。现代西方税收的公平原则是指国家征税要使各个纳税人承受的负担与其经济状况相适应，保持各个纳税人之间的税收负担水平均衡。税收的公平原则要求条件相同的人负担相同的税收，而条件不同的人负担不同的税收。

税收公平包括横向公平和纵向公平两个方面。前者是指经济能力或纳税能力相同的人应当缴纳数额相同的税赋，亦即应该以同等的课税标准对待经济条件相同的人；后者是指经济能力或者纳税能力不同的人应当缴纳数额不同的税赋，亦即应以不同的课税标准对待经济条件不同的人。税收公平原则要求税收必须普遍征税、平等课征和量能课税。

在当代社会，衡量税收公平的标准大体有以下两种。

第一种是受益标准。这一标准是根据纳税人从政府提供的公共服务当中享受利益的多寡判断其应纳多少税或者说应当分担多少税负。此种理论认为公民之所以需要向国家纳税乃是因为国家为公民的活动提供了公共服务，纳税人从中受益，自然应该向国家纳税。享受利益多者多纳税，享受利益少者少纳税，不受益者不纳税。这一标准在理论上有很大的科学性，但是在实践当中难以操作。在现实生活当中，纳税人从公共产品当中的受益多少

是无法测算的，因而用这一标准指导实践很可能产生实际上的不公平。

第二种是负担能力标准。负担能力标准是指税收负担应当按照纳税人的负担能力来分配。纳税能力大的应该多纳税，纳税能力弱的少纳税，无纳税能力的则不纳税。根据这种理论，对纳税人负担能力进行测量的标准主要是纳税人的收入、支出和财产。

(三)税收的公平原则与效率原则的关系

不同国家的国情、历史发展阶段各不相同，世界各国对税收原则取向有很大的差异。而依据税收原则的不同取向可将税收分为效率型税制、公平性税制及兼顾型税制三种。中外税收实践证明，税收的公平原则与效率原则的结合，即“兼顾型”原则是任何经济活动追求的目标，税收也是如此。因为强调公平或效率的任何一方都意味着要以牺牲另一方为代价。

1. 公平原则应是现代税收的主体原则

税收实践证明，税收公平是检验一国税制和税收政策好坏的标准。它不仅是一个财政问题，而且也是一个社会问题和经济问题。因为税收作为国家参与或干预国民收入分配和再分配的手段对社会生活和经济运行发挥着巨大的作用。税收公平要体现社会经济公平，要为实现社会经济公平服务。当社会经济活动决定的分配产生不公平时，税收的公平原则则应以矫正这一不公平的分配格局为目标。

2. 征税还要体现效率的要求

税收的效率与公平是密切相关的，甚至可以认为它们是互为前提、互相促进的。一方面，效率是公平的前提。没有效率，公平只是浅层次的公平，即使形式上留有公平的痕迹，也不过是无本之木。另一方面，公平也是效率的前提。因为失去了税收的公平就不可能实现经济的高增长，效率的标志就无法反映。可见，效率与公平的选择不能顾此失彼，应该将相容性发挥得淋漓尽致，尽量体现公平与效率的统一。

税收的公平与效率的统一并不是绝对的，就某一具体的税种而言，可能会有矛盾或冲突。如商品课税的各类奖励政策有利于效率的发挥，因为它能促进资源的合理配置和经济发展，但违背了量能纳税的原则。所以，对税收公平与效率的研究要立足于整体税制或税收总体政策来考量。

第三节　税收负担与税负转嫁

一、税收负担的含义、分类与度量

(一)税收负担的含义与分类

税收负担，简称税负，是指纳税人或整个社会实际承受的税款，它表明国家课税对全

社会产品价值的集中度以及税款的不同分布所引起的不同纳税人的担当水平。根据不同标准，税收负担有不同的分类。比较基本的分类有以下几种。

1. 宏观税收负担和微观税收负担

根据考察的层次标准划分，税收负担分为宏观税收负担和微观税收负担两类。宏观税收负担主要研究一国当年征收的税收总额与社会产出总量或经济规模之间的对比关系，即社会的总体税负水平；微观税收负担主要研究单个纳税人向国家交纳的税收与其产出的对比关系，即单位或个人的税负水平。

2. 名义负担和实际负担

根据税法规定税款与实际缴纳税款的不同标准，税收负担分为名义负担和实际负担两种。名义负担是指纳税人按税法规定缴纳税款所形成的税收负担，一般通过税法规定的名义税率体现。实际负担是指纳税人实际缴纳税款所形成的税收负担，一般通过纳税人承受的实际税率体现。产生两者的差别主要是因为存在税收优惠、税收附加、加成等因素。税收优惠，如减税、免税等，则会产生纳税人的名义负担大于实际负担；反之，若有税收附加、加成等措施，则会产生纳税人的名义负担小于实际负担。

3. 直接负担和间接负担

根据税负可否转嫁，税收负担可分为直接负担和间接负担两种。一个经济主体承受的税收负担直接来自税法规定的纳税义务而不能转嫁，则称为直接负担。这时的纳税人和负税人是同一人。如果一个经济主体承受的税收负担来自其他经济主体的转嫁，这种税收负担则称为间接负担。这时的纳税人和负税人不是同一人。

(二)税收负担的度量

税收负担的度量是通过一系列的指标体系实现的。通过这些指标体系度量一个国家或单个纳税人在一定时期的税收负担是一个重要的税收理论问题。税收负担适度合理，这既是税收的本质要求，也是制定、执行税收制度和政策的基本原则。

1. 衡量宏观税收负担的指标体系

(1) 国民收入税收负担率。国民收入税收负担率是指一定时期内税收收入总额与国民收入的比率(T/NI)。其中，国民收入是一个国家在一定时期(通常为一年)内物质生产部门新创造的价值。国民收入税收负担率的计算公式为

$$国民收入税收负担率=税收收入总额/国民收入\times100\%$$

随着近几年我国统计指标体系的改革，它逐渐被国民生产总值税收负担率和国内生产总值税收负担率所替代。

(2) 国民生产总值税收负担率。国民生产总值税收负担率是指一定时期内税收收入总额

与国民生产总值的比率(T/GNP)。其中，国民生产总值是以一个国家的国民为依据计算的生产总值，包括居民在国境内外的全部最后产值和劳务总量，但不包括国境内非居民的部分。国民生产总值税收负担率的计算公式为

国民生产总值税收负担率=税收收入总额/国民生产总值×100%

(3) 国内生产总值税收负担率。国内生产总值税收负担率是指一定时期内税收收入总额与国内生产总值的比率(T/GDP)。其中，国内生产总值是以国土范围为依据计算的生产总值，包括国家领土范围内居民和非居民的全部最后产值和劳务总量，但不包括居民在国境外的部分。国内生产总值税收负担率的计算公式为

国内生产总值税收负担率=税收收入总额/国内生产总值×100%

各个国家的国情不同，宏观税负水平也不同。即使是同一国家，在不同的历史时期，宏观税负水平也不是一成不变的。影响宏观税负水平的主要因素有：国家职能范围、经济发展水平、社会经济制度、经济体制以及宏观经济政策等。此外，文化观念、历史传统等社会因素及其政治因素也会对税负水平产生影响。

2. 衡量微观税收负担的指标体系

(1) 企业税收负担。企业税收负担是指企业承受的税收。反映企业税收负担的指标可分为企业的整体税负率和企业个别税种的税负率两大类。企业的整体税负率通常用企业税收总负担率和企业净产值税收总负担率来表示。企业个别税种的税负率一般用企业流转税负担率和企业所得税负担率来表示。其计算公式分别为

企业税收总负担率=企业当期纳税总额/当期销售收入×100%

企业净产值税收总负担率=企业当期纳税总额/当期净产值×100%

企业流转税负担率=流转税总额/当期销售收入×100%

企业所得税负担率=所得税总额/同期利润所得和其他所得×100%

(2) 个人税收负担。个人税收负担是指个人承受的税收。通常用个人的税收负担率和家庭税收负担率指标反映。其计算公式分别为

个人的税收负担率=个人纳税总额/当期个人销售收入×100%

家庭税收负担率=家庭纳税总额/当期家庭销售收入×100%

影响个人税收负担的因素主要来自开征的税种和税负转嫁程度等方面。开征的税种，如个人所得税、消费税、物业税等税种的数量和程度直接决定纳税人的税收负担。此外，个人或家庭在购买消费品时，还要负担转嫁的流转税，如消费税、营业税等，转嫁程度直接决定个人税收负担，并直接影响个人或家庭选择。

二、税负转嫁与归宿

(一)税负转嫁与归宿的含义

税负转嫁亦称税收转嫁，是指纳税人通过降低购入商品或抬高卖出商品价格，将全部

或部分税收转移给他人负担的过程。依据转嫁程度，税负转嫁分为部分转嫁(不完全转嫁)和全部转嫁(充分转嫁)两种。

税负归宿亦称税收归宿，是税负转嫁过程的终点，是税收负担的最后落脚点。依据税收的最后实际负担情况，税负归宿分为法定归宿和经济归宿两种。税负法定归宿是法律明确规定哪些人负有纳税义务，纳税人依据税法规定应当支付的税收金额，称为法定税收负担。税收经济归宿是指哪些人最终实际负担了税收，纳税人或负税人真正负担的税收金额为实际税负。法定税收负担与实际税收负担的差，体现了税负转嫁的程度。

(二)税负转嫁的形式

1．前转(顺转)

纳税人将其缴纳的税款通过提高商品或生产要素价格的方法，向前转嫁给商品或生产要素的购买者。这是税负转嫁的基本形式。

2．后转(逆转)

纳税人将其缴纳的税款通过压低商品或生产要素进价的方法向后转移给商品或生产要素的提供者。

3．混转(散转)

对一个纳税人而言，前转和后转可以兼而有之，也就是将税款一部分向前转嫁给商品购买者，另一部分向后转嫁给商品供应商。

4．税收资本化(资本还原)

税收资本化是指购买者将所购商品的预期税款通过从购买商品的价格中预先扣除的方法，将税收负担向后转移给商品出售者，又称资本还原。税收资本化实际上是一种特殊的后转。与后转的不同之处在于：一是适用的商品不同。普通的后转针对的是一般商品或一般生产要素，如劳动、原材料等，而税收资本化针对的是特殊的资本性商品，如土地、房屋、机械设备、永久性的政府债券等。二是普通后转是在商品交易发生时当期税款的一次性转移，而税收资本化则是在商品交易发生时将预期应纳税款的一次性转移。

5．消转(转化)

纳税人用降低课税品成本的办法使税负从新增利润中得到抵补。这既不是提高销价的前转，也不是压低购价的后转，而是通过改善经营管理、提高劳动生产率等措施降低成本、增加利润而抵消税负，所以称为消转。消转实质上是用生产者应得的超额利润抵补税收，实际上不转嫁，由纳税人自己负担。

三、影响税负转嫁的因素分析

税负归宿是税负转嫁的结果，因此，影响税负转嫁的因素也是影响税收归宿的因素。税负转嫁的基本前提是商品价格自由浮动。在市场经济条件下，影响税负转嫁的主要因素包括诸多方面，如商品的供求弹性、市场特点(完全竞争市场还是不完全竞争市场)、不同税种等。市场特点决定税负转嫁和税负归宿的环境，不同税种决定税负转嫁和税负归宿的难易度。本部分内容主要讨论税负转嫁与商品的供求弹性的关系问题。

(一)税负转嫁与需求弹性的关系

需求弹性表示需求量对影响需求因素的变化量所作出的反应程度。影响商品需求量变化的因素有多种，需求弹性也有多种。因为税负转嫁的程度取决于征税后的价格变动，所以本部分内容主要论述需求弹性对税负转嫁的影响。需求弹性是指商品需求量对本身价格的反应程度。通常用需求弹性系数来表示，其公式为

$$E_{\mathrm{d}} = \Delta Q / Q \div \Delta P / P = \Delta Q / \Delta P \times P / Q$$

式中：Q 为需求量；ΔQ 为需求变动量；P 为价格；ΔP 为价格变动量；$\Delta Q / Q$ 为需求量变动系数，$\Delta P / P$ 为价格变动系数。

根据需求弹性系数大小，可将需求弹性系数分为五种类型，即 $E_{\mathrm{d}}>1$，表示需求弹性高；$E_{\mathrm{d}}<1$，表示需求弹性低；$E_{\mathrm{d}}=1$，表示有单位需求弹性；$E_{\mathrm{d}}=\infty$，表示完全有弹性；$E_{\mathrm{d}}=0$，表示完全无弹性。

一般地说，商品的需求弹性越大，需求量对价格变动越敏感，通过提高卖价把税负向前转嫁给购买者或消费者越困难；相反，商品的需求弹性越小，需求量对价格变动越不敏感，通过提高卖价把税负向前转嫁给购买者或消费者就容易，此时，消费者对商品的需求量受价格变动的影响越小。一般情况下，生活必需品，税负容易转嫁。这种税负与需求弹性的关系可以用图 7-1 表示。

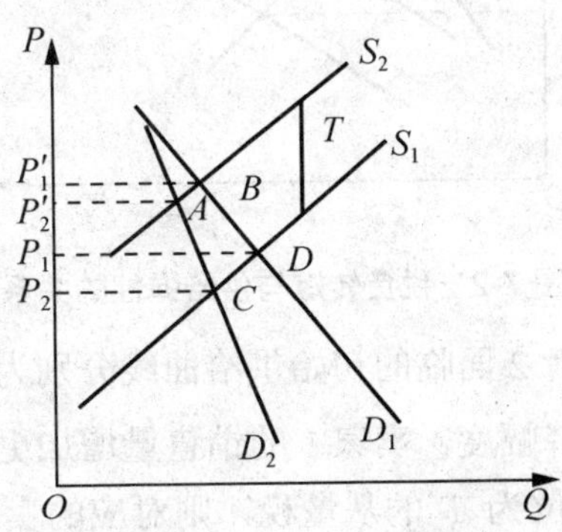

图 7-1　税负转嫁与需求弹性的关系

如图 7-1 所示，消费者 1 和消费者 2 面临的需求曲线分别为 D_1 和 D_2(消费者 1 的需求弹性大于消费者 2，面对同样的价格上升幅度，消费者 1 的需求量下降更多)，卖者的初始供给曲线为 S_1。若对卖者征收每单位为 T 的从量税，则对应的卖者每单位成本上升 T，供给曲线由 S_1 上升到 S_2。征税后，消费者 1 承受的价格由 P_1 上升到 P_1'，消费者 2 承受的价格由 P_2 上升到 P_2'，且 $P_2'-P_2>P_1'-P_1$，消费者 2 比消费者 1 承受了更多的税负。

(二)税负转嫁与供给弹性的关系

供给弹性是指商品供给量对本身价格的反应程度。通常用商品供给弹性系数表示，其公式为

$$E_s=\Delta Q/Q\div\Delta P/P=\Delta Q/\Delta P\times P/Q$$

式中：Q 为商品的供给量；ΔQ 为商品供给的变动量；P 为价格；ΔP 为价格变动量；$\Delta Q/Q$ 为商品供给量变动系数；$\Delta P/P$ 为价格变动系数。

根据供给弹性系数大小，可将供给弹性系数分为五种类型，即 $E_s>1$，表示供给富有弹性；$E_s<1$，表示供给缺乏弹性；$E_s=1$，表示有单位供给弹性；$E_s=\infty$，表示完全有弹性；$E_s=0$，表示完全无弹性。

某种商品的供给弹性高，意味着该商品的生产者能适应市场的变化调整生产结构，因而在与原材料厂商及消费者关系上处于比较主动的地位，易于把税负转嫁出去。相反，供给弹性低，则不易转嫁。这种税负转嫁与供给弹性的关系可以用图 7-2 表示。

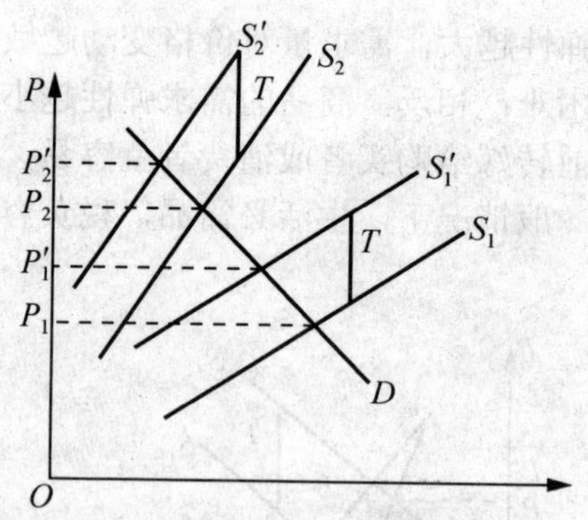

图 7-2 税负转嫁与供给弹性的关系

在图 7-2 中，卖者 1 和卖者 2 面临的初始供给曲线分别为 S_1 和 S_2 (卖者 1 的供给弹性大于卖者 2，面对同样的价格下降幅度，卖家 1 的销售量增加更多)，消费者的需求曲线为 D。假设政府对每个卖者征收每单位为 T 的从量税，则对应的卖者每单位成本上升 T，卖者 1 的供给曲线由 S_1 上升到 S_1'，卖者 2 的供给曲线由 S_2 上升到 S_2'。征税后，卖者 1 得到的销售

价格由 P_1 上升到 P_1'，卖者 2 得到的销售价格由 P_2 上升到 P_2'，且 $P_1'-P_1>P_2'-P_2$，卖者 1 比卖者 2 转嫁了更多的税负。

总之，税负转嫁的主要途径是通过价格的变动，转嫁的幅度取决于供求弹性。在其他条件不变时，就供给和需求的相对弹性来说，哪方弹性小，税负就向哪方转嫁。

第四节　税收的经济效应

税收的经济效应是指因国家征税而对社会各主体的经济行为或经济选择方面的影响。这里的社会各主体包括生产者和消费者。税收的经济效应包括宏观经济效应和微观经济效应两种。

一、税收的宏观经济效应

(一)税收的乘数效应

税收的宏观经济效应是指政府通过税收政策及其手段对经济增长和经济稳定的影响。税收之所以具有这种效应，主要是因为它的乘数效应，即税收乘数。

1. 税收乘数

根据宏观经济学原理，在出口一定的条件下，消费函数决定国民收入，其方程式如下：

$$Y=C+I+G \tag{7-1}$$

式中：Y 表示国民收入，C、I 和 G 分别表示民间消费支出、净民间投资支出以及政府在产品和劳务方面的购买性支出。其中的民间消费支出水平 C，主要取决于个人可支配收入，即扣除所得税后的个人收入以及边际消费倾向(β)的大小。若以 k_t 表示税收乘数，经过推导，得出税收乘数公式为 $k_t=\dfrac{-\beta}{1-\beta}$，推导原理和过程参见第十四章第三节内容。

2. 税收乘数效应测度

税收乘数表明的是税收的变动，包括税率、税收收入的变动，对国民收入的影响程度。通过税收乘数公式，可以得出以下结论：①税收乘数是负值，说明国民收入与税收的变动相反；②政府在采取增税政策时，国民收入减少，减少的程度为税收增量的 $\beta/(1-\beta)$ 倍；③倘若政府采取减税政策，将有利于经济增长。

(二)税收的经济增长效应

从宏观角度看，税收可促进经济增长，也可阻碍经济增长，但主要是通过宏观税负水平和税制结构等方面实现的。

1. 宏观税负水平与经济增长

宏观税负水平是指一国税收收入总额占GDP的比率。宏观税负水平的高低反映出政府在国民经济总量中集中程度的大小，对社会经济增长具有很大影响。税率是反映税负轻重的最主要标志。一个国家的综合税率反映其宏观税负水平，体现税收痛苦指数的强弱。西方经济理论认为，并不是税率越高，税收收入就越多，税率超过一定限度，会产生经济萎缩，财源枯萎，反而会抑制税收的增长。

(1) 理论解释：拉弗曲线。供给学派认为，从政府税收来看，决定税收收入总额的因素，不只是税率的高低，还要看税基(国民收入)的大小。提高税率不一定都会使税收收入增加，有时反而会减少税收收入。因为，税率过高，税收负担加重，经济主体的活动受到限制，这样会削弱他们工作和投资的积极性，会造成生产下降趋势。供给学派这一思想可用“拉弗曲线”来解释。

拉弗曲线说明了税率与税收收入和经济增长之间的函数关系。在图7-3中，横轴代表税率，纵轴代表税收收入。税率从原点开始为0，然后逐级增加至*B*点时为100%；税收收入从原点向上计算，随着税率的变化而变化。税收收入与税率的函数关系呈曲线*OAB*状态(抛物线形)，当税率逐级提高时，税收收入也随之增加。税率提高至*OC*时，税收收入达到最大，即*OA*′；税率一旦超过*OC*，税收收入反而减少；当税率上升到*OB*(100%)时，税收收入将因无人愿意从事工作和投资而降为零。供给学派把*CAB*部分，即图中的阴影部分称为“禁区”。税率进入禁区后，税率提高，税收收入减少；税率降低，税收收入反而会增加。

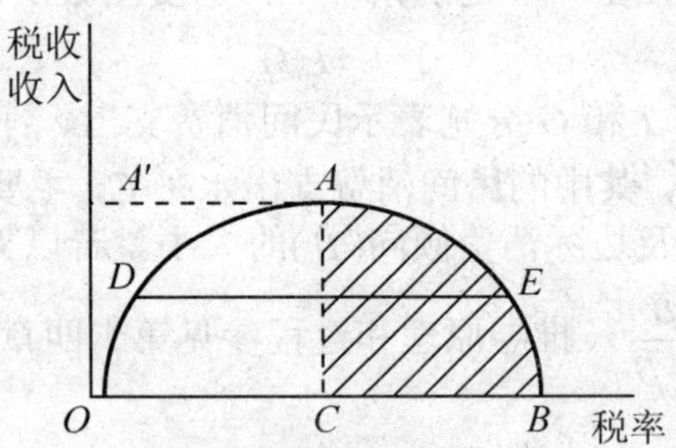

图7-3　税率与税收收入的关系

拉弗曲线的经济含义至少有以下几点：①高税率不一定能取得高收入，而高收入也不一定要实行高税率。因为高税率会挫伤生产者和经营者的积极性，削弱经济行为主体的活力，导致生产停滞或下降。②取得同样多的税收收入，可以采取两种不同的税率，如图7-3中的*D*点和*E*点，税收收入是相等的，但*D*点的税收负担很轻。低税负刺激了工作意愿、储蓄意愿和投资意愿，从而促进经济增长；随着经济的增长，税基扩大，税收收入自然增加。③税率、税收收入和经济增长之间存在着相互依存、相互制约的关系，从理论上说应当存在一种兼顾税收收入与经济增长的最优税率。因此，保持适度的宏观税负水平是促进

经济增长的一个条件。

(2) 经验解释之一：马斯顿的经验分析。世界银行经济学家凯思·马斯顿选择了具有可比性的20个国家的经验数据，总结出了税率的高低与经济增长率的关联，得出的基本结论是：一国的低税率对提高本国的经济增长率具有积极的促进作用。

从选择的20个样本国家来看，低税负国家的国内生产总值的实际增长率，高于高税负国家。低税样本国家的国内生产总值非加权平均年增长率为7.3%，而高税样本国家仅为1.1%。低税样本国家中的每一个成员国，其经济增长也超过了高税样本国家中经济发展最快的国家。

马斯顿将税收比率作为一种政策变量，就20世纪70年代20个样本国家的平均税收比率进行了回归分析。回归分析结果表明：低收入国家的税收变量系数是-0.57，考虑到投资和劳动力增长后的税收变量系数是-0.30；而高收入国家的税收系数分别为-0.34 和-0.08。这表明，税收比率提高对经济增长的消极影响，在低收入国家比在高收入国家要严重得多。

从上述分析可以看出，低税收比率促进经济增长。就其实现机制而言，主要是通过两种机制实现的：①较低的税收比率可以导致较高的要素收益率，而较高的收益率会刺激这些生产要素的总供给，从而提高总产出水平。②低税收比率国家的各种税收刺激，将使资源从低生产率部门转移到高生产率部门，从而提高资源使用的整体效率。

(3) 经验解释之二：中国经济的现实分析。改革开放以来，中国经济一直保持了强劲的增长势头。有人认为，中国宏观税负的下降是我国经济增长的一个制度结果，也是我国经济增长的重要原因。宏观税负是指一个国家的总体税负水平，一般通过一个国家一定时期内税收总量占同期GDP的比重来反映。我国宏观税负下降的直接原因是我国税制以增值税为主体税种，采用比例税率，它的税收弹性小于1。这样，至少来自增值税的税收增长幅度要慢于经济增长幅度。正因为以预算内财政收入为口径计算的宏观税负水平低，经济增长才一直保持基本稳定增长。

2. 税制结构与经济增长

一国的税制结构是由经济发展水平决定的。实践证明，经济发达国家基本上都是以直接税为主，并以所得税为主体税种；而发展中国家则以间接税为主，并以销售税为主体税种。不同发展水平的国家，利用不同的税制结构解决不同的问题：间接税有利于解决经济增长问题，直接税更有助于解决发展的贫富分化等问题。

间接税有助于促进经济增长，可以从以下三方面作出判断。

(1) 间接税能够筹集较为充裕的税收收入，为政府增加有利于经济增长的支出提供必要的资金来源。其原因在于：间接税的课税范围和税基较广。间接税既可以对全部商品和劳务征税，同时也可以对某些特定消费品征税。尤其在发展中国家，由于生产力发展水平较低，人均收入也很低，税收要满足政府的财政需要，以销售额和消费额作为课税对象是适当的，征收管理较容易。间接税采用从价定率或从量定额征收，比所得税采用累进税率征收要简单得多。

(2) 间接税有利于储蓄和投资。私人储蓄和投资的增减取决于收益率的高低，所得税由于降低了它们的收益率从而抑制了储蓄和投资行为，而间接税因对储蓄和投资的收益不征税，因而不影响私人的储蓄行为和投资行为；间接税税负在一定程度上会发生转嫁，会导致课税商品和劳务的价格相对上涨，使消费者抑制消费，减少了消费支出，在某种程度上间接地鼓励了储蓄。

(3) 从20世纪80年代初期税制改革呈现趋向间接税的改革趋势。世界各国的税制改革趋势证明了，不仅发展中国家重视间接税，就是发达国家，自20世纪70年代初的“石油危机”造成了经济“滞胀”后，特别是在供给学派的“供给管理”政策的影响下，也开始重新考虑间接税在促进经济增长中的作用，间接税提供的收入在税收总收入中所占的比重，大有回升趋势。其主要表现是世界各国广泛使用增值税，尤其在工业化国家，增值税的重要性在提升。

但也有人认为中国目前的税制结构过分依赖商品税，比重过高的商品税会扭曲经济活动，不利于税收收入增长。具体表现在以下方面：①商品税的税收收入弹性较低，不能保证税收收入和国民收入同步增长；②过高的商品税比重增强了税收对市场价格机制的干预能力，推动物价上涨；③政府对商品税的严重依赖，扭曲了出口退税政策；④政府对商品税的严重依赖，还在一定程度上对产业政策产生扭曲效应。因此，中国在今后一段时期内，应当逐步降低商品税的比重，相应地提高所得税，特别是个人所得税比重。

(三)税收的周期稳定效应

1. 税收的自动稳定效应和相机抉择效应

税收是调节社会总供给与总需求关系、调节收入分配关系的重要手段。调节总供求关系是通过两个过程实现的：一是自动稳定机制过程，二是相机抉择机制过程。前者是在既定税收制度和政策下，受经济的内在发展规律支配；后者是政府根据经济形势的发展变化，有目的地调整税收制度和政策。在经济繁荣时期，国民收入增加，以国民收入为源泉的税收收入会随之自动增加，相对地减少了个人的可支配收入，在一定程度上减轻了需求过旺的压力，此时，如果总需求与总供给的缺口仍然很大，政府则要采取相机抉择的税收政策，或扩大税基，或增加税种，或提高税率，或减少税收优惠等。在经济萧条时期，税收收入会自动减少，相对地增加了个人的可支配收入，在一定程度上缓解了有效需求不足的矛盾，有利于经济复苏；此时，如果经济依然不景气，政府可进一步采取税收措施，或缩小税基，或削减税种，或降低税率，或增加税收优惠措施等。

2. 税收的通货紧缩效应

税收通货紧缩效应是通过税收政策的需求效应和供给效应体现的，并通过税收的增税

或减税政策来实现。通常情况下，抑制总需求过旺的税收政策，主要是通过所得税的增税政策，减少民间部门的可支配收入，从而使社会总需求与总供给相均衡，防止或减轻一般物价水平上涨；推动总供给增长的税收政策，主要是通过个人所得税和公司所得税的减税政策，刺激劳动投入和资本投入增加，从而使社会总供给与总需求相匹配，抑制通货膨胀。

从税收对货币需求的影响来看，增税政策可能具有增加货币需求的作用。一方面，增税政策将产生流动性效应，包括替代效应、收入再分配效应、逃税效应以及通货替代效应等，进而实现通货紧缩作用；另一方面，在增税的同时，若采用一次总额付税法，将提高对货币的需求，从而有降低价格水平的可能。

在以流转税为主体税种的国家里，流转税的反通货膨胀作用不容忽视。流转税容易发生转嫁，会提高课税商品的价格，降低商品和劳务的总需求，具有反通货膨胀效应。同时流转税还能减少低收入家庭的增量消费或边际消费，在低收入阶层的边际消费倾向很高的情况下，通过提高课税商品的价格而减少实际消费，故在产生等量的税收收入情况下，累退的间接税在一定程度上可能比累进的所得税具有更大的反通货膨胀效应。

税收政策本身存在一种反通货膨胀的能力，但要合理使用，才能真正体现反通货膨胀效果。例如，在实施增税政策以抑制总需求膨胀时，在长期，可能会影响劳动供给和资本供给，造成失业或产出下降，反通货膨胀的目标难以实现。相反，如果采用减税政策以增加总供给，又有可能刺激了总需求，加大通货膨胀缺口。因此，政府在选择利用税收政策作为反通货膨胀的工具时，必须认清造成通货膨胀的主要原因，权衡各种政策工具的利弊。

二、税收的微观经济效应

(一)税收微观经济效应的作用机制

税收的微观经济效应主要体现在两个方面：一是税收可实现支出能力的转移，二是税收的额外负担会改变消费者对物品的选择或生产者对要素的选择。税收微观经济效应的作用机制分两个方面：一是收入效应，一是替代效应。

1. 收入效应

税收的收入效应是指征税或增税导致纳税人的支出能力下降。收入效应本身不会导致经济无效率，只是表明资源从纳税人手中转移到政府手中。税收的收入效应可用图 7-4 表示。

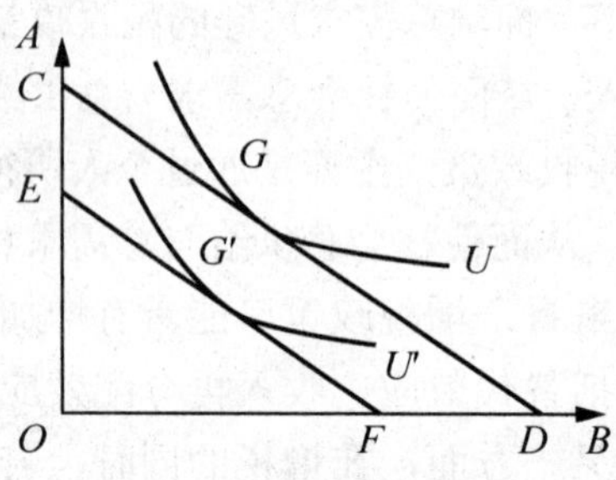

图 7-4　税收的收入效应

假定图 7-4 的纵轴和横轴分别代表两种商品的数量 *A* 和 *B*，纳税人的收入是固定的，而且全部收入用于购买这两种商品，因而该纳税人的税前预算线是 *CD*。也就是说，如果纳税人将其全部税前收入用于购买 *A* 和 *B* 商品，可以购买的最大数量为 *OC* 或 *OD*。但是，在该纳税人的收入既定的前提下，这两种商品购买量的最佳组合是由 *G* 点决定的。因为 *G* 点是该纳税人的预算线与无差异曲线 *U* 的切点，表明购买这些数量的两种商品所得到的效用或满足程度最大。

若政府对纳税人课征一次总赋税或人头税，且这种税对这两种商品的相对价格没有影响，但使得该纳税人的预算线向下平行移动至 *EF*。税后预算约束线 *EF* 与无差异曲线 U' 的切点 G' ，虽然没有改变纳税人的选择，但决定了纳税人购买这两种商品的最佳组合数量都有所下降。

2. 替代效应

替代效应是指征税或增税影响相对价格，从而促使人们以某种消费或活动方式取代另一种消费或活动方式。正因为替代效应干预了消费者的选择，所以它会导致经济无效率。税收的替代效应见图 7-5。

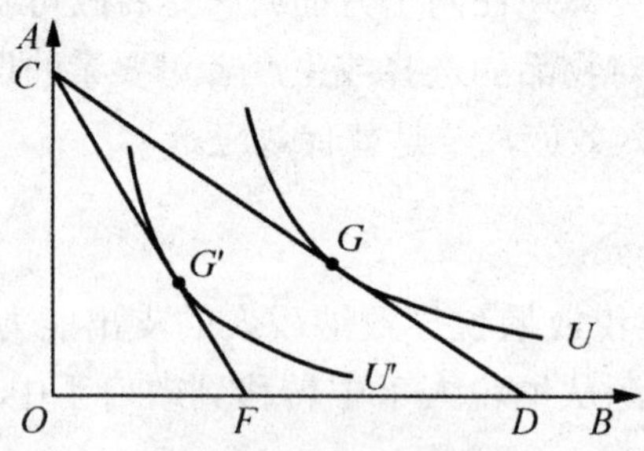

图 7-5　税收的替代效应

假定图 7-5 中的 *CD* 是纳税人的税前预算线，购买 *A*、*B* 两种商品的最佳数量组合为 *G*。若政府决定对 *B* 商品征税，而对 *A* 商品免税，这就改变了这两种商品的相对价格。由于对

纳税人来说，B 商品相对于 A 商品变得昂贵了，该纳税人则会减少 B 商品的购买量，从而使其预算线以 C 为原点向内移动，从原来的预算线 CD 变为 CF。新的预算线 CF 与无差异曲线 U' 相切于 G' 点，表明纳税人以税后收入购买现在的商品数量组合所获得的效用水平或满足程度最大。由此可见，由于政府对 B 商品征税而对 A 商品不征税，改变了纳税人购买商品的选择。

(二)税收微观经济效应

通过税收微观经济效应的两种机制可分析税收对劳动供给、储蓄、投资及个人收入分配等的影响。

1. 税收对劳动供给的影响

市场经济中的劳动者对劳动和收入的选择包括是否工作、是否努力工作，即通常所说的人们对工作取得收入或是享受闲暇进行选择。选择取决于许多因素，不仅取决于个人的偏好、工资率的高低(即闲暇的机会成本)、其他收入水平的高低等，还取决于政府征税的因素。

通常我们用收入表示人们拥有的产品或服务的数量和份额，用休闲表示人们拥有的空闲时间。当然，工作时间越多和工作质量越高，收入就越多，生活就越富裕，但要取得收入就要放弃闲暇，要取得更多的收入就得放弃更多的闲暇。在各税种中，个人所得税对劳动供给的影响较大。在个人收入主要来源于工资收入，且工资水平基本不变的前提下，通过征收个人所得税对人们实际收入的影响，从而改变人们对工作和闲暇的选择。

首先要以是否征收个人所得税为例，说明税收对劳动供给的总效应，如图 7-6 所示。

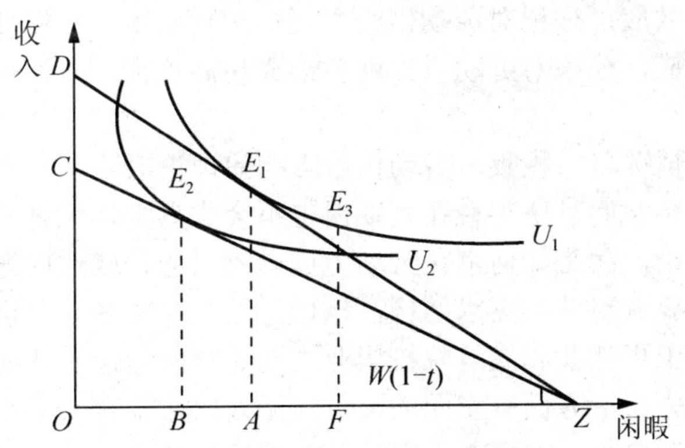

图 7-6　税收对劳动供给的总效应

在不征收个人所得税的条件下，个人的收入线是 DZ，其斜率是由放弃 1 小时的闲暇而增加的净收入决定的，即所谓净工资率(以 W 表示)，假定它是既定的。数量 Z 是个人所能占有的最大的闲暇量，即完全不工作，也就没有任何收入。在这个无差别曲线中，个人的最大化效用点是无差别曲线 U_1 与收入线的相切点 E_1，该点所决定的闲暇时间是 OA 单位。既然工作就等于没有闲暇，这表明劳动供给的数量等于 AZ。假定对全部劳动所得征收比例所得税，税率为 t，工资率固定为 W。因征税，收入线向内转移到 CZ，其斜率为 $W(1-t)$，新的收入线与新的无差别曲线 U_2 相交于 E_2 点，该点所决定的工作时间为 ZB。与 E_1 点相比，E_2 点表明劳动供给增加了，增加的数量为 BA(即 $ZB-ZA$)，这是征收比例所得税对劳动供给的总效应。在明确征收比例所得税对劳动供给的总效应的前提下，可继续说明税收对劳动供给的替代效应和税收对劳动供给的收入效应。

1) 税收对劳动供给的替代效应

税收对劳动供给的替代效应指的是政府征税会使闲暇与劳动的相对价格发生变化，闲暇价格相对降低了，引起个人以闲暇代替劳动，它表明的是纯粹的价格变化效应，这种效应可用图 7-6 中的 E_3 点来说明。该点是平行于收入线 CZ 的新收入线与原无差别曲线 U_1 相切的点。由于闲暇价格已经下降了，个人会享用更多的闲暇时间。从图 7-6 中可以看出，多出的闲暇时间或劳动供给减少是 AF，这就是税收对劳动供给的替代效应。

2) 税收对劳动供给的收入效应

税收对劳动供给的收入效应指的是政府征税会直接减少个人的可支配收入，从而促使纳税人为维持既定的收入水平而增加工作时间，减少闲暇时间。它表明只是减少了个人收入，而并未改变闲暇与劳动的相对价格。由于征税，收入降低，总体效用降低，无差别曲线 U_1 向下平行移至 U_2，即从 E_3 点移至 E_2 点。可见，收入效用是使闲暇减少或劳动供给增加的数量为 FB。

由此可见，收入效用与替代效用呈反方向运动，前者刺激人们更加努力工作，后者促使人们减少劳动供给。除此之外，税收对劳动供给的影响还取决于两种效应的对比，如果收入效应大于替代效应，征税对劳动供给主要是激励作用，它促使人们增加工作；如果收入效应小于替代效应，征税对劳动供给就会形成超额负担，人们可能会选择以闲暇替代劳动。

结合我国的实际情况看待税收对劳动供给影响的理论对我国具有重要的实践意义。我国劳动力供给相对充裕，而且所得税在短期内也不会成为主体税种，因此我国需要解决的不是如何增加劳动供给，而是如何消化劳动力过剩的问题。就业问题的解决不仅需要增加劳动总需求，而且需要调整劳动需求结构，以增加就业岗位和就业机会。目前严峻的就业形势，尤其是下岗职工再就业和高等院校毕业生就业难问题，主要是结构性失业造成的，一方面有闲置的劳动力，一方面有空闲的岗位却无人问津或有人又不能胜任。解决结构性失业，提高就业率，需要从三方面入手：一是要求调整和改变人们的就业观念；二是从提高劳动力素质和技能入手改变劳动供给结构；三是调整需求结构，在重视科技进步的同时，不可忽视能够容纳较多劳动力的劳动密集的产业和部门，甚至必要时可以考虑给予一定的税收优惠。

2. 税收对居民储蓄的影响

影响居民储蓄行为的两个主要因素是个人收入总水平和储蓄利率水平。个人收入水平越高，储蓄的边际倾向越大，储蓄率越高；储蓄利率水平越高，对人们储蓄的吸引力越大，个人储蓄意愿越强。税收对居民储蓄的影响，主要是通过个人所得税、利息税影响居民的储蓄倾向及全社会的储蓄率的。

对个人所得是否征税及征税多少，会影响个人实际可支配收入，并最终影响个人的储蓄率。

对储蓄的利息所得不征税，征收个人所得税对居民储蓄只有收入效应，即征收个人所得税会减少纳税人的可支配收入，迫使纳税人降低当前的消费和储蓄水平。由于征收个人所得税，个人的消费与储蓄水平同时下降了；对储蓄的利息征利息税，会减少储蓄人的收益，降低储蓄报酬率，影响个人的储蓄和消费倾向。也就是说，若对储蓄利息征税，当前的消费与未来消费的相对价格发生变化，于是产生了收入效应和替代效应。收入效应体现在对利息征税降低了个人的实际收入；而替代效应是指在对利息所得征税后，减少了纳税人的实际税后收益率，使未来的消费价格变得昂贵了，降低了人们储蓄的意愿，从而引起纳税人以消费代替储蓄。

总之，税收对储蓄的收入效应的大小取决于所得税的平均税率水平，而替代效应的大小取决于所得税的边际税率高低。边际税率的高低决定了替代效应的强弱，所得税的累进程度越高，对个人储蓄行为的抑制作用越大。高收入者的边际储蓄倾向一般较高，对高收入者征税有碍于储蓄增加。减征或免征利息所得税将提高储蓄的收益率，有利于储蓄。

截至 2015 年 9 月末，中国人民币存款余额 133.73 万亿元。就中国而言，税收对储蓄的影响并不明显，这说明影响储蓄的因素很多，如居民未来消费的预期、风险程度、投资选择等。因此，如何适当地运用税收杠杆盘活这些强大的储蓄余额，使之向消费、投资转化，是推动经济增长的关键。

3. 税收对投资的影响

投资是经济增长的重要决定因素，而投资决策取决于投资的净收益和投资的成本。税收对投资的影响，主要是通过征收企业所得税的税率、税前抵扣和税收优惠等措施影响纳税人的投资收益和投资成本。

税收对投资的影响，同样是通过替代效应和收入效应来实现的，可以采取同样的分析方法。课征公司所得税，会压低纳税人的投资收益率，因此而减低了投资对纳税人的吸引力，导致投资者减少投资而以消费替代投资，就是发生了税收对投资的替代效应。如果征税和提高税率减少了投资者的税后净收益，而投资者为了维持过去的收益水平趋向于增加投资，这是税收对投资的收入效应。

4. 税收对个人收入分配的影响

个人所得税是调节收入分配的最有力工具。在各种收入来源既定的情况下，个人间收入分配的结果及其差距在很大程度上取决于个人所得税因素。税收对个人收入分配的影响主要是通过征收个人所得税、税式支出、社会保险税和所得税指数化等实现的。

个人所得税直接按纳税人的所得综合或分类进行征税，即使实行比例税率也体现了支付能力原则，即高收入者多征，低收入者少征。因为个人所得税实行累进税率制度，税率随着收入级次的提高而提高，收入水平越高，适用税率越高，从而具有较强的再分配作用。因此，个人所得税对个人的收入分配，特别是对抑制收入差距的扩大具有特殊的功能。

税式支出也是影响收入分配的重要工具。所谓税式支出(Tax Expenditure)也称“税内支出”，是指以特殊的法律条款规定的，给予特定类型的活动或纳税人以各种税收优惠待遇而形成的收入损失或放弃的税收收入。税式支出能够在一定程度上增加最低阶层收入。其主要原因在于，政府可以通过对许多项目给予不予课税、税额抵免、所得扣除等特殊规定，以增加低收入阶层的实际收入。实现这一目标的途径有两方面：一是直接对低收入阶层的许多纳税项目给予税收优惠照顾，这些项目包括医疗费用扣除、儿童抚养费用扣除、劳动所得抵免、老年人和残疾人所得扣除、失业福利扣除、社会保险扣除等；二是对有助于间接增加最低收入阶层收入的行为给予税收优惠照顾，如雇主和高收入者向慈善机构、公益事业机构等的捐款，在他们纳税时给予税收优惠，以鼓励他们慷慨解囊兴办社会福利事业。

社会保险税是实现收入再分配的良好手段。社会保险税是以纳税人的工薪所得作为征税对象的一种税收，在为全体居民提供社会保障基金的同时，也发挥了高收入群体和低收入群体之间的再分配作用。

所得税指数化是减轻通货膨胀的收入分配扭曲效应的一种方法。所谓所得税指数化，即按照每年消费物价指数，调整应税所得的适用税率和纳税扣除额，以便剔出通货膨胀所造成的名义所得上涨的影响。从各国实践来看，所得税指数化是消除通货膨胀以及累进税率机制产生的扭曲的收入分配效应的有力措施。所得税指数化主要有四种方法：①特别扣除法。即从纳税人的应税所得额中，按一定比例扣除因通货膨胀所增加的名义所得部分。②税率调整。即按通货膨胀上涨指数，降低各级距的边际税率，使调整后的税率级距维持在原有效税率的实际水平上。③指数调整法。即依据物价指数或相关的指定指标指数，调整个人所得税中的免税额、扣除额以及课税级距等，以消除通货膨胀期间的名义所得增加部分。④实际所得调整法。即将各年应税所得还原为基年的实际所得，适用基年的免税额、扣除额及课税级距，求得纳税义务后，再以物价指数还原计算应纳税额。

复习思考题

一、名词解释

税收宏观经济效应　税收乘数　宏观税负水平　拉弗曲线　税收通货紧缩效应　税收微观经济效应　税收收入效应　税收替代效应　所得税指数化

二、问答题

1. 税收的宏观经济效应表现在哪些方面?
2. 税收的微观经济效应表现在哪些方面?
3. 简要说明宏观税负水平的衡量标准。
4. 所得税指数化的方法有哪些?
5. 简要说明税收的储蓄效应。
6. 如何根据税收的收入效应调节社会收入分配?

三、案例分析

春秋大国齐与鲁，相地衰征初税亩。两汉齐民皆编户，算赋口赋和田租。
北魏孝文有调租，以庸代役隋唐出。杨炎两税不法古，土地资产夏秋入。
宋代名相王介甫，又把新桃换旧符。青苗募役保甲法，方田均税多受阻。
一条鞭法废实物，农民所税非所出。雍正废止人头税，清初摊丁入田亩。
从来兴亡百姓苦，多少起义为田土。“一产”长期做基础，如今农业得反哺。
二〇〇六“十一五”，千年皇粮俱废除。世外桃源昔安在？今朝农村新蓝图。

(资料来源：张小华. 税收故事——中国农业税始末.)

结合上述词句：

1. 了解中国农业税发展演化过程。
2. 结合农村实际，分析对“三农”征税的税种还有哪些？
3. 分析这些税种的社会效应。

第八章 税 收 制 度

【知识要点】

掌握中国税收制度的历史演进规律是正确认识中国税收制度和税收制度改革动态的一把钥匙。通过本章的学习，应掌握税收制度构成要素及相关理论，重点要掌握商品课税、所得课税、财产课税和资源课税和行为课税的主要税种的基本理论及其应用，同时要掌握现代社会的一些理论热点，如物业税、遗产税等的相关知识。

【引导案例】

遗产税作为一个古老的税种，在世界上已经有 400 多年的历史，目前有 100 多个国家和地区开征这一税种。近年来，中国是否开征遗产税问题的议论一直未停止过。欧洲的意大利、瑞典，亚洲的印度、马来西亚、中国香港，澳洲的新西兰、澳大利亚已先后取消了遗产税，但更多国家和地区仍然选择保留。2010 年美国遗产税的“空窗期”更引起了全球视野的高度关注，为我国正在推进的税制改革提供了鲜活的参考。20 世纪 90 年代末，美国国内取消遗产税的呼声开始高涨。1999 年和 2000 年，美国国会曾经先后两次通过关于逐步取消遗产税的法案，最终被当时的总统克林顿否决。2000 年小布什上台后，于 2001 年 7 月 7 日正式签署了《经济增长与税收减免法案》，这是一份总额高达 1.6 万亿美元的减税计划，其中就包括大幅削减遗产税的方案：从 2001 年起，逐年增加税前综合扣除额和降低最高税率，直至 2010 年停征。在反对派的极力争取下，该方案同时又增加了一条补充规定：到 2011 年重新回到 2001 年的征税水平。美国遗产税长久的存废之争，充分反映了税收立法的两种思想——效率和公平两种价值取向的对立性。

(资料来源：林国建. 从美国遗产税“空窗期”看我国遗产税的开征. 涉外税务，2011(3).)

试分析:

1. 总结世界范围内遗产税发展趋势。
2. 结合中国社会实际分析开征遗产税的社会效应。

第一节 税收制度的含义及构成要素

一、税收制度的含义

税收制度简称税制，由于人们认识的侧重点不同，对税制也会有不同的理解。以税收

管理为侧重点，税收制度是国家以法律形式规定的各种税收法令和征收管理办法的总称，反映国家与纳税人之间的经济关系；以税收理论研究为侧重点，税收制度是国家按一定的政策原则组成的税收体系，其核心是主体税种的选择和各税种的搭配问题。两种认识各有理论意义和实践价值。

税收制度一般是由具体税种组成的。纵观税收理论演变的历史，主要有两种税收制度：一种是单一税制，认为税收制度是由一类税种构成，如单一的消费税、单一的土地税、单一的所得税、单一的财产税等；另一种是复合税制，认为税收制度是由多类税、多种税构成，是多类税、多种税相互配合的一种比较完善的税收体系。当然，复合税制中，在不同时期、不同条件下，要选择一至两个税种作为筹集财政收入和调节经济的主体税种。从世界各国的税收实践来看，由于单一税制缺乏弹性，难以充分发挥筹集财政收入和调节经济的功能，因此，世界上绝大多数国家实行的是复合税制。

目前我国采取复合税制，共计包括 18 个税种，即增值税、消费税、关税、企业所得税、个人所得税、资源税、土地增值税、城镇土地使用税、房产税、车船税、船舶吨税、城市维护建设税、车辆购置税、耕地占用税、烟叶税、印花税、契税、环境税。

二、税收制度的构成要素

世界各国税收制度的结构和体系虽然存在差异，但其基本构成要素是大体相同的，这些基本构成要素包括：纳税人、征税对象、税率、税目、起征点、免征额、纳税环节、纳税期限、附加、加成、减免税以及违章处理等。

(一)纳税人

纳税人又称纳税主体，是指向谁征税，即税法上规定直接负有纳税义务的人，包括法人和自然人，是税收制度三大基本构成要素之一。需要强调的是，纳税人并不一定是负税人。与纳税人相关的还有扣缴义务人、纳税担保人和税务代理人。扣缴义务人是指税法规定负有代扣代缴税款或代收代缴义务的单位和个人；纳税担保人是指在中国境内具有纳税担保能力的公民、法人或者其他经济组织；税务代理人是指依法接受纳税人、扣缴义务人委托代为办理各项纳税事宜的人。

(二)征税对象

征税对象又称纳税客体或课税客体，是指对什么东西征税。它是税收制度三大基本构成要素之一。征税对象是一种税区别于另一种税的主要标志。征税对象有几个相关的要素，即税源、税目、计税依据。税源是指税收的经济来源或最终出处。由于每种税的分配对象都是国民收入，所以，每种税都有各自的经济来源。有的税种，其税收客体与税源是相同的，如所得税的课税客体与税源都是纳税人的所得。有的税种则不一致，如财产税的征税对象是应税财产，税源则是财产的收益或财产所有人的收入。税目，亦称“课税品目”或“征税品目”，是纳税对象在名称或类别上的具体化，代表征税范围的广度。计税依据又称税基，是指征税对象在数量上的具体化，是具体计算税额的依据。征税对象与计税依据并不总是一致的，如我国营业税的征税对象与计税依据都是营业收入。而我国增值税的征税对象是增值额，其计税依据却是不含税销售额。

(三)税率

税率是指税额与征税对象的数量关系比例，它是计算应纳税额的尺度，体现征税的深度，是税收制度三大基本构成要素的核心要素。通常，税率可分为以下三种。

1．比例税率

比例税率是指对征税对象只规定一个征税比率，不论其数额的大小，都按同一比率征税。它是目前应用最为广泛的税率。在具体运用上，比例税率又可以采取不同的表现形式，如行业差别比例税率、产品差别比例税率、地区差别比例税率和幅度比例税率等。

2．累进税率

累进税率是指按征税对象数额的大小，规定不同等级的税率。征税对象数额越大，适用的税率就越高。累进税率按照其累进依据和计算方法不同可分为全额累进税率和超额累进税率。全额累进税率是指对征税对象的全部数额都按照与之相适应的等级税率征税，达到哪个等级就按哪个等级的税率计算应纳税额；超额累进税率是指将征税对象按数额大小划分为若干等级，对每个等级分别规定相应的税率，分别计算税额，然后加总得出应纳税额。两者虽然同属于累进税率，但计算方法和税收负担差别较大。适用全额累进税率计算的应纳税额，计算方法简单，但税收负担比按超额累进税率计算的应纳税额重，尤其在两个级距的临界点及附近体现得最明显，税负不合理；适用超额累进税率计算的应纳税额，计算方法比较复杂，需要对每个级数的应纳税额分别计算，然后相加得出应纳税额，但税收负担比较合理。因此，世界上大多数国家都采用超额累进税率。

3．定额税率

定额税率是按征税对象的一定计量单位规定固定的税额，是用绝对数表示的税率形式。

若从经济研究角度考察，税率又可分为名义税率和实际税率、平均税率和边际税率。名义税率是指税法中规定的税率；实际税率是指承担的税额与其征税对象数额的比例；平均税率是指纳税人纳税总额与其应税对象总额的比例；边际税率是指纳税人增加的征税对象适用的税率。

(四)纳税环节

纳税环节是指在哪一个环节或哪几个环节征税，如生产、批发、零售等环节。纳税环

节的确定关系到税制结构和税种的布局，关系到税收的及时入库，关系到地区间的税收分配关系，关系到纳税人纳税的便利程度等问题。

(五)纳税期限

纳税期限是指纳税人应当缴纳税款的期限，它是税收的强制性、固定性在时间上的具体体现。我国税法规定的纳税期限有按天(如 1 天、3 天、5 天、10 天、15 天等)缴纳的，也有按月、按季、按年、按次缴纳的。一般是由各地税务机关根据纳税人的具体情况确定，但纳税期限一经确定，不得随意改变。

(六)附加、加成、起征点、免征额和减免税

附加和加成属于加重纳税人负担的措施。所谓附加是指在正税之外，附加征收的一部分税款。所谓加成是指对特定纳税人的一种加成征税措施，加一成等于加征税额的十分之一，加二成等于加征税额的十分之二，依次类推。

起征点和免征额属于减轻纳税人负担的措施。起征点是指税法规定的课税对象开始征税时应达到的数额；免征额是指征税对象中免于征税的数额。起征点与免征额的区别是：征税对象未达到起征点时，不征税，但达到起征点时，全部征税对象都要征税；而对有免征额的征税对象，只就其超过免征额的部分征税。

减免税是指按照税法的规定，对某些纳税人给予的一种优惠规定，是减轻纳税人税负的措施。减免税包括减税和免税。减税是指减征部分税款；免税是指免缴全部税款。

(七)违章处理

违章处理是指对纳税人的税务违章行为采取的惩罚性措施。根据《中华人民共和国税收征管法》，税收违章行为主要有三大方面：一是属于税收征管制度方面的违章行为，如纳税人未按规定办理税务登记，未按规定使用税务登记证，未按规定设置、保管账簿或凭证，未按规定进行申报纳税等。二是属于税收制度法规方面的违章行为，如偷税、欠税、抗税等。偷税是指纳税人有意违反税收法规，以欺骗、隐瞒等非法手段逃避缴纳税款的行为；欠税是指纳税人不按规定期限缴纳税款的拖欠行为；抗税是指纳税人抗拒依法履行纳税义务，拒不依法纳税的行为。三是拖欠税款、滞纳金和罚款。

对于纳税人的违章行为，可以根据情节轻重的不同，分别采取下列方式进行处理：批评教育、强行扣款、加收滞纳金、罚款、追究刑事责任等。在具体处理过程中，如果发生纳税人与税务机关争议时，在纳税人缴清应纳税款、滞纳金或罚款后，可向上级税务机关申请复议或向法院提起诉讼。

第二节　商品课税概述

一、商品课税的特征

商品课税泛指所有以商品为征税对象的税类。我国现行商品课税包括增值税、消费税、关税及一些地方性工商税种。同其他税类对比而言，商品课税有五方面的特征。

(1) 普遍性。商品课税是以商品为课税对象的税类。这里的商品不仅包括所有有形的商品，还包括各种非商品性的服务。在现代社会中，商品和服务充满整个社会。对商品的课税自然是最具普遍性的税类。正因这一特性的存在，商品课税类税源充足，成为国家财政收入的保障。

(2) 以商品和非商品的流转额为计税依据。商品流转额是指商品销售收入额；非商品流转额是指交通运输、邮政通信以及各种服务性行业的营业收入。由于商品课税以流转额为计税依据，在税率既定的前提下，税额大小直接取决于商品和劳务的流转额的多少，而与成本和费用水平无关。基于此，商品课税又称为流转课税。

(3) 主要采取比例税率。商品课税类中的各税种，除少数税，如对啤酒、黄酒、汽油、柴油等税目征收消费税，实行定额税率外，大多税目适用比例税率。比例税率分为各类差别比例税率，政府可以通过不同的比例税率实现对经济的干预。

(4) 税收负担比较容易转嫁。与所得税和财产税相比，纳税人可以通过对商品和劳务加价的办法，将商品税转移给消费者，也可以通过压价的办法将商品税转移给供应方。至于转移的方式和数额大小取决于各种转嫁环境。

(5) 计征简便。商品课税以流转额为计税依据，与商品成本和盈利水平无关，又是实行比例税率，所以计税征税十分简便。

二、我国现行商品课税的主要税种

(一)增值税

1．增值税概述

增值税是对商品的增值额课征的一种税。增值税始于法国，现在已成为一个国际性税种。增值额是指企业生产商品过程中新创造的价值，相当于商品价值扣除生产中消耗的生产资料价值 C 之后的余额，即 $V+M$ 部分。具体到一个生产单位，增值额是指纳税人的商品销售收入或劳务收入扣除外购商品额后的余额。

增值税的最大特点是在就一种商品多次课征后可避免重复征税。这一特点适应社会化大生产的需要，在促进生产的专业化和技术协作、保证税负分配公平等方面有较大功效。

其次，增值税具有各环节相互监督机制。无论哪一环节，只要有增值额，就征收增值税，即道道课税。各环节相关联企业在纳税上互相监督，减少乃至杜绝偷税漏税。因为上游企业偷漏税必然使下游企业多纳，在经济利益原则驱动下，下游企业必然主动监督上游企业的纳税情况。第三，增值税税额不受流转环节多少的影响。企业的兼并和分解都不影响增值税额，可以保证收入的稳定。第四，对于出口商品实行“零税率”。按“零税率”计算的结果是将商品在国内已缴纳的税收一次或分次全部退还给企业，可鼓励外向型经济发展。

2. 我国现行的增值税制度

(1) 纳税人。增值税纳税人是指在中华人民共和国境内，从事销售货物、提供应税劳务、提供应税服务以及进口货物的单位和个人。货物是指有形动产。销售货物是指有偿转让货物的所有权。提供应税劳务，是指有偿提供加工、修理修配劳务，不包括单位或者个体工商户聘用的员工为本单位或者雇主提供加工、修理修配劳务。加工是指受托加工货物，即委托方提供原料及主要材料，受托方按照委托方的要求制造货物并收取加工费的业务。修理修配是指受托对损伤和丧失功能的货物进行修复，使其恢复原状和功能的业务。应税服务，是指有偿提供应税服务，不包括非营业活动中提供的应税服务。具体包括提供交通运输、邮政、基础电信、建筑、不动产租赁、金融保险、文化体育、娱乐等的服务。

增值税纳税人又分为一般纳税人和小规模纳税人。一般纳税人和小规模纳税人划分标准、适用税率(征收率)、计算方式等都不相同。

(2) 增值税税率。增值税税率分基本税率、低税率和零税率。基本税率为17%，低税率为 13%。对出口货物实行零税率。一般纳税人适用基本税率和低税率，小规模纳税人适用3%的征收率。

(3) 增值税计算办法。一般纳税人采取税款抵扣法计算税收，即

$$应纳税额=当期销项税额-当期进项税额$$

$$销项税额=销售额\times税率$$

这里的销售额是不含税销售额。若是含税销售额，则要按现行税率或征收率将原含税销售额换算为不含税销售额，换算公式为

$$不含税销售额=含税销售额\div(1+税率或征收率)$$

当期进项税额，一般在增值税专用发票上注明，有以下几个来源：从销售方取得的增值税专用发票上注明的税额；从海关取得的完税凭证上注明的税额；购进免税农产品原材料从 2002 年 1 月 1 日起准予按照买价的 13%的扣除率计算进项税额；外购货物所支付的运输费用，以及一般纳税人销售货物所支付的运输费用，根据运费金额 7%的扣除率计算进项税额，但随同运费支付的装卸费、保险费等其他杂费不得计算进项税额。

小规模纳税人，实行简易征收办法。商业企业属于小规模纳税人的，其适用的征收率为4%，商业企业以外的其他企业属于小规模纳税人的适用6%的征收率。2009年1月1日起，全国开始实施增值税转型改革。新的增值税政策实施后，工业、商业类小规模纳税人的增值税征收率由6%和4%统一调低至3%。

对于进口应税商品，按照组成计税价格和确定的税率计算应纳税额，不得抵扣任何税额。其计算公式为

应纳税额=组成计税价格×适用税率

其中，组成计税价格=关税完税价+关税+消费税。

(二)消费税

1. 消费税的特点

消费税是以某些特定消费品为课税对象而征收的一种税。它具有以下特点。

1) 课税对象的选择性

从消费税的征税范围来看，它并不是对所有消费品征税。其征税对象是根据一国政策调节的需要，对部分消费品征税。至于征税范围大小，在各国税制中有规定。

2) 实行价内税

消费税实行价内税，消费税税款包含在销售价格之中。其征收是根据消费品的价格定率或根据消费品的数量定额征收。

3) 课征环节比较单一

消费税是一种单一环节征收的税收。一般来说，在各国的税制中，除少数消费品选择在零售环节外，大部分消费税的征税环节都确定在消费品生产或进口环节。

4) 属于间接税，税负具有转嫁性

由于消费税的纳税人主要是生产、销售消费品的人，纳税人有将所纳消费税通过加价的办法转移给购买该消费品的消费者的内在动机，若存在转嫁条件，转嫁就会发生。

2. 消费税制度构成要素

1) 纳税人

凡在我国境内从事生产、委托加工和进口应税消费品的单位和个人，都是消费税的纳税义务人。这里所说的单位是指国有企业、集体企业、私有企业、股份制企业、外资企业、其他企业和行政单位、事业单位、军事单位、社会团体及其他单位；个人是指个体经营者及其他个人；对于企业租赁或承包给他人经营的，承租人或承包人为纳税人。

2) 征税范围

我国现行消费税的征税范围采取列举法征收，具体包括：烟、酒、化妆品、贵重首饰及珠宝玉石、鞭炮焰火、成品油、小汽车、摩托车、高尔夫球及球具、高档手表、游艇、

木制一次性筷子、实木地板、电池、涂料 15 个税目。

3) 税率

现行税制规定，消费税的税率采用比例税率和定额税率两种。啤酒、黄酒和成品油实行定额税率，白酒，生产、进口、委托加工的卷烟实行比例税率和定额税率复合计税。除此以外的其他各项应税消费品，都实行比例税率。

4) 计税依据

消费税的计税依据有两种：一是销售额，二是销售数量。以销售额为计税依据的，不包括应向购货方收取的增值税税款。如果销售额包括这部分增值税税款，则应换算为不含增值税税款的销售额。其公式如下

应税消费品的销售额=含增值税的销售额÷(1+增值税税率)

对于自产自用的消费品的计税依据，一般按纳税人生产同类消费品的销售价格计算，没有同类销售品价格的，以组成计税价格为计税依据。其组成计税价格公式为

组成计税价格=(成本+利润)÷(1−消费税税率)

对于委托加工消费品的计税依据，一般为受托方同类消费品的销售价格，没有同类消费品销售价格的，以组成计税价格为计税依据。其组成计税价格公式为

组成计税价格=(材料成本+加工费)÷(1−消费税税率)

对于进口消费品的计税依据，实行从价定率征收的，全部以组成计税价格为计税依据。其组成计税价格公式为

组成计税价格=(关税完税价格+关税)÷(1−消费税税率)

对于计税价格偏低又无正当理由的应税消费品，税务机关有权核定其计税价格。

5) 消费税计算办法

其具体计算公式如下：

应纳税额=应税消费品数量×单位税额

或

应纳税额=应税消费品销售额×比例税率

第三节　所得课税概述

一、所得课税的特征

所得课税是对所有以所得额为课税对象征收的各税种的总称。所得课税具有以下四个方面的特征。

(1) 税负相对公平。所得课税是以纯收入或净所得为计征依据，实行多得多征、少得少征的累进征税办法，合乎量能课税的原则。同时，所得课税往往规定起征点、免征额及扣

除项目，可以在征税上照顾低收入者，不会影响纳税人的基本生活。

(2) 不存在重复征税问题，不影响商品的相对价格。所得课税是以纳税人的总收入减去准予扣除项目后的应税所得额为课征对象，征税环节单一，只要不存在两个以上的课税主体，则不会出现重复征税。所得税属于直接税，一般不易转嫁，因而一般不会干扰各类商品的相对价格。

(3) 有利于维护国家的经济权益。在国际经济交往与合作不断扩大的现代社会，跨国投资和经营的情况极为普遍，于是就必然存在跨国所得。对跨国所得征税是任何一个主权国家应有的权益，这就需要利用所得税可以跨国征税的天然属性，参与纳税人跨国所得的分配，维护本国权益。

(4) 课税有弹性。所得来源于对经济资源的利用和剩余产品的增加，从长远来看，随着资源利用效率的提高，剩余产品也会不断增长，因而所得课税不仅税源可靠，而且可根据国家的需要灵活调整，以适应政府支出的增减。

所得课税也存在某些缺陷，主要是：①所得税的开征及其财源受企业利润水平和人均收入水平的制约；②所得税的累进课税方法会在一定程度上压抑纳税人的生产和工作积极性；③计征管理也比较复杂，需要较高的税务管理水平，在发展中国家广泛推行往往遇到困难。

二、我国现行所得课税的主要税种

(一)企业所得税

1. 企业所得税纳税人

凡是在中华人民共和国境内实行独立经济核算的企业或者组织，都是企业所得税的纳税人，包括国有企业、集体企业、私营企业、联营企业、股份制企业及有生产、经营所得和其他所得的其他组织。自2008年1月1日起，统一内资、外资企业的纳税人身份；统一并适当降低企业所得税税率；统一和规范税前扣除办法和标准；统一税收优惠政策。

2. 企业所得税课征对象

企业所得税课征对象是企业生产、经营所得和其他所得，包括来源于中国境内、境外的全部所得。

3. 企业所得税税率

企业所得税税率实行比例税率。基本税率为25%，适用于居民企业和在中国境内设有机构、场所且所得与机构、场所有关联的非居民企业；低税率为20%，适用于在中国境内未设立机构、场所的，或者虽设立机构、场所，但取得的所得与其机构、场所没有实际联系的非居民企业。但征税时，由于税收优惠，其实际征税时，适用10%的税率。

4. 计税依据

纳税人每一纳税年度的收入总额减去准予扣除项目后的余额为应纳税所得额。纳税人的收入总额包括生产经营收入、财产转让收入、利息收入、租赁收入、特许权使用费收入、股息收入和其他收入，准予扣除的项目是指与纳税人取得收入有关的成本、费用和损失。《企业所得税暂行条例》对准予扣除项目的范围和标准以及不得扣除的项目作了明确的规定。同时还规定了纳税人在计算应纳税所得额时，其财务、会计处理办法同国家有关税收的规定有抵触的，应当依照国家有关税收的规定计算纳税。

5. 应纳所得税额的计算

应纳所得税额的计算公式为

应纳所得税额=应纳税所得额×相应税率

(二)个人所得税

1. 个人所得税纳税人

按税法规定有纳税义务的中国公民和中国境内取得收入的外籍人员，均为个人所得税的纳税人。自 2000 年 1 月 1 日起，个人独资企业和合伙企业投资者也为个人所得税的纳税义务人。在中国境内有住所，或者无住所而在境内居住满一年的个人，从中国境内和境外取得的所得，依法缴纳个人所得税；在中国境内无住所又不居住或者无住所而在境内居住不满一年的个人，从中国境内取得的所得，依法缴纳个人所得税。

2. 个人所得税的课征对象

个人所得税的纳税对象是个人所得。应纳税的个人所得包括：①工资、薪金所得；②个体工商户的生产、经营所得；③对企事业单位的承包经营、承租经营所得；④劳务报酬所得；⑤稿酬所得；⑥特许权使用费所得；⑦利息、股息、红利所得；⑧财产租赁所得；⑨财产转让所得；⑩偶然所得；⑪经国务院财政部门确定征税的其他所得。

3. 我国个人所得税税率

个人所得税适用累进税率和比例税率两种。

(1) 工资、薪金所得，适用七级超额累进税率，税率为 3%～45%，具体见表 8-1。

表 8-1 工资、薪金所得个人所得税税率表

级 数	全月含税应纳税所得额	全月不含税应纳税所得额	税率/%	速算扣除数/元
1	不超过 1500 元的部分	不超过 1455 元的部分	3	0
2	超过 1500～4500 元的部分	超过 1455～4155 元的部分	10	105

续表

级　数	全月含税应纳税所得额	全月不含税应纳税所得额	税率/%	速算扣除数/元
3	超过 4500～9000 元的部分	超过 4155～7755 元的部分	20	555
4	超过 9000～35 000 元的部分	超过 7755～27 255 元的部分	25	1005
5	超过 35 000～55 000 元的部分	超过 27 255～41 255 元的部分	30	2755
6	超过 55 000～80 000 元的部分	超过 41 255～57 505 元的部分	35	5505
7	超过 80 000 元的部分	超过 57 505 元的部分	45	13 505

注：本表所称全月含税应纳税所得额和全月不含税应纳税所得额，是指依照税法的规定，以每月收入额减除费用 3500 元后的余额或者减除附加减除费用后的余额；本表中的全月含税应纳税所得额，也称含税级距，适用于由纳税人负担的工资、薪金所得；全月不含税应纳税所得额，也称不含税级距，适用于由他人(单位)代付税款的工资、薪金所得。

(2) 个体工商户的生产、经营所得和对企事业单位的承包经营、承租经营所得适用 5%～35%的五级超额累进税率，见表 8-2。

表 8-2　个体工商户的生产、经营所得和对企事业单位的承包经营、承租经营所得个人所得税税率表

级　数	全年含税应纳税所得额	全年不含税应纳税所得额	税率/%	速算扣除数/元
1	不超过 15 000 元的	不超过 14 250 元的	5	0
2	超过 15 000～30 000 元的部分	超过 14 250～27 750 元的部分	10	750
3	超过 30 000～60 000 元的部分	超过 27 750～51 750 元的部分	20	3750
4	超过 60 000～100 000 元的部分	超过 51 750～79 750 元的部分	30	9750
5	超过 100 000 元的部分	超过 79 750 元的部分	35	14 750

注：本表所称全年含税应纳税所得额和全年不含税应纳税所得额，对个体工商户的生产、经营所得，是指以每一纳税年度的收入总额，减除成本、费用、相关税费及损失后的余额；对企事业单位的承包经营、承租经营所得，是指以每一纳税年度的收入总额，减除必要费用后的余额。

个人独资企业和合伙企业的生产经营所得，也适用 5%～35%的五级超额累进税率。

(3) 稿酬所得。适用比例税率，税率为 20%，并按应纳税额减征 30%。故其实际税负为 14%。

(4) 劳务报酬所得。适用比例税率，税率为 20%。对劳务报酬所得一次收入畸高的，可以实行加成征收，具体办法由国务院规定。

(5) 特许权使用费所得，利息、股息、红利所得，财产租赁所得，财产转让所得，偶然所得和其他所得，适用比例税率，税率为 20%。

4．应纳税所得额的计算

(1) 工资、薪金所得。2011 年 6 月 30 日起，以每月收入额减除费用 3500 元后的余额，为应纳税所得额。但对在中国境内的外商投资企业和外国企业中取得工资、薪金所得的外籍人员，应聘在中国境内的企业、事业单位、社会团体、国家机关中工作取得的工资、薪金的外籍专家，在中国境内有住所而在中国境外任职或者受雇取得工资、薪金的个人，财政部确定的其他人员，除扣除 3500 元外，还要再减除 1300 元，所得的余额作为应纳税所得额。

(2) 个体工商户的生产、经营所得。以每一纳税年度的收入总额，减除成本、费用以及损失后的余额，为应纳税所得额。个体户的收入总额，是指个体户从事生产、经营以及与生产经营有关的活动所取得的各项收入，包括商品(产品)销售收入、营运收入、劳务服务收入、工程价款收入、财产出租或转让收入、利息收入、其他业务收入和营业外收入。

(3) 企事业单位的承包经营、承租经营所得。以每一纳税年度的收入总额，减除必要费用后的余额，为应纳税所得额。所说的减除必要费用，是指按月减除 3500 元。

(4) 劳务报酬所得、稿酬所得、特许权使用费所得、财产租赁所得。每次收入不超过 4000 元的，减除费用 800 元；4000 元以上的，减除 20%的费用，其余额为应纳税所得额。

(5) 财产转让所得。以转让财产的收入额减除财产原值和合理费用后的余额，为应纳税所得额。

(6) 利息、股息、红利所得，偶然所得和其他所得。以每次收入额为应纳税所得额。

5．我国个人所得税课征模式的改革趋势

个人所得课税的课征模式主要有分类课征制、综合课征制和综合与分类混合课征制三种。分类课征制是对纳税人的各项所得分别规定税率单独计算征收的制度。我国现行个人所得税就属于这种课征制。它的优点在于征收简单，易于进行源泉扣缴，但不能按照纳税人的真正纳税能力征税，有欠公平。由于我国目前大多数居民平均收入水平还较低，多数人的收入达不到税制设置的征税标准，同时，由于收入分配方式多样，现金流通领域较广，同时存在隐性收入较为普遍，难以掌握纳税人收入等情况，所以分类课征模式仍是我国现行的个人所得税征收的主要模式。

国外实践证明，理想的模式应是实行综合课征制。鉴于我国现阶段完全采用综合课征制的条件还不成熟，理论界认为，应建立分类与综合相结合的个人所得税制，即一部分项目采用综合课征制，一部分项目采用分类课征制，但随着居民收入水平和征管水平的提高，综合课征制将是改革的发展方向。

第四节　资源课税、财产课税概述

一、资源课税和财产课税的含义及特点

(一)资源课税和财产课税的含义

人类的财富有来自大自然天然赋予的财富，也有来自人类劳动创造的财富。从人本位角度来看，前者为自然资源，连同后者统一称为社会财富。通俗一点说，对自然资源征收的税称为资源税，而对人类劳动创造的财产征收的税，则称为财产税。在实践中，对资源课税和对财产课税都有两种方式：一是资源或财产的数量，二是资源或财产的收益。两者有诸多相似之处。

(二)资源课税和财产课税的共同特点

1. 课税比较公平

资源课税和财产课税的征收符合量能纳税原则，多的多征，少的少征。另外，课税可以调节纳税人的收入水平，也符合收益纳税原则。

2. 促进节约

对财产的课税可以促进社会资源合理配置，实现效率的最大化。对资源的课税可以促进自然资源的合理开发与利用，提升自然资源的使用效率。

3. 选择性征收

资源课税和财产课税类并不是对所有税种征收，而是有针对性的，纳税范围较窄。

二、资源课税和财产课税的主要税种

(一)资源税

1. 纳税人

凡是在中华人民共和国境内及管辖海域开采资源税条例中规定的矿产品或者生产盐的单位和个人，为资源税的纳税义务人，应当依照本条例缴纳资源税。它的作用在于促进资源的合理开发和利用，调节资源级差收入。资源税属于共享税，分别由国家税务局和地方税务局负责征收管理，所得收入由中央政府与地方政府共享。

2. 资源税的税目、税额幅度

资源税的税目、税额幅度可参见表8-3。

表8-3 资源税税目税额幅度表

税目		税额幅度
一、原油		销售额的6%～10%
二、天然气		销售额的6%～10%
三、煤炭		销售额的2%～10%
四、其他非金属矿原矿	普通非金属矿原矿	每吨或者每立方米0.5～20元
	贵重非金属矿原矿	每千克或者克拉0.5～20元
五、黑色金属矿原矿		2～30元/吨
六、有色色属矿原矿	稀土矿	每吨0.4～60元
	其他有色金属矿原矿	每吨0.4～30元
七、盐	固体盐	10～60元/吨
	液体盐	2～10元/吨

3. 资源税的应纳税额计算

按照应税产品的课税数量和规定的单位税额计算。应纳税额的计算公式为

应纳税额=课税数量×单位税额

纳税人开采或者生产应税产品销售的，以销售数量为课税数量。纳税人开采或者生产应税产品自用的，以自用数量为课税数量。

(二)房产税

房产税是以房屋为征税对象，按照房屋的计税余值或租金收入，向产权所有人征收的一种财产税。

1. 房产税的纳税人

房产税的纳税人是房屋的产权所有人。

2. 房产税的征税对象

房产税的征税对象是房产。所谓房产，是指有屋面和围护结构(有墙或两边有柱)，能够遮风避雨，可供人们在其中生产、学习、工作、娱乐、居住或储藏物资的场所。

3. 房产税的征税范围

房产税的征税范围为：城市、县城、建制镇和工矿区。

房地产开发企业建造的商品房，在出售前，不征收房产税；但对出售前房地产开发企业已使用或出租、出借的商品房应按规定征收房产税。

4. 计税依据

房产税的计税依据是房产的计税价值或房产的租金收入。按照房产计税价值征税的为从价计征；按照房产租金收入计征的为从租计征。从价计征一般是依照房产原值一次减除10%～30%后的余值计算缴纳。各地扣除比例由当地省、自治区、直辖市人民政府确定。从租计征是以房产租金收入为房产税的计税依据。所谓房产的租金收入，是房屋产权所有人出租房产使用权所得的报酬，包括货币收入和实物收入。

5. 税率

我国现行房产税采用的是比例税率。由于房产税的计税依据分别为从价计征和从租计征两种形式，所以房产税的税率也有两种：一种是按房产原值一次减除 10%～30%后的余值计征的，税率为 1.2%；另一种是按房产出租的租金收入计征的，税率为 12%。从 2001 年 1 月 1 日起，对个人按市场价格出租的居民住房，用于居住的，可暂减按 4%的税率征收房产税。

6. 应纳税额的计算

1) 从价计征的计算

从价计征是按房产的原值减除一定比例后的余值计征，其计算公式为

$$应纳税额=应税房产原值\times(1-扣除比例)\times1.2\%$$

2) 从租计征的计算

从租计征是按房产的租金收入计征，其计算公式为

$$应纳税额=租金收入\times12\%(或\ 4\%)$$

(三)车船税

车船税是以车船为征税对象，向拥有车船的单位和个人征收的一种税。

1. 纳税义务人

车船税的纳税义务人是指在中华人民共和国境内的车辆、船舶(以下简称车船)的所有人或者管理人。

2. 征税范围

车船税的征收范围是指依法应当在我国车船管理部门登记的车船(除规定减免的车船外)。

3. 税目与税率

车船税采用定额税率，即对征税的车船规定单位固定税额车船税税目税额表见表 8-4。

表 8-4　车船税税目税额表

目　录		计税单位	年基准税额/元	备　注
乘用车按发动机汽缸容量(排气量分档)	1.0 升(含)以下的	每辆	60～360	核定载客人数 9 人(含)以下
	1.0 升以上至 1.6 升(含)的		300～540	
	1.6 升以上至 2.0 升(含)的		360～660	
	2.0 升以上至 2.5 升(含)的		660～1200	
	2.5 升以上至 3.0 升(含)的		1200～2400	
	3.0 升以上至 4.0 升(含)的		2400～3600	
	4.0 升以上的		3600～5400	
商用车	客车	每辆	480～1440	核定载客人数 9 人(包括电车)以上
	货车	整备质量每吨	16～120	①包括半挂牵引车、挂车、客货两用汽车、三轮汽车和低速载货汽车等 ②挂车按照货车税额的 50%计算
其他车辆	专用作业车	整备质量每吨	16～120	不包括拖拉机
	轮式专用机械车	整备质量每吨	16～120	
摩托车		每辆	36～180	
船舶	机动船舶	净吨位每吨	3～6	拖船、非机动驳船分别按照机动船舶税额的 50%计算；游艇的税额另行规定
	游艇	艇身长度每米	600～2000	

4. 应纳税额的计算

购置的新车船，购置当年的应纳税额自纳税义务发生的当月起按月计算。计算公式为

应纳税额=年应纳税额÷12×应纳税月份数

(四)车辆购置税

车辆购置税是以在中国境内购置规定的车辆为课税对象，在特定的环节向车辆购置者征收的一种税。就其性质而言，车辆购置税属于直接税范畴。车辆购置税是 2001 年 1 月 1 日在我国开征的新税种。

1. 纳税义务人

车辆购置税的纳税人是指在我国境内购置应税车辆的单位和个人。其中，购置是指购买使用行为、进口使用行为、受赠使用行为、自产自用行为、获奖使用行为以及以拍卖、抵债、走私、罚没等方式取得并使用的行为，这些行为都属于车辆购置税的应税行为。

2. 征税对象与征税范围

车辆购置税以列举的车辆作为征税对象，未列举的车辆不纳税。其征税范围包括汽车、摩托车、电车、挂车、农用运输车。

3. 税率

车辆购置税实行统一比例税率，税率为 10%。

4. 计税依据

应税车辆的价格即计税价格就成为车辆购置税的计税依据。但是，由于应税车辆购置的来源不同，应税行为的发生不同，计税价格的组成也就不一样。车辆购置税的计税依据有以下几种情况。

1) 购买自用应税车辆计税依据的确定

纳税人购买自用的应税车辆的计税依据为纳税人购买应税车辆而支付给销售方的全部价款和价外费用(不含增值税)。购买的应税自用车辆包括购买自用的国产应税车辆和购买自用的进口应税车辆，如从国内汽车市场、汽车贸易公司购买自用的进口应税车辆。价外费用是指销售方在售价之外向购买方收取的手续费、基金、违约金、包装费、运输费、保管费、代垫款项、代收款项和其他各种性质的价外收费，但不包括增值税税款。

2) 进口自用应税车辆计税依据的确定

纳税人进口自用的应税车辆以组成计税价格为计税依据，组成计税价格的计算公式为

组成计税价格=关税完税价格+关税+消费税

进口自用的应税车辆是指纳税人直接从境外进口或委托代理进口自用的应税车辆，即非贸易方式进口自用的应税车辆。而且进口自用的应税车辆的计税依据，应根据纳税人提供的、经海关审查确认的有关完税证明资料确定。

3) 其他自用应税车辆计税依据的确定

现行政策规定，纳税人自产、受赠、获奖和以其他方式取得并自用的应税车辆的计税依据，凡不能或不能准确提供车辆价格的，由主管税务机关依国家税务总局核定的相应类型的应税车辆的最低计税价格确定。因此，纳税人自产自用、受赠使用、获奖使用和以其他方式取得并自用的应税车辆一般以国家税务总局核定的最低计税价格为计税依据。最低计税价格由国家税务总局依据全国市场的平均销售价格制定。根据纳税人购置应税车辆的不同情况，国家税务总局对以下几种特殊情形应税车辆的最低计税价格规定如下。

(1) 对已缴纳并办理了登记注册手续的车辆，其底盘和发动机同时发生更换，其最低计税价格按同类型新车最低计税价格的70%计算。

(2) 免税、减税条件消失的车辆，其最低计税价格的确定方法为

最低计税价格=同类型新车最低计税价格×[1−(已使用年限÷规定使用年限)]×100%

其中，规定使用年限为：国产车辆按10年计算；进口车辆按15年计算；超过使用年限的车辆，不再征收车辆购置税。

(3) 非贸易渠道进口车辆的最低计税价格，为同类型新车最低计税价格。

(4) 车辆购置税的计税依据和应纳税额应使用统一货币单位计算。纳税人以外汇结算应税车辆价款的，按照申报纳税之日中国人民银行公布的人民币基准汇价，折合成人民币计算应纳税额。

5. 车辆购置税应纳税额的计算

车辆购置税实行从价定率的方法计算应纳税额，计算公式为

应纳税额=计税依据×税率

由于应税车辆的来源、应税行为的发生以及计税依据组成不同，因而，车辆购置税应纳税额的计算方法也有区别。

1) 购买自用应税车辆应纳税额的计算

在应纳税额的计算当中，应注意以下费用的计税规定。

(1) 购买者随购买车辆支付的工具件和零部件价款应作为购车价款的一部分，并入计税依据中征收车辆购置税。

(2) 支付的车辆装饰费应作为价外费用并入计税依据计税。代收款项应区别征税。凡使用代收单位(受托方)票据收取的款项，应视为代收单位价外收费，购买者支付的价费款，应并入计税依据中一并征税；凡使用委托方票据收取，受托方只履行代收义务和收取代收手

续费的款项，应按其他税收政策规定征税。销售单位开给购买者的各种发票金额中包含增值税税款，因此，计算车辆购置税时，应换算为不含增值税的计税价格。购买者支付的控购费，是政府部门的行政性收费，不属于销售者的价外费用范围，不应并入计税价格计税。销售单位开展优质销售活动所开票收取的有关费用，应属于经营性收入，企业在代理过程中按规定支付给有关部门的费用，企业已作经营性支出列支核算，其收取的各项费用并在一张发票上难以划分的，应作为价外收入计算征税。

2) 进口自用应税车辆应纳税额的计算

纳税人进口自用的应税车辆应纳税额的计算公式为

应纳税额=(关税完税价格+关税+消费税)×税率

3) 其他自用应税车辆应纳税额的计算

纳税人自产自用、受赠使用、获奖使用和以其他方式取得并自用应税车辆的，凡不能取得该型车辆的购置价格，或者低于最低计税价格的，以国家税务总局核定的最低计税价格作为计税依据计算征收车辆购置税。计算公式为

应纳税额=最低计税价格×税率

4) 特殊情形下自用应税车辆应纳税额的计算

(1) 减税、免税条件消失车辆应纳税额的计算。对减税、免税条件消失的车辆，纳税人应按现行规定，在办理车辆过户手续前或者办理变更车辆登记注册手续前向税务机关缴纳车辆购置税。计算公式为

应纳税额=同类型新车最低计税价格×[1−(已使用年限÷规定使用年限)]×100%×税率

(2) 未按规定纳税车辆应补税额的计算。纳税人未按规定纳税的，应按现行政策规定的计税价格，区分情况分别确定征税。不能提供购车发票和有关购车证明资料的，检查地税务机关应按同类型应税车辆的最低计税价格征税；如果纳税人回落籍地后提供的购车发票金额与支付的价外费用之和高于核定的最低计税价格的，落籍地主管税务机关还应对其差额计算补税。计算公式为

应纳税额=最低计税价格×税率

复习思考题

一、名词解释

税收制度　税收制度构成要素　商品课税　所得课税　资源课税　财产课税　增值税　消费税　个人所得税

二、问答题

1. 试述商品课税的一般特征和功能。
2. 区分增值税的三种类型。
3. 试述增值税的一般纳税人对内销售货物的计税方法。
4. 简要说明增值税一般纳税人出口货物的计税方法。
5. 简要说明小规模纳税人的增值税计税办法。
6. 试述所得课税的一般特征。
7. 简要说明个人所得税不同计税依据的计税方法。

第九章　国有资产收入

【知识要点】

国有资产规模之大是我国市场经济的一大特点。国有资产与国有资产收入的相关基础理论，尤其是国有资产收入的形式、国有资产管理、国有资本经营预算等内容，对研究中国特色的理论和社会实践显得尤为重要。

【引导案例】

2014 年 2 月 19 日，中国石化以书面议案方式发布公告，率先举起“混合所有制改革”的大旗。董事会同意在对中国石化油品销售业务板块的现有资产、负债进行审计、评估基础上，同时引入社会和民营资本参股，实现混合所有制经营，社会和民营资本持股比例将根据市场情况厘定。2014 年 4 月 1 日，中国石化发布销售业务重组的进展公告，公司拟将所属油品销售业务板块资产注入公司全资子公司中国石化销售有限公司，将所属油品销售业务板块资产整体移交给销售公司拥有、管理和控制；所属 31 家省级分公司及其管理的长期股权投资、中国石化燃料油销售有限公司、中国石化(香港)有限公司、中国石化(香港)航空燃油有限公司的业务、资产、人员全部注入销售公司。中国石化销售有限公司与 25 家境内外投资者于 2014 年 9 月 12 日签署了《关于中国石化销售有限公司之增资协议》，拟由全体投资者以现金共计人民币 1070.94 亿元(含等值美元)认购销售公司 29.99%的股权。本次增资完成后，中国石化将持有销售公司 70.01%的股权，全体投资者共计持有销售公司 29.99%的股权。

(资料来源：http://research.chinaventure.com.cn/report_921.html，整理所成。)

分析：中石化推进本次改革的必要性？

第一节　国有资产与国有资产收入

一、国有资产的概念与分类

(一)国有资产的概念

国有资产是法律上确定为国家所有并能为国家提供经济和社会效益的各种经济资源的总和，是属于国家所有的一切财产和财产权利的总称。在现实经济生活中，国有资产概念有广义和狭义两种。广义的国有资产是指属于国家所有的各种财产、物资、债权和其他权

益，包括：依据国家法律取得的应属于国家所有的财产，如土地、矿藏等；基于国家行政权力的行使而取得的应属于国家所有的财产；国家投资形成的各项资产；接受各种馈赠形成的国家财产；国家资产收益所形成的应属于国家所有的财产。狭义的国有资产是指法律上确定为国家所有并能为国家提供未来效益的各种经营性资产的总和。就狭义的国有资产来源而言，中华人民共和国的国有资产形成主要有五个来源：①新民主主义革命时期，革命根据地建设积累。②没收和接管旧中国官僚垄断资本。③依据国家法律规定取得的资产。1949 年 9 月 25 日，由中国人民政治协商会议第一届全体会议通过的《共同纲领》规定，凡属有关国家经济命脉和足以操纵国计民生的事业，均应由国家统一经营；凡属国有的资源和企业，均为全体人民的公共财产。在经济发展过程中，土地、矿藏等资源的增值部分是国有资产的主要来源。④社会主义改造过程中赎买的民族资本主义工商业的资本。从 1950 年开始，中国对私营工业企业采取了供给原材料、加工订货和统购统销的管理办法。1954 年，中国又进一步有计划地用公私合营方式改造了一大批资本主义工商企业。1956 年中国基本完成了对资本主义工商业的社会主义改造，通过对资本家支付定息的方式，使其资产逐步变为国家所有。⑤国有经济主体的投资收益及经营所得。通过不断的再投资和经营所获收益也是当前国有资产的重要来源。到 2015 年年底，中国国有企业资产总额已经达到 119.2 万亿元。

(二)国有资产的分类

国有资产是一个内容十分广泛的总体概念，立足宏观角度，理论界一般将国有资产分为以下三类。

1. 经营性国有资产

经营性国有资产，是指从事产品生产、流通、经营服务等领域，以盈利为主要目的的国有资产。经营性国有资产广泛存在于国有独资公司，以及股份制企业、合资企业中国家股权所对应的资产。

2. 行政事业性国有资产

行政事业性国有资产主要是指行政事业单位在进行行政管理、提供公共物品过程中所占有、使用的归属国家所有的资产，包括行政事业单位所使用的大楼、办公设备，以及由国家免费向社会成员提供的道路、桥梁、公共绿地等基础设施等。

3. 自然资源性国有资产

自然资源性国有资产是指国家拥有的土地、森林、矿藏、山岭、荒地、草原、滩涂等，也包括珍稀野生动植物和未发掘的古文物等。这类资产一经开发利用，就改变其性质，或转为公益性资产，或变为经营性资产。

二、国有资产收入的形式

(一)国有资本投资收入

国有资本投资收入是经营性国有资产取得收入的主要形式，具体包括上缴利润、股利两种。上缴利润是我国国有资产经营收益的最基本形式。主要适用于国家独资、直接经营和实行承包经营的国有企业，这些企业按照国家规定或事先约定上交一定比例或一定数量的利润。股息是指按所占股份的多少分配给股东的利润。对于实行公司制经营企业的那部分国有资产，因为已经吸收了其他经济成分的部分股份，或者即使是国家投资，但投资的主体往往多元化，按照同股同利的原则，理所当然地凭借其股权参与股份企业资产经营收益分配。红利是股东从股份公司得到的超过股息部分的利润，国有资本也有参与分配的权力。

(二)国有资产产权转让、清算收入

因为我国要建立社会主义市场经济，原则上就要求各种产权是流动的，在存在的形态上是不断地变化的，经常在物资资本、货币资本，甚至是无形资产等之间进行转换。这些转换的具体方式就是采取在市场上兼并、重组、拍卖等形式。

(1) 国有经营性资产产权转让收入。国有经营性资产产权转让收入是指通过出售、拍卖和国有股减持等方式改变国有资产的存在形态，表现为一定的货币收入。

(2) 国有资产其他产权出售、转让收入。国有资产其他产权出售、转让收入主要指国有非经营性资产出售、转让收入，如随着国家事业单位的机构改革和文化产业发展，科、教、文、卫等非经营性单位在改制过程中出售、转让国有非经营性资产取得的收入。

(3) 国有资产使用权转让收入。它是指通过国有资产使用权转让而取得的收入。具体包括国有土地的使用权出让收益，矿藏资源的探矿权、开采权转让收益，山林、草地、河流开发权使用收益，森林采伐权收益，以及其他使用权转让收益等。

(4) 国有产权清算收入。国有产权清算收入是指国有独资企业清算取得的企业清算收入，国有控股、参股企业清算分享的公司清算收入。

(三)国有资源(资产)有偿使用收入

国有资源(资产)有偿使用收入是指海域、矿区和其他场地等国有资源或国有资源性资产以有偿使用的方式取得的收入。尽管这种形式所取得的国有资产收入的数额不大，却是国家财产权利的体现，也是保护国有资源(资产)的重要措施。目前，国有资源(资产)有偿使用收入主要包括：海域使用金、陆域场地和矿区使用费收入，非经营性国有资产出租收入及经营权有偿出让、转让收入等。海域使用金、陆域场地和矿区使用费收入是指国家凭借所有者权利向生产经营单位或个人有偿使用海域、陆域场地和矿区所收取的收入。非经营性

国有资产出租收入是国家在一定时期内让渡了某些国有资产的使用权和经营权而得到的价值补偿，这种价值补偿数量的多少主要取决于出租国有资产的有形资产价值、出租国有资产的级差收益能力和出租国有资产创造的使用价值的供求状况等因素。这种形式不仅适用于经营性国有资产，也适用于非经营性国有资产。经营权有偿出让、转让收入与非经营性国有资产出租等取得收入有所不同，它是国家的无形资产取得的一种收入，如公共客运交通经营权有偿出让和转让取得收入、出租车经营权有偿出让和转让取得收入等。

第二节　国有资产管理

一、国有资产管理概述

国有资产管理是国家以产权为基础，以提高国有资产运营的经济效益和社会效益为目标，以资产占有者和使用者为对象开展的管理活动。

国家资产管理目标因不同性质的国有资产而异。对于投入企业的经营性国有资产管理，除公益性企业外，以实现资产增值为主要目标；对于行政事业单位占用的非经营性国有资产的管理，以合理配置，防止资产流失，保证资产的有效、节约使用为主要目标；对于土地、海洋、水流、矿产、森林、草原、滩涂等资源性国有资产的管理，以合理开发和综合利用，使可再生资源能够循环利用、不可再生资源得到开发替代，形成良性循环为主要目标。

二、国有资产管理体制

国有资产管理体制是在中央与地方政府之间、国家与国有企事业单位之间划分国有资产管理职责、权限、利益的制度，它是国民经济体制的重要组成部分，是国民经济管理中产权关系的具体表现形式。国有资产管理体制在运行中需要规范和协调相关利益主体之间的经济关系。具体来说，主要应处理好四个方面的关系：①中央政府与地方政府之间的关系。这种关系集中表现在集权与分权的矛盾上。只有做到兼顾中央和地方的利益，才能调动各级政府的积极性，以实现对国有资产的有效管理目标。②政府内部各部门之间的关系。主要是解决国有资产产权管理职能部门与行政管理职能部门之间合理分工与密切合作问题。③政府与企业之间的产权关系。主要是处理好国家终极所有权与企业法人财产权的关系，实现国有资产国家统一所有与企业自主经营，使企业真正成为市场经济主体。④国有资产管理部门与产权营运机构之间的关系。主要是使国有资产产权管理与产权营运职能分离，以实现国有资产系统内部的政企分开，提高管理效率和营运效益。

国有资产管理体制的目标是合理确定和调整有关各方在国有资产管理中的各种权责利关系，充分调动各种积极因素，最大限度地提高国有资产的经营使用效益，确保国有资产的保值和增值。

自十四届三中全会提出加强企业国有资产管理以来，国有资产管理体制也在不断改革，我国的国有资产管理体制改革经历了“国家所有、分级管理”到“国家所有、分级行使出资人职责”的演变，并初步构建了权利、义务和责任相统一，管人、管事、管资产相结合的国有资产管理体制。

我国在国有资产管理模式上，从各部门和各地区独立管理的条块分割模式转向由国有资产监督管理委员会领导的，包括“国有资产管理委员会→国有资产投资经营机构→国有独资、控股、参股企业”的三级委托代理管理模式。在国有资产管理方面，国有资产监管部门及其所属的国有投资机构行使出资人监管职能和股东职能，其监管的资产主要是国有股权，监管的人是企业负责人，监管的事是涉及企业的重大事项，但不能监管企业具体经营的事务。如对国有独资企业可以任免或建议任免企业负责人，并按规定管理和监督国有独资企业的国有资产。对国有控股企业则按公司章程，提出向公司派出董事、监事人选，推荐董事长、副董事长和监事会主席人选，向公司提出总经理、副总经理、总会计师人选建议，并按《中华人民共和国公司法》《中华人民共和国证券法》的规定，行使出资人、股东的权利，参加董事会、参与公司选聘总经理、决定收益分配、考核高管、参与公司战略决策以及公司其他重大事项决定。但是，由于我国的市场经济体制还处于探索阶段，对经营国有资产的人力资源的选拔和薪酬的厘定都缺乏有说服力的标准，而且在对于其监督管理和激励方面也有诸多缺陷，难以使国有资产经营者的权、责、利相对称。

三、国有资产管理内容

(一)基础管理

国有资产的基础管理是指国有资产管理部门和机构在国有资产管理基础环节开展的产权管理、统计评价管理、评估管理等基础性管理工作，它是保证国有资产管理有效进行的重要前提。其主要内容是，国有产权登记和产权界定，清产核资，建立国有资产统计、核算和评价体系，国有资产评估管理，产权纠纷解决等一系列的具体管理工作。

(二)投入管理

对生产经营领域投入国有资产的活动称为国有资产的投资。国有资产投资是国有资产生产经营活动的起点。国有资产投入管理的具体内容如下。

(1) 投资主体的确定。这里的投资主体主要是直接掌握国有资产的政府行政管理部门、各种中介经营机构、各行业中从事生产经营的企业等。要确认投入主体的资格、落实责任等，投入主体要保证投入的国有资产保值、增值。

(2) 投资规模和投资结构的选择。要从国民经济发展的客观需要和进行投资的可能条件这两方面结合来确定合理的投资，同时，以符合国家产业政策为原则，选择正确的投资

方向。

(3) 投资项目的监督。对投资项目的进展进行跟踪监督，目的是确保回收投资，并取得最好的投资效益。

(三)国有资产运营管理

对国有资产存量的运营管理，主要是指投入的国有资产形成生产能力之后，以增值为目标进行的国有资产管理活动。国有资产运营管理的具体内容如下。

(1) 运营方式的选择。采取何种运营方式，不仅直接关系到企业的经济效益的好坏以及国有资产增值的实现，还关系到国有资产管理的民主性。改革开放以来，在国有资产的所有权与经营权可以适当分离的条件下，出现了国有资产的多种运营方式，包括授权经营、承包经营、租赁经营、股份经营和委托经营等。

(2) 经营业绩的考核。保证国有资产的运营效益，必须设立合理的奖惩制度，确定经营者的权利和义务，使其为国有资产保值增值服务。这就要求制定科学、合理的业绩评价指标评定企业的经营业绩。一般来说，国外大型企业都要在董事会内部组成一个薪酬委员会，负责对经营班子进行考核和确定薪酬。

(3) 经营活动的监督。以财务监督为核心，根据有关法律、行政法规和财政部的有关规定，对企业的财务活动及企业负责人的经营管理行为进行监督，确保国有资产及其权益不受侵犯。

(四)国有资产收益分配管理

国有资产收益分配管理是指对国有资产收益的支配、使用等活动的管理，其实质是国家、企业以及职工个人之间的经济利益关系，具体包括经营性国有资产收益分配、非经营性国有资产收益分配和资源性国有资产收益分配的管理。国有资产收益分配管理的主要内容如下。

(1) 国有资产收益的确认。首先，要确认可供分配的收益数额；其次，对于存在多元投资主体的企业安排来说，还要确认哪些属于国有资产投入运营带来的收益；再次，确认投资收益以何种方式取得。

(2) 确定收益分配原则。一是合理确定收益在国家、企业、职工个人之间的分配比例，兼顾所有者、经营者、生产者三者利益；二是正确处理积累与消费的关系，使之保持合适的比例。

(3) 对企业留利、非营利单位国有资产收益使用和监督。主要是制定企业留利及非营利单位国有资产收益使用的基本原则和制度，检查监督企业、非营利单位是否按照国家有关规定使用留利及收益。

四、国有资本运营

在市场经济条件下，国有资产运营管理主要是通过资本运营实现的。资本运营是提高经营性国有资产收益，实现国有资产保值增值管理目标的重要措施和有效途径。资本运营是企业将所拥有的有形与无形资本通过收购、兼并、重组、拍卖、转让、租赁等方式进行资产存在形态和配置结构的转换，使国有资本能够趋利避害，最大限度地发挥增值的作用。

(一)资本运营的主要特征

资本运营的主要特征如下。

(1) 增值性。资本运营的目标在于实现资本最大化增值，资本运营的全部活动都是为了实现这一目标。资本增值并不简单地体现为生产规模扩大、新增更多的机器设备等固定资产，或者增产更多的产品，关键在于资本筹划或运营的合理性。

(2) 流动性。资本只有通过流动才能增值，流动性是企业资本运营的方法和手段。一方面，它要求将有潜能的资本最大限度地分别以个别资本形态投入市场自行运营；另一方面，要求全社会范围内的资本进行流动与重组，实现资本结构合理化，这种增值比单个企业的资本运作速度更快，资本运作更安全可靠。比如在股市高涨的时候把一部分国有股卖掉，既可以高价兑现部分国有资产，同时又能够达到抑制证券市场过分投机的社会效应。

(3) 风险性。资本运营是以资产为经营对象，通过购买和抛售资产来达到收益最大化。但资本市场相对于实体经济而言，其市场风险、运营风险等不可预见因素也比较大，具有高风险性。

(二)国有资产资本运营的主要方式

1. 企业并购

企业并购是产权重组与转让的通行方法，旨在实现企业资本的扩张，包括企业兼并与企业收购两种方式。企业兼并指的是一家企业以现金、证券或其他形式购买其他企业的产权，使其他企业失去法人资格或改变法人实体所发生的产权转移的一种行为。企业收购是指企业购买另一家企业的部分或全部资产或股权，以获得该企业的控制权。企业兼并与企业收购的主要区别是：一是在兼并中，被合并企业作为法人实体不复存在，而在收购中，被收购企业可仍以法人实体存在，其产权可以是部分转让；二是兼并后，兼并企业成为被兼并企业新的所有者和债权债务的承担者，而在收购中，收购企业是被收购企业的新股东，以收购出资的股本为限承担被收购企业的风险。在实践中，通常把“兼并”和“收购”合在一起使用，简称“并购”，泛指一家企业为获得对其他企业的控制权而进行的产权交易活动。

目前，国有资本企业并购形式主要有：①具有优势的上市公司并购非上市企业；②非上市的优势企业并购上市公司；③上市公司之间的并购；④将中资企业到国外(境外)注册、上市，融资后再来并购国内企业；⑤外资并购国有企业；⑥国有企业进入国外资本市场，到国外收购和兼并企业。

2. 国有企业股份制改造

股份制是通过入股方式筹集资本，建立法人企业，对企业财产实行联合占有、自主经营、自负盈亏、按股分红的资本组织形式和企业组织形式。国有企业的股份制改造是指将国有企业的净资产折股作为国有股份入股，通过向国家授权投资的机构、其他法人和个人出售部分国有股份或发行部分新股，把原有企业改组为公司的过程。实践证明，股份制是国有企业改制取得成效的重要措施。通过股份制改造，引入新的投资者，实现投资主体多元化，调整企业资本结构，同时引入新的经营机制和管理人才，改善企业内部治理结构，优化企业资产结构(包括企业人力资产和物质资产结构)，为搞活企业打下坚实的基础。此外，通过股份制改造，可以使部分改为股份公司的国有企业进入资本市场，成为上市公司。

3. 资产转让和企业出售变现

资产转让是指资产占有单位有偿转让部分产权或非整体性资产的经济行为。企业出售是指独立核算的企业内部的分厂、车间及其他整体性资产的出售。国有资产转让和企业出售是通过买卖交易方式使资产所有权实现转移的，这种方式能使国有资本从实物形态直接转化为价值形态。资产转让和企业出售变现是国有资产取得收入的一种具体形式。

4. 优势企业托管效益差的国有企业

企业托管是指在不改变原有产权归属的前提下，通过签订协议明确委托和代管双方的权利和义务，原管理单位把企业经营权委托给另一企业或经济组织经营管理。一般是被托管企业经营情况比较差，但资产质量比较好，通过把这部分资产交由优势企业托管而达到相应资产保值增值的目的。

5. 股权与债权互换

国有资本有股权和债权两种形式，对某些领域应当以股权形式进行独资、控股或参股，对某些领域应当以债权形式予以引导即可。国有股权和债权互换之后，可以非国有资本取代国有资本获得对企业的控制权，原先的国有股权转化为国有债权。当然，除考虑股权换债权，放弃控制权外，对一些符合国家产业政策、产品有市场的、因技术改造或负债比例过高而亏损的国有企业，也可以由债权换股权，即把企业中的银行债权换成国有股权，由资产管理公司或相应的国家政策性银行来负责这些国有资本的保值增值。这样可以降低企业负债率、减轻利息负担，使这类国有企业早日实现扭亏为盈。

此外，通过组建“国家主权投资基金”参与境外资本市场的投资，也是国有资产资本运营的一种重要方式。目前国家已建立的“投资主权基金”开展对包括美国在内的境外资本市场的投资和资本运作，其性质也属于国有资产资本运营的范畴。

第三节　国有资产收入分配

一、国家参与国有资产收入分配的制度演化

从新中国成立以来，国家参与国有资产收入分配经历了以下几种制度。

(一)统收统支制度

新中国成立初期，国有企业大体实行“统收统支”的分配制度，即企业利润全部上缴财政，企业所需资金由国家拨给。在当时，这种全额上缴的利润分配制度有利于国家统一安排财政收支，集中使用资金，保证重点建设。其弊端是国家对企业收支控制得过死，不利于调动企业和职工的积极性。

(二)企业奖励基金制度

企业奖励基金制度是当企业完成产值、利润和上缴利润等经济指标后，可以从利润中提取一定比例的企业奖励基金，用于职工福利和奖励。我国在 1952—1957 年和 1962—1977 年先后两次实行过企业奖励基金制度。

(三)企业基金制度

这是我国从 1978 年起实行的国家参与国有资产分配制度，其内容是国有工业企业在全面完成国家下达的产量、品种、质量、利润和供货合同等计划指标后，可以按工资总额的 5%提取企业基金。企业基金主要用于举办职工集体福利设施，弥补职工福利基金之不足，以及发给职工社会主义劳动竞赛奖金等开支。

(四)利润留成制度

利润留成制度的主要内容是企业实现利润，除上交国家预算的部分外，按一定比例留给企业一部分。早在 1958 年，国家就对国有企业实行利润留成制度。企业留用的利润，根据大部分用于生产、适当照顾职工福利的原则，主要用于补充流动资金不足和用于经批准的基本建设项目的投资，小部分用于社会主义劳动竞赛和职工集体福利等方面的支出。1979 年对国有企业又实行了多种利润留成办法，如全额利润留成、基数利润留成加增长利润留

成、利润上缴包干等。企业留用的利润按国家规定的比例建立生产发展基金、职工福利基金和职工奖励基金。利润留成制度在一定程度上扩大了企业的经营自主权，但仍有利润留成比例弹性大、财政收入稳定性不强等弊端。

(五)利改税制度

利改税指的是将国有企业向国家上缴利润形式改为交纳所得税、调节税等税收形式，从而把国家与国有企业之间的利润分配关系用法律形式固定下来。企业纳税后剩余的利润，全部归企业支配使用。第一步利改税自1983年起实行，以开征国营企业所得税为中心，对不同规模、不同行业企业采取了不完全相同的办法。从1984年第四季度开始，进行利改税的第二步改革，从税利并存逐步过渡到完全以税代利。以税代利改革，打破了对国有企业不能征收所得税的禁区。但是，该方法试图通过税收这个单一手段一劳永逸地解决国家与国有企业之间的分配关系，将国家层次上的政治权力和财产权力归一为政治权力，强化税收地位，否定利润上缴，从而混淆了“利”和“税”之间的区别，实质上强化了政治权力对企业的干预。因此，“利改税”未能从根本上解决国有企业的利润分配问题。

(六)承包制

在实施利改税遇到困难时，受农村联产计酬家庭承包责任制成功经验的启示，人们将目光移向企业承包经营责任制。承包制按照“包死基数、确保上交、超收多留、欠收自补”的原则，确定国家与企业的利润分配关系，用承包上缴利润的方式取代“利改税”下的向国有企业征收所得税的办法。不过，由于实行的是含税承包制，因此该制度也未能解决税利不分的问题。

(七)税利分流制度

所谓税利分流指的是国家在参与国有企业利润分配过程中，先按规定的税率征收所得税，取消调节税，然后再以适当的形式参与企业税后利润的分配。重新引入部分税后利润上交机制，形成税收和利润的分渠分流，达到规范化的税收分配与非规范化的利润分配之间的统一。

二、现行的股份制企业的国有股股利分配

现阶段，国家参与国有企业的投资收益分配逐步成为国有资产收入的主要形式。国家按投入企业的资本额享有所有者权益，是规范国家与国有企业分配关系的主要途径。按股分利、按资分红，是市场经济中利润分配的通行做法。股份制企业的利润，首先应按国家税法规定交纳所得税，税后利润按下列顺序分配：承担被没收财物损失及支付各项税收的滞纳金和罚款，弥补亏损，提取法定盈余公积金，提取公益金，支付优先股股利，提取任

意盈余公积金，最后支付普通股股利。支付普通股股利分配是按照股份制企业“股权平等，同股同利”的原则分配的。国家作为国有股的代表者，可以取得上缴利润或按所占股份分得股息、红利，即股利。国家分得的股利由国家支配，可以用作国家股本增值，也可以上交国库。国有资本经营预算实施后，取得的上缴利润和所占股份分得的股利成为国有资本经营预算收入之一，用于国有资本经营预算的支出。

国家对非股份制的国有企业分配同股份制企业的国有企业分配并没有太大区别，除国家另有规定外，根据《企业财务通则》的规定，税后利润按下列顺序分配：承担被没收财物损失及支付各项税收的滞纳金和罚款，弥补亏损，提取法定盈余公积金，提取公益金后，向投资者分配利润。其差别就是国家参与非股份制的国有企业利润分配是按比例上缴。

第四节　国有资本经营预算

一、国有资本经营预算的含义

国有资本经营预算是国家以所有者身份依法取得国有资本收益，并对所得收益进行分配而发生的各项收支预算，是政府预算的重要组成部分。2007 年 9 月，国务院发布了《关于试行国有资本经营预算的意见》，标志着我国开始正式建立国有资本经营预算制度。建立国有资本经营预算制度，有助于深化国有资产管理体制改革，落实国有资产所有者权利，保障所有者权益，可提升国有企业改革的动力。

在试行国有资本经营预算下，国有独资企业按规定上交国家的利润和国有控股、参股企业国有股权(股份)获得的股利都纳入到国有资本经营预算的收入管理。

二、国有资本经营预算的内容

国有资本经营预算的内容包括国有资本经营预算指导思想和原则、国有资本经营预算的收支范围、国有资本经营预算的编制和审批、国有资本经营预算的执行、国有资本经营预算的职责分工和国有资本经营预算的组织实施六部分内容。

(一)国有资本经营预算指导思想和原则

1. 国有资本经营预算指导思想

国有资本经营预算，要以邓小平理论和“三个代表”重要思想为指导，坚持科学发展观，通过对国有资本收益的合理分配及使用，增强政府的宏观调控能力，完善国有企业收入分配制度，促进国有资本的合理配置，推动国有企业的改革和发展。

2. 国有资本经营预算原则

国有资本经营预算原则包括以下三个方面：一是统筹兼顾，适度集中。统筹兼顾企业自身积累、自身发展和国有经济结构调整及国民经济宏观调控的需要，适度集中国有资本收益，合理确定预算收支规模。二是相对独立，相互衔接。既保持国有资本经营预算的完整性和相对独立性，又保持与政府公共预算(指一般预算)的相互衔接。三是分级编制，逐步实施。国有资本经营预算实行分级管理、分级编制，根据条件逐步实施。

(二)国有资本经营预算的收支范围

国有资本经营预算收支范围包括国有资本经营预算收入范围和国有资本经营预算支出范围两种。国有资本经营预算收入是指各级人民政府及其部门、机构履行出资人职责的企业(即一级企业，下同)上交的国有资本收益，主要包括：国有独资企业按规定上交国家的利润，国有控股、参股企业国有股权(股份)获得的股利，企业国有产权(含国有股份)转让收入，国有独资企业清算收入(扣除清算费用)，国有控股、参股企业国有股权(股份)分享的公司清算收入(扣除清算费用)，以及其他收入。国有资本经营预算的支出主要包括资本性支出、费用性支出和其他支出三种。资本性支出是根据产业发展规划、国有经济布局和结构调整、国有企业发展要求，以及国家战略、安全等需要安排的，目的是取得收益的支出。费用性支出是用于弥补国有企业改革成本等方面的支出。其他支出具体支出范围依据国家宏观经济政策以及不同时期国有企业改革和发展的任务，统筹安排确定。必要时，可部分用于社会保障等项支出。

(三)国有资本经营预算的编制和审批

国有资本经营预算单独编制，预算支出按照当年预算收入规模安排，不列赤字。各级财政部门为国有资本经营预算的主管部门。各级国有资产监管机构以及其他有国有企业监管职能的部门和单位，为国有资本经营预算单位(以下统称预算单位)。各级财政部门会同国资监管、发展改革等部门编制国有资本经营预算草案，报经本级人民政府批准后下达各预算单位。各预算单位具体下达所监管(或所属)企业的预算，抄送同级财政部门备案。

(四)国有资本经营预算的执行

国有资本经营预算收入由财政部门、国有资产监管机构收取、组织上交。企业按规定应上交的国有资本收益，应及时、足额直接上交财政。

国有资本经营预算资金支出，由企业在批准的预算范围内提出申请，报经财政部门审核后，按照财政国库管理制度的有关规定，直接拨付使用单位。使用单位应当按照规定用途使用、管理预算资金，并依法接受监督。国有资本经营预算执行中如需调整，须按规定程序报批。年度预算确定后，企业改变财务隶属关系引起预算级次和关系变化的，应当同时办理预算划转。年度终了后，财政部门应当编制国有资本经营决算草案报本级人民政府批准。

(五)国有资本经营预算的职责分工

财政部门的主要职责是：负责制(修)订国有资本经营预算的各项管理制度、预算编制办法和预算收支科目；编制国有资本经营预算草案；编制国有资本经营预算收支月报，报告国有资本经营预算执行情况；汇总、编报国有资本经营决算；会同有关部门制定企业国有资本收益收取办法；收取企业国有资本收益。财政部负责审核和汇总编制全国国有资本经营预、决算草案。各预算单位的主要职责是：负责研究、制定本单位国有经济布局和结构调整的政策措施，参与制定国有资本经营预算有关管理制度；提出本单位年度国有资本经营预算建议草案；组织和监督本单位国有资本经营预算的执行；编报本单位年度国有资本经营决算草案；负责组织所监管(或所属)企业上交国有资本收益。

(六)国有资本经营预算的组织实施

2007年进行国有资本经营预算试点，收取部分企业2006年实现的国有资本收益。中央本级国有资本经营预算从2008年开始实施，2008年收取实施范围内企业2007年实现的国有资本收益。各地区国有资本经营预算的试行时间、范围、步骤，由各省、自治区、直辖市和计划单列市人民政府决定。国有资本如果不能在收益上做到全民共享，实际上会导致国有资本归属的异化，变成部分人或部门的资产。那么，建立国有资本经营预算制度，则使国有资本的收益更可能为全民共享，因此，建立国有资本经营预算制度是完善社会主义市场经济体制的一项重大制度建设。

复习思考题

一、名词解释

国有资产　国有资产收入　国有资产管理　国有资产管理体制　国有资本　国有资本经营预算

二、问答题

1. 国有资产收入的形式有哪些？
2. 简述国有资产管理体制的基本内容。
3. 国有资产管理的内容有哪些？
4. 简要说明国有资产资本运营的主要方式。
5. 国有资产收入分配制度经历了怎样的演化？
6. 国家是如何参与国有股份制企业分配的？

第十章　国债及国债市场

【知识要点】

国债通常是指中央政府以信用为基础，根据借贷原则，通过向国内外借款或发行政府债券筹集财政资金所形成的债权债务关系。本章主要介绍国债种类、国债负担、国债效应、国债功能、国债依存度、国债负担率、国债市场等内容，要掌握国债的功能及国债效应，客观评测国债依存度等内容。这也是本章需要掌握的重点内容。

【引导案例】

美国国债又称美国财政部债券或美国国库券，泛指美国联邦政府以其自身信用作为担保，由财政部面向市场发行的债券，主要分为短期债(T-Bills)、中期债(T-Notes)、长期债(T-Bonds)和通胀保值债券(TIPS)四类。美国财政部发债的目的是融资，以供政府日常开销或支付国防、教育、社保等费用。美国在 1980 年时，国债总额仅有 1 万亿美元，2014 年底美国公共债务总额首次超过 18 万亿美元。美国债务总额与名义 GDP 之比(2014 年 9 月 30 日数据显示，美国 GDP 为 17.555 万亿美元)达到 103%。鉴于美国作为超级大国的特殊地位，以及美元是国际储备货币，传统观念认为美国国债市场是全世界最安全的债券市场。国际三大评级机构标普、穆迪和惠誉均给予美国国债 AAA 的顶级评级。但是，由于近年来美国国债规模上升的速度过快，很多业内人士对美国的偿债能力表示怀疑。事实上，美国一直在用“拆东墙补西墙”的方式“还债”，即在旧债即将到期时，发售新债来归还旧债的本金和利息。某些经济学家将其归结为“庞氏骗局”，即当某天不再有新的投资者“入场”时，必然会发生债务违约，美国国债市场的坍塌其实只是时间问题。所以，美国国债市场是彻头彻尾的“庞氏投机”市场。目前十年期财政部债券的收益率仅有 3%，而美国现在的 CPI 已高达 3.5%。国债市场的绝大部分参与者均为投机者，即并不在意收益率，只是为了伺机以更高的价格卖出。他们最为期待的是当美联储推行第三轮量化宽松政策时把手里的烫手山芋以更高的价格抛给美联储这个最大买家。当然，任何庞氏骗局最终都会破灭。对美国国债市场，“破灭”即违约。违约可能有两种方式：第一，直接宣布无法按期偿还国债。第二，不断调高债务上限。第二种情况虽然会让美国“苟延残喘”一时，但“清算”来临时后果其实更加严重。美国政界向来只重视短期利益，尤其是在选年之前。因此从长远来看，出现第二种情况的可能性非常高。

(资料来源：http://money.163.com/14/1202/11/ACF520FN00252G50.html，整理而成。)

试分析：

1. 为什么说美国国债市场是彻头彻尾的“庞氏投机”市场？

2. 大量持有美国公债面临何种风险。

3. 如何规避这些风险？

第一节 国债的基本原理

一、国债的概念、种类及国债负担

(一)国债的概念

在现代社会，举债是一种十分普遍的经济现象，一般把私人和企业举借的债务称为民间债务或私债，国家或政府举借的债务称为公共债务或公债。

所谓国债通常是指中央政府以信用为基础，根据借贷原则，通过向国内外借款或发行政府债券筹集财政资金所形成的债权债务关系。它是政府取得财政收入的一种有偿形式，在现代社会也是政府调节经济的重要手段。理解国债的含义，应该把握以下要点。

(1) 国债是政府债务，以国家或政府为主体。在西方，通常将中央政府债称为国债。按照我国《预算法》的规定，除法律和国务院另有规定外，地方政府不得发行地方政府债券，现阶段，我国政府的债务主要是中央政府债，即国债。

(2) 国债是财政收入的一种形式，但相对于传统的税收而言，又是一种特殊的财政收入形式。它具有有偿性、自愿性等特征。

(3) 国债以信用为基础，是国家信用的重要表现。国家信用是指政府依据信用原则进行的财政活动，是商业信用、银行信用发展到一定水平后出现的信用形式，包括收入信用和支出信用。前者是指政府作为债务人进行的筹资信用；后者是指政府作为债权人进行的投资信用。国债是国家收入信用的主要形式。

(4) 国债是一种重要的经济杠杆。国债不仅仅是政府弥补赤字的收入来源，而且是政府实施财政政策的重要手段。

国债作为财政收入的一种特殊形式，与税收等其他财政收入形式相比，国债具有自身的一些特点，具体如下。

(1) 自愿性。这是相对于税收的强制性特征而言的。税收收入的取得是以国家的政治权利为依托，要以国家法律、法令的形式加以规定，进行强制性课征，任何单位和个人都必须依法纳税。而国债的发行依据的是信用原则，债权债务关系的缔结要在平等自愿的基础上达成，认购者买与不买、买多买少，应完全由认购者自主决定。

(2) 有偿性。这是相对于税收的无偿性而言的。国家通过依法征税取得的财政收入，既不需要偿还，也不需要对纳税人付出任何代价。而公债的发行是以政府偿还和付息为条件的，国家以支付一定的利息为代价获得在一定时间内的资金使用权，到期必须还本付息。

(3) 灵活性。这是相对于税收的固定性而言的。国债是否发行、发行多少及其发行条件，并不是通过法律形式预先规定，而是国家根据财政资金状况、宏观调控需要、经济建设需求等灵活加以确定。

国债既是一个财政范畴，也是一个金融范畴，具有很强的金融性。首先，公债是金融市场上的一种重要金融工具。随着现代金融市场的发展，国债与股票、企业债、商业票据等成为金融市场上的重要工具。其次，国债市场已经成为金融市场的重要组成部分，包括国债发行市场、流通市场和期货市场等。最后，国债是中央银行进行公开市场操作的重要工具。由于国债的发行凭借的是政府的信誉，无须财产或收益作担保，且政府的信誉比私人的信誉要高得多，因此，国债通常被称为“金边债券”，在金融市场上有很好的流动性。

(二)国债的种类

现代国家发行国债的种类众多，可以从不同的角度分类，对国债进行合理分类，既构成了国债结构分析的基础，同时也可以强化对国债的管理。

1. 政府借款和政府债券

按政府举债的形式，公债可分为政府借款和政府债券。前者可称为广义的国债，是指政府通过与债权人签订借款合同所形成的债权债务关系，主要包括向国内外金融机构或他国政府的借款。这种债务借用方便快捷，但往往筹资对象有限或成本较高。后者是指向社会成员或企业等采用发行债券的形式所形成的债权债务关系，这种国债发行条件要求较高，但因纳入预算管理，规范化程度高，以国家信用为基础，其筹资成本较低。

2. 内债和外债

按国债发行地域分类，国债可分为内债和外债。内债是指在本国境内发行的债务。内债债权人多为本国人民，还本付息以本国货币支付，因而，内债不影响国际收支，也不会影响国内资源总量，但会影响国内资源结构性转移。外债一般是在国际市场上发行，以外币作为计量单位发行的债券或一国政府以契约形式向国外取得的借款。外债的债权人一般为外国政府、国际金融机构、外国银行、外国企业或个人等。外债的发行和偿还一般都要使用外汇。因此，外债既影响国际收支，又影响国内资源总量的增减，同时也会导致国际资源的转移。

3. 短期国债、中期国债和长期国债

按国债偿还期限分类，国债可分为短期国债、中期国债和长期国债。短期国债是偿还期限在 1 年或 1 年以内的国债，主要用于解决国库由于收入入库与财政拨款的时间脱节而造成的财政资金临时性短缺。这种国债流动性极强，具有准货币性质。中期国债是指偿还期限一般在 1 年以上 10 年以内的国债，许多国家用中期国债弥补赤字或中长期投资。长期国债是指偿还期限一般在 10 年以上的国债，资金一般用于较大的经济建设项目或应对突发事件。

4．自愿国债和强制国债

按国债发行方法分类，国债可分为自愿国债和强制国债。前者是指政府发行的由居民或其他主体自愿认购的国债。居民、企业、团体购与不购，购多购少，完全取决于各自的意愿，政府不作限制性规定，体现了信用的基本特征。后者是凭借政治权力，按照规定的条件，强制居民或团体购买的国债，一般只有在战时等特殊情况下才发行此种类型的国债。但典型意义上的国债应是建立在信用基础上的自愿国债。

5．上市国债和不上市国债

按是否上市流通，国债可分为上市国债和不上市国债。上市国债是可以在金融市场上自由流通买卖的国债，也可称为可转让国债。认购者在购入这种国债后，可以随时视自身资金需求状况和金融市场行情，将债券通过市场抛售。这种债券的流动性强，一般占有较大份额。不上市国债是指不能在金融市场上自由买卖流通的国债，也称为不可转让国债。这种国债流动性弱，所占份额较小。

6．实物券国债、凭证式国债和记账式国债

按债权债务的载体形式，国债可分为实物券国债、凭证式国债和记账式国债。实物券国债又称为证券国债或无记名国债，它是以债券为载体，券上载有发行年份、期限、面额等信息。这种国债不记名、不挂失，但可自由转让。凭证式国债是指国债承销机构以给国债购买者填制国债收款凭证的方式发行的国债，这是一种记名国债，可以挂失，可以到购买网点提前兑现，但不能上市流通，具有类似银行定期存单的特点，也称为储蓄式公债。记账式国债没有任何形式的债券或凭证，认购者认购后，由政府将国债的金额、期限、种类等信息直接存入认购者的证券账户或国债专有账户中，以信息化的形式保存。这种国债可记名、可挂失，安全性好，而且发行成本低，发行效率高。

财政部决定参照国际经验，推出电子式储蓄国债，电子式储蓄国债是中国财政部面向境内中国公民储蓄类资金发行的，以电子方式记录债权的一种不可流通人民币债券。储蓄国债和以往发行的凭证式国债的区别在于：

(1) 申请购买手续不同。投资者购买凭证式国债，可持现金直接购买；投资者购买储蓄国债，需开立国债账户并指定对应的资金账户后购买。

(2) 债权记录方式不同。凭证式国债债权采取填制“中华人民共和国凭证式国债收款凭证”的形式记录，由各承销银行和投资者进行管理；储蓄国债以电子记账方式记录债权，采取二级托管体制，由各承办银行总行和中央国债登记结算有限责任公司统一管理，降低了由于投资者保管纸质债权凭证带来的风险。

(3) 付息方式不同。凭证式国债为到期一次还本付息；储蓄国债付息方式比较多样，既有按年付息品种，也有利随本清品种。

(4) 到期兑付方式不同。凭证式国债到期后，需由投资者前往承销机构网点办理兑付事宜，逾期不加计利息；储蓄国债到期后，承办银行自动将投资者应收本金和利息转入其资金账户，转入资金账户的本息资金作为居民存款由承办银行按活期存款利率计付利息。

(5) 发行对象不同。凭证式国债的发行对象主要是个人，机构也可认购；储蓄国债的发行对象仅限个人，机构不允许购买或者持有。

(6) 承办机构不同。凭证式国债由各类商业银行和邮政储蓄机构组成的凭证式国债承销团成员的营业网点销售；试点期间的储蓄国债由经财政部会同中国人民银行确认代销试点资格的商业银行已经开通相应系统的营业网点销售。

7. 直接债务与或有债务

按债务是否确定划分，可把政府承担的债务分为两类：直接债务与或有债务。直接债务是指在任何情况下，政府都要承担的债务，不依附于任何事件，是可以根据某些特定的因素来预测和控制的债务。一般包括政府以债券形式发行的国债等。或有债务是指由某一或有的事件引发的债务，是否会形成现实债务，要看或有事项是否发生。或有债务不是政府能够完全控制，也不一定会完全转化为政府负担。或有债务是对传统债务概念的突破，拓宽了财政风险分析的视野。

另外，还有一些其他类型的国债。如按照利率类型，可分为固定利率国债、浮动利率国债；按付息方式，可分为贴现国债、零息国债和附息国债；按有无担保，可分为担保国债、无担保国债。

(三)国债负担

国债负担是指由于国债的发行、流通、偿还等所带来的经济主体的经济损失以及对国民经济造成的负面影响。国债负担可从下面几个方面分析：①认购人负担。在一定时期，整个社会闲置资金是有限的，认购人用来认购国债的资金也是有限的，或者说认购人的认购能力是有限的。尽管认购国债只是资金使用权的暂时让渡，但当国债规模超过一定限度，还是会对认购人形成巨大的压力，对其经济行为产生多方面的不利影响。②债务人负担。即政府负担，同其他债务一样，政府借债同样需要还本付息，需要承受国债成本。一定时期财政收支的规模有限，还本付息的能力有限。所以，借债的过程实际也是国债负担形成的过程。③纳税人负担。公债实质是延期的税收，是寅吃卯粮。不管偿还公债使用何种方式，如何筹集偿债资金来源，但最终偿债的收入来源还是依靠税收。公债规模过大，势必会加重纳税人的负担。④后代人负担。该负担是指政府通过借新债还旧债或举借长期债务的方式，把偿债时间向后推移，让下一代人来承担债务的责任。如果债务资金用于资本性项目，后代人因此受益，债务负担一定程度的代际转移就具有合理性。但如果债务资金用于消费性项目，就意味着后代人的税收用于当代人的消费，这样就存在不合理、不公平问题。

二、国债的构成要素

国债的构成要素是指形成国债关系、构成国债制度的必要因素。包括国债发行者、国债购买者、国债利率、国债名称、国债期限、国债面额等。

(一)国债发行者

国债发行者也称为国债发行主体，是国债构成的基本要素之一。由于国债是中央政府债，因此，中央政府是国债的唯一发行者和债务人，它要根据国债契约承担国债还本付息义务。中央政府作为国债发行主体极大地提高了国债的信誉，便于国债的发行与流通。而在实际操作过程中，一个国家的财政部往往承担国债的实际发行工作，但它作为中央政府的一个职能部门，其活动并不能改变中央政府国债发行主体的地位。同时还应注意，财政部有时还会代理地方政府发行地方政府债券，如我国 2009 年的地方政府债券就是由财政部代理发行，但这也不改变省、自治区、直辖市和计划单列市政府作为地方政府债券发行和偿还主体的地位。

(二)国债购买者

国债购买者是指购买国债的机构、单位和个人，包括政府、金融机构、企事业单位和个人等。它们构成国债的债权人，享有国债契约规定的权利和义务。国债购买者既包括一级市场的购买者，也包括二级市场的购买者。不管是内债还是外债，政府都可以成为它的购买者，如我国政府就是美国国债的重要购买者。而金融机构往往是一国国债的主要购买者，中央银行出于实施货币政策的需要，一般在二级市场购买国债，商业银行及非银行金融机构购买国债则有利于优化资产结构，提高资产的安全性。企事业单位和个人也是国债不可缺少的购买者。这里还应区分国债购买者与发行对象的区别。发行对象是指按照规定可以购买国债的主体，一般是一级市场购买主体，《中华人民共和国国库券条例》规定国库券的发行对象是：居民个人、个体工商户、企业、事业单位、机关、社会团体和其他组织。国债购买者更强调实际购买人，既涉及一级市场，也涉及二级市场。

(三)国债利率

国债利率是国债利息与国债本金的比例，是国债构成的核心要素，通常用年利率表示。国债利率的高低，对发行者来说，体现了债务成本，对购买者来说体现了债权收益，是双方最为关心的焦点问题。影响国债利率的因素很多，社会资金的供求状况是决定国债利率的基本因素，政府经济政策、市场利率或银行利率对国债利率都有重要影响。利率是政府国债管理中最为敏感的发行条件，而利率的制定方式有由债务人制定、由债权人制定、由债务人和债权人共同制定三种方式。利率由债务人制定通常是由公债的一级自营商和公债

大的投资机构以投标竞价的方式决定公债利率，即市场决定方式。1995 年，我国首次引入公债招标发行后，公债利率的市场决定方式成为主要的制定方式。

(四)国债名称

国债名称是指每一次发行国债的名字与称谓，可体现为不同时期国债的品种。新中国成立后于 1950 年首次发行“人民胜利折实公债”，成为新中国历史上第一种国债，并在 1954—1958 年间每年又发行一期“国家经济建设公债”，但在 1958 年，国债发行被终止。从 1981 年起，中国又重新发行国债，至今已有近 30 年的历史，总体看，公债的品种在不断丰富。1981—1986 年主要发行一种债券，即国库券，其重要特点是不可流通。1987 开始增加发行重点建设债券。尤其从 1988 年开始，国债流通市场进行放开试点，国债发行的品种有所增加，陆续发行了国家建设债券、财政债券、特种国债、保值国债、定向国债等。1994 年后，国债发行相对规范化，开始面向机构投资者发行记账国债和实物国债(无记名)，面向个人投资者发行凭证式国债，面向养老保险基金和失业保险基金等社会保障基金发行特种国债，到 1998 年，这期间国债主要以凭证式国债为主。1999 年至今，发行的国债以记账式国债为主。从 2006 年 6 月 26 日开始，投资者可以通过其在任意一家承办银行开立的个人国债托管账户购买电子式储蓄国债。电子式国债具有的特点有：信用等级最高，安全性最好；利息免税，收益稳定；购买方便，管理科学；变现灵活，流动性好。

(五)国债期限

国债期限是指从国债发行到国债偿还的时间间隔。通常可分为短期国债、中期国债和长期国债。大多数国债在发行时就规定了期限，也有少数国债为无期国债。长期以来，我国发行的国债绝大部分为中期国债，而短期国债和长期国债数量极少。

(六)国债面额

国债面额是指国债的票面金额。国债的票面金额由两个基本要素构成：一是国债计算单位，单位多用本国货币元为计算单位。《中华人民共和国国库券条例》规定，国库券以人民币元为计算单位。二是国债货币数量，这主要是票面载明的货币数量。国债面额构成国债发行价格的基础，根据发行价格与面额的差别，形成了国债折价发行价格、平价发行价格和溢价发行价格。

三、国债的经济效应

国债的经济效应是指国债的发行、流通和偿还对国民经济运行所产生的影响。国债具有财政和金融的双重属性，必然会产生财政效应和货币效应，国债又是政府调控经济的重要杠杆，因而具有供给效应和需求效应。

(一)国债的财政效应

国债是一个重要的财政范畴，其运行必然会对财政收支产生影响，从而产生国债的财政收入效应和支出效应。

1．国债的财政收入效应

税收是一个国家财政收入的主要来源，当税收收入不能满足财政支出需要的时候，政府必然要寻求其他收入来弥补财政支出的需要。由于国债自身的优势，其往往成为政府增加财政收入的重要手段。因此，国债财政收入效应的一个重要表现就是直接增加了当年的财政收入。同时，还应看到，国债是国家建设资金的重要来源，通过国债项目投资，“借鸡生蛋”，为经济运行创造了良好的外部条件，又可以增加未来年份的财政收入。可见，国债的发行与运用，不仅直接增加了当年的财政收入，还会间接增加以后年份的财政收入。

2．国债的财政支出效应

国债的财政支出效应主要表现在两个方面：首先，影响财政支出的总量。国债不仅是财政收入的增量，而且也形成财政支出的增量，从而更好满足财政支出的需要。其次，影响财政支出的结构。国债是有偿性收入，到期要还本付息，因此，国债还本付息支出就成为财政支出的重要组成，进而影响财政支出的结构。

(二)国债的货币效应

国债是一个重要的金融范畴，其运行必然会对一个国家的货币供给产生影响，形成国债的货币效应。国债的货币效应的大小，往往同国债发行对象密切相关。

向居民、企事业单位等非银行部门发行国债，其资金来源往往是存款或手持现金，购买国债后，意味着货币由商业银行账户转移到财政部门在中央银行的存款，减少了社会上的货币供应量；当政府对国债资金加以运用，形成财政支出时，又会增加相关单位的手持现金或在商业银行的存款，增加了社会上的货币供应量。可见，非银行部门承购国债所引起的国债收支运动，对货币的影响是中性的，一般不会改变社会货币供应总量。

向商业银行发行国债，如果商业银行通过压缩贷款来承购国债，一般认为只是商业银行资金运用结构的变化，不会改变货币供给；但是商业银行如果选择动用超额准备金购买国债，同时又没有减少社会存款，货币供应量没有减少。当政府动用国债资金时，会扩张货币供应。

向中央银行发行国债，中央银行既可直接从财政部门购入国债，也可间接从公开市场上买进国债，不管采用哪种方式，都很容易扩张社会货币供应量。如果流通中刚好处于货币供给大于货币需求，那么中央银行承购国债将会带来或加剧通货膨胀。

(三)国债的供给效应

国债不仅影响供给总量，而且还会影响供给结构。前者主要表现为，国债资金的合理运用能够有效地促进生产、扩大未来产品供给；政府还可通过发行外债，利用外汇收入进口商品，增加国内市场供应。后者主要是指政府可把国债资金投向基础产业等领域，通过对国债资金结构的合理安排，从而在一定程度上影响社会的生产结构，进而影响社会的供给结构。

(四)国债的需求效应

国债同样会影响需求总量和结构。社会总需求是指有支付能力的需求，如果货币供给量增加，社会需求总量也会扩大。因此，凡是国债运行带来货币供给量增加，都会增加社会需求总量。一般来说，中央银行购买国债会叠加在原有总需求之上扩张总需求。而商业银行或居民个人购买国债，一般来说，只是购买力的转移或替代，不会产生增加货币供应从而扩张总需求的效应。

从对需求结构的影响看，在国债使用中如果新增了社会需求，则会改变原来社会需求结构状态。而政府通过发行国债，把部分货币购买力由私人部门转移到政府部门，这本身就会改变公共部门和私人部门的需求结构。如果国债资金来源于私人部门的投资资金，当政府把这部分资金用于投资时，就会把私人部门的投资需求转化为公共部门的投资需求；当政府把这部分资金用于消费时，就会把私人部门的投资需求转化为公共部门的消费需求。如果国债资金来源于私人部门的消费资金，当政府把这部分资金用于投资时，就会把私人部门的消费需求转化为公共部门的投资需求；当政府把这部分资金用于消费时，就会把私人部门的消费需求转化为公共部门的消费需求。可见，国债对需求结构的影响还要取决于国债资金的来源性质与使用方向。

四、国债的功能

(一)弥补财政赤字

财政赤字是指财政收不抵支的差额，当出现这种差额时，总要寻求一定的资金来弥补。通过发行国债弥补财政赤字，是现代国家的普遍做法，也是国债产生的主要动因。从理论上讲，弥补财政赤字可有四种方法：动用历年财政结余、增加税收、向银行透支或借款、发行国债。比较而言，发行国债具有更大的优越性。其中动用历年财政结余，客观需要财政账户上存在结余资金可用。从实际情况看，各国财政即使出现财政结余，往往数量有限，用来弥补财政赤字的可行性小。增加税收往往受到各种因素的限制，政府行政部门并不能随意增加税收。而且，增加税收会加重纳税人负担，往往会遭到纳税人的反对。向商业银行借款，需要支付较高的利息，借债成本较高。向中央银行透支，容易造成财政性货币发行，引发通货膨胀，很多国家对此进行了严格的限制。

用国债弥补财政赤字，一般不会影响经济发展，可能产生的副作用较小。这是因为：①发行国债通常坚持自愿认购原则。它筹集的是社会闲置资金，体现的是社会正常经济关系，一般不会对经济运行产生不利影响。②发行国债是运用信用形式筹集财政资金，一般只涉及资金使用权的暂时转移，不涉及资金所有权的变更。所以，发行国债往往是对资金使用结构的调整，一般不会引发货币发行或通货膨胀。但也应看到，债务规模过大，容易引发债务危机，破坏财政的健全性。

(二)筹集建设资金

在我国，财政承担着为经济建设提供巨额资金的任务，经常性的税收收入很难满足经济建设对资金的需求，发行国债具有非常明显的筹集建设资金的功能。通过发行建设性国债，把企业和居民手中的一部分闲置资金集中到国家手中，用于能源、交通、通信等方面的建设，可有效地矫正市场在资源配置方面的缺陷。在西方国家，国家除了维持经常性的社会消费性支出外，大量公共事业和基础设施的投资，也由财政来承担，为投资性项目筹资是支持政府举债的重要理由。

目前，中国建设性支出的很大一部分是依靠债务收入来保证的。尤其在1998—2004年实行积极财政政策期间，发行长期建设国债是促进经济增长的重要手段。1999—2003年，我国每年分别发行长期建设国债1100亿元、1500亿元、1500亿元、1500亿元和1400亿元，每年拉动GDP增长1.5～2个百分点。2015年财政部加大政府债券发行力度，全年国债发行规模达到2.13万亿元。2015年地方债发行总规模为3.8万亿元，比2014年增长8.5倍。国债、地方债发行为实施积极财政政策，完成稳增长、促改革、调结构、惠民生等提供了良好保障。

(三)调节经济

1. 调节积累和消费比例关系

国债是对GDP再分配的重要手段，通过国债筹资的合理运用，将有效地调整积累和消费的比例关系。在消费膨胀，商品供不应求时，发行国债将会使一部分消费基金转化为积累基金，有利于缓解供求关系，减轻物价上涨压力；在需求不足，商品供过于求时，发行国债并把这部分财力用于消费，将能有力扩大社会消费规模，使积累和消费的比例向消费一方偏移。

2. 调节投资结构，促进国民经济结构调整

国家发行国债，不仅可以将一部分分散性资金集中起来，从而使这部分资金的使用得到合理引导，减少社会投资的盲目性，而且通过优化财政支出结构，可以使国家的重点建

设、基础产业等资金短缺行业得到资金保证，可有力地推动经济结构调整。如从1998年到2004年，7年间中国实施积极财政政策期间，累计发行长期建设国债达9100亿元，资金主要投向交通、能源、通信、农业等社会公共领域，并且有效带动了社会各方面的投资。据测算，这部分国债拉动形成的投资总规模为5万亿元左右，有力地推动了社会需求和产业升级。

3．为中央银行进行公开市场操作提供了重要手段

公开市场操作是中央银行实施货币政策的重要工具，而公开市场操作主要是买卖政府债券，因此，一定数量的短期国债的存在为中央银行实施货币政策创造了很好的条件。

4．调节社会总供求，促进社会总供给和社会总需求的平衡

当社会总需求大于社会总供给时，国家可以抛售国债并配合增加税收、削减开支等措施，抑制总需求膨胀；当社会总需求小于社会总供给时，国家可以通过偿还或购买国债以及减少税收、增加支出等措施，来增加流通中的货币量或膨胀总需求，从而调节社会总供给与社会总需求的平衡。

第二节　国债风险及其管理

一、国债的负担率分析

虽然国债的风险极低，但作为中央财政取得收入的有偿形式，由于要还本付息，对政府也会形成国债负担，一定时期国民经济的应债能力也是有限的。因此，国债发行规模具有客观界限。如果随意扩大国债发行规模，则有可能导致债务危机，形成国债风险，最终影响国民经济的正常发展和人民生活水平的提高。所谓国债风险主要是由于中央政府对国债的发行、流通和偿还等问题安排不周或管理不当，从而导致政府出现债务危机。国债风险可分为发行风险、流通风险和偿还风险。实际上国债最主要的风险是因国债规模控制不当而导致出现的发行风险，而国债负担率则是对国债风险进行管理的重要指标。

(一)国债负担率的含义

国债负担率是指当年国债累积余额占GDP的比例。它是着眼于国债的存量规模，从国民经济整体上来考察国债的数量界限和综合反映国民经济的偿债能力，是衡量国债风险的基本指标，这一指标广泛用于发达国家和发展中国家。国债负担率指标用公式表示为

$$国债负担率=(当年国债余额\div当年GDP)\times100\%$$

从理论上讲，一定时期财政支出的需求压力、财政的偿债能力、居民的收入水平和储蓄水平以及国民经济发展水平都是影响国债规模的重要因素，而这些因素都可以通过GDP

的规模体现出来。GDP 的规模越大，财政收支规模越大，财政的偿债能力越强，居民的收入水平和储蓄水平越高。因此，考察国债规模的大小，国债是否在未来形成负担的一个主要方面，就是要分析国债余额与 GDP 的关系。

1991 年，欧洲联盟签订的《马斯特里赫特条约》规定，欧盟国家的公债负担率不得超过 GDP 的 60%，这一指标已经成为国际上公认的国债负担率警戒线指标。但应看到欧盟国家这一指标的提出，并非出于国债风险防范目的，真正用意在于促使欧盟国家形成共同市场条件。事实上，近年来很多西方国家的国债负担率已经超过了 60%。如 1990—2003 年的国债负担率平均值，美国、爱尔兰、荷兰、奥地利、葡萄牙等国均超过 60%，比利时、意大利均超过 100%。

国债负担率警戒线指标实际上是一个经验指标，但是这并不妨碍运用国债负担率对国债风险进行分析，当一个国家赤字规模失控，债务规模不断扩大，国债负担率迅速攀升或大幅波动时，可能意味着国债风险在快速累积。

(二)我国国债负担率状况与分析

自 1981 年我国重新发行国债以来，国债规模有逐步扩大之势，尤其是 1998 年实施积极财政政策以来，债务规模有快速膨胀态势。而一些特殊因素也会带来某些年份债务规模的急剧扩大。如在 2007 年，我国发行了 15 500 亿元特别国债购买 2000 亿美元外汇储备，用作中国投资有限公司的资本金，所以，当年发行国债高达 23 189.83 亿元。到 2015 年年末，我国的国债发行额和余额是不断增加的，如表 10-1 所示。

表 10-1　国家财政债务发行额与余额

单位：亿元

年　份	国债发行额	国债余额
2000	4180.10	13 020.00
2001	4604.00	15 618.00
2002	5679.00	19 336.10
2003	6153.53	22 603.60
2004	6879.34	25 777.60
2005	6922.87	32 614.21
2006	8875.16	35 105.28
2007	23 198.83	52 074.65
2008	8 549	53 271.54
2009	16 280.66	60 237.68
2010	17 849.91	67 548.11

续表

年　份	国债发行额	国债余额
2011	15 609.80	72 044.51
2012	14 527.33	77 565.70
2013	16 949.32	86 746.91
2014	17 876.57	95 655.45
2015	21 285.06	106 599.59

(资料来源：根据 2015 年《中国统计年鉴》相关数据及相关年份中央财政国债余额情况整理而得。)

随着国债发行额的扩大，我国债务余额也快速增长，到 2015 年已达到 106599.59 亿元。国债的发行运用，为我国财政筹集了巨额资金，加快了经济建设的步伐，推进了金融市场的发展，国债日益成为政府对经济实施调控的重要手段。

从国债负担率指标看，与发达国家相比，近年来，尽管我国国债负担率有所上升，但总体来看，2000—2015 年，我国国债负担率还处于较低水平，均低于 21%(见表 10-2)，处于安全范围内，说明整个国民经济对债务的承受能力还较强，还存在较大的国债运用的空间。

表 10-2　国债负担率情况表

单位：%

年　份	国债负担率
2000	13.12
2001	14.24
2002	16.07
2003	16.64
2004	16.12
2005	17.8
2006	16.52
2007	20.87
2008	16.96
2009	17.67
2010	16.82
2011	15.23
2012	14.93
2013	15.25
2014	15.03
2015	15.75

(资料来源：根据 2015 年《中国统计年鉴》(中国统计出版社)及财政部网站相关资料整理而得。)

但是应当注意，衡量国债风险，不能使用单一指标。综合其他指标，我国的国债偿债率、国债依存度则存在一定风险，说明财政的债务压力较大，应该适当加以控制。

还应注意，考察国债规模时，应区别名义负担和实际负担。前边所作分析，主要是基于名义负担。因此，在使用国债负担率这样的指标时，应该考虑我国国债规模的衡量口径问题：一是我国官方统计的国债主要是通过发行债券形成的债务，一般不包括向银行等金融机构的借款，如果把此类债务包括在内，债务规模将会大得多，国债负担率也会高得多，这实际也增加了财政风险。二是存在大量的“准国债”。这主要是由政府非财政部门发行的债券，包括政策性银行发行的金融债券和政府各级经济主管部门以企业债名义发行的债券，如铁路、石油、煤炭以及三峡工程等国家重点建设工程发行的建设债券。这类债券一般以政府信誉作担保，一旦出现偿还困难，债务最终还是由政府来承担，这种类型的债务实质还是国债。三是地方政府债务大且失去有效管理。预算法规定地方政府一般不能发行债券，但并没禁止向金融机构融资或集资。因此，由于各种各样的原因，我国各级地方政府的债务普遍较重，尤其是国际金融危机以来，地方政府通过融资平台积聚的资金已经过于庞大，积累了巨额风险，且这种债务不像国债那样纳入预算管理，接受社会各界的监督，而基本上处于失控的状态，其规模到底有多大没有确切的数字。因此，从这个角度看，我国国债的发行空间已受到极大的限制，债务已孕育着较大风险，必须对国债规模进行控制。

二、国债依存度分析

(一)国债依存度的含义

国债依存度反映的是年度国债发行额占财政支出的比例，可分为中央财政国债依存度和国家财政国债依存度，用来说明财政支出中有多少收入是依靠国债来支撑的。这一指标国际公认的警戒线是，国家财政公债依存度为15%～20%，中央财政公债依存度为25%～30%。该指标用公式表示为

国家财政国债依存度=(当年公债发行额÷当年国家财政支出)×100%

中央财政国债依存度=(当年公债发行额÷当年中央财政支出)×100%

(二)我国国债依存度分析

从国债依存度指标看，我国国家财政国债依存度的演变主要经历了四个阶段：第一阶段是 1987 年以前，国债依存度处于较低水平，一般不超过 10%。第二阶段是 1988—1993 年，1988 年国债依存度首次达到 10%，总体看，此阶段国债依存度不断上升，但还处于警戒线以下，不超过 20%。第三阶段是 1994—2006 年，从 1994 年开始，我国取消财政出现赤字向银行透支的办法，财政赤字改由全部用发行国债来弥补，因此，国债规模迅速增大，1994 年国债依存度首次超过 20%，即超过警戒线。1998 年，我国开始实施积极的财政政策，国债依存度也达到了最高的 30.66%，随后几年，该指标有所下降，多数年份还是保持在 25%

以上。从这一角度看，我国国债的规模应适度控制。第四阶段是 2007 年至今，2007 年、2008 年我国国债依存度再次回到 20%以下(见表 10-3)，只有 2009 年我国国债依存度为 21.34%，自 2010 年以来，又回到 20%以下，这同这一时期稳健财政政策的实施是分不开的。

表 10-3 我国历年国债依存度

年 份	国债发行额/亿元	国家财政支出/亿元	中央财政支出/亿元	国家财政国债依存度/%	中央财政国债依存度/%
1978	35.31	1122.09	532.12	3.15	6.64
1980	43.01	1228.83	666.81	3.50	6.45
1985	89.85	2004.25	795.25	4.48	11.30
1990	375.45	3083.59	1004.47	12.18	37.38
1991	461.40	3386.62	1090.81	13.62	42.30
1992	669.68	3742.20	1170.44	18.00	57.20
1993	739.22	4642.30	1312.06	15.92	56.34
1994	1175.25	5792.62	1754.43	20.29	67.00
1995	1549.76	6823.72	1995.39	22.71	77.67
1996	1967.28	7937.55	2151.27	24.78	91.45
1997	2476.82	9233.56	2532.50	26.82	97.80
1998	3310.93	10 798.18	3125.60	30.66	105.93
1999	3715.03	13 187.67	4152.33	28.17	89.47
2000	4180.10	15 886.50	5519.85	26.31	75.72
2001	4604.00	18 902.58	5768.02	24.36	79.81
2002	5679.00	22 053.15	6771.70	25.75	83.86
2003	6 153.53	24 649.95	7420.10	24.96	82.93
2004	6 879.34	28 486.89	7894.08	24.15	87.15
2005	6 922.87	33 930.28	8775.97	20.40	78.88
2006	8 875.16	40 422.73	9991.40	21.96	88.82
2007	23 198.83	49 781.35	11 442.06	15.46	67.29
2008	8 549	62 592.66	13 344.17	13.65	64.07
2009	16 280.66	76 299.93	15 255.79	21.34	106.72
2010	17 849.91	89 874.16	15 989.73	19.86	111.63
2011	15 609.80	109 247.79	16 514.11	14.29	94.52
2012	14 527.33	125 952.97	18 764.63	11.53	77.42
2013	16 949.32	140 212.10	20 471.76	12.09	82.79
2014	17 876.57	151 662	22 570	11.79	79.21
2015	21 000	175 768	25 549	11.95	82.19

(资料来源：根据《中国统计年鉴 2015 年》及财政部网站相关数据整理，中央财政支出为本级支出。)

国债依存度这一指标不能和国外简单类比，如果考虑到预算外的因素，我国国债依存度会有所下降。如 2006 年的财政支出为 40 422.73 亿元，若加上预算外支出的 5866.95 亿元，预算内外支出总额为 46 289.68 亿元，则调整后的国债依存度为 19.17%，国债规模处于安全状态。

但从中央财政国债依存度来看，国债规模明显过大。因为，我国政府的债务主要是中央政府债，中央补助地方支出也不应使用国债，所以，此处计算国债依存度使用的中央财政支出为中央本级支出，这更能准确反映中央财政对债务的依存程度。从这一指标看，中央财政国债依存度在 1999 年之前一直处于上升状态，从 1985 年的 11.30%快速上升到 1998 年的 105.93%，1999 年开始国债依存度有所下降，但仍保持在 60%以上。总体看，截至 2015 年年底，我国中央财政的债务依存度一直在 50%以上的高水平，均远超过警戒线指标。因此，适当降低中央财政的债务依存度是我们必须考虑的问题。

当前降低中央财政的债务依存度可从四个方面考虑：一是控制国债增长的速度，保持新发国债规模的相对稳定。二是提高财政收入占 GDP 的比重，并相应提高财政支出占 GDP 的比重。三是调整中央财政和地方财政的关系，提高中央财政支出占整个国家财政支出的比重。中央财政支出规模偏低是导致中央财政的债务依存度过高的重要原因。四是保持国民经济的快速增长，在增长中降低中央财政的债务依存度。

第三节　国债市场及其功能

一、国债市场

(一)国债市场的含义

国债具有双重性，一方面它表现为财政收入的一种重要形式，表现出财政性；另一方面，国债又是金融市场上的重要交易品种，表现出金融性。国债市场也是金融市场的重要组成部分。一般来说，金融市场包括货币市场、资本市场和证券市场三个组成部分，而国债市场则是证券市场的基本组成部分。可见，要想正确认识国债市场应该把它纳入到整个金融市场体系中去理解。

所谓国债市场，是指在证券市场中所进行的国债交易的场所。国债市场可分为一级市场和二级市场。国债一级市场又称为国债发行市场，一般是国债发行者与国债承销商之间的交易。承销商是按国债发行者的要求办理国债承购和分销业务的机构，一般来说，承销商是由商业银行、证券公司、投资银行、信托公司以及其他可以经营证券业务的金融机构组成。在我国，国债一级自营商是承销商的中坚力量，它们可以直接向财政部承销国债，并开展分销和零售业务。通过承销商的活动，可以实现国债从发行者到投资者的转移。国债发行市场一般包括参与者、市场工具和组织形式三大基本要素。参与者主要包括发行者、

投资者、中介机构和管理者；市场工具是指国债市场上的交易品种或对象；组织形式是国债发行者采用一定的发行方式将国债发行出去的过程。

国债二级市场又称为国债流通市场，它是对已经上市的国债进行买卖、转让和流通的市场。国债二级市场一般是国债承购商或证券经营机构与认购者之间的交易。国债交易者进入二级市场进行现货交易，要通过证券经营机构进行。证券经营机构办理国债二级市场业务一般分为自营和委托买卖两种。自营是指证券机构自己作为买卖交易的一方，分别与客户直接进行国债买卖。委托买卖是指证券机构并不直接成为买卖国债的当事人，而是作为中介人接受交易者的买进或卖出委托，通过证券交易所的市场为其寻求合适的买主或卖主，并办理成交手续。国债发行市场一般也包括参与者、市场工具和组织形式三大基本要素。

国债发行市场和流通市场相互联系、相互影响，共同构成国债市场的有机整体。国债发行市场是国债流通市场发展的前提，只有国债发行市场有一定发展，才能为国债流通市场奠定发展基础。国债流通市场发展则会为国债发行市场发展提供支持和保证。

(二)我国国债市场的发展

中国国债市场从 1981 年恢复发行国债开始至今，经历了曲折的探索阶段和快速的发展阶段。目前，我国国债市场形成了银行间债券市场、证券交易所国债市场和商业银行柜台交易市场三个基本子市场在内的统一分层的市场体系。证券交易所国债市场属于场内交易市场，银行间债券市场、商业银行柜台交易市场属于场外交易市场。

1．银行间债券市场

全国银行间债券市场是指依托于中国外汇交易中心暨全国银行间同业拆借中心(简称同业拆借中心)和中央国债登记结算有限责任公司(简称中央结算公司)的，包括商业银行、农村信用联社、保险公司、证券公司等金融机构进行债券买卖和回购的市场，属于场外交易市场。其主要职能是：提供银行间外汇交易、人民币同业拆借、债券交易系统并组织市场交易；办理外汇交易的资金清算、交割，负责人民币同业拆借及债券交易的清算监督；提供网上票据报价系统；提供外汇市场、债券市场和货币市场的信息服务等。1997 年 6 月，根据国务院统一部署，人民银行发布了《中国人民银行关于各商业银行停止在证券交易所证券回购及现券交易的通知》(银发〔1997〕240 号)，要求商业银行全部退出上海和深圳交易所市场，商业银行在交易所托管的国债全部转到中央结算公司；同时规定各商业银行可使用其在中央结算公司托管的国债、中央银行融资券和政策性金融债等自营债券通过全国银行间同业拆借中心(以下简称同业中心)提供的交易系统进行回购和现券交易，这标志着机构投资者进行债券大宗批发交易的场外市场——银行间债券市场的正式启动。

这一市场参与者主要是各类机构投资者，属于大宗交易市场(批发市场)，实行双边谈判成交，逐笔结算。银行间市场投资者的证券账户直接开立在中央结算公司，实行一级托管；

中央结算公司还为这一市场的交易结算提供服务。银行间债券市场的债券交易包括债券回购和现券买卖两种。

经过近几年的迅速发展，银行间债券市场目前已成为我国债券市场的主体部分，债券存量和交易量约占全市场的90%。统计资料显示，2015年，债券市场增量和规模快速扩大，全年发行规模达22.3万亿元，同比增长87.5%，其中银行间债券市场发行量达到21.0万亿元。

我国银行间债券市场的发展，在保证国债和政策性金融债的顺利发行，促进财政政策、货币政策的顺利实施，完善金融机构的资产结构，便于金融机构流动性管理和投资等方面，发挥了重要作用。

2．证券交易所国债市场

证券交易所国债市场是国债市场另一重要部分，它由除银行以外的各类社会投资者参与组成，属于集中撮合交易的零售市场，实行净额结算。交易所市场实行两级托管体制，其中，中央结算公司为一级托管人，负责为交易所开立代理总账户；中国证券登记结算公司为债券二级托管人，记录交易所投资者账户，负责交易所交易结算。中央结算公司与交易所投资者没有直接的权责关系。

证券交易所国债市场属于场内交易，上海证券交易所从开业起，就进行国债现货交易，之后深圳证券交易所也推出了国债现货交易。后来两大证券交易所相继推出了国债期货交易和国债回购交易。1995年，随着中国对债券市场的整顿，关闭了国债期货市场，规范了国债回购市场，并在1995年8月停止了一切场外证券交易，这样，这一时期，证券交易所国债市场成为中国证券市场的主体。近年来，随着银行间债券市场的发展，证券交易所国债市场的主体地位越来越受到挑战。

3．商业银行柜台交易市场

柜台交易市场为债券的零售市场，主要是通过商业银行网点向居民和企业等办理国债的买卖行为，投资人为个人或非金融的机构投资，交易金额相对较小。早在1988年，我国就开始尝试通过商业银行和邮政储蓄的柜台销售国债，国债一级市场开始出现，1988年随着国债流通转让在全国61个城市试点，中国国债二级市场的柜台交易市场初步形成。前期柜台交易市场主要交易凭证式国债，但凭证式国债不能流通，可以提前兑付，往往使商业银行和邮政储蓄部门承担较大的流动性风险，因此需要寻求凭证式国债的替代品，进一步完善商业银行柜台市场。柜台交易市场同时交易记账式国债是一种较好的办法。2002年1月31日，中国人民银行发布施行《商业银行柜台记账式国债交易管理办法》(简称《办法》)。《办法》指出商业银行柜台债券交易(柜台交易)是指商业银行通过其营业网点与投资人进行债券买卖，并办理托管与结算的行为。柜台交易债券实行两级托管体制。中央国债登记结

算有限责任公司为中国人民银行指定的债券一级托管人，承办银行为债券二级托管人。中央结算公司与柜台投资者没有直接的权责关系。与交易所市场不同的是，承办银行日终需将余额变动数据传给中央结算公司，同时中央结算公司为柜台投资人提供余额查询服务，成为保护投资者权益的重要途径。中国人民银行是柜台交易的主管部门，中国人民银行分支机构对辖内承办银行的柜台交易进行日常监督。2002 年 6 月 3 日，中国工商银行等四家商业银行正式在北京、上海推出柜台记账式国债交易。

柜台记账式国债交易，可以增加个人和企业等各类投资人购买国债的渠道，为投资人提供新的金融产品；便于发挥商业银行的网点优势，方便广大的居民投资人买卖国债；提高了投资人债券资产的流动性；记账式国债种类较丰富，付息方式灵活，可以为投资人提供较多的选择。近年来，国债柜台交易得到进一步发展。

二、国债市场的功能

国债市场属于我国市场体系的重要组成部分，其发展和完善在财政和金融等方面发挥重要作用。

(一)国债市场的财政功能

1. 国债市场为国债的顺利发行创造了条件

以固定收益出售方式、公募拍卖方式、连续经销方式等方式发售国债，都离不开国债市场。只有国债市场发展了，债券的流动性得到保证，投资者可以很容易地进入、退出市场，国债在发行时才能受到市场的认同。如果没有完善的国债市场为依托，政府很难做到高效率、低成本筹集国债资金。

2. 国债市场为国债的偿还创造了条件

一方面，政府可以通过发新债还旧债，筹集偿债资金来源，这是当今世界各国的普遍做法；另一方面，政府可以通过在国债流通市场上，通过买销的方式按照市价从证券市场收买国债，以消除政府债务。此法一般在国债市价低于或等同于国债票面价时采用，可减少国债成本负担。另外，当国债市价下跌时，政府收购国债有利于控制债市进一步下跌，保护债权人利益和国家信用。

3. 国债市场为政府宏观调控提供了重要平台

国债是政府进行宏观调控，实施财政政策的重要手段，这一手段的运用离不开国债市场平台。主要表现在以下三个方面：①国债为弥补赤字提供重要资金来源，可以保证积极财政政策的实施；②政府运用国债发行市场筹集资金，并通过优化国债资金的投资结构，调节国民经济结构；③政府通过国债规模的收缩与扩张，可以调节社会总供求的关系。

(二)国债市场的金融功能

1. 国债市场拓宽了居民、企业的投资渠道

国债是金融市场上的一个非常重要的投资品种，居民、企业可以在交易所市场、柜台交易市场灵活地进行国债投资。在一个活跃的市场，社会资金可以很方便地流入流出，企业居民的富余资金可以投入债市获取收益，需要兑现时又能及时在市场中卖出债券，增加了投资渠道，丰富了居民的金融投资选择。包括国债市场在内的债券市场和股票市场相互配合为投资者投资策略的调整提供了更多的选择。

2. 国债市场的发展有利于商业银行完善资产结构

国债作为信用等级很高的有价证券，可以作为金融机构的二级储备，持有一定量的国债可起到优化金融机构资产结构的作用。长期以来，我国商业银行资产结构很不合理，银行资金主要用于贷款，这种格局很难适应商业银行发展的要求，也不符合商业银行安全性、流动性、营利性的经营原则。国债是微观金融机构进行风险和流动性管理的重要工具，是机构投资者在进行投资组合，减小资产风险时一种重要的资产。

3. 国债市场为中央银行公开市场操作提供了条件

公开市场操作主要是中央银行通过在国债市场上买卖国债来执行国家的货币政策，被认为是一种最为灵活、最为方便的货币政策手段。当流通中货币量过多时，中央银行通过出售国债，回笼部分货币；当流通中货币量过少时，中央银行通过收购国债，投放部分货币。这样，中央银行就可以通过在国债市场上买卖国债以达到调节货币流通的目的。

复习思考题

一、名词解释

国债　国债市场　国债负担　国债依存度　直接债务　或有债务　国债的经济效应　国债负担率

二、问答题

1. 如何理解国债及国债负担?
2. 简述国债的构成要素。
3. 谈一谈西方学者对国债负担问题的看法。

4. 结合实践谈一谈或有债务产生的原因。
5. 试述国债的功能。
6. 试述国债市场的功能。
7. 论述国债的效应。

三、案例分析

希腊的债务危机

2009 年 10 月初，希腊政府突然宣布，2009 年政府财政赤字和公共债务占国内生产总值的比例预计将分别达到 12.7%和 113%，远超欧盟《稳定与增长公约》规定的 3%和 60%的上限。鉴于希腊政府财政状况显著恶化，全球三大信用评级机构惠誉、标准普尔和穆迪相继调低希腊主权信用评级，希腊债务危机正式拉开序幕。随着主权信用评级被降低，希腊政府的借贷成本大幅提高。政府不得不采取紧缩措施，又引起了国内一轮又一轮的罢工活动，经济发展雪上加霜。至 2012 年 2 月，希腊仍在依靠德法等国的救援贷款度日。除希腊外，葡萄牙、爱尔兰和西班牙等国的财政状况也引起投资者关注，欧洲多国的主权信用评级遭下调。就危机起源而言，要从 2001 年谈起。当时希腊刚刚进入欧元区。根据欧洲共同体部分国家于 1992 年签署的《马斯特里赫特条约》规定，欧洲经济货币同盟成员国必须符合两个关键标准，即预算赤字不能超过国内生产总值的 3%、负债率低于国内生产总值的 60%。然而刚刚入盟的希腊就看到自己距这两项标准相差甚远。这对希腊和欧元区联盟都不是一件好事，特别是在欧元刚一问世便开始贬值的时候。这时希腊便求助于美国投资银行“高盛”。高盛为希腊设计出一套“货币掉期交易”方式，为希腊政府掩饰了一笔高达 10 亿欧元的公共债务，从而使希腊在账面上符合了欧元区成员国的标准。这一被称为“金融创新”的具体做法是，希腊发行一笔 100 亿美元(或日元和瑞士法郎)的 10～15 年期国债，分批上市。这笔国债由高盛投资银行负责将希腊提供的美元兑换成欧元。到这笔债务到期时，将仍然由高盛将其换回美元。如果兑换时按市场汇率计算的话，就没有文章可做了。事实上，高盛的“创意”在于人为拟定了一个汇率，使高盛得以向希腊贷出一大笔现金，而不会在希腊的公共负债率中表现出来。假如 1 欧元以市场汇率计算等于 1.35 美元的话，希腊发行 100 亿美元可获 74 亿欧元。然而高盛则用了一个更为优惠的汇率，使希腊获得 84 亿欧元。也就是说，高盛实际上借贷给希腊 10 亿欧元。但这笔钱却不会出现在希腊当时的公共负债率的统计数据里，因为它要 10～15 年以后才归还。这样，希腊有了这笔现金收入，从而使国家预算赤字从账面上看仅为 GDP 的 1.5%。而事实上 2004 年欧盟统计局重新计算后发现，希腊赤字实际上高达 3.7%，超出了标准。最近透露出来的消息表明，当时希腊真正的预算赤字占到其 GDP 的 5.2%。远远超过规定的 3%以下。除了这笔借贷，高盛还为希腊设计了多种敛财却不会使负债率上升的方法。如将国家彩票业和航空税等未来的收入作为抵押，来换取现金。这种抵押换现方式在统计中不是负债，却变成了出售，即银行债权证券化。高盛的这些服务和借贷当然都不是白白提供的，共拿到了高达 3 亿欧元的佣金。

高盛深知希腊通过这种手段进入欧元区，其经济必然会有远虑，最终出现支付能力不足。为防止自己的投资打水漂，希腊便向德国一家银行购买了20年期的10亿欧元CDS“信用违约互换”保险，以便在债务出现支付问题时由承保方补足亏空。希腊的这一做法并非欧盟国家中的独创。据透露，诸多国家借助“创造性会计手法”，使得国家公共负债率得以维持在《马斯特里赫特条约》规定的占GDP3%以下的水平。这些国家有意大利、西班牙，而且还包括德国。当然，希腊债务危机的根本原因在于经济原因。该国经济竞争力相对不强，经济发展水平在欧元区国家中相对较低，经济主要靠旅游业支撑。金融危机爆发后，世界各国出游人数大幅减少，对希腊造成很大冲击。此外，希腊出口少进口多，在欧元区内长期存在贸易逆差，导致资金外流，一直靠举债度日。

(资料来源：本案例根据希腊的债务危机相关资料由编者整理而成。)

试分析：

1. 希腊债务危机产生的原因。
2. 由高盛推出的“创造性会计手法”，你能想到什么？
3. 摆脱债务危机的根本出路在哪里？

第十一章　国家预算及预算管理体制

【知识要点】

国家预算，也称政府预算，是由政府编制的、国家立法机构批准的、全面反映政府活动内容的财政收支计划。国家预算原则、国家预算分类、国家预算的编制、执行与决算等内容是本章的基础知识。同时要了解我国国家预算管理体制的历史沿革，认识我国国家预算管理体制的演化规律。现阶段分税制预算管理体制内容及改革等理论是本章的重点。

【引导案例】

2014 年 8 月，十二届全国人大常委会第十次会议通过新的《中华人民共和国预算法》，已于 2015 年 1 月 1 日起施行。而在 2015 年 4 月 17 日，中央政府部门迎来新预算法实施后的首个预算公开日，各部门在其网站公布各自 2015 年的部门预算。

数据显示，2015 年中央级“三公”经费预算为 63.16 亿元。其中，公务用车购置及运行费 34.59 亿元(公务用车购置费 0.93 亿元、公务用车运行费 33.66 亿元)占据“三公”经费预算总额的一半以上。包括国务院办公厅等在内的 85 个部门共有部级领导干部用车 1320 辆，其中国资委以 134 辆(也是仅有的单一部门拥有 100 辆以上的部门)“领跑”各大部门，公务用车集中在国资委、监事会、行业协会现职部级领导干部用车及上述单位和各离退休干部局管理的离退休部级领导干部用车上面。其他拥有较多公车的部门为国家发改委 54 辆、外交部 56 辆、教育部 78 辆。

数据公布后，财政部预算司有关负责人指出，今年中央本级“三公经费”比上年下降较多，主要是因为公务用车购置及运行费下降较多。2014 年中央和国家机关公务用车制度改革基本完成，除保留必要的专业技术用车、执法执勤用车等以外，取消一般公务用车。因此，2015 年中央本级公务用车购置及运行费预算比上年下降 16.2%。

(资料来源：http://auto.sina.com.cn/news/2015-04-18/16441426469.shtml，整理而成。)

试分析：

1. 查阅有关资料，了解我国目前的预算法。
2. 说明新的预算法效应产生的机理。
3. 为什么说新的预算法产生了更强的效应？

第一节　国家预算概述

一、国家预算的含义

国家预算，也称政府预算，是由政府编制并经国家立法机构批准，能全面反映未来财政年度内政府活动的财政收支计划。理解国家预算的含义可以从以下几个方面入手。

(一)国家预算是政府的财政收支计划

国家预算是政府为未来财政年度编制的财政收支计划。该计划的编制要针对未来经济形势进行安排。根据宏观经济理论，政府预算在熨平经济波动方面起着相当重要的作用。未来财政年度若预测经济出现高涨，在预算安排上应多收少支；若预测经济出现回落，在预算安排上应多支少收；若预测经济平稳，则在预算上应实现收支平衡。计划是对未来的预测和估计，预测与实际是否相符并能否实现，取决于预测的科学性和民主化程度，也受预算执行中客观条件变化以及预算管理水平和预算管理手段的影响。因此，编制国家预算应综合考虑，科学决策，提高政府对经济形势的预测和判断能力。

(二)国家预算是一个完整的政府收支计划

国家预算是政府在未来财政年度内的活动计划。政府活动是多方面的，例如，从支出方面看，有经济建设支出、文教科卫支出、国防支出、科技支出、行政管理支出等；从收入方面看，包括税收收入、非税收入及其他收入。在编制国家预算时就应该将政府所有的财政活动的收支项目分门别类列出，纳入国家预算，接受审查和监督。除非特殊情形，否则不列预算外收支。

(三)国家预算安排是透明的

预算的透明性是公共预算的必然要求，预算的内容是公开的，能被公众了解和监督的。预算的收支牵涉到各个利益主体，尤其是纳税人的利益，政府花纳税人的钱而接受纳税人的监督是应该的。在市场经济和公共财政体制框架下，政府预算透明度反映了政府对纳税人利益的重视，也反映了政府的行政能力。在我国，提高政府预算透明度，实现阳光财政，是公共财政框架建立的必然要求。只有透明的政府预算才能真正接受立法机构、社会公众及社会舆论的监督。

(四)国家预算是具有法律效力的计划文件

国家预算与一般的政府计划不同。政府预算草案要向立法机构(在我国是全国人民代表

大会)报告，由立法机构审议，进而由议员或人民代表表决通过，形成决议。这个决议就是具有法律性的文件，具有法律效力。违背国家预算就是违法行为，任何人违背国家预算都必须受到法律的追究和制裁。

(五)国家预算是年度性计划

国家预算通常是一年，即“一年预算，预算一年”。预算年度有历年制和跨年制两种形式。历年制是按公历年，即从当年的 1 月 1 日起至当年的 12 月 31 日止。我国目前实行的是历年制。跨年制大致可分为以下三种主要形式：一是 4 月制。从当年 4 月 1 日起至次年 3 月 31 日止，如英国、加拿大和日本等国。二是 7 月制。从当年 7 月 1 日起至次年 6 月 30 日止，如瑞典、澳大利亚等国。三是 10 月制。从当年 10 月 1 日起至次年 9 月 30 日止，如美国。这里需要注意的两点是：一是国家预算的年度性单指预算的内容是未来一个财政年度的计划，而预算从编制、执行到决算经历的完整的预算周期往往要一年以上；二是我国预算年度是历年制，但全国人民代表大会审议预算是在当年的 3 月，这就有当年预算的先期执行问题。

综合财政学界对国家预算的理解，我们还可以从几个角度去理解国家预算，一是国家预算是一个政治事件，就是指国家预算过程可被看作各个利益集体在政治领域中寻求各自利益的政治事件。二是国家预算是一个决策过程，是关于公共资源在使用上成本和收益对比，从而选择资源的使用过程。三是国家预算是政府收支报告，是指国家预算是对所期望政策的陈述，通过实际支出信息与预算的比较，判断政策是否可执行。四是国家预算是政府计划和政策的重要工具。它具体阐明了与政府活动计划有关的资金量，体现了行政首脑的施政纲领。五是国家预算是一种计划，是针对一段特殊时期(通常是一年)的计划和对这段时期内所需的资源做出的预测。六是从其表现形式上看，国家预算是一套数字、表格和图表。七是国家预算是资金的申请。这一申请通常由行政首脑提交给立法机构或国会，其中包括对平衡支出所需的收入和其他来源的财力所做的说明。

二、国家预算制度的形成

“预算”的英文为 Budget，该词的最初含义是政府收付钱款的“皮袋子”，即“公共钱包”。英语中用以描述财政大臣携带这个“皮袋子”或“公共钱包”到议会，向议会陈述政府开支需求及其来源。“皮袋子”或“公共钱包”后演变为指该皮包所装的政府收支文件，即政府提交立法机构审批的财政收支计划。国家预算制度就是由此形成并演绎出来的一整套法律制度体系，即国家预算活动的一般性、规范化行为方式。现代国家预算制度产生于商品经济发展和资本主义生产方式出现时期，是新兴资产阶级向封建君主及专制统治进行斗争的过程中，作为一种斗争手段和斗争方式产生的。

现代意义上的国家预算最初产生于英国，是市场和资本的产物。在中世纪后期的英国，随着市场和资本因素的成长壮大，逐步产生国家预算这一新的财政范畴。它保护和促进着市场因素与资本力量的发展壮大，并最终随着市场经济的确立而建立起完整的国家预算制度。

随着商品经济发展和新兴资产阶层的出现，社会财富逐渐向新兴资产阶级集聚，如英国从最初的商业高利贷资本、商业资本，到商业资本拥有产业资本，制造业独立为产业资本等。经济发展导致社会变革，国家出现政治统一和中央集权趋势。政权集中、国家机关扩大、常备军建立等，使国家财政支出大增。而掌握专制王权的贵族阶层横征暴敛、挥霍浪费，不负担任何捐税。新兴资产阶级为维护自己的利益，要求减轻税负，限制国王征税权和王室开支。他们以共和制为目标、以议会制度为手段与封建专制展开斗争。现代国家预算制度就是在这一斗争过程中逐步建立起来的。厦门大学张馨认为，国家预算制度产生大致经历了三个阶段：一是对课税权进行一定限制的阶段。国王要开征新税种或增加税负，必须经议会同意和批准。英国 17 世纪的革命，其主要原因是围绕课税权，在国王与议会、人民之间以对立、抗衡的形式展开的。二是限制国王的财政资金支配权。在封建专制时期，王室财政除通过封建土地占有关系，获得实物作为商品交换货币外，还通过各种资金的支配权来满足王室的奢侈消费和公共开支，以炫耀皇家的富有与权势。如国王对关税和公债的支配权等。三是建立现代赋税制度及国家财政。专制时期的王权财政是王室财政与国家财政并行。16 世纪以来，因经济发展和社会变革，战争频繁，军费和经常支出增加，加上王室奢靡浪费，致使国家财政贫困化。在内乱中，议会为筹集平息暴乱的军费，创立并成功地推行了具有现代意义的直接税(按月份摊税款)制度，为现代赋税制度奠定了基础。国民赋税制度的建立，使专制王权逐渐丧失对财政的支配权。在议会的控制下，国家财政与王室财政被分开。国家的岁入岁出完全被议会监控，现代意义上的国家财政基本形成。国家预算制度是议会审议监督王权财政收支的基本制度。国家预算制度的产生过程就是国家财政收支的法制化、议审制过程。

三、国家预算的原则

国家预算的原则是指国家选择预算形式和体系应遵循的指导思想，也就是制订政府财政收支计划的方针。国家预算资金是公共资金，预算收支关系到社会各个方面的利益，因此从国家预算的产生之初，国家预算就被要求遵循一定的原则，这些原则在不同的国家和不同国家的不同发展阶段会有所变化。

(1) 公开性。国家预算反映政府的活动范围、方向和政策，与全体公民的切身利益息息相关。因此，国家预算及其执行情况必须采取一定的形式公之于众，让民众了解财政收支情况，并置于民众的监督之下。

(2) 可靠性。每一收支项目的数字指标，必须运用科学的计算方法，依据充分，资料确实，不得假定、估算，更不能任意编造。

(3) 完整性。该列入国家预算的一切财政收支都要反映在预算中，国家允许的预算外收支，也应在预算中有所反映。

(4) 统一性。尽管各级政府都设有该级财政部门，也有相应的预算，但这些预算都是国家预算的组成部分，所有地方政府预算连同中央预算一起共同组成统一的国家预算。这就要求设立统一的预算科目，每个科目都要严格按统一的口径、程序进行计算和填列。

(5) 年度性。任何一个国家预算的编制和实现，都要有时间上的界定，即所谓预算年度。预算年度是指预算收支起讫的有效期限，通常为 365 天。所谓预算的年度性原则，是指政府必须按照法定预算年度编制国家预算，这一预算要反映全年的财政收支活动，同时不允许将不属于本年度财政收支的内容列入本年度的国家预算之中。

四、国家预算的分类

(一)按预算的编制主体分类

按照统一领导、分级管理，权、责、利相结合等原则，一般来说，有一级政府就有一级财政收支活动主体，也就应有一级预算。目前我国国家预算按照预算的编制主体，分为中央预算和地方预算两类。

1. 中央预算

中央预算是中央履行职能的基本财力保证，主要表现中央政府的预算收支活动，在国家预算管理体系中居于主导地位。中央政府预算(以下简称中央预算)由中央各部门(含直属单位，下同)的预算组成。中央预算包括地方向中央上缴的收入数额和中央对地方返还或者给予补助的数额。

2. 地方预算

地方预算是经法定程序批准的地方各级政府的财政收支计划的统称，包括省级及省级以下的预算，是保证地方政府职能实施的财力保证。地方各级总预算由本级政府预算(以下简称本级预算)和汇总的下一级总预算组成。下一级只有本级预算的，下一级总预算即指下一级的本级预算；没有下一级预算的，总预算即指本级预算。地方各级政府预算由本级各部门(含直属单位，下同)的预算组成。地方各级政府预算包括下级政府向上级政府上缴的收入数额和上级政府对下级政府返还或者给予补助的数额。

联邦制国家的国家预算通常由联邦政府预算、州政府预算和地方政府预算组成。

我国国家预算组成体系是按照一级政府设立一级预算的原则建立的。我国预算法规定，国家实行一级政府设立一级预算，设立中央预算和地方预算两级预算，而地方预算包括省、自治区、直辖市预算，设区的市、自治州预算，县、自治县、不设区的市、市辖区预算和乡、民族乡、镇预算四级。所以我国预算共分五级。

(二)按预算的编制技术分类

按照预算编制技术，国家预算可以分为单式预算、复式预算、项目预算和绩效预算。

1. 单式预算

在预算年度内，将全部的财政收入与支出汇集编入一个总预算内，而不需要区分各种财政收支的经济性质。其优点是把全部的财政收入与支出分列于一个统一的预算表上，单一汇集平衡，从整体上反映了财政年度内政府总的财政收支情况，便于立法机关审议批准和社会公众了解，简便易行。其缺点是没有把全部的财政收入按经济性质分列和汇集平衡，不便于经济分析和有选择地进行宏观经济控制。

2. 复式预算

复式预算是从单一预算组织形式演变而来的。其做法是在预算年度内，将全部财政收入与支出按经济性质汇集，分别编入两个或两个以上的收支对照表内，从而编成两个或两个以上的预算。我国国家预算分成经常预算和资本预算两个部分。其中经常预算主要以税收为收入来源，以行政事业项目等经常性政务为支出对象。而资本预算主要以公债收入、国有资产收入等为收入来源，主要用于资本性支出。复式预算的构成如图 11-1 所示。

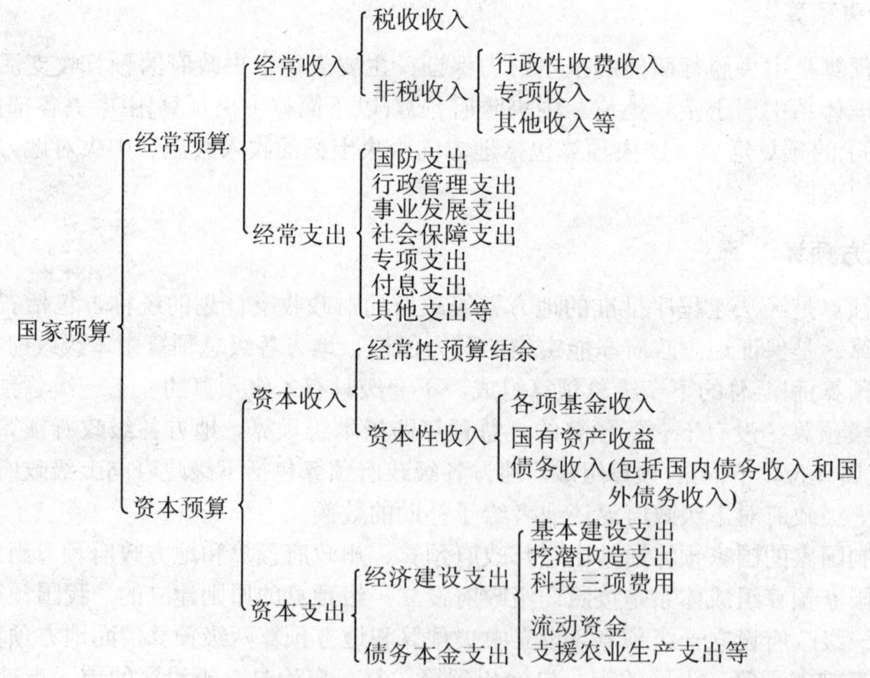

图 11-1 复式预算构成

复式预算组织形式具有以下特点。

(1) 收支性质和用途明确。区分了各项收入和支出的经济性质和用途，便于政府权衡支出性质，轻重缓急，做到资金使用的有序性，能比较合理地安排使用各类资金，也便于经济分析和科学的宏观决策与控制。

(2) 突破了完整性原则和收支平衡理念。经常预算和资本预算两个部分以各自来源应付各自的支出，各自平衡，打破了预算的完整性原则和传统的收支平衡观念。

(3) 把国债收支作为资本预算的正常收入项目。把国债收入作为资本预算的正常收入项目，使得资本预算总是平衡的，只有经常预算的收支才可能有差额。

3. 项目预算(分项排列预算)

项目预算是以预算支出的若干特定目标为核心，采用分项排列的方法，依次列出特定目标的预算资金，由拨款机构予以拨付的一种预算管理方法。它主要以人员作为预算资金分配的依据，在政府下达的预算支出计划表中，将各单位的工资、公务业务费、修缮和建设费等管理要素一一列示，且“专款专用”，因此又称为“分项排列预算”。这一预算方法与中国的基数法预算十分类似。

4. 绩效预算

绩效预算是一种以目标为导向、项目成本为衡量标准、业绩评价为核心的预算管理方法。将国家预算建立在可衡量的绩效基础上，将企业的成本、费用、效益分析用于政府公共支出部门，把市场经济的一些基本理念融入国家预算管理之中，从而有效地降低了政府提供公共物品的成本，提高了财政支出的效率。其目的主要是测量政府财政资金使用效率，以此作为政府资金安排使用的资料和信息。它代表了预算管理改革的方向，具有很高的价值。

(三)按预算编制的基础分类

按照预算编制的基础，国家预算可以分为增量预算和零基预算。

1. 增量预算

增量预算是指国家预算收支计划指标在以前预算年度的基础上，按新的预算年度的经济发展情况加以调整之后确定的预算。增量预算的优点在于确定预算较为简单；缺点是往往使得预算有不断扩大的趋势，另外计算方法也很不科学。

2. 零基预算

零基预算是指对所有的财政收支，完全不考虑以前的水平，重新以零为起点而编制的预算。零基预算强调一切从计划的起点开始，不受以前各期预算执行情况的干扰，尽可能找出更好的方法，使未来年度的预算一开始就建立在一个科学、合理的基础之上，避免不必要的浪费。零基预算是部门预算改革的一个重点内容，也是一个难点内容，它对预算编制人员的素质水平要求较高。

(四)按照预算收支管理范围分类

按照收支管理范围，国家预算可以分为总预算、部门预算和单位预算。

1. 总预算

总预算是指各级政府的预算，由汇总的本级国家预算和汇总的下一级总预算汇编而成，不仅包括本级一般财政收支和特别预算，也包括下级政府的总预算。

2. 部门预算

部门预算是编制国家预算的一种具体制度和方法，它是由各级政府的各个部门编制的，反映各个政府部门所有的收入和支出的国家预算。各部门预算由本部门所属各单位预算组成。

3. 单位预算

单位预算是指列入部门预算的国家机关、社会团体和其他单位的收支预算。单位预算是由事业行政单位根据事业发展计划和行政任务编制的，并经过规定程序批准的年度财务收支计划，反映单位与财政之间的资金领拨关系和事业计划、工作任务的规模和方向。它是各级总预算构成的基本单位。在中国，根据经费领拨关系和行政隶属关系，单位预算可分为一级单位预算、二级单位预算和基层单位预算。单位预算管理对保证事业计划和行政任务的完成，以及财政预算的顺利执行都有重要意义。

(五)按照预算作用的时间分类

按照预算作用时间，国家预算可分为年度预算和中长期预算。

1. 年度预算

年度预算是指预算有效期为 1 年的财政收支预算。

2. 中长期预算(也称中长期财政计划)

中长期预算一般是指 1 年以上 10 年以下的财政收支计划，称为中期计划。10 年以上的财政收支计划称为长期计划。

(六)按照法律效力分类

按照法律效力，国家预算可分为正式预算、临时预算和追加预算。

1. 正式预算

凡政府依法就各个财政年度的预计收支编成预算草案，经立法机关审核通过后，即为正式预算的成立。

2. 临时预算

为解决预算成立前的政府经费开支，先编制暂时性的预算，作为在正式预算成立以前进行财政收支活动的依据。

3. 追加(修正)预算

正式预算在执行过程中，由于情况的变化需要增减其收支时，需要再编制一种预算作为对正式预算的补充。

(七)按照预算功能保障分类

1. 政府公共预算

政府公共预算是指国家以整个社会管理者身份取得的收入和用于维持公共需要、保障国家安全、维护社会稳定和秩序、发展社会公共事业的预算。具体包括经常性收支预算和公共建设性预算。其中，经常性收支的预算收入主要是各项税收、规费和罚没等其他收入；预算支出主要包括国家机关、国防、科教文卫体等部门的经费。公共建设性预算提供公共商品和准公共商品，比如各种公共设施、基础设施和公益性设施建设项目。

2. 国有资产经营预算

国有资产经营预算是指国家以国有资产所有者身份取得的收入、其他建设性收入和国家用于经济建设、国有资产经营的资本支出预算。国有资产经营预算收入项目主要包括来自企业的国有资本收入、专项基金收入、各类企业占用的国有划拨土地变现收益和依法可以作为国有资产经营预算收入的其他项目，包括公共财政划拨收入；国有资产经营预算支出项目包括对企业的资本性支出、支持国有企业改革的经费支出、专项基金支出和依法可以从国有资本经营预算收入中支出的其他项目。

3. 社会保障预算

社会保障预算是指国家为保证社会成员的基本生活权利而提供救助和补给，而编制的预算。该预算由社会保障预算收入和社会保障预算支出构成。社会保障预算收入包括一般预算收入、基金预算收入和其他收入三类收入。一般预算收入是指财政总预算通过对国民收入再分配形式安排的年度社会保障资金。具体来源包括上年结转、当年预算安排、追加财力、上级专项补助、调入资金、总预算科目调剂等。基金预算收入分为预算内基金收入和预算外基金收入两部分。预算内基金收入是由财政预算直接列支，由社会保障部门管理的专项基金，包括解困及再就业基金、城市居民最低生活保障线基金、职工医疗保障基金等；预算外基金收入是指依据国家有关政策法规由企业和职工个人分别按工资总额和工资一定比例缴纳的，为保障企业职工离休、退职、失业后的基本生活而筹集的专项基金，包括企业职工、机关事业单位职工、农村人口养老保险基金收入，企业职工失业保险基金收入、工伤保险基金收入，企业女职工生育保险基金收入，残疾人就业保障金收入，社会福利基金收入，住房公积金收入等。其他收入是指不包括以上各项收入中的其他收入。

社会保障预算支出是指国家和社会对社会成员因年老、疾病、伤残、失业、生育、死亡、自然灾害致使生活遇到障碍时，为保证其基本生活而发生的各项支出，包括一般预算支出、基金预算支出及其他支出。一般预算支出是财政总预算从政府公共预算中安排的社会保障预算经费支出。基金预算支出是指国家为保证每个社会成员在老、病、残、失业等特殊情况下的基本生活，从所筹集的各项基金中支付的生活补助、离退休金、医疗补助费等项支出。其他支出是指除上述支出之外的社会保障开支。

4. 政府性基金预算

政府性基金预算是国家通过向社会征收以及出让土地、发行彩票等方式取得收入，并专项用于支持特定基础设施建设和社会事业发展的财政收支预算，是政府预算体系的重要组成部分。

政府性基金预算内容，包括收入和支出两部分内容。收入部分，按收入来源划分，包括向社会征收的基金和其他收入来源的基金两类。向社会征收的基金包括铁路建设基金、民航基础设施建设基金、港口建设费、国家重大水利工程建设基金等，其他收入来源的基金包括国有土地使用权出让收入、彩票公益金、政府住房基金等。按收入归属划分，包括中央收入基金、地方收入基金和中央与地方共享收入基金三类；支出部分，按支出用途划分，划分为用于公路、铁路、民航、港口等建设的基金，用于水利建设的基金，用于城市维护建设的基金，用于教育、文化、体育等事业发展的基金，用于移民和社会保障的基金，用于生态环境建设的基金和用于其他方面的基金等。

政府性基金预算的管理原则是“以收定支、专款专用、结余结转使用”。

第二节　国家预算的编制、执行与决算

国家预算周期是指开始编制预算到同级人大审批了决策编制的这一期间。世界各国的预算周期一般分为预算编制、预算执行、预算调整和政府决算四个阶段。

一、国家预算的编制

(一)编制政府预算的准备工作

在各级政府领导下，由各级政府财政部门负责组织各级政府预算的编制工作。中央预算和国家预算由财政部具体负责编制，各级政府的财政部门负责本级预算和总预算的编制。政府预算的编制一般包括准备阶段、编制阶段和审核批准阶段。

在准备阶段，要做好两项工作：一是明确内容；二是找准依据。

编制政府预算是一项复杂而又细致的工作，既要安排好各种比例关系，又要进行大量数据计算。因此，在正式编制政府预算之前，需要做好一系列准备工作，其具体内容主要有：①对本年度的预算执行情况进行预计和分析；②拟定计划年度的预算控制指标；③颁发编制政府预算草案的指示和具体规定；④修订预算科目和预算表格。

各级政府编制预算草案的依据如下。①预算的编制必须遵循预算法的有关规定。预算法是编制政府预算的基本依据，在政府预算编制过程中，凡是预算法中涉及的内容，如预算编制职权的划分、预算形式、预算编制程序等都必须按照预算法的要求执行。②预算的编制与国民经济和社会发展计划相一致。③预算的编制要参考上一年度预算的执行情况。

(二)部门预算的编制

为适应社会主义市场经济发展和建立公共财政体制的要求，我国政府从 1998 年开始，进行了以部门预算等为主的预算管理体制改革。其总体目标是公开透明、科学规范、廉洁高效、完整统一。部门预算是市场经济国家普遍采用的预算编制方法，是以政府部门为单位进行编制，即部门所有的收支都通过部门预算的形式反映出来。部门预算可以看作政府和立法机构对预算进行管理和控制的基本框架。

编制部门预算有诸多好处。一是可以缩短预算的批复时间，解决预算批复不及时问题。多年以来财政部门报审的预算草案一直是按收入类别和支出功能分类编报的，没有细化到部门，只有在批准后，才将预算再分配给各有关部门，使财政部门不能在法定期限内批复预算。二是进一步细化预算编制，可以提高预算编制的透明度，有利于预算编制的公开、公平、公正，防止预算分配和执行中的不规范行为，从而有利于对财政预算的审查和监督。三是可以使预算编制更加科学化、制度化、规范化，从而避免由于预算编制较粗糙带来的频繁地追加追减预算的情况，有利于强化预算观念，提高预算管理水平。四是可以将各部门规费收入等都纳入部门预算收入，实行统一的收支预算，便于集中财力，统筹安排，也有利于进一步推行综合财政预算管理。

部门预算的编制仍然实行“两上两下”的编制方法，即：由部门编制预算建议数上报财政部门，财政部门与有预算分配权的部门审核部门建议数后，下达预算控制数。各部门根据预算控制数编制本部门预算报送财政部门。财政部门根据人民代表大会批准的预算批复部门预算。

部门预算是完整地反映政府财政整体职能的预算，主要由一般预算和基金预算构成。一般预算体现在“收支预算总表”上，由收入和支出两个部分组成，收入主要是指部门及所属事业单位取得的财政预算拨款、行政单位预算外资金收入、事业收入、事业单位经营收入、下级上缴收入、上级补助收入、其他收入等。支出主要是指部门及所属事业单位的支出，按项目类别分为基本支出(工资福利、日常公用支出、对个人和家庭补助支出)、项目支出(行政事业性项目支出、生产建设性项目支出、其他项目支出)、事业单位经营支出、对附属单位补助支出、上缴上级支出。按支出功能科目划分，包括一般公共服务、社会保障与就业、环境保护、城乡社区事务、农林水事物支出等。基金预算体现在“纳入预算管理的政府性基金收支预算表”中，主要由单位名称(科目)、收入和支出三个部分构成。

各部门要根据历年收入情况和下一年度增减变动因素测算部门预算收入。收入因素要按收入类别逐项核对；要核定到单位和具体项目；要根据国家现有的经费开支政策和规定，测算部门预算支出；要按照预算年度所有因素和事项，分轻重缓急测算每一级科目的支出需要。

(三)国家预算的审核批准

国家预算草案在编制之后要提交立法机构审查和批准后才能生效。在我国，预算草案要提交人民代表大会审议。中央预算提交全国人民代表大会审查和批准，地方各级政府预算由本级人民代表大会审查和批准。人民代表大会对政府预算草案的审查批准又分两个步骤：第一步，由人民代表大会的专门机构对政府预算草案进行初步审查；第二步进入审核批准阶段，各级政府预算草案由各级人民代表大会进行审核批准。

二、国家预算的执行

预算草案经权力机构审核批准之后成为正式的国家预算，由相关政府各职能机构执行预算。各级预算由本级政府组织执行，具体工作由本级政府财政部门负责。

(一)国家预算执行的任务

1. 预算收入执行

预算收入执行，主要是指财政部门、税务部门、海关部门等，必须依照法律、行政法规的规定，及时、足额征收应征的预算收入。预算收入执行部门要制定完善的组织收入的各项规章制度，同时要根据国家预算收入计划和核定的季度执行计划组织收入，保证及时、足额上缴国库。

2. 预算支出执行

国家预算支出的执行是财政部门、上级主管部门和国家金库通过国家规定的办法，向用款单位进行拨付财政资金的分配活动。各级政府财政部门必须依照法律、行政法规和国务院财政部门的规定，及时、足额地拨付预算支出资金，加强对预算支出的管理和监督。各级政府、各部门、各单位的支出必须按照预算执行。各级政府应当加强对预算执行的领导，在支持政府财政、税务、海关等预算收入的征收部门依法组织预算收入的基础上，支持政府财政部门严格管理预算支出。财政、税务、海关等部门在预算执行中，应当加强对预算执行的分析，发现问题时，应当及时建议本级政府采取措施予以解决。

3. 预算平衡

预算平衡是相对的，不平衡是绝对的，组织预算平衡是预算执行中经常性的重要工作。财政部门要根据客观情况的变化，调整预算，组织新的预算平衡，保证国家预算收支任务的实现。这就要求在执行国家预算的过程中，缓解减收增支的矛盾，尽量减轻不利因素的影响。

4. 预算管理

政府部门为了确保政策目标的实现，一方面要建立一个良好的预算执行的控制程序，加强预算监督，严格执行预算管理制度，监督检查各地方、各部门，促使其正确地贯彻执行各项财政、财务、税收法令和制度；另一方面，将控制的重心转向预算绩效，要求支出部门和机构对预算资源使用的结果负责。

(二)国家预算执行的机构

在我国，负责国家预算执行的组织领导机构，是国务院及地方各级人民政府。而各级政府的财政部门则是国家预算执行的具体负责和管理机构，是执行预算收支的主管机构，负责指导和监督政府各所属预算单位具体执行收支预算。国家预算收入的执行工作，由财政部门统一负责组织，并按各项预算收入的性质和征收办法，分别由各级财政部门和各主管收入的专职机构实施；国家预算支出由财政部门管理和执行。

对国家预算执行的监督，主要包括两个方面：一是由预算管理的国家行政机构进行的监督，即财政监督；二是由立法机构或对立法机构负责的专门监督机构对预算执行的监督，即审计监督，其目的是监督行政机构是否依法执行预算。

(三)国家预算调整

国家预算调整，是国家预算执行的一项重要程序。预算调整是指经全国人民代表大会批准的中央预算和经地方各级人民代表大会批准的本级预算，在执行中因特殊情况需要增加支出或者减少收入，使原批准的收支平衡的预算的总支出超过总收入，或者使原批准的预算中举借债务的数额增加的部分变更。尽管国家预算是经过预测和反复地核算编制而成的，但是由于人们的主观认识不可能完全符合客观现实，这就决定了各项收支计划的安排不可能完全准确无误。同时，在国家预算执行过程中，宏观情况的发展变化也会造成预算收支不断发生变化，国家预算的某些部分的收支超过或达不到原定计划，从而影响着原有预算的执行。为了随时解决预算执行中出现的新情况、新问题，使年度预算符合客观实际，保证国家预算执行任务顺利地完成，需要对预算进行调整。预算调整按调整幅度不同，分为全面调整和局部调整。

1. 全面调整

全面调整是指国家对原定国民经济和社会发展计划作较大调整时，国家预算也相应对预算收支的总盘子进行的大调整。它涉及面广、工作量大，实际上等于重新编制国家预算。全面调整并不经常发生。在我国，全面调整由国务院提出调整预算计划，上报全国人民代表大会审查批准，然后下达各地区、各部门执行。

2. 局部调整

局部调整是对国家预算所做的局部变动，具体包括以下几个方面的内容。

(1) 动用预备费。在预算执行中，如果发生较大的自然灾害和经济上的重大变革，发生原来预算没有列入而又必须解决的临时性开支等情况，可以动用预备费。预备费是用于应付急需的资金，动用预备费应从严掌握，一般应控制在下半年使用，并需要报经同级政府批准。批准动支后，再列入制定的预算支出科目。

(2) 预算追加、追减。在原核定预算收支总数不变的情况下，追加、追减预算收入或支出数额。各部门、各单位需要追加、追减收支时，均应编制追加、追减预算，按照规定的程序报经主管部门或财政部门批准后，财政部门审核并提交各级政府或转报上级政府审定通过后执行。财政部门办理追加、追减预算时须经各级人民代表大会批准方可执行。

(3) 经费流用，亦称“科目流用”，是在不突破原定预算支出总额的前提下，由于预算科目之间调入、调出和改变资金使用用途形成的预算资金再分配，即对预算科目具体支出数额进行再调整。为了充分发挥预算资金的使用效果，可按规定在一些科目之间进行必要的调整，以达到预算资金的以多补少，以余补缺的目的和作用。

(4) 预算划转。由于行政区划或企事业、行政单位隶属关系的改变，在改变财务关系的同时，相应办理预算划转，将其全部预算划归新接管的地区和部门。预算的划转，应报上级财政部门，预算指标的划转，由财政部门和主管部门会同办理。企事业单位应缴的各项预算收入及应领的各项预算拨款和经费，一律按照预算年度划转全面预算，并将年度预算执行过程中已经执行的部分——已缴入国库的收入和已实现的支出一并划转，由划出和划入的双方进行结算，即划转内容包括年度预算中已经执行的部分。

各级政府对于必须进行的预算调整，应当编制预算调整方案。未经批准，不得调整预算，确保国家预算的严肃性。对违反前款规定做出的决定，本级人民代表大会、本级人民代表大会常务委员会或者上级政府应当责令其改变或者撤销。地方各级政府预算的调整方案经批准后，由本级政府报上一级政府备案。

三、政府决算

所谓政府决算，是指经法定程序批准的年度预算执行结果的会计报告，是国家预算执行情况的总结。政府决算由决算报表和文字说明两部分构成，通常按照中国统一的决算体系汇编而成，包括中央级决算和地方总决算。根据《中华人民共和国预算法》的规定，中国各级政府、各部门、各单位在每一预算年度终了后，应按国务院规定的时间编制决算，以便及时对预算执行情况进行总结。

《中华人民共和国预算法》规定，各部门对所属各单位的决算草案，应当审核并汇总编制本部门的决算草案，在规定的期限内报本级政府的财政部门审核，然后提请本级人民代表大会常务委员会审查和审批。财政机关是具体负责组织国家预算执行的机关，也是政府决算的编制机关。中央决算草案和地方各级政府的决算草案，具体由各级财政机关的预算部门负责编制。

第三节　国家预算管理体制

一、国家预算管理体制的概念

国家预算管理体制是处理一国各级政府间财政分配关系的一项基本制度，其核心内容是各级国家预算收支使用及管理职权的划分和相互间的制衡关系。预算收支范围涉及的是国家财力在中央与地方之间，以及地方各级政府之间如何分配的问题，而预算管理职权则涉及各级政府在支配国家财力上的权限和责任问题。建立国家预算管理体制的根本任务，就是通过正确划分各级国家预算的收支范围，规定预算管理权限及相互间的制衡关系，使国家财力在各级政府及各区域间合理分配，保障相同级次或区域的政府行使职能的资金需要，提高财政资金管理和使用的效率。

在国家预算管理中划分级次是与政府体制中的分级管理相一致的。在世界各国，绝大多数国家的政府都实行分级管理制度，即政府体系由中央政府和地方政府组成，其中地方政府还可进一步划分级次。政府实行分级管理，有助于提高公共物品的配置效率，实现国家的有效管理和正常运转。国家预算是为实现国家职能服务的。因此，国家预算管理体制与政府管理体制具有内在联系，是政府管理体制的重要组成部分。

国家预算管理体制与经济管理体制密切联系。在计划经济体制下，国家在资源配置和

收入分配中拥有绝对的权力，市场机制的作用十分有限，为保证国家计划的贯彻实施，资源配置和收入分配权力主要集中在中央，因此。此时的国家预算管理体制具有明显的集权管理的特征。即财政管理和资金分配权主要集中于中央，地方的权利受到很大限制，对中央的依附性较强。在市场经济体制下，市场机制对资源配置和收入分配起基础性作用，国家职能定位于弥补市场缺陷，并为市场经济的有效运转确定合理的规范。此时的国家预算具有明显的公共性，预算管理体制遵循公共资金公平分配和有效配置的原则，合理划分各级政府间收支范围及管理责权，尽管各国因政治和文化传统的差异在集权与分权关系的处理上存在较大区别，但均体现了较强的层次性，并实行规范化和法制化。

国家预算管理体制是财政管理体制的重要组成部分。预算管理体制所进行的中央与地方各级政府的收支范围和管理权限的划分，直接关系到财政资金的集中与分散、管理权限上的集权与分权的相互关系，是属于宏观调控的重大课题，对国家财政乃至整个国民经济有着重要影响。因此，预算管理体制是财政管理体制的主导环节，在其中占有重要地位。

二、国家预算管理体制的类型

一个国家采取何种预算管理体制，各级政府间财权及事权如何划分要考虑多方面的因素，主要包括国家政权结构、国家对经济生活的干预程度、经济体制、各时期的政治经济形势与政策变化等。

(一)国外预算管理体制的类型

目前，国外的财政管理体制和财政分权类型主要包括三类：联邦分权型、中央集权型和集权与分权结合型。联邦分权型侧重分权，美国和德国是这一类型的代表。其特点是地方有独立的财政收支权、调剂权，地方议会有独立的税收立法权等。中央集权型侧重集权，法国、英国是这一类型的代表。以法国为例，法国主要的税种——增值税、个人所得税、企业所得税、消费税与关税全部纳入中央收入，不与地方分成，中央预算收入占总收入的80%左右，地方预算支出的20%以上靠中央补助。日本是集权与分权结合型的代表。在收入方面，中央预算集中60%以上；在支出方面，中央预算支出占总支出的比重不到40%。中央预算集中的收入有1/3通过税收返还和补助形式返还给地方使用。

(二)我国现行预算管理体制的基础——分税制

为适应市场经济改革，充分调动地方政府的积极性，规范中央和地方政府的职能划分，我国从1994年开始实行分级分税预算管理体制。

分级分税预算管理体制是指在合理划分各级政府事权范围的基础上，主要按税种来划分各级政府的预算收入，各级预算相对独立，各级次间和地区间的平衡通过转移支付制度进行调节。

分级分税预算管理体制是以分税制为前提的。分税制是建立在市场经济基础上的。市场经济要求不同级次政府提供不同的公共物品或公共服务，而税收是财政收入的基本形式，所以，分税制为政府在市场经济条件下的规范运作提供了重要的制度保障。分税制的主要内容如下。

(1) 分税。分税是将税收收入在中央与地方之间进行划分，一般是按税种或税源将全部税种划分为中央和地方两套税收体系。它是分税制的核心问题。

(2) 分权。分权是将税收的管理权限在中央与地方之间进行划分，包括税收的立法权，税法的解释权，税收的征管权、调整权及减免权等。

(3) 分征。分征即分别建立中央税与地方税各自独立的征收系统，中央政府设置国家税务局，负责征收中央税和共享税；地方政府设置地方税务局，负责地方税的征收。

(4) 分管。分管即中央政府与地方政府之间建立分级预算，分别管理各自的收入。

(三)我国现行预算管理体制的内容——分级分税预算管理体制

1. 中央与地方事权和支出的划分

根据现在中央政府与地方政府事权的划分，中央财政主要承担国家安全、外交和中央国家机关运转所需经费，调整国民经济结构、协调地区发展、实施宏观调控所必需的支出以及由中央直接管理的事业发展支出。地方财政主要承担本地区政权机关运转所需支出以及本地区经济、事业发展所需支出。

2. 中央与地方收入的划分

根据事权与财权相结合的原则，按税种划分中央与地方收入。将维护国家权益、实施宏观调控所必需的税种划为中央税，如中央企业所得税、消费税、关税、海关代征的增值税和消费税等；将同经济发展直接相关的主要税种划为中央与地方共享税，如个人所得税、证券交易印花税等；将适合地方征管的税种划为地方税，以充实地方税税种，增加地方税收入，如城镇土地使用税、土地增值税、城市维护建设税(不含铁道部、各银行总行和各保险总公司集中缴纳的部分)、房产税、车船使用税、印花税、筵席税(全国大部分地区未开征)等。

3. 中央财政对地方税收返还数额的确定

为了保持地方既得利益格局，逐步达到改革的目的，中央财政对地方税收返还数额以1993年为基数核定，按照1993年地方实际收入以及税制改革和中央与地方收入划分情况，核定1993年中央从地方净上划的收入数额。1993年中央净上划收入，全部返还地方，保证现有地方既得财力，并以此作为以后中央对地方税收的返还基数。1994年以后，税收返还额在1993年的基数上逐年递增。

在现行分税制下，预算管理出现一系列问题，主要表现在以下各方面：①各级政府的事权划分做得不够清晰。②地方财政独立性不强，表现在地方财政收入在很大程度上受制于中央，地方政府没有主体税种。③现行税制仍基本沿用基数法，这是一种承认既得利益的方法。在明确各级政府事权的基础上，应采用因素分析法确定各级政府的收支。④企业利润的划分方式，目前的做法是中央企业收入归中央，地方企业收入归地方。这一做法只会导致地方保护主义，不利于全国统一市场的形成。因此，深化分级分税预算管理体制改革，以明确各级政府事权、增强地方财政独立性、更新收入和支出基数的确定方法和待改企业利润的划分方式就显得尤其必要。

复习思考题

一、基本概念

国家预算　预算管理体制　单式预算　复式预算　增量预算　零基预算　绩效预算　分税制　分级分类预算管理体制　政府决算

二、问答题

1. 简述国家预算的形成过程及主要目的。
2. 针对同一国家预算，不同利益主体为什么会产生不同的看法？
3. 结合实际阐释现在的预算执行中有哪些方面需要改进。
4. 复式预算较之单式预算有哪些优点？
5. 简述我国部门预算的内容及编制程序。
6. 国家预算调整方式有哪些？
7. 简述现行的分级分类预算管理体制的内容。
8. 结合现实说明现行的分级分类预算管理体制应进行怎样的改进？

第十二章 财 政 监 督

【知识要点】

财政监督是指国家财政部门为保证财政分配活动的正常进行，在财政分配过程中，依法对国家机关、企事业单位、社会团体和其他组织或个人涉及的财政收支事项及其他相关事项进行的审查、稽核与监督检查活动。财政监督由财政监督的主体、财政监督的客体和财政监督的内容三部分构成。财政监督的内容主要包括财政预算监督、财政收入监督、财政支出监督、会计监督、国有资产监督和财政内部监督。

【引导案例】

广州网上公开 114 个政府部门的财政预算

114 个政府部门到底是如何花钱的？这些一直被人们认为是“秘密”的内容得到了公开。自 2009 年 10 月 23 日起，在广州市财政局网站可看到“2009 年广州市本级部门预算”，114 个部门预算均供免费下载，这是广州市首次在网上公布年度“账本”。

链接广州财政网站“2009 年广州市本级部门预算”，能看到一个简单的缩影表格，从市委办到食检所，广州市 114 个市级部门预算都在其中。预算内容十分庞大，最大的文件就是教育局，多达 18 页。“社保局”的预算十分详尽，内容包括了“基本部门情况”“预算收支基本情况”“收支预算总表”以及更加详尽的“收入预算总表”和“支出预算总表”，这些内容中，清楚地写明了社保局下设的行政单位和事业单位情况，还有人员构成、商品和服务支出、交通费执行标准。社保局 1 个行政单位以及 15 个事业单位收入支出都一一列出。在其“支出预算”中，细致到“岗位补贴”“职业技能鉴定补贴”的支出项目都做到了公开。

试分析，财政预算公开的必要性。

(资料来源：广州日报，2009-10-23)

第一节 财政监督概述

财政监督是国家财政管理的重要内容，与财政制度同步产生。财政的各项职能作用的发挥离不开财政监督，没有财政监督，财政职能就不完整。早在公元前 3500 年左右的古埃及，高度集权的奴隶主君主法老就专门设立了监督官，负责对全国各机构和官吏是否忠实地履行职责，财政收支记录是否准确无误，进行间接管理和监督。

一、财政监督的概念、性质和作用

(一)财政监督的概念

财政监督是财政管理的重要组成部分，体现了财政管理的本质属性。财政监督贯穿于财政分配和财政管理的全过程。

对于财政监督概念的界定一般有广义和狭义之分。广义的财政监督是国家为保障财政分配活动正常有序运行，对相关主体的财政行为进行审查、监控、检查、稽核、督促和反映的总称。在这里国家是财政监督的主体，表现为国家在实现其财政职能过程中对其他相关主体的一种制约关系。狭义的财政监督是指国家财政部门为保证财政分配活动的正常进行，在财政分配过程中，依法对国家机关、企事业单位、社会团体和其他组织或个人涉及财政收支事项及其他相关事项进行的审查、稽核与监督检查活动。这里财政监督的主体仅指财政部门。通常所说的财政监督指的是狭义的财政监督，即各级财政部门进行的监督。

对财政监督概念的理解应从以下几个方面把握。

(1) 财政监督是由特定的主体所实施的。财政监督概念中的广义和狭义之分，就是因监督主体的不同而加以区分的。狭义的财政监督主体仅指财政机关，而广义的财政监督主体除了财政机关外，还有审计机关、代议机关，以及中介机构和社会民众。由此也就形成了不同的财政监督体系，这一点将会在财政监督体系部分介绍。

(2) 财政监督是对财政资金运动及其所体现的经济关系的监督，而不是对整个经济领域的监督。财政监督是对财政资金运动全过程的监督，包括事前审核、事中控制和事后检查。财政监督的对象是政府机关、社会团体、企事业单位以及其他组织和个人涉及的财政收入、财政支出、财务会计、国有资本金管理等财政管理事项。

(3) 财政监督是财政管理的一项重要内容。具体来说，财政监督是对财政资金的运动过程及其效果所进行的专门监控，是为实现财政管理目标而建立的一种约束财政主体行为的机制。因此，财政监督体现了管理的本质属性，它寓于财政管理活动当中，与财政资金运动同步进行，其主要功能就是及时发现和纠正预算执行中的偏差，确保财政分配的科学、正确和有效。

(二)财政监督的性质和作用

1. 财政监督的性质

财政监督的性质具体有以下两点。

(1) 财政监督是现代民主政治的产物。孟德斯鸠曾说：“一切有权力的人都容易滥用权力”，“要防止滥用权力，就必须以权力制约权力”。历史的经验告诉我们，无论在哪种社会制度下，权力一旦失去制约，就会变成脱缰的野马，给社会带来严重的危害。公共权力如果不受监督制约，就会产生权力滥用和滋生腐败，必然导致对财政资源的不恰当收取、支

配和使用。通过财政监督，就可以对财政领域的各种权力建立一种监督制约机制，将执法者的一切行为都置于财政监督之下，使守法成为所有执法者的自觉行为。西方财政监督制度的发展深受西方资本主义国家政治变革思想的影响。在专制制度下，国王居于权力金字塔之顶，其没有制约的权力导致权力腐化、失衡和泛滥，人民饱受其苦。英国“光荣革命”后，洛克提出了立法权、行政权和外交权三权分立的思想，在西方思想史上确立了一个新命题。孟德斯鸠的“要防止滥用权力，就必须以权力制约权力”的以权制权的民主思想，催生了现代财政监督制度。

(2) 财政监督体现着对政府权力的制约。随着公共财政制度的建立，必然要产生与之相对应的财政监督制度。在公共财政制度下，财政收支最终由资本、市场和“公共需要”决定，要求财政收支活动必须遵循利益原则，只能进行“公共”性质的收支活动。但财政权是政府的一项重要权力，如果对政府财政权不加以约束和控制，很难保证政府收支中不夹杂有私人财务内容。由此就要求政府不仅每年应向社会公众公布其财政收支情况，而且在决策前应广泛听取社会各界的意见，以最大限度地保障人民群众的根本利益。而要维护人民的根本利益，就必须对政府财政收支进行监督。如果缺乏对政府权力的制约，就很有可能导致政府官员在财政收支活动中的随意性，导致人民利益遭受损失。

2. 财政监督的作用

财政监督具有以下几个方面的作用。

(1) 预防财政风险的发生。财政的职能是否能实现，不仅取决于财政政策的制定是否正确无误，更重要的在于财政执行过程中是否合法有效。如财政收入在征收过程中的大量流失，财政支出在支出使用安排过程中的无效及挥霍浪费，这些都将导致财政收支失衡，不仅会影响到财政职能的发挥，还会导致财政风险。通过财政监督，可以做到加强征管，堵塞漏洞，惩治腐败，不仅可以增加财政收入，有效提高财政支出的效率，而且可以防范财政风险的发生及其带来的损失。

(2) 保障财政政策的落实。财政监督的重要任务是保证国家出台的各项财税政策能够得到全面的贯彻执行。财政部门按照国家法律、法规的规定，通过对财政资金的运行状况以及国有资产、企事业单位财务状况的监测和控制，监督各单位是否执行国家有关的财务规章制度。财税政策的落实最终是通过财政的收支活动体现出来的，所以要确保财政政策的落实，主要是通过对财政政策执行过程中的收支活动进行监督。监督各财政收入征收机关征收收入的合法性，监督财政支出的合法性，如对各支出主体的财政支出范围、规模、结构和效益进行监督，包括对行政管理费支出，教育、科学、文化、农业等事业性支出，基本建设、社会保障等资金支出的合法性，以及各级财政转移支付的合法性进行监督。

(3) 评价财政资金的使用效益。通过审查财政收入完成情况、财政支出执行情况和财政政策贯彻落实情况等预算方案执行状况的分析，可以评价财政资金的使用效益，根据评价结果，分析监督中发现的问题，并借以提出完善相关制度的建议，最终可以达到提高财政资金使用效率、提高财政管理水平的目的。

(三)财政监督的构成要素

由上述财政监督概念的介绍，我们可以将财政监督的构成要素概括为三个方面：财政监督主体、财政监督客体和财政监督内容。

1. 财政监督主体

财政监督主体是说明在财政监督中由谁监督的问题。在我国的财政监督体系中，财政监督主体是代表国家实施财政监督职能的财政机关。财政机关是对国家财政资金的运行进行日常管理的职能部门，同时又是代表国家实施日常财政监督的主体。财政部门作为具体实施财政监督职能的机构，主要是各级财政机关设立的专司财政监督职责的机构。中央财政部门的财政监督专职机构，是在财政部设立的财政监督检查局和派驻各地的财政监察专员办事机构；地方财政部门的财政监督专职机构，主要是在省、市、县各级财政部门设立的财政监督处、科或监督检查局。中央财政专职监督机构和地方财政专职监督机构的财政监督，构成了我国财政部门的专职财政监督体系，共同对我国的财政资金收支活动和运行全过程进行监督。另外，各级财政部门的其他各业务职能机构在进行日常各自财政管理的同时，还负有财政监督的职责。专职财政监督机构与各业务管理机构相互配合，共同构成了完整的财政监督体系。

2. 财政监督客体

财政监督客体是说明财政监督主体在财政监督中对谁监督的问题。财政监督既是对内部的监督，同时又是对外部的监督。财政内部监督主要是指由财政部门中履行财政监督职责的机构及其检查人员，对财政部门内部设置的其他机构、业务单位开展的管理活动以及产生的业务行为的合法性、合规性和真实性、完整性实施监督检查的一种经济管理活动。财政外部监督是指由财政部门的监督机构和管理机构，对国家机关、企事业单位、其他经济组织等在资金的筹集、分配以及使用过程中所发生的财政收入、财务收支、国有资产管理行为，及其经济活动过程以及成果的合法性、合规性和真实性、完整性实施检查与监控的一种经济管理活动。我们通常在理解财政监督时会局限于外部监督方面，认为财政监督主要是围绕财政资金运行的各个环节进行的监督，包括对征收部门征收管理财政收入情况的监督、财政支出资金使用情况的监督等。实际上财政监督还包括对财政部门内部的监督，如财政资金筹集、分配、管理等情况的监督，也就是对财政政策制定者自身管理财政资金情况的监督。

3. 财政监督内容

财政监督内容是说明在财政监督中监督什么的问题，也就是我们通常所说的财政监督的范围。财政监督是对财政资金运动全过程的监督，主要是对相关当事人在财政资金运行、财务收支和其他财政管理活动中执行和遵守国家财政法律、法规、规章的合法性进行监督，

具体分为预算监督、财政收入监督、财政支出监督、国有资产监督、财务会计监督五个方面。

二、财政监督体系

财政监督体系是就一国的财政监督主体的多层次和多元化角度而言的，财政监督的各个不同主体的监督共同构成了完整的财政监督体系。而各国财政监督主体的不同又取决于各国的财政监督制度，所以我们有必要了解国家的财政监督制度情况，进而可以了解到不同财政监督制度下的财政监督体系构成。

(一)国外财政监督制度的类型

财政监督按照监督机关的性质可以分为三种类型：立法型财政监督、行政型财政监督和司法型财政监督。

1. 立法型财政监督

立法型财政监督是指国家立法机关对国家公共权力实施的监督，监督主体是国家立法机关，如国会、议会等。其突出特点是由议会、财政部和审计署共同对国家财政进行监督，议会享有最高的财政监督权，审计组织隶属于国会行使财政监督权。这类国家有英国、美国、加拿大、澳大利亚及新西兰等。

2. 行政型财政监督

行政型财政监督是指国家行政机关依据国家法律法规对自身行为、其附属机构行为和关联机构行为实施的监督。在财政监督中，表现为财政机关对其内部机构的行为以及使用财政资金的部门单位的资金运转情况进行的监督，是对内监督和对外监督的结合体。其监督主体主要是政府及所属部门或者只是财政部门。其主要特征是在各级政府设置行政管理部门，专门负责行使财政监督职权。这类国家有瑞典、瑞士、沙特阿拉伯及苏丹等。

3. 司法型财政监督

司法型财政监督是指国家司法机关依照法定职权与法定程序对行政机关和公务人员的行政行为是否合法进行的监督，包括检察机关的监督和审判机关的监督两个方面。其监督形式主要是议会、审计机关及财政内部机构对财政资金分配、使用主体及其使用情况的监督。其突出特点是议会只对国家财政实施宏观监督；具有司法性质的审计机关对财政监督具有较大的职权；财政部门设有执行财政监督的专门机构，但它在行政级别上没有特殊的地位。这类国家有法国、西班牙、意大利及希腊等。

三种类型的财政监督制度具体到某一国家时并非是孤立的，从当前世界各国的财政监督制度内容来看，财政监督体系的建立带有综合性的发展趋势，即全方位、多层次地实施财政监督。全方位是指从各个角度监督国家财政活动，如罗马尼亚的最高财政监察院既带有立法监督性质，又带有司法监督性质，还带有行政监督的性质。所谓多层次是指鉴于国民经济和财政分配的复杂性，单纯的一种监督机构是无法实施有效的财政监督的，所以，目前许多国家实行三个层次的财政监督：一是国会监督，二是审计监督，三是财政系统监督。这就大大增强了财政监督的有效性。例如，法国的财政监督体系由议会监督、审计法院监督和财政总监察司监督三个部分组成。

(二)我国财政监督体系

1. 广义的财政监督体系

在我国，广义的财政监督是指多个主体对政府财政活动的监督，包括人大监督、审计监督、财政监督、税务监督、中介监督和民众监督等。其中，人大监督是最高层次的监督，其他监督包括财政监督都要接受人大的监督。

人大监督，即人民代表大会监督，主要是国家权力机关依据《中华人民共和国宪法》及相关法律，对财政部门执行财经政策、法律情况，以及预算编制情况实施的一种国家宏观管理监督。人民代表大会监督财政的职权是由我国宪法赋予的，并通过人民代表大会制度来实现。

审计监督，即审计机关对财政资金的监督，是指政府审计机关依据《中华人民共和国审计法》的授权，对被审计对象在使用政府财政性资金过程中执行国家财经政策、法律、法规、规章和制度的情况，以及财政收支、财务收支和有关经济活动的真实性、合法性和效益性进行审计，以评价经济责任，维护财经纪律，维护国家利益和被审计对象的合法权益。审计监督是一种具有独立性的行政监督，在财政领域的重点是对财政监督实施再监督。

财政监督是财政部门对财政分配过程进行具体的、日常的监督，财政监督是一种职能部门的管理性监督，除了监督财政资金运行状况外，财政部门还面向全社会的会计领域进行监督，对各级会计核算单位的会计基础工作进行指导和规范，通过监督检查发现会计政策、会计制度在运行中出现的问题，及时加以调整和修改，规范会计行为，达到加强会计管理的目的。

税务监督是国家税务机关在税收征管过程中，根据税法和财务制度的规定，对纳税人的纳税情况及影响纳税的因素所进行的专门性的经济监督。实施税务监督，一是为了维护税收法定的需要；二是要体现税收的公平、合理的税法价值观。

中介监督主要是指由以会计师事务所及注册会计师为主的社会中介机构依据《注册会计师法》以及国家相关法律、行政法规、规章制度，接受财政部门以及有关经济管理部门和各经济组织的委托，对生成和使用财政性资金以及配置国有资产的部门、单位执行国家财经政策和相关法律、行政法规、规章制度的情况，及其发生的财政收支行为、财务收支行为和有关经济活动的真实性、合法性和效益性进行的监督。

民众监督，即百姓监督，是对财政税务部门及其相关人员在执行国家相关制度及在财政收支活动中的问题进行的监督。现在的舆论监督、网络监督、举报制度等都是很重要的监督形式。随着监督机制的完善，民众监督效果将会不断地得到提升。

2. 狭义的财政监督体系

狭义的财政监督主要是指财政部门的监督。本章所分析的财政监督主要是指财政部门对财政收支活动的行政监督，也就是狭义的财政监督。

我国财政部门的财政监督体系是按照分级财政体制建立起来的。一级政府一级财政，一级财政就应该有一级财政监督机构。我国的财政监督机构分为中央财政监督机构和地方财政监督机构。中央财政监督机构主要包括财政部专职监督机构和财政部驻各地财政监察专员办事处，地方财政监督机构是指各省、市、县各级财政部门内设的监督机构和派出机构。

财政部专职监督机构即财政部监督检查局负责全国的财政监督检查工作，其主要职责是拟定财政监督检查政策和制度，监督检查国家预算执行情况，组织对企业会计信息质量的检查工作，指导全国财政系统的监督检查工作，检查履行财政监督职责的情况等。财政部驻各地财政监督专员办事处作为财政部的派出机构，就地履行中央财政监督检查职能。其主要职责是：监督检查国家财政方针政策、法规的贯彻落实情况，中央预算的执行情况；监缴政府非税收入和检查中央财政专项资金的分配使用情况；检查落实中央财政与地方财政的结算及其他涉及中央财政政策的重大事项。地方财政监督机构的主要职责是围绕本级政府部门预算编制、执行情况开展监督检查。

我国的财政监督体系构成如图 12-1 所示。

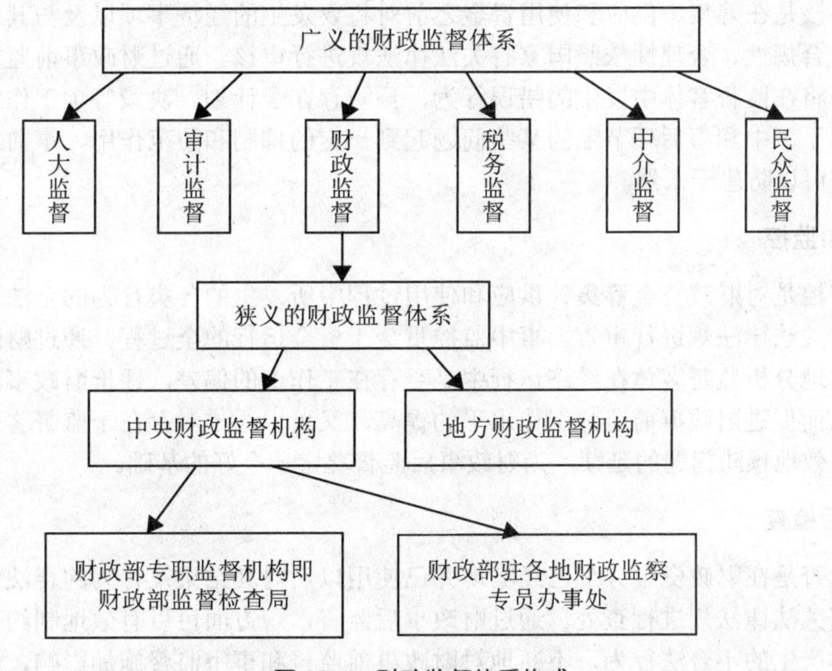

图 12-1　财政监督体系构成

第二节　财政监督的实现

财政监督工作在世界各国都是财政管理乃至经济管理的重要组成部分。财政监督检查的过程也就是运用财政监督工作程序和方法的过程。本节将重点介绍财政监督的方式、流程和方法。

一、财政监督的方式

在实施财政监督的过程中，财政监督机构及其工作人员为了完成工作任务，要对监督检查对象涉及的有关信息进行搜集、加工，为使搜集的各种资料合理而全面，检查人员往往要根据被检查单位的具体情况及特点采用不同的方式来完成任务。

(一)事前审核、事中监控和事后检查

财政监督按实施的时间可分为事前审核、事中监控和事后检查。

1. 事前审核

事前审核是在筹集、供应和使用资金之前对将要发生的经济事项以及与其相关的行为的合法性、合规性、合理性依照国家有关法律法规进行审核。通过财政事前监督，可以及时地控制即将在监督客体中发生的错误行为，预防存在于计划、决策等项工作中的错误，对可能产生于事中和事后环节上的某些问题起到一定的抑制和防范作用。事前审核具有预防的性质，可以防患于未然。

2. 事中监控

事中监控是对财政资金筹集、供应和使用过程中所发生的各类行为的合法性、合规性依照国家有关法律法规进行审查。事中监控贯穿于资金运行的全过程，通过财政事中监控既可以及时地分析监督客体在经济运行中是否存在工作上的偏差，评价财政事前监督工作的效果，从而促进财政事前监督工作水平的提高，又可以通过对存在于监督客体中的问题的纠正来有效地预防问题的延续，为财政事后监督奠定一个好的基础。

3. 事后检查

事后检查是在财政资金分配已经实现并已使用以后对其结果及行为的合法性、合规性依照国家有关法律法规进行查处。通过财政事后监督，一方面可以有效地制约监督客体在经济活动中产生的不合法行为，不断地对财政事前监督和事中监督施加影响，保证以后开展的事前监督和事后监督不会再重蹈覆辙；另一方面，通过对监督客体经济活动结果的审

查、分析和研究，又能为规范财政事前监督和事后监督提出改进和完善的合理建议。

(二)日常监管、专项监督和个案检查

财政监督按监督的工作方式可分为日常监管、专项监督和个案检查。

1. 日常监管

日常监管是财政部门按照国家法律、法规的规定对预算执行和财政管理中的某些事项所进行的日常监督管理活动。财政部门业务机构开展的日常监管活动是结合预算编制，对财政资金分配进行事前的审查、评估，对资金的拨付、使用进行事中的审核、控制，加强对预算的监督约束。日常监管的主要内容包括：预算编制是否符合《中华人民共和国预算法》的有关规定；对预算执行情况分析、预测的依据是否充分可靠；新的重大的财政经济措施对预算收支的影响是否考虑全面，测算是否准确、合理；预算收支的安排是否符合国家预算指标和管理体制的要求；通过建立预算收支旬报、月报、季报制度，定期分析预算执行情况；等等。财政监督专门机构开展的日常监管工作是根据财政管理的需要，对预算编制和预算执行进行必要的延伸监督核实，对财政管理和资金运行的重要环节及时进行重点监控和实地检查。

各业务机构和财政监督专门机构的日常监管构成了覆盖财政资金运行全过程、全方位的监督管理机制。

2. 专项监督

专项监督是财政部门和财政监督专门机构对某一特定项目所进行的监督检查，是日常监督检查的必要补充。财政部门根据财政管理的需要和监督检查中暴露出来的难点、热点，有针对性地开展专项监督检查，从而提高财政监督检查的综合效益。

3. 个案检查

个案检查是财政监督检查专门机构根据上级批示以及日常监督检查和专项检查中发现的线索，组织力量对群众举报的案件进行检查核证的一种方式。

(三)内部监督和外部监督

财政监督按执行主体与对象的不同，可以分为财政内部监督与财政外部监督两种方式。

1. 财政内部监督

财政内部监督主要是指由财政部门中履行财政监督职责的机构及其检查人员，根据本部门决策层的授权，对财政部门内部设置的其他机构、业务单位开展的管理活动以及产生的业务行为的合法性、合规性和真实性、完整性实施监督检查的一种经济管理活动。财政内部监督的主要内容包括对财政收支预算的监督、对财政支出预算执行的监督、对政府采

购的监督、对内部财务收支的监督等。实施内部监督检查，应依照国家现行法规和规章的规定进行，对检查的情况和查出的问题给予客观、真实的反映，出具检查报告，做出基本评价，提出对查处问题的处理意见及改进建议。

2. 财政外部监督

财政外部监督是指由财政部门的监督机构和管理机构，共同依法对国家机关、企事业单位、其他经济组织等在资金的筹集、分配以及使用过程中所发生的财政收入、财务收支、国有资产管理行为，及其经济活动过程以及成果的合法性、合规性和真实性、完整性实施检查与监控的一种经济管理活动。财政外部监督的主要内容包括对财政收入预算执行的监督、对预算外资金收支的监督、对国有资产的监督、对财务收支管理的监督、会计监督和对会计师事务所及其注册会计师协会监督的再监督等。

(四)就地检查、送达检查、告知检查和突击检查

财政监督按监督检查形式可分为就地检查、送达检查、告知检查及突击检查。这些方式是财政部门在实施专项检查中最常用的具体检查方式。

1. 就地检查

就地检查是指财政部门派出检查人员在被检查单位进行现场监督检查的检查方式。

2. 送达检查

送达检查是根据规定或通知，由被检查单位将指定的资料报送给指定的财政部门进行审核的检查方式。

3. 告知检查

告知检查是指财政部门按照财政检查工作规则的有关规定，在实施财政监督检查之前，将检查的目的、主要内容和检查日期预先通知被检查单位的检查方式。

4. 突击检查

突击检查是指财政部门按照财政检查工作规则的有关规定，在实施财政监督检查之前，不预先将检查的目的、主要内容和检查日期通知被检查单位的检查方式。

二、财政监督的流程

财政机关或人员在实施财政监督活动中，办理财政监督事项时必须遵循一定的工作顺序和操作规程。这就是财政监督程序所要解决的问题。财政监督程序是从财政监督工作开始到结束的整个过程的一个流程。

整个流程从计划开始，经过准备阶段、具体实施阶段，到最后的终结及总结结束，如图 12-2 所示。

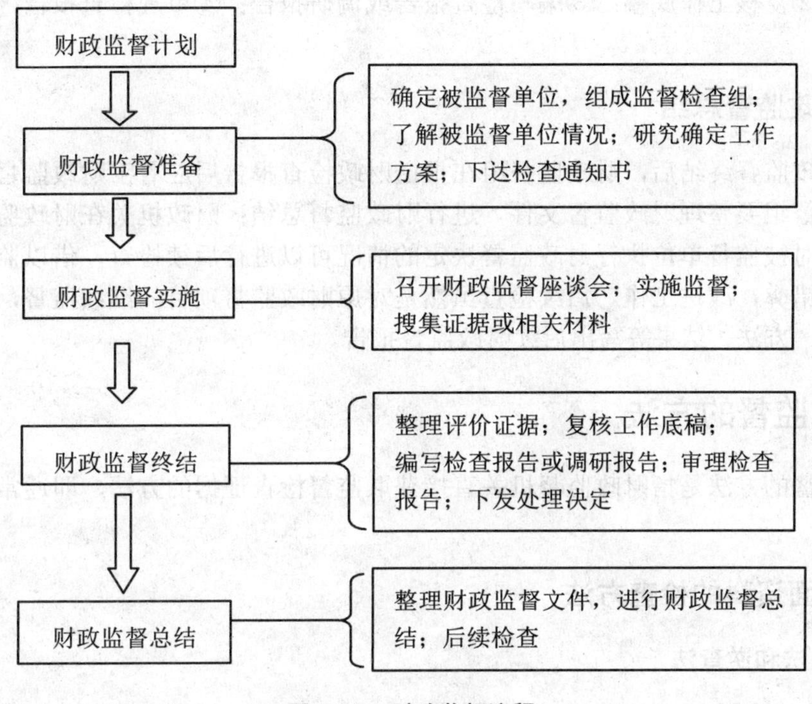

图 12-2　财政监督流程

(一)财政监督的准备

准备阶段是整个财政监督工作的起点，财政监督工作是否有效，与准备阶段的工作密切相关。具体工作包括：调查了解被检查单位的基本情况，分析监督内容的特点，研究确定工作方案，下达检查通知或以其他方式告知。

(二)财政监督的实施

实施阶段是财政监督人员按照工作方案规定的要求和日程安排，进驻被监督单位后，通过检查会计凭证、会计账簿、会计报表，查阅与检查事项有关的文件、资料，检查现金、实物、有价证券，向有关单位和个人调查等方式进行检查，并取得证明材料，即开展检查与取证的过程。财政监督的实施是整个财政监督程序的关键阶段。

(三)财政监督的终结

财政监督的终结阶段是监督检查人员在开展财政监督时经过准备阶段和实施阶段后，

对被监督单位的会计报表、收支项目及其他有关经济活动检查结果的资料进行筛选、归类、分析、整理，做出综合评价，最后向财政机关提交监督报告的过程。主要工作是：①整理评价证据；②复核工作底稿；③编写检查报告或调研报告；④审理检查报告；⑤下发处理决定。

(四)财政监督总结

一项财政监督终结后，财政监督组在报送财政检查报告后应着手财政监督项目结束工作。财政监督组要整理财政监督文件，进行财政监督总结；财政机关在财政监督检查的决定发出后，对被监督单位执行财政监督决定的情况可以进行后续检查，借以监督被监督单位如期纠正错弊，改进工作。后续检查虽然是对原财政监督项目的继续监督，但仍应对后续检查内容、方法、结果等写出后续财政监督报告。

三、财政监督的方法

财政监督的方法是指财政监督机关直接获取监督检查证据的方法，即通常所说的查账方法。

(一)书面资料的检查方法

1. 顺查法和逆查法

顺查法是指检查人员按经济活动发生的先后顺序，逐一核对、依次进行检查的方法，具体操作是“证—账—表”。逆查法是按照经济业务处理的相反顺序依次进行检查的一种方法，具体操作是“表—账—证”。

2. 审阅法、核对法、复算法、查询法、比较法和分析法

审阅法是指财政检查人员通过仔细阅读和审核各种会计凭证、账户、报表以及各种有关文件和其他原始资料，从中发现问题和线索的一种检查方法。

核对法是指检查人员将两种或两种以上的互相关联的凭证、账簿、报表等资料进行相互对照或交叉对照，以检查其内容是否一致、计算是否正确的一种检查方法。

复算法是指检查人员按照正确的计算方法对凭证、账簿和报表等会计资料的某些数字进行重新计算，以验证其是否正确的一种检查方法。

查询法是指检查人员对检查过程中发现的问题，通过向被检查单位内外有关人员调查询问，了解书面资料未能详尽提供的信息，达到弄清事实真相的一种检查方法。

比较法是指检查人员在检查中通过对被检查单位的有关数据、指标、情况的对比，从中找出差异的一种检查方法。

分析法是指检查人员对被检查单位提供的有关会计资料进行分解和综合，了解其构成

要素和相互关系的一种检查方法。

3. 详查法和抽查法

详查法是指检查人员对被检查单位全部或某一时期、某一业务的所有凭证、账簿、报表进行全面、详细检查的一种检查方法。

抽查法是指检查人员对被检查单位一定时期内的会计资料和有关的经济业务资料，按一定的方式抽取一部分作为样本，并通过对样本的审查结果来判断被检查单位经济活动的合法性、合规性、真实性和可靠性的一种检查方法。

(二)实物的检查方法

在实施财政检查的过程中，经常需要证实被检查实物的性质、形态、数量、价值等是否合法、合规、正确。查证客观事物的方法主要有盘点法、调节法、观察法和鉴定法。

盘点法是指检查人员对被检查单位的现金、有价证券、原材料、在产品、产成品、固定资产、低值易耗品和其他物资的实际存量，进行实物清查的检查方法。

调节法是指对检查项目有关的因素，根据其内在联系，按照一定的方法进行调整计算，以验证其是否正确的一种方法。

观察法是指财政检查人员进入检查现场对生产经营、财产物资管理和内部控制制度的执行情况进行实地观察以取得检查证据的方法。

鉴定法是指实施财政检查时运用专门技术对技术资料、实物性能和质量、财产物资价格进行识别、测试和鉴定的方法。

上述的每一种方法在查账过程中均能发挥一定的作用，但每一种方法只能解决局部的查账问题。因此，在实际查账过程中检查人员必须对被检查单位进行全面了解和综合分析，并根据被检查单位的具体情况，确定最佳的检查方法，同时要坚持多种查账方法相结合的检查方式，从而确保检查工作的顺利完成。

第三节　财政监督的内容

从财政监督规范和控制的对象来看，财政监督的内容主要包括财政预算监督、财政收入监督、财政支出监督、会计监督、国有资产监督和财政内部监督。

一、财政预算监督

财政预算监督是指对各级政府、各部门、各单位的预算编制、预算执行、预算调整以

及决算等活动的合法性和有效性实施的监督。

预算是政府的财政收支计划，是政府筹集和使用集中性财政资金的重要分配工具。从财政管理角度来看，政府部门和社会公共事业单位的财务收支活动都是在财政预算安排的基础上组织开展的。《预算法》是财政部门实施预算监督的重要法律依据。《预算法》第 71 条规定，“各级政府财政部门负责监督检查本级各部门及其所属各单位预算的执行”，明确赋予了财政部门监督检查本级预算的权限。根据预算法的授权，各级政府财政部门要履行好对本级财政预算的监督职责，对预算编制、执行到财政决算进行全过程的监督、检查，促进并提高财政预算的合理性、规范性和科学性。预算监督的内容主要包括对预算编制的监督、对预算执行的监督、对预算调整的监督以及对决算的监督。

(一)预算编制的监督

预算编制是预算管理的起点，也是预算管理的关键环节。一个编制合理均衡的预算是财政预算能否顺利实现的前提，因此，预算编制监督是预算监督的重要内容。

我国《预算法》规定各级预算应当做到收支平衡，“中央政府公共预算不列赤字”、“中央预算中必需的建设投资的部分资金，可以通过举借国内和国外债务等方式筹措，但是借债应当有合理的规模和结构”、“地方各级预算按照量入为出、收支平衡的原则编制，不列赤字”。在预算监督中，应该要求预算编制单位做到保持预算收支的平衡。

我国《预算法》规定：“各级预算收入的编制，应当与国民生产总值的增长率相适应。”“按照规定必须列入预算的收入，不得隐瞒、少列，也不得将上年的非正常收入作为编制预算收入的依据。”在预算监督中就应该要求预算编制单位在经济发展的基础上编制预算，保证预算收支与经济发展相适应。

为了及时、准确、完整地编制政府预算，各级政府、各个部门、各个单位都必须严格遵循政府预算编制程序。我国的预算编制采取“两上两下”的编制程序。在预算监督中包含了对预算编制程序的监督，审查预算的编制程序主要采取查阅预算编制的有关文件和“两上两下”的编制数据及其调整资料的方式进行。

(二)预算执行的监督

编制完成的财政预算草案经过国家权力立法机关审查批准后，成为正式的法定财政预算。有效地组织财政预算的执行，并在执行中进行必要的调整，是实现财政预算各项任务的现实环节，也是预算管理中最重要的部分。

预算法规对预算收入执行的要求：预算收入征收部门要积极组织预算收入；不得擅自减征、免征或缓征预算收入；不得截留、占用预算收入。在预算执行的过程中，各级政府财政部门必须依照法律、行政法规和国务院财政部门的规定，及时、足额地拨付预算支出资金，加强对预算支出的管理和监督。各级政府、各部门、各单位的支出必须按照预算执行。

对预算执行实行财政监督的主要内容包括：预算收入的完成；支出部门有无在科目之间随意调剂使用的情况；对财政赤字的原因进行剖析，是否突破批准的预算范围；列入预算的专款是否严格按照批准的程序与范围拨付；财政补贴是否拨付到位，有无拖欠、挪用的情况；年度财政决算有无通过国库、收入征收单位等方面联手调整决算的类、款、项、目、节内容与数据的行为。

(三)预算调整的监督

预算调整是指经全国人民代表大会批准的中央预算和经地方各级人民代表大会批准的本级预算，在执行中因特殊情况需要增加支出或减少收入，使原批准的收支平衡的预算总支出超过总收入，或者使原批准的预算中举借债务的数额增加。对于预算调整必须按规定进行：①各级政府对于必须进行的预算调整，应当编制预算调整方案。②中央预算的调整方案必须提请全国人民代表大会常务委员会审查和批准，县级以上地方各级政府预算的调整方案必须提请本级人民代表大会常务委员会审查和批准，乡、镇政府预算的调整方案必须提请本级人民代表大会审查和批准。未经批准，不得调整预算。③未经批准调整预算，各级政府不得做出任何使原批准的收支平衡的预算总支出超过总收入，或者使原批准的预算中举借债务的数额增加的决定。④地方各级政府预算的调整方案经批准后，由本级政府报上一级政府备案。

对预算调整的审查监督，应重点关注预算调整的依据是否充分，是否按规定报相关权力机构批准。

(四)决算监督

决算是年度政府预算执行的总结，是国家经济活动在财政上的集中反映，反映了年度预算收支执行的最终结果。预算年度终了，各级政府、各部门、各单位都要及时、正确、完整地编制各级政府决算草案、各部门决算草案和各单位决算草案。各级政府财政部门在本级政府及上级财政部门的具体负责组织下，进行决算的编制工作。

在决算审查监督中，重点关注以下几项工作的完成情况：①年前增收节支和平衡预算的工作；②年终预算收支的清理工作；③编制和汇总决算方法的应用；④贯彻财政部提出的当年预算执行中若干具体问题的决算处理意见情况。

二、财政收入监督

中国目前实行分税制财政管理体制，按税种划分中央与地方收入，税收管理权限集中于中央政府，由中央政府统一税权和税收政策，全国人民代表大会和国务院负责税法和实施条例的颁布。各级财政监督机构的重要职责是对税法执行情况和财政政策的贯彻落实情况进行监督检查，履行对税收征管部门的再监督和监缴行政性收费、政府基金的职能。财政收入的主要形式是税收，此外还有行政性收费、政府基金等其他收入。财政收入监督的

内容也主要是围绕这几种收入形式进行监督。

(一)税收收入监督

税收是财政监督的重要内容。税收监督一般分为两个层次：一是税务部门按照税收征收管理法实施的稽查，主要解决税收征缴中存在的问题；二是财政监督机构对其进行的再监督，主要解决税收征收管理以及缴退库过程中存在的问题，这是对税务部门征管质量的监督。对税收收入征管质量的监督是为了确保税收收入的完整性、及时性，督促税务机关严格执行《中华人民共和国税收征收管理法》。监督的主要内容是选择收入流失的重点环节开展跟踪检查，检查税收收入是否做到应收尽收；有无随意减征、缓征、免征的问题，查处违反税收政策、越权减免、不征少征缓征、违规退付等税收征管问题。

(二)非税收入监督

行政性收费和政府性基金是政府非税收入的重要组成部分。我国现行政策规定，行政性收费和政府性基金都要实行“收支两条线”管理。也就是说，对行政性收费和政府性基金实行收入和支出两条线管理，行政事业单位取得的行政性收费和政府性基金全部缴入财政国库或专户，支出由财政部门根据批准的综合预算，按计划拨付给单位，由单位按照批准的用途使用。

1. 行政性收费监督

行政性收费监督的主要内容包括：①各级政府的收费立项、审批程序、审批范围等制度规定是否符合国务院及财政部的规范要求；②有无违反审批权限，越级擅自设立、审批行政性收费项目；③行政性收费收入是否按照规定纳入财政预算管理，因为特殊原因暂时不能纳入财政预算管理的，是否按规定纳入财政专户，实行“收支两条线”管理；④收取行政性收费所使用的票据是否是财政部门统一监印的专用票据；⑤是否乱开银行账户，截留、挪用、坐收坐支财政性收入，是否执行收缴分离、票款分离、代收代缴规定等；⑥对于涉及农民负担、企业负担等比较敏感的行政性收费项目及其标准，是否严格履行报批程序经过有权批准机关批复，有无擅自扩大收费项目或收费标准的问题；⑦行政性收费的会计核算是否符合规定，使用范围是否在政策的规定范围内，有无违反财经纪律的问题。

2. 政府性基金监督

政府性基金监督的主要内容包括：①政府性基金的设立是否经过国务院或财政部报国务院批准；②收取政府性基金的标准、范围是否报请有权机关审批；③政府性基金收入是否按照规定纳入财政预算管理，因为特殊原因暂时不能纳入财政预算管理的，是否按规定纳入财政专户，实行“收支两条线”管理；④收取政府性基金所使用的票据是否是财政部门统一监印的行政性收费票据；⑤政府性基金的会计核算是否符合规定，使用范围是否在

政策的规定范围内，有无违反财经纪律的问题。

三、财政支出监督

财政支出是目前财政部门履行监督职能的主要内容。财政支出监督是指财政部门为确保财政资金运行的安全、规范、有效，对财政资金支付实施监督和控制，是提高财政管理质量的关键环节和发挥宏观调控作用的客观需要。涉及财政支出监督的法律目前主要有《预算法》《政府采购法》等。财政支出监督的内容主要包括基本支出监督、政府采购监督和专项资金支出监督等方面。提高财政支出监督质量，特别需要加强事前审核和事中监控力度，并强调与国库集中支付、“收支两条线”等财政改革同步进行。

(一)财政基本支出监督

财政基本支出监督主要是对行政事业费支出、基本建设支出等进行监督。其中，对行政事业费支出监督包括行政管理费支出监督和事业经费支出监督两个方面。

1. 行政管理费支出监督

行政管理费支出一般是指政府部门的支出。政府各部门的预算执行体系由政府部门预算、单位经费核算和国库集中支付等构成。

行政管理费支出监督包括部门预算、单位经费支出等范围，重点是监督其预算编制与执行。具体监督内容主要包括：①政府各部门编制的预算是否符合财政预算的规定要求；②单位上报资金计划与使用资金的开支内容是否符合预算的要求；③购买性支出是否符合现实需要；④人员编制是否经过有关审批机关认定，有无将编制外人员支出列入本单位开支；⑤会议性支出是否符合节约、高效的要求；⑥开支范围是否符合财政规定等。

采取的监督方式主要有：通过国库授权支付的额度与资金进行控制，对行政管理费的直接支付通过政府采购、国库直接支付的审核方法进行监管。

2. 事业经费支出监督

事业经费支出是国家财政用于非政府职能部门(市场经济条件下的非营利机构)公益性单位的支出。与行政管理费不同的是，事业经费支出根据各项事业的特点与要求确定其财政预算支出的结构与比重。事业经费支出的类型有全额拨款、部分拨款补贴和专项拨款等。

事业经费支出的监督内容，既包括对事业经费支出内容的监督，也包括对事业单位有关收入的监督。尤其在编制事业经费支出预算时，重点审查事业单位收入是否被准确地测算在预算方案之中。在支出方面，重点关注事业经费支出的测算标准及依据是否符合财政的规定；申报、批复预算的数额与事业需求之间是否配比；列作专项支出的资金是否严格按财政规定的用途使用、拨付，是否存在挪用与浪费的问题。

3. 基本建设支出监督

基本建设投资中相当大的一部分是财政性投资。基本建设具有投资大、周期长、工程复杂等特点。在市场经济条件下，基本建设投资分为两个部分：一是非经营性财政投资，这部分投资主要用于公益事业，如长江堤防加固工程建设、防护林建设、水土保持治理等；二是经营性投资，即财政用于企业经营性项目的投资。我国基本建设投资管理体制决定了基本建设投资监督的内容必须与投资管理体制相一致，与我国的投资管理方式相一致，与建设项目的资金流相一致，与现行管理模式相一致。基本建设投资财政监督必须结合基建财务管理的特点：一是必须与建设项目的计划、概算和施工预算紧密结合；二是必须与资金来源的渠道、方式紧密结合；三是与工程的进度紧密结合；四是与成本性核算方式紧密结合。

(二)政府采购监督

政府采购也称公共采购，是指以法定方式、方法和程序，使用财政资金购买货物、工程或服务的活动。推行政府采购制度是加强我国财政管理的重要措施，是预算管理制度改革的重要内容，是提高财政资金使用效益和反腐败的一项重要措施。

政府采购监督是财政监督机构通过对采购立项的审核和对采购过程的监控，参与验收，实现对政府采购的全程监督。对政府采购的财政监督，必须重点关注下列内容：①公开招标的程序是否符合规定，有无暗箱操作；②评标的过程是否公正；③评标人员的素质与构成是否符合规定；④采购定标与竞争性谈判是否公平；⑤合同的执行是否严格；⑥采购资金的申请拨付审核程序是否规范；⑦采购资金拨付的对象、设备物资是否与合同相符。

(三)专项资金支出监督

专项资金是指中央和各级地方财政预算安排的具有特定用途的各项资金，具体包括农业专项资金、救灾专项资金、国债专项资金、重点建设工程和基本建设专项资金、扶贫专项资金、国土资源专项资金及其他专项资金。

对专项资金拨款和使用情况进行监督检查，应以资金的及时到位、完整安全、专项专用、充分发挥效益为重点。具体监督的内容有：①国家计划内投资、中央财政预算安排下拨的专项资金、地方财政配套资金是否按国家规定及时足额拨付到位；②项目资金投向是否合理，资金使用是否合规合法、专款专用，有无挤占、挪用、截留、转移、损失浪费等问题；③建设项目计划执行与完成情况，有无擅自变更项目计划，有无超计划、超标准、超面积、超预算、随意搞计划外工程等问题；④专项资金使用单位财务管理和内控制度是否健全有效，会计核算是否规范，各项报表是否齐全、合规、真实、准确。

四、会计监督

会计监督是指财政机关依照《中华人民共和国会计法》《中华人民共和国注册会计师法》及国家有关财务会计法规对行政事业单位和企业的各项财务会计活动的合法性、真实性以及对经济鉴证类社会中介机构执业质量的监督。《会计法》明确赋予了财政部门会计监督主体地位，明确了财政部门实施会计监督的对象和内容，规定财政部门有权对会计师事务所出具审计报告的程序和内容进行监督，并对各单位是否依法设置会计账簿，会计资料是否真实、完整，会计核算是否符合会计法和国家统一的会计制度规定，会计工作人员是否具备从业资格等进行监督。

(一)对单位的会计监督

对单位的会计监督主要是检查会计单位是否严格按照《会计法》的要求，组织开展会计工作，正确核算会计成果，确保资产的完整与真实性。监督各单位是否依法设置会计账簿，会计资料是否真实、完整，会计核算是否符合《中华人民共和国会计法》和国家统一的会计制度，从事会计工作的人员是否具备从业资格等。其中，会计核算是单位会计信息质量监督的重中之重，对于会计信息质量监督的内容可按与会计核算资料相关程度划分。主要包括：①组成信息体系的各项目及其会计资料是否真实完整。会计资料包括财务部门核算形成的主体资料(如原始凭证、记账凭证、账簿、报表等)，形成核算依据的基础资料(如劳动人事工资分配资料、物资保管部门的实物收发存资料、涉及收入支出计量的生产统计资料、固定资产的管理资料、经营部门的销售合同资料、对外投资协议或合同等)。②资产负债表、损溢表各项目的数据是否真实可靠，企业或有事项的披露、企业确认及计量方法是否符合制度的规定，企业选择的会计政策是否正确，债务重组的财务会计行为及其影响，非货币性交易事项的披露是否清晰、完整，关联方及其交易是否成立，判断关联方交易是否合法。

(二)对会计师事务所的监督

会计信息质量监督的另一个对象是为单位出具审计报告的会计师事务所。对会计师事务所的检查，主要以《中华人民共和国注册会计师法》《中国注册会计师独立审计准则》等法律法规为依据，检验会计师事务所的相关审计行为。

(三)对注册会计师行业的监督

我国对注册会计师行业实行法律规范、政府监管、行业自律的管理体制。《中华人民共和国会计法》《中华人民共和国注册会计师法》《中国注册会计师独立审计准则》等是注册会计师执业的基本法律规范。省级以上财政部门对注册会计师行业履行政府监督、指导职能，注册会计师协会履行行业自律性管理职能。

对注册会计师行业的监督，是财政部门实施会计监督的一项重要内容。目前，财政部门对注册会计师行业的行政监督主要有两种形式：一是通过注册会计师监督管理信息网络，实时监控会计师事务所业务报备、检查处罚等情况，实现对会计师事务所执业情况的动态监控和分析；二是会计师事务所执业质量检查与会计信息质量检查相结合，通过对会计师事务所实施专项检查或延伸检查，强化注册会计师行业会计监管。

五、国有资产监督

国有资产是指在法律上由国家代表全体人民拥有所有权的各类资产。从资产属性来看，国有资产可以分为经营性国有资产和非经营性国有资产。国有资产监督是为了保障依法、合理、有效使用国有资产，防止国有资产的损失，保证国有资产保值、增值，实现资源的优化配置，提高国有资产的使用效益而由财政部门对国有资产的使用者和经营者所实施的监督。具体可以分为对国有资本运营的监督和对国有资本收益的监督。

(一)国有资本运营监督

国家作为国有资产的所有者，并不是对所有企业财务进行全过程管理，而是以所有者的身份行使出资人管理权，如收益分配监管、人事管理和重大投资事项决策等。对国有资本运营监督的内容主要包括：①对国有企业开展资本运作活动的监督。监督国有企业进行资本运作是否履行严格的内部管理程序，是否尊重了所有者的意见。②对企业体制发生变化时的监督。企业发生合并、分立、转让、公司改制等重大行为是否对相关资产进行清理和资产评估，最终确认的交易价格是否合理。③对对外投资效率的监督。企业对外投资等资本运作的效率是否达到预期目标，所实现的收益是否如期收回并进行相应的会计核算。④对防范风险行为与措施的监督。对资本可能发生的风险是否有足够的估计，是否采取相应的财务措施。

(二)国有资本收益监督

国有资本收益，包括国有资本投资收益、产权转让收益、企业清算收益等。国有资本收益监督的目的主要有：①确保国有资本收益的完整性。国有资本收益是指国有资本应该分配的企业净利润以及国家法律、行政法规规定的其他国有资本收益。对收益的监督一是应审核社会中介机构出具的审计报告是否真实可靠，对净利润的审计结果予以确认；二是审核确认注册资本中的国有份额，对应该确认为国有份额的其他资本而未纳入注册资本变更的部分应该予以纠正；三是复核国有资本应分得的企业净利润数额，并进行正确的会计核算；四是督促企业按国家有关规定向国有资本代表者机关(财政)上缴国有资本收益。②确保产权转让收益的完整性。对国家直接投资企业的产权转让收益，督促其上缴主管财政机

关。③正确核算企业清算收益。对于企业清算净收益，要核实其国家直接投资企业应得的清算净收益，督促上缴主管财政机关。审核企业国有资本保值增值情况，还要对列入国家考核体系的各项指标予以审查、复核和评价。

六、财政内部监督

财政内部监督是指财政部门专职监督检查机构或人员，对财政部门其他业务机构的财政收支管理、预算编制执行、内部制约制度以及所属单位的财务收支和会计信息质量、政府采购等方面实施的监督。财政内部监督是财政部门的自我监督，是对财政各职能部门在财政资金分配过程中行使权力的制衡。其内容主要包括以下两个方面：一是上级财政机关对下级财政机关财政分配行为及其管理活动进行监督；二是对本级机关内部各职能部门财政分配行为及其管理活动进行监督。

目前，财政部门开展内部监督所依据的基本制度是《财政部门内部监督检查暂行办法》。该办法明确了财政部门内部监督检查的内涵是："由各级财政部门内设的财政监督检查机构派出的检查组或人员，对财政部门内设各职能机构的财政财务会计管理、预算编审执行、内部制约制度以及直属单位的财务收支和会计信息质量情况实施的监督检查。"同时界定了内部监督检查的内容是："财政部门内设各职能机构在财政收支、审批事项、制度建设和日常管理等工作中，执行国家有关法律、法规、规章和内部管理制度的情况。对财政部门直属单位主要是进行财务收支和会计信息质量的监督检查。"

复习思考题

一、名词解释

财政监督　预算监督　会计监督　财政收入监督　顺查法　财政支出监督

二、问答题

1. 如何理解财政监督的性质？
2. 财政监督的构成要素是什么？
3. 财政监督的内容有哪些？
4. 财政监督的方式有哪些？
5. 在世界范围内，财政监督有哪些类型？各类型的关系如何？
6. 非税收入监督有哪些内容？
7. 国有资产监督的内容有哪些？
8. 简述财政内部监督与外部监督的区别。

第十三章　财政赤字及其效应

【知识要点】

维持宏观经济稳定是财政的一大主要职能，研究财政赤字就是为了实现这一目标。在本章中，不仅要了解财政赤字的内涵、种类，掌握财政赤字的作用，正确理解和运用衡量财政赤字规模的指标，还要重点掌握衡量财政赤字规模指标的政策意义及财政赤字效应问题。

【引导案例】

1979—2014 年我国财政赤字与经济增长的变化情况

单位：%

年　份	财政赤字增长率	GDP 增长率	财政赤字占 GDP 比重
1979		11.4	
1980	−49.1	11.9	3.4
1981	−154.3	7.6	1.5
1982	147.2	8.9	0.8
1983	141.2	12.1	0.3
1984	36.6	20.8	0.7
1985	−101.0	25	0.8
1986		13.8	
1987	−24.2	17.3	0.8
1988	113.2	24.8	0.5
1989	18.6	13.3	0.9
1990	−7.8	9.7	0.9
1991	61.9	16.6	0.8
1992	9.1	23.2	1.1
1993	13.3	30.0	0.8
1994	95.8	35.0	1.2
1995	1.2	25.1	1.0
1996	−8.9	16.1	0.8
1997	10.0	9.7	0.8

续表

年　份	财政赤字增长率	GDP 增长率	财政赤字占 GDP 比重
1998	58.3	5.2	1.2
1999	89.1	4.8	2.1
2000	42.9	9.0	2.8
2001	1.0	8.8	2.6
2002	25.2	8.1	3.0
2003	-6.8	11.6	2.5
2004	-28.8	16.6	1.5
2005	9.1	34.3	1.2
2006	-27.1	14.7	0.8
2007		22.88	
2008		18.15	
2009	516.46	8.55	2.28
2010	-12.97	17.78	1.69
2011	-20.66	17.83	1.14
2012	61.90	9.80	1.67
2013	26.47	9.50	1.93
2014	2.81	11.87	1.78
2015	2.4	6.9	2.39

(数据来源：根据历年《中国统计年鉴》相关数据计算而得。)

试分析：

1. 分析中国财政赤字与 GDP 的变化趋势。

2. 运用协整理论和 Granger 因果关系检测理论，研究中国财政赤字与经济增长之间的关联性。

3. 结合上述研究，提出合理建议。

第一节　财政赤字的含义、类型、原因与规模衡量指标

一、财政赤字的含义

公共部门的范围与财政赤字的关系问题是研究财政赤字内涵的关键。政府在参与社会经济活动的情况下，公共部门范围的大小不同，财政赤字的内容也大不一样。如果公共部门仅指中央政府(或联邦政府)，则财政赤字是指中央政府(或联邦政府)的赤字；如果公共部

门包括中央(或联邦)政府和地方政府，相当于英文文献中所说的一般政府部门，则财政赤字是指这两级政府的赤字总和，可称之为国家财政赤字或一般政府财政赤字；如果公共部门的范围不仅包括这两级政府，而且还包括国有企业(或公共企业)，则财政赤字既包括国家财政赤字，又包括国有企业的亏损，可称之为公共部门财政赤字。一般来说，财政赤字指的是中央(联邦)政府的财政赤字，但研究我国的情况时，一般是指国家财政赤字，因为我国的国家预算是包括中央预算和地方预算两个环节的汇总预算。

为了澄清财政赤字的概念，有必要对如下的一些相关概念加以区分。

1. 财政赤字

财政赤字是指在某一财政年度，财政计划的收支是平衡的，而在预算执行过程中，由于主、客观不可预测性因素，致使决算出现支出大于收入的差额。所以，财政赤字这个概念强调的是预算的执行结果，说明的是一种事实。

2. 预算赤字、决算赤字

预算赤字是指在某一财政年度，政府计划安排的总支出超过经常性收入并存在于决算中的差额。这个概念包括以下两层意思：一是赤字不仅表现在预算的执行结果上，而且政府在安排国家预算时，就已有计划、有目的地留下了赤字缺口；二是这种赤字虽然是计划安排的，但这种赤字计划可能是有目的地要实施一种扩张性财政政策，也可能是由于支出具有强烈的刚性，在税收上不去的情况下，被迫留下的赤字缺口。

决算赤字是指预算执行的结果支出大于收入，出现赤字。产生的原因可能是在编制预算时就有赤字，也可能在预算执行中出现新的减收增支因素而导致的赤字。

3. 赤字财政

赤字财政是政府有意识、有计划地利用预算赤字，以实现预期目的的做法。通常是以熨平经济波动而实行的一种扩张性财政政策。它是政府根据经济形势的发展变化，有意识地扩大预算赤字的做法。关于赤字财政，理论界有两种解释：一是当预算赤字引起经济体系中的货币供给量增加时，赤字财政就发生了；二是如果政府增加支出而不增加税收，或者，政府减少税收而不减少支出，则必然会扩大财政赤字，这种做法称为赤字财政。

二、财政赤字的类型

由于分类标准多样化，财政赤字的类型也多种多样。例如，从公债收支的处理方法来看，财政赤字可分为明显赤字(即国家预算中不包括债务收入，公共收支相抵之后存在的赤字)、隐蔽赤字(即把国债收入当作公共收入的一部分，公共收支相抵基本平衡，财政赤字由国债全部抵补了)、净赤字或硬赤字(即用公债收入抵消了一部分收支差额之后仍存在的赤字，只能用发行货币来弥补)；从财政赤字与通货膨胀的关系来看，财政赤字可分为名义赤

字和实际赤字，前者是指没有扣除通货膨胀因素的赤字，后者是指针对通货膨胀而进行调整后的赤字，亦称通货膨胀调整赤字。在财政赤字的经济分析中，最常见的分类有两种：一种是从计算方法角度，把财政赤字分为总赤字与原始赤字；另一种是从财政赤字与经济运行状况相关的角度，把财政赤字分为周期性赤字与结构性赤字。

(一)总赤字与原始赤字

经济学家在研究财政赤字与经济运行的关系时，通常把不包括债务利息支出的赤字称为原始赤字或基本赤字。基本赤字加上债务利息支出就是总赤字。

区分总赤字与基本赤字非常重要。第一，总赤字容易使人们对相机抉择政策产生错误的认识，因为它包括了未偿还债务的利息支付，而此项开支是由以前的赤字规模预先决定的。第二，货币政策可能影响利率，而利息支付不受当期财政政策所控制。第三，基本赤字更能准确反映政府部门吸纳的实际资源，当估价财政刺激程度时，它对政策的指导意义更大。第四，基本赤字将反映出政府的当期相机抉择措施对债务余额产生的影响，在估价财政赤字的可持续性时起着很重要的作用。

(二)周期性赤字与结构性赤字

简单来说，周期性赤字是指经济运行的周期性引起的赤字。在经济衰退期间，财政支出增加而税收收入减少，“自动稳定器”的作用在经济衰退中又使赤字更趋恶化，所以周期性赤字是经济衰退的产物。结构性赤字是指非周期性因素引起的财政赤字。换言之，结构性赤字是指其他条件不变，经济活动保持在某种“潜在”水平时，预算赤字依然存在的情况。结构性赤字与高度就业赤字或充分就业赤字是相同的概念。所谓充分就业财政赤字，是指经济处于充分就业时所出现的赤字。这种赤字剔除了经济周期对财政赤字的影响。美国著名财政学家马斯格雷夫曾说过，“如果国民收入在充分就业下实现，而且达到了相应的税收收入水平，则在这种情况下出现的赤字就是结构性赤字”。所以，结构性赤字是在指定的失业情况下计算出来的赤字，是在剔除经济活动偏离其基点高度就业水平的影响之后，反映政府收入与支出之间的基本结构不平衡的赤字，是政府在一定时期内实施减税和(或)增加支出等措施的结果，是政府扩张性财政政策的结果。

三、财政赤字的原因

古往今来，财政赤字的出现总是有一定的原因的。一般而言，政府出于下列三个方面的原因而形成财政赤字：一是为战争经费融资，二是拯救经济衰退，三是促进经济发展。

财政赤字的历史渊源就是为战争融资。现代战争作为整体战争，交战国双方都要付出昂贵的代价，任何国家都必须把所有的力量投入战争。所以，为了取得最后的胜利，政府必须依赖全部手段来筹措资金，其中，通过征税和举债筹集起来的资金尚不能满足战争经费之需。不论政府是否乐意，它都得依靠货币创造。在战时，财政赤字无论从哪个方面说，显然都不是生产性的，新创造的货币不会与该国的生产性资产成比例增加，它只能减少物质资产。因此，战时的财政赤字对经济体系的稳定性有强烈的破坏性。

经济衰退是经济发展过程中的低落阶段，一般都伴随着失业，且私人投资呆滞。凯恩斯经济学认为，赤字财政是挽救经济衰退的一种有效方法。因为，公共投资是取代下降的私人投资、恢复经济的有效手段。

以赤字财政来解决经济发展的资金问题是许多国家和地区采取的主要经济政策。主要理由是，通过政府的支出，发展中国家有可能把未加利用的或利用不足的人力资源和自然资源动员起来。而对经济发达国家来说，主要用来维持充分的就业水平。在发展中国家利用财政赤字发展经济，主要是因为这些国家和地区的税基狭窄，税制不完善。经济发达国家利用财政赤字稳定经济，主要是因为这一手段见效快，公众的反对情绪相对较低。

四、财政赤字规模的衡量指标

人们通常用两个指标衡量财政赤字的规模：一个是财政赤字占公共支出的比例，另一个是财政赤字占国内生产总值(GDP)的比例。这是两个不同的指标，反映的经济内涵不同。前者称为赤字依存度，说明一国在当年的总支出中有多大比例是依赖赤字支出实现的；后者称为赤字比率，说明一国在当年以赤字支出方式动用了多大比例的社会资源。

赤字依存度和赤字比率这两个指标反映了不同的经济含义，它们的大小为政府的政策选择提供了不同的依据。

赤字依存度的高低表明的是政府在一定时期内(一年)，总支出中依赖赤字支出的程度，反映了财政本身状况的好坏。赤字依存度越高，说明在公共支出需要很大的前提下，税收收入和其他非税收入相对短缺。产生这种现象的原因在于：一是公共支出需要过大，导致实际公共支出超出了现行收入制度下的收入供给能力；二是现行收入制度筹措收入的能力不足，不适应经济发展的需要。倘若赤字依存度过高，政府一般都会采取下列政策：①政府重新审查公共支出规模，以科学的方法判断公共支出规模是否合理。如果支出规模过大，就调整公共支出规模，也就是削减公共支出。②如果公共支出规模比较适合经济发展的需要，政府就要认真分析现行收入制度(包括税收制度和收费制度等)是否完善，特别是税种设置是否合理，征收管理是否有效。如果收入体系不健全或相互掣肘，收入能力不足，就要调整收入制度，提高公共收入。总之，赤字依存度说明的是财政本身的问题，特别是说明了公共支出的需要与公共收入供给的能力之间的缺口或差距。

其次，赤字比率的高低表明的是政府在一定时期内动员社会资源的程度，反映了财政配置工具对经济运行的影响。如果赤字比率过高，就会对国民经济运行造成负担，这种负担主要表现在：一方面，高赤字比率会扰乱正常的国民经济运行，特别是可能形成通货膨胀压力；另一方面，高赤字比率必然会形成沉重的债务负担，会使将来年度的财政状况难

以好转或更加恶化。倘若赤字比率过高，政府一般采取下列政策：①在经济增长率不变的情况下，政府应当从财政管理本身着手，探究财政赤字的原因，找到削减财政赤字的途径；②政府也可以从经济运行着手，看看经济运行是否出现了问题，即通过调整经济结构，提高经济效益，加快经济增长，从而降低赤字比率。总之，赤字比率说明的是财政与经济的关系，特别是说明了国民经济现状对财政赤字的承受能力。

第二节　财政赤字的效应

人们对财政赤字效应的认识通常是在宏观层面，侧重财政赤字的宏观经济效应分析，并且主要是立足于经济角度对财政赤字效应的解释。

一、人们对财政赤字的宏观经济效应认识的分歧

关于财政赤字的经济效应，人们的认识一直存在较大的分歧。无论是西方经济学界，还是国内理论界，对财政赤字的宏观经济效应分析都不一样。

(一)西方经济学界对财政赤字的宏观经济效应分析的不同观点

凯恩斯以前的经济学家认为赤字对经济会产生“坏”的影响，因此对赤字持否定态度，认为赤字是战争、自然灾害使经济遭到破坏所产生的结果。财政赤字能加大政府的非生产性支出，沉重的赤字拖累会迫使国家滥发铸币和纸币，造成的后果是降低资本积累，减缓经济发展过程，引起货币贬值，使人民蒙受灾难。

凯恩斯及其追随者却认为，在经济萧条时期，有效需求不足，大量失业者存在，因而执行赤字政策，扩大支出刺激有效需求，实现充分就业，可以达到促进经济发展之目的。他们认为赤字财政是一种财政政策工具，当经济周期处于谷底状态时，政府可以通过反周期的赤字财政政策，使经济爬出谷底恢复繁荣。从资本主义实践来看，凯恩斯主义理论确实拯救了 20 世纪 30 年代陷于“大萧条”中的资本主义经济。

而 20 世纪 70 年代以后，由于资本主义经济中“滞胀”的出现，新的一些经济学派又开始否定凯恩斯理论，认为财政赤字是一种公害，它会引起通货膨胀，抬高利率，导致贸易经常项目的逆差，对私人投资具有排挤效应等。直至目前，对财政赤字的宏观经济效应仍是众说纷纭、褒贬不一。

(二)我国理论界对财政赤字的宏观经济效应的不同观点

我国理论界对财政赤字的宏观经济效应存在否定和肯定两种观点。持否定观点的经济学家认为，财政赤字有百害而无一利，它会导致通货膨胀，形成虚假购买力，加剧消费与

积累比例的失调等。

持肯定观点的经济学家认为，上述认识过于绝对化，无法解释我国近二十年间连年赤字但经济改革和经济发展仍取得重大成就的现实。对财政赤字的利弊不能一概而论，对财政赤字是否导致通货膨胀，是否能成为调节总供给的手段等，都要进行具体分析。在一定条件下，财政赤字也有积极作用的一面。

二、财政赤字的宏观经济效应的一般分析

(一)财政赤字的货币供给效应

很多人用“财政有赤字，银行发票子”这句话来形容财政赤字与货币供给的关系，而事实上，赤字与货币发行并不一定存在这样的因果关系，财政赤字对货币供给的影响虽可能与赤字规模的大小有关，但更主要的还取决于赤字的弥补形式。

1. 财政赤字由银行透支或借款弥补对货币供给的影响

财政向银行透支是指当财政出现赤字时，靠银行资金来弥补，财政对银行既不还本也不付息。“借款”是指财政与银行之间形成资金借贷的权责关系，即有借有还，并支付利息。但实际上 20 世纪 80 年代以来我国财政向银行借款后主要是支付一定的利息，尚未还本，因此，在我国财政透支与借款实质上差别并不大。以银行透支或借款方式弥补财政赤字会产生两种效应。一是财政发生赤字向银行透支或借款会增加中央银行准备金从而增加基础货币。我国财政向银行透支或借款是发生在由中央银行代理国库职能的情况下，也就是说根据制度安排，财政的一切收支都是通过中央银行账户入库和拨付的，出现财政赤字意味着财政收进的货币满足不了必需的开支，这部分货币差额需向银行“借”。比如财政向银行透支或借款 100 亿元，在财政借款账户的借方记 100 亿元，在国库存款账户的贷方记 100 亿元。这样就可以安排 100 亿元支出，并通过各种用途分别形成企业存款、居民储蓄或手持现金。可见，财政向银行透支或借款会增加中央银行的准备金从而增加基础货币，这是毫无疑问的。二是财政向银行透支或借款可能会引起货币的非经济发行从而导致通货膨胀。我们知道，随着经济的增长，货币的需求量也必须要增加，货币供给量就必须与之相适应，在新增的货币供给中，有一个由货币系统决定的基础货币增量，在这个限度内货币的发行都属于正常的经济发行，是有物质保证的。财政透支或借款如不超过这一限额，就不会发生货币的非经济发行，也不会引起通货膨胀。但如果财政透支超过了这一限额，超过的部分必然会引起货币的非经济发行，即成为没有物质保证的空头支票，财政用这部分借款安排支出，无疑会造成社会需求总量的膨胀，导致通货膨胀，物价上涨。在现实经济生活中，赤字并非是通货膨胀的唯一因素，信用膨胀同样会造成通货膨胀，因此，我们不能简单地将财政赤字与通货膨胀画等号。

2. 发行公债弥补财政赤字的货币效应

发行公债弥补财政赤字的货币效应，应视不同的债权人而定。当购买公债的是居民个人或企业，包括商业银行时，一般来说只是购买力的转移或替代，这种公债的收入是实实在在的收入，是债权人把属于其支配的商品物资转移给政府支配的货币收入，是有物质保证的，因此不会产生增加货币供给的效应，不会造成通货膨胀。如果国家把公债投向国民经济急需的“瓶颈”部门和基础设施建设，一般来说将有利于改善总供给，促进国民经济的发展。

但是，这里还有一个细节需要进一步分析，当居民或企业用储蓄或定期存款，即 M_2 购买国债，通过财政支出转变为 M_1 时，虽然 M_2 口径的货币供给规模不变，但其中 M_1 的规模却增加了，这种结构性变化，对市场均衡会产生一定的影响。

中央银行购买公债实际上是货币发行，效应相当于“向银行透支”。它的传导过程是：中央银行认购政府公债，财政将公债收入用于支出，则中央银行的财政金库存款减少，商业银行的存款准备金相应增加。商业银行有超额储备，就可能用以扩大贷款规模，增加货币供给。如果商业银行在存款增加的同时并不扩大贷款规模，或中央银行认购公债的同时，相应地压缩对商业银行的贷款规模，也不会扩大贷款规模，于是就不会导致货币供给的增加。

(二)财政赤字扩大需求的效应

凯恩斯主义所奉行的财政政策是运用政府支出和税收来调节经济的。在经济萧条期，总需求小于总供给，经济中存在失业，政府通过扩张性的财政政策刺激总需求，以实现充分就业。增加政府支出，减少政府税收的扩张性财政政策必然出现财政赤字，因此，赤字就成为财政政策中扩大需求的一种手段。

财政有赤字，必然扩大总需求，但其扩大总需求的效应有两种：一是财政赤字可以作为新的需求叠加在原总需求水平之上，使总需求扩张；二是通过不同的弥补方式，财政赤字只是替代其他部门需求而构成总需求的一部分。它仅仅改变总需求结构，并不直接增加总需求规模。完全以国债收入弥补的“软赤字”，只要不超出适度债务规模，其扩张效应一般可被控制为良性的，即可以有意用作反经济周期的安排，在经济萧条阶段刺激需求，“熨平”周期波动，一般不致引起严重的通货膨胀，这对我国的经济是有现实意义的。

(三)财政赤字的排挤效应

财政赤字的排挤效应一般是指财政赤字对私人消费和投资所产生的排挤影响。当政府因支出庞大产生预算赤字时，一般需发行公债向公众借款。发行公债是国家信用的一种形式，在货币市场上，如果私人储蓄量不变，则政府债券与企业债券等有价证券将共同竞争市场上有限的资金。当公众出于对国家债券的高度信任而争购公债，政府在总储蓄的占有上便处于优势。政府发债占总储蓄的比重越大，就会有越多的非政府借款者，因筹不到资金被挤出货币市场，加上赤字支出促使利率上升，必然会排挤出一部分非政府投资，从而抵消了政府赤字支出的部分扩张性作用。但这种结果并不是绝对的，一方面政府赤字的排挤效应会被政府扩大投资支出所产生的“乘数效应”所抵消；另一方面，“排挤效应”如果与政府有意进行的经济结构合理化调整结合起来，则可以改善资源配置，对国民经济产生有益的影响。

三、对我国改革开放以来财政赤字的宏观经济效应的再认识

在计划经济体制下，社会再生产的生产、流通、分配和消费都是由国家计划统一安排，与此相适应，一向是执行年度财政收支平衡、略有结余的方针。在传统财政观念中，财政赤字被视为资本主义经济的特有现象，在我国即使偶尔出现，也不过是经济工作一时失误的结果。事实上，改革开放以前，财政赤字也只是在少数年份出现。改革开放后，1979 年出现了巨额赤字 170.67 亿元(硬赤字)和以后多年连续出现的赤字，以及不得不在年初编制预算时就打赤字，开始引起理论界和政府的关注。连年财政赤字形成的原因和财政赤字的经济影响，一直成为经济理论界和实际工作者探讨的热点。

关于我国财政赤字形成的原因，在传统体制下主要源于急于求成，基建规模过大。改革开放后，预算内投资比重大幅下降，上述因素虽可能在某种程度上继续存在，但影响力已不大，而经济转换时期支持改革、发展、稳定的特殊需要及财政收支机制的缺陷，则成为产生赤字的主要原因。经济体制改革本应提高经济效益，为财政提供更为充裕的收入，但这需要一个过程，甚至需要一个较长的过程。由于我国改革是渐进式展开的，改革不到位，分配机制不完善，经济秩序不正常，税收流失严重，中央财政财权分散、弱化，因而改革效益超出改革成本的转换还迟迟未能在财政收支上体现出来。改革开放初期，国民经济百废待兴，为实现大局稳定和理顺基本关系，落实政策，“归还欠账”，需要财政增加支出。以后的改革过程中，维持稳定的数额颇高的“安定团结”补贴又必须打入到财政收支中，例如，仅价格补贴和企业亏损补贴两项合计，20 世纪 90 年代的年度规模超出 1000 亿元，高时可相当于财政总收入的 1/3。经济建设与各项社会事业发展对财政支出提出的要求，一般都具有十分重要的性质，而且具有“只能增加，不能削减”的支出刚性，所以，财政支出很难压下来。在这种情况下，财政入不敷出，发生或安排赤字，实际上是为宏观全局的稳定，为改革开放顺利进行而付出的一种代价和成本，并且客观上具有对各方面利益主体矛盾摩擦的调和与缓冲效应。因此，在一定意义上说，改革开放以来出现的财政赤字是我国特定的历史背景和经济条件下的必然产物，其客观效应具有消极和积极的两面性：一方面，我国这些年赤字主要的负面消极作用在于它助长了总需求膨胀，妨碍了经济稳定与协调发展；另一方面，我国这些年的赤字并未导致政府投资相对份额的上升，而是主要偏向于承担改革成本和维持社会安定支出，这有别于多数国家的一般情况，而且在特定时期，

连年赤字成为资金供需矛盾和利益分配摩擦的缓冲器，客观上对于社会与经济又有一定的正面和积极作用。

总之，财政赤字的宏观经济效应要视它所存在的经济环境及它所起的作用而定。在社会总需求超过总供给的“经济紧运行”状态下，财政赤字连年不断并数额较大是比较危险的。在国民经济运行处于萧条时期，为了复苏经济，扩大有效需求，政府有必要扩大财政支出，实行赤字财政政策。

复习思考题

一、名词解释

财政赤字　赤字财政　预算赤字　决算赤字　总赤字　原始赤字　周期性赤字　结构性赤字　赤字依存度　赤字比率　财政赤字的排挤效应

二、问答题

1. 如何看待财政赤字的作用？
2. 通常财政赤字规模的衡量指标有哪些？这些指标能为政府提供哪些政策依据？
3. 简要说明财政赤字产生的宏观经济效应。

第十四章　财政政策、货币政策与宏观调控

【知识要点】

宏观调控是指政府为实现一定的目标对经济运行状态和经济关系进行的干预。国家实施宏观调控主要通过两种方式进行，即财政政策和货币政策。财政政策是由支出政策、税收政策、预算平衡政策、国债政策等构成的一个完整的政策体系。财政政策由中央及地方政府负责制定实施。货币政策主要由中央银行负责实施，中央银行的主要货币政策工具有公开市场业务、再贴现、法定存款准备金率。

【引导案例】

梳理近10年来房地产调控政策变化

(1) 2005年首次调控。2005年3月26日和5月13日，《关于切实稳定住房价格的通知》(即“老国八条”)和关于稳定住房价格的八条意见(即“新国八条”)相继出台；同年9月银监会212号文件收紧房地产信托。市场反应:虽然许多项目主动降价出售存量，但房价总体继续上涨。

(2) 2006年70/90政策。“国六条”出台，重点发展中低价位、中小套型普通商品住房、经济适用住房和廉租住房。同一天，“国十五条”出台，规定90平方米以下住房须占项目总面积七成以上，也即“70/90政策”。市场反应：房价继续上涨，涨幅相对平稳，中小户型房增加。

(3) 2007年房贷新政。9月《关于加强商业性房地产信贷管理的通知》正式出台，即“9•27房贷新政”。市场反应:当年楼市价格暴涨、地王频现，政策出台后，2008年全年房价明显下跌，成交量也明显萎缩。

(4) 2008年二套房贷放宽。对个人购二套普通自住房贷款予以放宽，并对住房转让环节营业税进行大幅减免。12月21日国务院办公厅发布“国十三条”。市场反应：中国楼市出现10年大拐点，量价齐跌。宏观调控转向，管理层启动大规模刺激楼市消费政策，其他金融政策全线松绑，2009年楼市复苏，后继续大涨。

(5) 2009年“国四条”。10月24日，《完善促进房地产市场健康发展的政策措施》(“国四条”)出台，个人住房转让营业税征免时限由2年恢复到5年。市场反应：短期内现观望，二手房成交量下降，2010年春节后市场恢复。

(6) 2010年限购令出台。1月10日国务院出台“国十一条”，要求二套房贷款首付不得

低于 40%。4 月 15 日，国务院要求对贷款购买第二套住房的家庭，贷款首付款不得低于 50%，贷款利率不得低于基准利率的 1.1 倍。4 月 17 日，“新国十条”出台，商品住房价格过高、上涨过快、供应紧张的地区，商业银行可根据风险状况，暂停发放购买第三套及以上住房贷款。各地限购政策纷纷出台，上海和重庆试点房地产税。市场反应：这被称为史上最严的房地产调控政策，但高价地王继续产生，3 月后房价飙升。

(7) 2011 年提高二套首付。“新国八条”公布，二套房贷首付比例提至 60%，贷款利率提至基准利率的 1.1 倍。上海和重庆正式实施房产税。市场反应：房价继续上涨。

(8) 2012 年严打小产权房。多部委多次强调坚持房地产调控不动摇，2 月住建部称加快推进房产税扩大试点范围。国土部出台土地监管新政策，严打小产权房。市场反应：一线城市房价继续上涨。

(9) 2013 年“新国五条”出台。2 月出台“新国五条”，不仅再次重申坚持执行以限购、限贷为核心的调控政策，坚决打击投资投机性购房，还在继 2011 年之后再次提出要求各地公布年度房价控制目标。3 月国务院发布《关于进一步做好房地产市场调控工作的有关问题的通知》，其中二手房交易的个人所得税由交易总额的 1%调整为按差额 20%征收。市场反应：开发商下半年不得不以价换量，房价缓慢增长。

(10) 2014 年推出“9•30”房贷新政。各地陆续松绑限购政策，9 月 30 日央行出台房贷新政，对拥有 1 套住房并已结清相应购房贷款的家庭，贷款购买第二套住房时，可按照首套房贷政策执行等。市场反应：相对于此前信贷套数认定政策，本次政策对首套、二套、多套，在认定上都有放松。新政出台后，全国各地楼市皆迎来成交高峰，房价缓涨。

(11) 2015 年推出 3 月新政。央行、住建部、银监会联合发文，全国二套房首付降至四成；财政部通知，将个人出售普通住宅，营业税免征的购买年限由 5 年下调至 2 年。

(12) 2016 年 2 月 2 日，央行下调首套房首付比。在不“限购”的城市中，居民首次购买普通住房的商业性贷款，最低首付款比例为 25%，各地可向下浮动 5 个百分点。

(13) 2016 年 2 月 22 日，财政部调整房地产交易环节契税。个人将购买 2 年以上（含 2 年）的住房对外销售的，免征营业税。

(14) 2016 年 2 月 22 日，财政部调整营业税优惠政策。90 平方米及以下住房减按 1%的税率征收契税，90 平方米以上减按 1.5%征收契税。

(15) 2016 年 3 月 23 日，营改增正式实施。建筑业和房地产业适用 11%税率，二手房税率仍按 5%征收，实际税负负担减少。

(16) 2016 年 2 月 23 日，国务院要求减少土地储备规模，叫停土地储备贷款。要求自 2016 年 1 月 1 日起，各地不得再向银行业金融机构举借土地储备贷款。

(17) 2016 年 5 月 4 日，国务院鼓励个人出租房，允许商业房改租赁住房。推出四项举措，分别从房源、公租房货币化补贴、税收优惠以及市场规范方面，给予住房租赁市场支持。

(18) 三四线城市为了去库存，制定购房补贴政策，鼓励进城上学、结婚、养老的农民工在城市购房。各地因城施策，不断加大去库存力度。

试分析：

1. 中国近年来调控房地产价格，运用了哪些调控政策？
2. 分析各类调控政策的配合方式。
3. 结合中国房价实际分析政策调控变化的必要性。

第一节　宏观调控概述

一、宏观调控

宏观调控是指政府为实现一定的宏观经济目标而运用计划、法规、政策等手段，对经济运行状态和经济关系进行干预和调整，也称为政府干预。宏观调控是政府重要的经济职能。政府对经济的宏观调控包括宏观经济政策目标、措施、工具、决策机构、执行组织、信息搜集和监督等要素，是由经济政策调控、行政干预和法律手段等构成的一个完整的体系。

在西方经济学的研究文献中，通常不使用宏观调控这个概念，他们通常运用宏观经济政策来描述政府在宏观上对市场经济进行干预的实践。宏观调控作为市场经济的管理理论，是具有中国特色的一个概念。

在我国，宏观调控实质是宏观调节。宏观调控首次出现是在1984年党的十二届三中全会发表的《中共中央关于经济体制改革的决定》中。1987年前后，我国经历了一次严重的经济过热和通货膨胀，中央决定治理经济环境。因此在1988年党的十三届三中全会报告指出："这次治理经济环境、整顿经济秩序，必须同加强和改善新旧体制转换时期的宏观调控结合起来……必须综合运用经济的、行政的、法律的、纪律的和思想政治工作的手段，五管齐下，进行宏观调控。"从此，宏观调控逐渐被越来越多的人接受。1993年党的十四届三中全会发表了《中共中央关于建立社会主义市场经济体制若干问题的决定》，党和政府关于宏观调控的论述形成了相对比较完整的认识，即"社会主义市场经济体制是同社会主义基本制度结合在一起的。建立社会主义市场经济体制，就是要使市场在国家宏观调控下对资源配置起基础性作用"。该决定还明确了宏观调控的政策手段，提出："宏观调控主要采取经济办法，近期要在财税、金融、投资和计划体制的改革方面迈出重大步伐，建立计划、金融、财政之间相互配合和制约的机制，加强对经济运行的综合协调。"

我国的宏观调控与市场化过程相伴随，先后经历了总需求大于总供给背景下的抑制需求型和总需求小于总供给背景下的扩大需求型两个阶段。其中1997年以前，面对卖方市场的情形，宏观调控主要是通过行政手段、法律手段和经济手段来实现经济总量的平衡。1997年以后，市场机制的作用不断扩大，形成了买方市场的情形，政府实施了更具有市场经济意义的一系列财政和货币政策。

二、宏观调控的基本目标

在市场经济条件下，当市场自动调节机制难以发挥作用，或者经济在短期内无法较快恢复到均衡状态时，政府将运用宏观经济政策工具来对国民经济总体和总量进行管理、调节和控制，使经济大致保持正常状态。由于政府的作用主要是对总需求方面产生影响，因此宏观调控以社会总需求为主要对象。但无论是社会总需求还是社会总供给，都不是宏观调控的目标，因为社会需求或社会供给的增减变化，本身并不意味着必然出现经济均衡的结果。政府的宏观经济政策的运作，是通过对若干宏观经济变量的影响和作用去克服市场有效需求不足或过旺的状态，来实现宏观经济的均衡状态。这使得宏观经济政策对社会总需求的影响具有多样性和组合性。一般来说，宏观调控的基本目标主要是促进经济增长、充分就业、稳定物价和保持国际收支平衡。

(一)促进经济增长

经济增长是指一个地区在一定时期内(通常为一年)国民经济所生产的人均产量和人均收入的持续增长，通常用一定时期内实际国内生产总值的年均增长率来衡量。

衡量经济增长除总量的增长外，还应包括质的提高，比如技术的进步、资源的合理配置、社会结构、生态平衡等。经济增长对质的要求是非常重要的，如果只强调量的增长，将会带来一系列社会问题，如通货膨胀加剧、环境污染严重、生态失衡、能源紧张等。这些后果必将导致社会资源的浪费和经济发展的不稳定。因此，健康的经济增长，应该是经济的持续、均衡增长。宏观经济政策的实施应引导经济实现最佳的增长。

(二)充分就业

充分就业是指有工作能力并且愿意工作的人，都能够按照现行的工资标准得到工作。充分就业并不等于全部就业或者完全就业，而是仍然存在一定的失业。通常用自然失业率表示充分就业下的失业率。在不同国家和不同时期具有不同的自然失业率的具体数值，各国政府可以依据具体情况来确定本国特定时期是否实现了充分就业。以美国这个现代市场经济最为发达的国家为例，20 世纪 80 年代的自然失业率为 5.5%～6.5%，即 93.5%～94.5%的劳动力人口就业率就是充分就业状态。

按照凯恩斯的解释，失业一般分三种情况：摩擦性失业、自愿性失业和非自愿性失业。摩擦性失业是指求职的劳动者与需要提供的岗位之间存在着时间上的差异而导致的失业，如新生劳动力找不到工作、工人想转换工作岗位时出现的工作中断等所引起的失业。自愿性失业是指工人不愿意接受现行工资水平而形成的失业。非自愿性失业是指愿意接受现行工资水平但仍找不到工作而形成的失业。除了这几类失业外，还有结构性失业、季节性失业、周期性失业等。结构性失业是指经济结构变化等原因造成的失业。其特点是既有失业，又有职位空缺。失业者或者由于没有适当技术而无法填充空缺的职位。实际上，无论哪种失业都会给社会和家庭带来痛苦和损失。因此，各国宏观调控的首要目标都是降低失业率，实现充分就业。

(三)稳定稳价

由于通货膨胀的社会代价和经济代价已经越来越引起人们的关注，为了控制通货膨胀对经济和社会的冲击，价格稳定被各国作为宏观调控的另一个重要目标。价格稳定是指价格总水平的稳定。由于每种商品价格变化的频繁和统计上的困难，一般用价格指数来表示一般价格水平的变化。价格指数是反映不同时期商品和服务项目价格水平的变化方向、趋势和程度的经济指标，通常以报告期与基准期相对比的相对数值来表示。常用的价格指数有消费者物价指数(CPI)、生产者价格指数(PPI)和国内生产总值折算指数(GDP Implicit Deflator)三种。价格稳定不是冻结物价，物价短期的局部变动是不可避免的，是价值规律在市场经济中的表现形式。因此，稳定物价是指不使物价出现连续、普遍的大幅度上涨。西方发达国家一般认为物价上涨在3%以下，即可视为物价稳定。发展中国家由于经济增长速度相对较快，这一指标可能还会高些。当然，物价稳定，也不是说物价总水平越低越好，如果物价持续走低，甚至出现通货紧缩，同样会给经济发展带来负面影响。

(四)国际收支平衡

随着国际经济交往的日益密切，如何平衡国际收支也成为一国宏观经济政策的重要目标之一。国际收支对现代开放性经济的国家至关重要。一国的国际收支状况不仅反映了这个国家的对外经济交往情况，还反映出该国经济的稳定程度。一国国际收支处于失衡状况，必然会对国内经济形成冲击，从而影响该国国内就业水平、价格水平及经济增长。

要实现既定的经济政策目标，政府运用的各种政策手段，必须配合、协调一致。如果财政当局与货币当局的政策手段和目标发生冲突，就达不到理想的经济效果，甚至可能偏离政策目标更远。此外，政府在制定经济政策目标时，不能片面追求单一目标，而应该综合考虑，否则会带来经济上和政治上的副作用。经济政策目标相互之间不仅存在互补性，也存在一定的冲突，如充分就业与价格稳定的政策目标之间会存在着两难的选择。进一步说，政府还要考虑到经济政策本身的相互协调和对政策实施时机的恰当把握。这些问题都会在不同程度上影响到宏观经济政策的有效性，即关系到政府经济目标实现的可能性和实现的程度。因此，政府在制定宏观经济政策目标和经济政策时，应该做出整体性考虑和安排。

第二节　财 政 政 策

一、财政政策的基本理论

(一)财政政策的概念

财政政策，是国家为了实现一定的目标，依据客观规律和一定时期社会经济发展的要求制定的指导财政分配活动、处理财政分配关系的基本准则和规范。它是国家经济政策的重要组成部分。完整的财政政策由政策目标、政策手段和政策效应三个要素组成。在社会主义市场经济下，财政政策目标主要包括社会总供求平衡、收入分配相对公平、国际收支平衡、资源配置达到高效率以及适度的经济增长。财政政策工具主要包括税收、公债、财政补贴、预算及财政投资等。财政政策的所有效用，都是通过运用财政政策工具实现的，不同的财政政策工具具有不同的效应。

财政政策贯彻于财政工作的全过程，体现在收入、支出、预算平衡和国家债券等各个方面。因此，财政政策是由支出政策、税收政策、预算平衡政策、国债政策等构成一个完整的政策体系。在市场经济条件下财政功能的正常发挥，主要取决于财政政策的适当运用。财政政策主体运用财政政策得当，就可以保证经济的持续、稳定、协调发展，财政政策主体运用财政政策失当，就会引起经济的失衡和波动。

(二)财政政策主体

财政主体指的是政策制定者和执行者，财政政策的主体只能是各级政府，主要是中央政府。各级政府主体的行为是否规范，对于政策功能的发挥和政策效应的大小都具有关键作用。在一些财政政策研究和文献中，往往只重视政策目标与政策工具，而忽视政策主体的行为与偏好，这种观点带有一定的片面性。实际上，在政策执行中，违背政策目标和滥用政策工具，往往都是政策主体的行为不当导致的后果。

在我国目前体制下，各级政府的行为与偏好，对于政策的制定与执行，起着决定性作用。政府是各种利益群体中的重要的也可以说是具有支配力量的一极。一方面政府肩负着制定政策、调控经济的公共职能；另一方面政府又通过掌控着的巨大权力与经济资源，全面参与经济活动。在市场经济体制不健全、财政分权和以经济增长作为地方领导政绩考核指标的情况下，各级地方政府只关注本地区的经济增长和财政收入，关注自身的政绩，利益驱动的结果是使政府主导的投资过热不可避免。全国范围内的城建热、房地产热、汽车热、钢铁热等的背后，都能清晰看到地方政府的影子。出现这种情况的根源在于政府职能尚未根本转变，片面追求经济增长的发展观和政绩观还在起作用，建设性财政向公共性财政转变还远未到位，政企不分、市场体系不健全、宏观调控体系不完善等问题还有待解决。

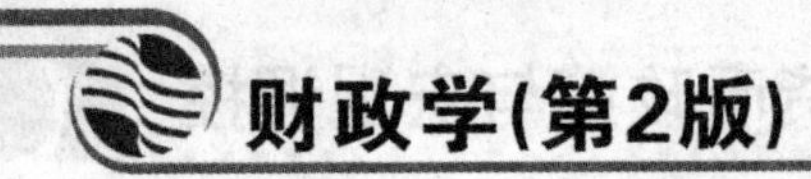

这就必须要求进一步深化改革，转变政府职能，以树立科学发展观，不断完善社会主义市场经济体制。因而，规范政策主体行为，是有效实施稳健财政政策的必要条件。

(三)财政政策目标

财政政策目标是国家运用财政政策工具所要实现的目的，它构成财政政策的核心内容。财政政策目标的确立因不同国家及不同国家的不同时期而异。

我国现阶段财政政策的目标包括以下几个方面。

1. 物价相对稳定

物价相对稳定。这是世界各国均在追求的重要目标，也是财政政策稳定功能的基本要求。物价相对稳定，并不是冻结物价，而是把物价总水平的波动约束在经济稳定发展可容纳的范围之内。物价相对稳定，可以具体解释为，避免过度的通货膨胀或通货紧缩。在采取财政措施时必须首先弄清导致通货膨胀或通货紧缩的原因，如果是由于需求过旺或需求不足造成的，则需要调整投资性支出或通过税收控制工资的增长幅度，如果是由结构性摩擦造成的，则必须从调整经济结构着手。总之，物价不稳定，对于我们这样一个资源相对短缺、社会承受能力较弱的发展中国家来说，始终是经济发展中的一大隐患。因此，在财政政策目标的选择上必须予以充分考虑。

2. 适度经济增长率

适度经济增长率的内涵归纳为以下五个方面。

(1) 增长率波动幅度较小且周期较长，能够保证社会总供求大体平衡、实现产业结构动态协调和基本均衡的经济增长率。

(2) 国民收入的积累与消费保持合理比例的经济增长率。

(3) 能促进经济效益提高和人民生活水平逐步提高的经济增长率。

(4) 能有效解决失业且具有相对稳定的高就业弹性的经济增长率。

(5) 接近潜在增长率的经济增长率。

从理论上讲，适度经济增长率可以是一个点，即能够最大限度地满足上述五个条件的最优增长率。但在现实经济中，由于影响经济增长的各种因素不断变化，经济增长率处于最优状态是极其偶然的，总是高于或低于适度经济增长率。因此，要确定理论上的适度经济增长率十分困难。比较好的办法就是为经济增长给定一个适度区间，在该区间内，经济增长大体上能够满足上述五个条件，这一区间就是适度经济增长区间。只要经济增长率处在这一区间内，政府就无须对经济做过多干预。

3. 收入合理分配

收入合理分配是指社会成员的收入分配公正、合理，体现公平与效率相结合，避免过

分悬殊。公平分配并不是平均分配，它是在一定社会规范下既有差距又注意均衡协调的分配。财政在追求公平分配目标时要做到：首先，合理适度地确定纳税人的税收负担；其次，为所有纳税人创建一个公平竞争的税收环境，不因国别、所有制等不同而实施不同的税收政策；最后，要通过对高收入人群实行累进税率的个人所得税等，对低收入阶层实行最低生活保障、社会保障等财政转移支付，防止和纠正收入水平的过分悬殊。

4. 资源合理配置

资源合理配置是指对现有的人力、物力、财力等社会资源进行合理分配，使其发挥最有效的作用，获得最大的经济和社会效益。在市场经济条件下，资源的配置主要是通过市场机制来进行，通过价值规律、供求关系以及竞争机制的作用，提高资源的配置效率。由于许多行业和商品的生产存在自然垄断的特点，因此政府有必要从全社会的整体利益出发，在市场自发作用的基础上对社会资源的配置进行合理的调节。财政作为政府对资源配置进行调节的重要工具，其方式表现为两个方面：一是通过财政收入和支出的分配数量和方向直接影响各产业的发展，如对需要鼓励和发展的产业或事业加大财政投入的力度，或者实行财政补贴，通过财政资金的示范和鼓励引导社会资金的流入；二是通过制定合理的财政税收政策，引导资源在地区之间、行业之间的合理流动，如通过实行低税政策或加速折旧、投资抵免等税收优惠政策，吸引社会资源流入国家鼓励发展的产业。应当指出的是，财政调节资源合理配置是为了弥补存在的市场失灵，它不能代替市场机制在资源配置方面的基础作用，更不能干扰正常的市场规则和市场运行。

5. 提高社会生活质量

经济发展的最终目标是满足社会全体成员的需要。需要的满足程度，不仅仅取决于个人消费需求的实现，更重要的是社会的共同消费需求的实现。社会共同的消费需求，包含公共安全、环境质量、生态平衡、基础科学研究和教育、文化、卫生等水平的提高。因此，社会共同消费需求的满足程度，即为社会生活质量的水平。财政政策把社会生活质量作为政策目标之一，主要采取增加社会公共设施的投资，提高公共福利的服务水平，对农副产品的生产和流通实施多种补贴等。

(四)财政政策工具

为实现财政政策目标，必须有相应的政策工具或手段。财政政策的运作，表现为通过财政收支的具体操作，来实现自己的政策目的。财政政策工具分为三大类，即预算、财政收入和财政支出。财政收入主要来源是税收。财政支出包括政府购买和转移支付。因此，财政政策工具主要包括预算、购买支出政策、转移支付政策、税收政策等。

1. 预算

预算是一国政府编制的每一财政年度内财政收入与财政支出的安排和使用计划，它是国家的基本财政计划。从范围上讲，预算分为中央预算和地方预算，作为国家财政政策工具的预算一般是指中央预算或联邦预算。它主要通过年度预算的预先制定和在执行过程中的收支平衡变动，实现其调节国民经济的功能。

预算调节经济的作用主要反映在财政收支的规模和收支差额上。赤字预算体现的是一种扩张性财政政策，在有效需求不足时，可以对总需求的增长起到刺激作用。盈余预算体现的是紧缩性财政政策，在总需求过旺时，可以对总需求膨胀起到抑制作用。平衡预算体现的是一种均衡财政政策，在总需求和总供给相适应时，可以保持总需求的稳定增长。预算工具主要在于提高充分就业水平、稳定价格、促进经济增长及约束政府的不必要开支。

2. 购买支出

购买支出是政府利用国家资金购买商品和劳务的支出，是决定国民收入大小的主要因素之一，其规模直接关系到社会总需求的增减。根据现代公共支出理论，政府购买支出的增加，将直接增加个人的收入；个人收入增加的一部分将用于消费，使社会消费总量增加。这种消费量的增加，又可引起国民收入的增加，继而进一步增加消费数额。如果政府购买支出减少，将出现相反效果。政府购买支出的增减所引起的消费的增减，其数量要比原来的政府支出增减数量更大，大小程度取决于乘数。

根据凯恩斯学派的需求管理政策，购买支出的规模对社会总需求以及总需求与总供给的平衡起着重要的调节作用。当社会总需求明显超过总供给，通货膨胀压力过大时，政府可以采取减少购买支出的政策，减少需求，当社会总供给大大高于总需求，资源不能充分利用时，政府可以实行扩大购买支出的政策增加需求。所以，政府的购买支出政策是实现反经济周期、合理配置资源、稳定物价的强有力的工具。

从最终用途来看，政府的购买支出可分为政府投资和政府消费。政府投资政策也称为财政投资政策，是政府支出政策的重要组成部分。政府投资的特点是：投资规模大；投资方向主要是基础设施、公共事业、经济的“瓶颈”部门；投资目标主要在于提高经济运行整体效率，而不在于营利性；投资的资金来源是公债和税收收入。政府通过投资政策，可以扩大或缩小社会总需求，可以调整产业结构、资源结构、技术结构、劳动力结构以及国民经济部门间的比例关系，可以改善社会投资环境，刺激私人投资。政府消费是由政府为了维持国防、文教卫生事业等一般行政以及其他政府活动所进行的物资、劳务的购买支出所构成。政府通过消费政策，可以直接增加或减少社会的总需求，可以引导私人生产的发展方向，可以调节经济周期波动。从对社会消费规模的影响上来看，政府消费比政府投资对消费的影响力更大、更直接。

3. 转移支付

转移支付是通过一定的形式和途径进行的资金单方面的无偿转移，体现的是非市场性的分配关系。

转移支付主要形式包括政府的转移支付、企业的转移支付和政府间的转移支付三种。政府的转移支付大都具有福利支出性质，如社会保险福利津贴、抚恤金、养老金、失业补助、救济金、各种补助费及农产品价格补贴等。由于政府转移支付是把国家的财政收入还给个人，所以有的称之为负税收；企业的转移支付通常是指企业对非营利组织的捐款或赠款，以及非企业雇员的人身伤害赔偿等。该项支付客观上能起到缩小收入差距，稳定社会总需求的积极作用；政府间的转移支付是上一级政府对下级政府的补助。一般是根据一些社会经济指标，如人口、面积等，以及一些由政府承担的社会经济活动，如教育、治安等的统一单位开支标准计算的。主要是为了平衡各地区由于地理环境或经济发展水平不同而产生的政府收入的差距，以保证各地区政府能够有效按照国家统一标准为社会提供服务。

中国的财政转移支付主要由税收返还、财力性转移支付和专项转移支付三部分构成且以中央对地方的转移支付为主。税收返还是中国财政转移支付的主要形式和地方财政收入的重要来源。财力性转移支付是为弥补财政实力薄弱地区的财力缺口，由中央财政安排给地方财政的补助支出。主要包括一般性转移支付、调整工资转移支付、民族地区转移支付、农村税费改革转移支付、年终结算财力补助等形式。专项转移支付是中央财政为实现特定的宏观政策及事业发展战略目标而设立的补助资金，重点用于各类事关民生的公共服务领域。地方财政需按规定用途使用该项资金。

4. 税收政策

税收理论认为，税收是强制性的贡献，纳税人得不到明显的对等利益。税收的目的在于强迫家庭和企业把他们的购买力或者对资源的控制权交给政府，供政府直接使用或转移给他人。税收减少了纳税人的可支配收入和财富。税收政策作为财政政策的一个有力工具，把民间的一部分资源转移到政府部门，从而实现资源的重新配置。税收理论认为，税收对资源配置的影响应是中性的，即尽可能不干扰私人部门的决策。但是市场缺陷决定了资源在私人部门不可能保持有效配置，政府仍需要利用税收手段强制改变资源配置，以弥补市场机制的缺陷。

(五)财政政策的类型

1. 自动稳定的财政政策和相机抉择的财政政策

将财政政策分为自动稳定的财政政策和相机抉择的财政政策，是根据财政政策调节经济周期的作用来划分的。

(1) 自动稳定的财政政策。自动稳定的财政政策是指财政制度本身存在一种内在的、不需要政府采取其他干预行为就可以随着经济社会的发展，自动调节经济的运行机制。这种机制也被称为财政自动稳定器。主要表现在两方面：一方面是通过个人所得税和个人所得税的累进所得税实现自动稳定作用。在经济萧条时，个人和企业利润降低，符合纳税条件的个人和企业数量减少，因而税基相对缩小，使用的累进税率相对下降，税收自动减少。因税收的减少幅度大于个人收入和企业利润的下降幅度，税收便会产生一种推力，防止个人消费和企业投资的过度下降，从而起到反经济衰退的作用。在经济过热时期，其作用机理正好相反。另一方面，是政府福利支出的自动稳定作用。如果经济出现衰退，符合领取失业救济和各种福利标准的人数增加，失业救济和各种福利的发放趋于自动增加，从而有利于抑制消费支出的持续下降，防止经济的进一步衰退。在经济繁荣时期，其作用机理正好相反。

(2) 相机抉择的财政政策。相机抉择的财政政策是指政府根据一定时期的经济社会状况，主动灵活选择不同类型的反经济周期的财政政策工具，干预经济运行行为，实现财政政策目标。在 20 世纪 30 年代的世界经济危机中，美国实施的罗斯福—霍普金斯计划(1929—1933 年)、日本实施的时局匡救政策(1932 年)等，都是相机抉择财政政策选择的范例。相机抉择财政政策具体包括汲水政策和补偿政策。汲水政策是指经济萧条时期进行公共投资，以增加社会有效需求，使经济恢复活力的政策。汲水政策有三个特点：第一，它是以市场经济所具有的自发机制为前提，是一种诱导经济恢复的政策；第二，它以扩大公共投资规模为手段，启动和活跃社会投资；第三，财政投资规模具有有限性，即只要社会投资恢复活力，经济实现自主增长，政府就不再投资或缩小投资规模。补偿政策是指政府有意识地根据当时的经济状况反向调节经济景气变动的财政政策，以实现稳定经济波动的目的。在经济萧条时期，为缓解通货紧缩影响，政府通过增加支出，减少收入政策来增加投资和消费需求，增加社会有效需求，刺激经济增长；反之，经济繁荣时期，为抑制通货膨胀，政府通过财政增加收入、减少支出等政策来抑制和减少社会过剩需求，稳定经济波动。

2. 扩张性财政政策、紧缩性财政政策和中性财政政策

将财政政策划分为扩张性财政政策、紧缩性财政政策和中性财政政策，是根据财政政策调节国民经济总量和结构中的不同功能来划分的。

(1) 扩张性财政政策(积极的财政政策类型之一)。扩张性财政政策是指通过财政分配活动来增加和刺激社会总需求的政策。扩张性财政政策的目的是扩大政府需求，降低企业和消费者成本，增加就业机会，刺激经济增长，防止过冷和通货紧缩。其手段主要是减税，增加预算开支，增发长期建设国债等。这个政策适用于经济周期的低潮期和从低潮转向回升的初期。

(2) 紧缩性财政政策(积极的财政政策类型之一)。紧缩性财政政策是指通过财政分配活动来减少和抑制总需求的政策。紧缩性财政政策的目的是在收缩政府需求的同时，控制社

会投资需求和居民消费需求，防止经济过热和通货膨胀。其手段主要是加税、减少预算开支、缩减或停发长期建设国债等。这个政策适用于经济周期的高潮期，抑制经济过度繁荣。

(3) 中性财政政策(又称稳健的财政政策)。中性财政政策是指财政的分配活动对社会总需求的影响保持中性的政策。以“中性”为特征的稳健财政政策一般出现在两个过渡时期：一是从“扩张”到“紧缩”的过渡时期，另一个是从“紧缩”到“扩张”的过渡时期。从其内容和目的来看，中性的财政政策追求基本的预算收支平衡，尽可能减少对市场运行的干扰，不主动刺激或收缩经济，既不追求膨胀效应，又不追求紧缩效应，努力维护总供求的内在均衡关系。

(六)财政政策的特点

1. 财政理论与财政实践的中间环节

人们在财政实践活动中形成了各种各样的财政理论，这些理论凝聚着人们对财政不同领域的认知成果，揭示了财政的本质和发展规律，对财政的实践活动具有普遍的指导意义。但财政理论虽然是认识的高级形式，却不能直接规范人们的行为，一般要通过财政政策这一中介来完成。

财政理论的发展需要借助于财政政策的实践。财政政策既是财政理论的具体化、规范化，又是财政实践经验的原则化。财政实践是发展财政理论的源泉，而作为中间环节的财政政策的实践，对发展财政理论亦具有重大作用。财政政策在实践中将不断得到修正和完善，不断增加新的内涵和外延，为丰富和发展财政理论提供了素材。

2. 主观指导和客观规律的统一

财政政策作为规范人们经济行为的准则之一，对客观世界的经济运行具有指导和控制作用，带有主观性。但是，这种主观指导是根据客观经济的实际制定的，是客观经济规律的反映，有其客观性。财政政策是基于经济发展规律和对财政状况的认识制定的，政策制定的基础是客观的，但是，制定出来的政策正确与否，要取决于政府的主观认识程度。

3. 稳定性与变动性的统一

财政政策的稳定性是指财政政策在其有效的范围内相对地保持不变，体现财政政策的阶段性和连续性。阶段性是指任何财政政策只在一定的阶段内有效，不同的经济发展阶段有不同的政策。连续性是指财政政策的合理部分应继续存在，使政策具有连续性。

财政政策之所以具有稳定性，主要是由财政政策目标决定的。财政政策的任何一个目标被确定之后，要实现它就要经过一个时间长短不一的过程。在这一目标尚未实现之前，这种财政政策一般不会终止。财政政策的稳定性是相对的，而财政政策的变动性是绝对的。财政政策要依据客观经济发展情况的变化而变化。

(七)财政政策的功能

1. 导向功能

财政政策的直接作用对象是财政分配和管理活动，而这种分配和管理关系到人们的物质利益，从而左右着人们的经济行为。财政政策的导向功能主要是对个人和企业的经济行为以及国民经济的发展方向有引导作用。它的导向功能主要表现在以下两个方面，一是配合国民经济总体政策，提出明确的调节目标。例如，在某一时期，宏观经济政策目标是稳定经济发展，为实现这一总目标，财政政策就要确立抑制通货膨胀的目标。二是财政政策不仅规定什么应该做、什么不应该做，同时还通过利益机制告诉人们怎样做更好。例如，政府为了增加社会投资规模，就要刺激私人投资欲望。当这一政策出台后，投资者可能就要利用这一政策(当然正好符合这一政策目的)，这时，财政政策可提供较多的方式以便投资者选择，如加速折旧、免税期、投资税收抵免、盈亏相抵、补助等。

财政政策的导向功能，其作用形式有两种：直接导向与间接导向。直接导向是财政政策对其调节对象直接发生作用。例如，加速折旧的税收政策，可以大大提高私人的设备投资欲望，加速固定资产的更新改造。间接导向是财政政策对非直接调节对象的影响。例如，对某些行业施以高税政策，不但会直接抑制这一行业的生产发展，同时还有两项间接影响：一是影响其他企业和新投资的投资选择，二是影响消费者对这一行业的产品的消费数量。

2. 协调功能

财政政策的协调功能主要表现在对社会经济发展过程中的某些失衡状态的制约、调节能力，它可以协调地区之间、行业之间、部门之间、阶层之间等的利益关系。财政政策之所以具有协调功能，首先是由财政的本质属性决定的。财政本身就具有调节职能，它是在国民收入分配过程中，通过财政的一收一支，改变社会集团和成员在国民收入中占有的份额，调整社会分配关系。其次是财政政策体系的全面性和配套性为其协调功能的实现提供了可能性。在财政政策体系中，支出政策、税收政策、预算政策、补助政策等，从各个方面协调人们的物质利益关系，只要实现相互配合、相互补充的优化配置，就能发挥政策的整体效应。

财政政策协调功能的主要特征表现在三个方面：一是多维性。财政政策所要调节的对象以及实现的目标不是单一的，而是多方面的。例如，为协调个人收入分配，以免走向两极分化，就需要通过财政投资政策，增加社会就业机会；通过税收政策，降低高收入者的边际收入水平；通过转移支出政策，提高低收入者的收入水平。因此，特定的财政政策在实施过程中，要注意调节对象的选择和调节目标之间的兼容性。二是动态性。财政政策在协调过程中，可以根据国民经济的发展阶段和国家总体经济政策的要求，不断改变调节对象、调节措施和调节力度，最终实现国民经济的协调发展。三是适度性。财政政策在协调各经济主体的利益关系时，应掌握利益需求的最佳满足界限和国家财政的最大承受能力，

做到“取之”(税收收入)有度，“予之”(公共支出)有节，使国家或政府以尽量少的财政投入和调节对象的利益损失，取得尽量大的影响效果。

3. 控制功能

财政政策的控制功能是指政府通过财政政策对人们的经济行为和宏观经济运行的制约与促进，实现对整个国民经济发展的控制。例如，物业税开征可控制房价上涨、调节财富过分集中等。财政政策之所以具有控制功能，主要是由政策的规范性决定的。无论财政政策是什么类型的，都含有某种控制因素在内，它们总是通过这种或那种手段，旨在让人们做某些事情，不做某些事情，或者继续从事他们本来不愿从事的活动。

4. 稳定功能

财政政策的稳定功能是指政府通过财政政策，调整社会总供求，使供求大致平衡，进而实现国民经济的稳定发展。财政政策稳定功能的主要特征是反周期性和补偿性。经济发展总是由平衡到不平衡再到平衡的过程，经济波动由此产生。当经济繁荣时，生产兴旺，国民收入水平提高；反之，当经济衰退时，生产萎缩，失业普遍，国民收入水平下降。在繁荣和衰退的变化过程中，财政政策稳定功能的反周期性在自动地发挥作用。在繁荣时期，随着国民收入水平提高，税收收入自动增加，而转移支出自动下降，相对减少了居民的可支配收入，减轻了通货膨胀压力；在衰退时期，随着国民收入水平下降，税收收入自动减少，而转移支出自动增加，相对提高了居民的可支配收入，增加了有效需求。

按照凯恩斯学派经济学家的观点，整个国民经济由私人经济部门和公共经济部门所构成，以私人经济活动为主。根据总供给等于总需求的原则，一定的国民收入水平来自一定数额的有效需求(总支出)。当私人部门支出不足，以至于有降低国民收入水平之倾向时，政府通过财政政策措施，或增加公共支出，或减少税收收入，以维持总需求不变。如果私人部门支出过多，有产生通货膨胀的危险，政府一般会采取减少公共支出、延缓公共投资或增加税收以吸收社会剩余购买力的财政政策。

二、财政政策的传导与效应

(一)财政政策的传导机制

在市场经济条件下，财政政策的实施存在着从政策工具到政策目标的转变过程，这一过程需要特定的传导媒介使政策系统与经济环境进行信息交流，并通过传导媒介的作用，将政策工具变量最终转化为政策目标变量。财政政策传导机制的分析就是回答此问题。

简单地说，财政政策的传导机制是指财政政策工具在发挥作用的过程中，各种财政政策工具的构成要素通过某种作用机制相互联系，从而形成一个有机的作用整体。财政政策从执行到实现其效应也要经过特定的传导媒介使政策系统与经济环境进行信息交流，并通过传导媒介的作用，将政策工具最终转化为政策目标变量。财政政策发挥作用的过程，实际上也就是财政政策工具经由某种媒介的传导转变为政策目标的复杂过程。因此，财政政策从制定、执行到实现其效应的整个过程可用图 14-1 来表示。

图 14-1　财政政策传导过程

1. 财政政策的货币供应传导机制

政府调节经济生活，通常是财政政策、货币政策并用。因此讨论它们的选择，不是非此即彼，而是讨论它们怎样配合着发挥作用。作为调节宏观经济的两大重要经济政策，财政政策与货币政策各有所长，这两种政策在实施时相互影响，对实现各自的政策目标都发挥着不同的作用。从财政政策对货币政策的影响来看，财政政策对货币政策的主要影响对象是货币供应，分别从财政收支过程、财政收支状况、财政资金运动方向几个方面并借助这些变量来实现其政策的传导。

同时，在考虑到开放经济的条件下，财政政策效应又会受到汇率制度安排的影响，蒙代尔—弗莱明模型已经很好地说明了这个问题。在一国实行固定汇率但是存在资本管制时，扩张性的财政政策的短期效应和封闭经济下相似。但是从长期来看，扩张性财政政策使本国进口增加，从而贸易余额出现逆差，本国中央银行卖出外汇，买入本币，从而使得本国货币供给减少，总需求又回到原来的水平。

2. 财政政策的收入分配传导机制

政府财政活动的一个重要目标就是对收入分配进行调控，以保证宏观经济稳定健康运行。而财政政策也需要借助收入分配机制来达到有效调控经济主体的行为而实现其政策目标。现代市场经济条件下，收入分配的范围很广，但对国民经济影响较大的主要有居民收入分配和企业收入分配两大类。

居民收入分配对财政政策影响的主要渠道是通过影响居民消费倾向进而影响全社会总需求。收入不合理地集中于少数人，导致居民收入分配差距悬殊。有着较高消费倾向的低收入者却无能力消费，中等收入者消费能力也有限，而高收入者虽真正具备消费能力却由于其边际消费倾向最低，消费量也受到限制。而财政政策在实现其效应的过程中，可以借助其对居民收入分配传导机制的影响来调节居民收入分配现状，进而影响全社会的消费倾向，实现其效应。

市场经济制度下，作为理性经济人的企业其主要行为目标是追求利润最大化。而政府在处理与企业的收入分配的过程中，主要是通过税收等手段来调控企业成本与收益、参与企业利润的分配来影响企业的生产经营活动，以实现其宏观经济调控的目标。

3. 财政政策的价格传导机制

财政政策的货币供应传导机制与收入分配传导机制都暗含着一个非常重要的假设前提，那就是假定经济中物价水平始终处于初始水平而不发生变化，然而在实际的经济运行中，物价水平应该是变动的，尽管其变动调整的速度可能较慢。需求管理型的财政政策和供给管理型的财政政策为了实现其政策目标所采取的扩大支出或减税政策，都是从调节全社会的需求与供给的方式来影响经济均衡状态的。在政府采取紧缩型的财政政策时，总供给与总需求曲线将会分别向不同的方向移动，在各自驱动力量的作用下，会向着长期均衡点回落，价格也将随着总供给与总需求曲线的运动而进行调整。

(二)财政政策效应

财政政策效应，即财政政策作用的结果，政策是否有效主要看政策执行的结果。总体来说，政策实施能达到预期的目标即为有效，反之，则为效果不佳或无效。下面从稳健财政政策效应和积极财政政策效应两个方面进行分析。

1. 稳健财政政策效应

稳健财政政策实质是协调发展政策，该政策要求在总量上，财政收支基本平衡，在结构上则是“有松有紧，有保有控”。该政策的核心是松紧适度，着力协调，放眼长远。具体说就是注重把握“控制赤字、调整结构、推进改革、增收节支”十六个字。实行稳健财政政策，绝不意味着财政政策在加强和改善宏观调控中不作为或无所作为。相反，财政政策要在消除经济发展中的不健康和不稳定因素，稳定宏观经济运行等方面发挥更重要、更积极的作用。当前可采取如下几项措施，充分发挥稳健财政政策效应。

1) 适当调整国债投资的规模和方向

实行稳健的财政政策，应逐步减少长期建设国债规模，优化国债和财政支出结构。考虑到政策要保持相对的连续性，国债投资项目需要后续资金来完成，所以减赤字、压国债都要有一个逐渐的过程。在国债投资和使用的方向上，要做到“有保有控”。因此，国债资金应重点向完善社会保障系统、解决“三农”问题、加快西部开发和振兴东北老工业基地等方面倾斜。同时，对有利于技术升级和优化部门结构的高新技术产业、新兴主导产业以及对于社会总体发展需要的公共产品和部分准公共产品中形成“瓶颈”制约的基础设施项目，如港口、铁路、电力、资源勘探等依靠地方财政难以解决的项目继续提供支持。

2) 注重发挥消费对经济增长的拉动作用

实行稳健的财政政策，预示着消费在经济增长中将发挥更为重要的作用。前些年推行的扩大内需政策，使“三驾马车”中的投资需求和出口需求都十分强劲，但消费需求一直是块“短板”，没有发挥应有的作用。因此，必须采取有效措施提高百姓的消费水平，增强消费对经济的拉动作用。可供选择的措施较多。一是创造更多的就业机会，提高人民收入水平。二是在严格抑制大城市住房价格上涨与房地产投机“炒作”的同时，支持和满足大众住宅消费增长。三是降低汽车消费税费率，规范和促进汽车消费信贷发展，鼓励经济型轿车消费。四是继续实行有利于农民增收的政策，增强农民的购买力。在现阶段，我国总体上已到了以工促农、以城带乡的发展阶段。五是改革分配制度，改善社会预期，完善社会保障体系，缩小贫富差距，提高那些想消费却没钱的人的购买力。

3) 推进税制改革

通过进一步完善税制，不断增强企业自我发展的能力，有利于鼓励企业扩大投资，加快技术改造，建立经济自主稳定增长的内在机制。可采取以下措施：①完善消费型增值税。推进消费型增值税虽然短期内会导致税收减少，但有利于培植税源，把“蛋糕”做大，有利于推动企业的发展。②完善地方税制度，结合税费改革对现有税种进行改革，并开征和停征一些税种。在统一税收的前提下，赋予地方适当的税政管理权。③进一步完善出口退税制度。

4) 不断完善公共财政体制

按照公共财政体制要求，政府首要考虑的应是市场不能有效提供的公共产品与公共服务。对一般竞争性、营利性的投资项目，政府资金应退出，以尽可能充分地发挥市场在这些领域中配置资源的优势。而那些市场不能做或做不好的领域，政府就要去做。政府应通过各种手段的有效实施，为市场主体公平竞争、优胜劣汰提供良好的外部环境。首先，要准确界定政府职能，政府应将自身职能由发展经济、开辟财源转向公共服务。公共财政进入应该发挥作用的领域，消除“错位”“越位”和“缺位”现象。其次，科学处理各级政府之间的关系，正确划分事权与财权，依法规范和科学核定收支基础，使政府分配关系建立在责权利相结合的基础之上。进一步理顺中央与地方财权与事权划分关系，改革和完善省级财政体制。加大对县以下基层财政转移支付力度。再次，按照社会公共需要确定政府公共支出范围。

2. 积极财政政策效应

积极的财政政策主要有扩张性财政政策和紧缩性财政政策两种类型，该政策执行结果不是增加财政支出，就是减少财政收入。扩张性财政政策具有刺激总需求增加，促进劳动就业的正效应。而紧缩性财政政策的效应则同扩张性财政政策的效应正好相反，具有抑制社会总需求，增加失业的效应。由于经济危机是世界范围内的普遍问题，刺激总需求的扩张性财政政策就成为重中之重。扩张性财政政策有刺激总需求增加和促进就业等正效应，但也存在诸多负效应。

1) 挤出效应

积极财政政策的长期化产生了直接与间接的挤出效应。从直接方面来说，政府的投资规模过大对社会投资产生了挤出效应，同时，政府在经济运行中的作用过强就必然导致市场机制的作用趋弱，使得市场和市场机制不能对经济运行产生全面的和有效的调节作用。

从间接方面来看，目前，财政的基本职能还没有从行政型财政转向公共型财政。由于积极财政政策的实施是以财政收入的稳定增长为前提的，因而税赋过重所导致的民间收入减少进而民间投资与消费相应的减少就是一个不可避免的过程。因此，积极财政政策实际上是一把双刃剑：在扩大了政府投资的同时也挤缩了社会投资，在增加了政府收入的同时也限制了民间消费。

2) 递减效应

递减效应是指财政政策效应递减。这种递减效应主要体现在三个方面：①对经济拉动效应的递减；②投资与消费传导效应的递减；③国债投资收益的递减。

3) 稀释效应

财政政策是关系民生的重要政策。当财政政策的运行不足以对社会经济产生持续和有效的拉动作用时，就产生了稀释效应。就国债投资而言，国债投资的方式是集中性的而不是社会化的，投资的机制是行政性的而不是市场化的，这种投资规模再大，在分散到各个地区和部门以后，也不过是杯水车薪，不足以对社会经济产生持续的和有效的拉动作用。

4) 依存效应

依存效应体现在发展依存与体制依存两个方面。发展依存是指经济的有效增长对积极财政政策已经产生了比较明显的依赖性；体制依存是指行政性的投资选择机制所造成的层层的行政依附，并且导致企业在对市场依赖与政府依赖的选择中，自觉或不自觉地向后者倾斜，这又会在客观上放大政府与行政机制对市场和市场机制的遏制作用。

(三)财政政策乘数

通过对财政政策的自动稳定和相机抉择的政策分析，已经看到了财政政策对经济的作用。但是它对经济的作用怎样衡量？对经济作用的变动多大？我们可以用财政政策乘数来解释。财政政策乘数是指在其他条件不变的条件下，财政变量的变动对均衡收入水平的影响。财政政策乘数可以从狭义和广义两个方面来理解。狭义财政政策乘数是指在上述条件下，政府支出的增减所能够引起的均衡收入水平变化的倍数。

我们依据凯恩斯经济学的国民收入的决定方程式推导出财政政策乘数。从支出方面看，国民收入的决定公式为

$$Y = C + I + G \tag{14-1}$$

式中，Y 代表国民收入；C 代表消费支出；I 代表私人投资支出；G 代表政府购买支出。其中，

$$C = C_a + \beta Y_d \tag{14-2}$$

式中，C_a 代表消费函数中的常数，也就是说，人们即使在短期没有收入也要消费，这可能就需要动用原有资产或者借债等；β 代表边际消费倾向；Y_d 代表可支配收入，即扣除税收(T)之后的收入，则

$$Y_d = Y - T \tag{14-3}$$

将式(14-2)、式(14-3)代入式(14-1)，可得

$$Y = C_a + \beta(Y - T) + I + G$$
$$= C_a + \beta Y - \beta T + I + G$$
$$(1-\beta)Y = C_a - \beta T + I + G$$
$$Y = \frac{C_a - \beta T + I + G}{1-\beta} \tag{14-4}$$

根据以上公式，就可以求得财政政策乘数。

由于不同的财政工具对国民收入水平的影响程度是不同的，为此，我们可以根据财政工具的具体使用情况，将财政政策乘数分为政府购买支出乘数、税收乘数、转移支付乘数和平衡预算乘数。

1. 政府购买支出乘数

政府购买支出乘数是指国民收入变化量与引起这种变化量的最初政府购买支出变化量的倍数关系，或者说是国民收入变化量与促成这种变化量的最初政府购买支出变化量的比例。如果以ΔG表示政府支出变动，以ΔY表示国民收入变动，以K_g表示政府购买支出乘数，则政府购买支出乘数就可以表示为以下形式。实质上也是根据式(14-4)，求国民收入Y对政府支出G的导数。

$$K_g = \frac{\Delta Y}{\Delta G} = \frac{1}{1-\beta} \tag{14-5}$$

上式中β代表边际消费倾向。由于$0 < \beta < 1$，因此政府购买支出乘数$K_g > 1$。这意味着政府购买的增加会引起国民收入成倍增加，而政府购买的减少会引起国民收入成倍减少。因此，一个简单的政府购买的增加或减少会引起国民收入以K_g的规模提高或降低国民收入水平。

2. 税收乘数

税收乘数表示税收变化引起国民收入变化额与税收变化额之间的比例。以K_t代表税收乘数，则税收乘数就可以表示为以下形式。实质上是根据式(14-4)，求国民收入Y对税收T的导数。

$$K_t = \frac{\Delta Y}{\Delta T} = \frac{-\beta}{1-\beta} \tag{14-6}$$

由上式可知，税收乘数为负值，表明国民收入随税收增加而减少，随税收减少而增加。

3. 转移支付乘数

转移支付乘数表示转移支付变化引起的国民收入变化额与转移支付变化额之间的比例。如果以K_{tr}代表转移支付乘数，则转移支付乘数就可以表示为以下形式：

$$K_{tr} = \frac{\Delta Y}{\Delta TR} = \frac{\beta}{1-\beta} \tag{14-7}$$

4. 平衡预算乘数

平衡预算乘数表示政府税收与政府购买同时以相等的数量增加或减少时($\Delta G = \Delta T$)，国民收入变动额与政府购买(或税收)变动额的比例。实质上是政府购买支出乘数 K_g 与税收乘数 K_t 和的结果。

以 K_b 代表平衡预算乘数，则

$$K_b = \frac{1}{1-\beta} + \frac{-\beta}{1-\beta} = 1 \tag{14-8}$$

由上式可知，平衡预算乘数等于 1，即如果等额增加或减少税收或政府购买支出，那么国民收入不会发生变化。

第三节　货币政策

一、货币政策的含义

货币政策是指中央银行通过运用货币政策工具来控制经济中的货币供给，以调节利息率和改变信贷条件，进而最终影响总需求变动的政策。

中央银行实施货币政策的主要工具是：公开市场业务、贴现率、法定准备金率。通过有效运用这些政策工具就可以达到在金融市场上调节货币供给和利息率的目的，从而最终影响宏观经济的运行状态。

二、货币政策工具

(一)公开市场业务

公开市场业务是货币政策工具之一，指的是中央银行在公开市场，即金融市场上买进或卖出有价证券，以增加或减少商业银行的准备金，从而控制货币供给和利率的一种政策工具。中央银行在公开市场上的交易对象是证券商，而不是直接和社会公众进行证券交易，这些证券商主要是商业银行、政府证券的专门代理商。根据中央银行在公开市场买卖证券的差异，公开市场可分为广义和狭义的两种。所谓广义公开市场，是指在一些金融市场不发达的国家，政府公债和国库券的数量有限，因此，中央银行除了在公开市场上买进或卖出政府公债和国库券之外，还买卖地方政府债券、政府担保的债券、银行承兑汇票等，以达到调节信用和控制货币供应量的目的。所谓狭义公开市场，是指主要买卖政府公债和国库券。在一些发达国家，政府公债和国库券发行量大，且流通范围广泛，中央银行在公开市场上只需买进或卖出政府公债和国库券，就可以达到调节信用、控制货币量的目的。

当经济出现衰退或萧条时，失业因总需求不足而增加，中央银行应买进政府债券，如果出售政府债券的是商业银行，其银行准备金将随中央银行支票的兑付而增加；如果出售政府债券的是社会公众，由此获得中央银行支票的个人或企业则把支票存入商业银行，增加商业银行的活期存款，因而商业银行的准备金也会增加。由此可见，中央银行买进政府债券的举措最终都会导致商业银行的存款准备金增加。这具有两方面的作用：一方面当商业银行拥有超额准备金时，为了寻求利润，就会扩大信贷规模，由此在商业银行体系中通过创造过程，及货币乘数作用而产生活期存款及货币供给量的多倍增加。货币供给量增加的结果是利息率的下降，投资需求相应增加，并通过投资乘数作用引起总需求扩大，从而引起国民收入、就业及价格水平的相应提高。另一方面，中央银行买进政府债券，还将导致债券价格上涨。根据债券价格与利息率之间的关系，债券价格上涨将引起利息率的下降，这将有利于投资，因而使总需求增加。总之，货币供给量的增加通过利息率的下降来刺激投资，扩张总需求，以带动经济摆脱衰退或萧条状态。

当经济出现通货膨胀时，物价水平因总需求过量而持续上涨，则中央银行在公开市场上卖出政府债券，如果买进政府债券的是商业银行，其银行准备金将因向中央银行付款而减少；如果买进政府债券的是社会公众，其存入商业银行的活期存款就会相应因提款购买而减少，商业银行的准备金也会减少。由此可见，中央银行卖出政府债券最终都会导致商业银行准备金的减少。这同样具有两方面的作用：一方面当商业银行为满足法定准备金率的要求，在准备金减少时收缩信贷规模，由此在商业银行体系中通过创造过程，及货币乘数作用而产生活期存款及货币供给量的多倍收缩。货币供给量减少的结果是利息率的上升，投资需求相应减少，并通过投资乘数的作用引起总需求收缩，从而引起国民收入、就业及价格水平的相应下降。另一方面，中央银行卖出政府债券，还将导致债券价格下降。根据债券价格与利息率之间的关系，债券价格下降将引起利息率的上升，这将抑制投资，因而使总需求收缩。总之，货币供给量的减少通过利息率的上升来抑制投资，减少总需求，从而带动经济走出通货膨胀状态。

(二)贴现率政策

贴现率是指再贴现率，是指商业银行或其他金融机构将贴现所获得的未到期票据，向中央银行转让。对中央银行来说，再贴现是买进商业银行持有的票据，流出现实货币，扩大货币供应量。对商业银行来说，再贴现是出让已贴现的票据，解决一时资金短缺。整个再贴现过程，实际上就是商业银行和中央银行之间的票据买卖和资金让渡的过程。所谓贴现率政策，就是中央银行通过制定或调整再贴现利率来干预和影响市场利率及货币市场的供应和需求，从而调节市场货币供应量。

当经济出现衰退或萧条时，中央银行降低贴现率以鼓励商业银行向中央银行借款。这

样商业银行的准备金就会增加，就可以扩大其信贷规模，同时商业银行的利率也随贴现率的降低而降低。总之，降低贴现率导致货币供给量增加与利息率的降低，就会刺激投资，提高国民收入水平。反之，当经济出现通货膨胀时，中央银行提高贴现率以限制商业银行从中央银行贷款，使得商业银行难以增加准备金和扩大信贷规模，同时随着贴现率的提高，商业银行的利息率也会相应上升。因此，提高贴现率将导致货币供给量减少与利息率上升，就会抑制投资，降低国民收入和物价水平。

但是，改变贴现率作为一项政策工具具有明显的局限性，具体表现在以下几方面。

(1) 从控制货币供应量来看，再贴现政策并不是一个理想的控制工具。首先，中央银行处于被动地位。商业银行是否愿意到中央银行申请贴现，或者贴现多少，取决于商业银行。如果商业银行可以通过其他途径筹措资金，而不依赖于再贴现，则中央银行就不能有效地控制货币供应量。其次，增加对中央银行的压力。如商业银行依赖于中央银行再贴现，这就增加了对中央银行的压力，从而削弱控制货币供应量的能力。再次，再贴现率高低有一定限度，而在经济繁荣或经济萧条时期，再贴现率无论高低，都无法限制或阻止商业银行向中央银行再贴现或借款，这也使中央银行难以有效地控制货币供应量。

(2) 从对利率的影响看，调整再贴现利率，通常不能改变利率的结构，只能影响利率水平。即使影响利率水平，也必须具备两个假定条件：一是中央银行能随时准备按其规定的再贴现率自由地提供贷款，以此来调整对商业银行的放款量；二是商业银行为了尽可能地增加利润，愿意从中央银行借款。当市场利率高于再贴利率，而利差足以弥补承担的风险和放款管理费用时，商业银行就向中央银行借款然后再放出去；当市场利率高于再贴现率的利差，不足以弥补上述费用时，商业银行就从市场上收回放款，并偿还其向中央银行的借款，也只有在这样的条件下，中央银行的再贴现率才能支配市场利率。然而，实际情况往往并非完全如此。

(3) 就其弹性而言，再贴现政策是缺乏弹性的，一方面，再贴现率的随时调整，通常会引起市场利率的经常性波动，这会使企业或商业银行无所适从；另一方面，再贴现率不随时调整，又不宜于中央银行灵活地调节市场货币供应量。因此，再贴现政策的弹性是很小的。

(三)法定准备金率

通过改变法定准备金率也可以实现货币政策目标。中央银行为加强宏观管理，对商业银行规定一个最低限度的准备金，称之为法定准备金。法定准备金占银行全部存款的比率，为法定准备金率。改变法定准备金率将从两个方面影响货币供应量，当法定准备金率提高时，一方面原先拥有超额准备金的商业银行相应降低其信贷能力，进而使经济中货币供给量减少；另一方面使货币乘数缩小，即货币创造倍数下降。反之，当法定准备金率降低时，一方面增加商业银行的信贷能力，进而使经济中货币供给量增加；另一方面使货币乘数增加，即货币创造倍数上升。

当经济出现衰退或萧条时，中央银行降低法定准备金率，从而商业银行产生超额准备金，使商业银行的信贷能力增强；另外提高货币乘数，使商业银行按更大倍数创造货币供应量。总之，货币供应量增加，利息率下降，会刺激投资，提高国民收入水平，以摆脱经济衰退或萧条。

当经济出现通货膨胀时，中央银行提高法定准备金率，从而减少商业银行准备金，使商业银行的信贷能力下降；另外降低货币乘数，使商业银行按更小倍数创造货币供应量。总之，货币供应量减少，利息率上升，会抑制投资，降低国民收入水平，有利于经济走出通货膨胀。

由于法定准备金率会给市场和整个经济体系造成剧烈的波动，因此法定准备金率的改变有其上限和下限，即只能在一定的限度内变动，以避免过多的调整所带来的负效应。

第四节　财政政策与货币政策配合

一、财政政策与货币政策配合的必要性

基于财政政策和货币政策在范围、渠道、侧重点、手段和时滞方面的不同，在现实经济中，政府对宏观经济调控时通常是两者并用。因此，研究财政货币政策的协调配合就显得尤为重要。具体来讲，财政政策与货币政策协调配合的必要性如下。

(1) 分配和交换是生产和消费均衡发展的基本保证，而财政政策和货币政策分别是政府调节分配和流通的主要调控手段。根据马克思社会再生产理论，分配和交换是生产和消费的中间环节，如果分配和交换出现问题，就会导致社会简单再生产无法延续和扩大再生产得不到实现。为了保证社会再生产的顺利进行，国家必须调节和管理在分配和交换领域的各种矛盾，实现结构优化和总量平衡。作为分配交换领域的主要调节政策的财政政策和货币政策，由于分别作用于社会再生产两个不同环节，克服了单一政策手段的局限性，可以同时解决结构矛盾和总量矛盾，因此必须协调配合。

(2) 财政政策和货币政策的作用机制和运作特点存在明显差异。首先，财政政策与货币政策调节范围的不同要求两者必须协调配合。财政政策主要是通过税收增减、发行国债，以及调整支出规模和结构来影响社会总需求，即通过在分配领域发挥作用来调节社会总供求关系。但是财政政策通过增减税收、调整支出规模可能引起社会总需求的扩张或收缩，其操作上有一定的限度。如为抑制需求而提高税率，压缩支出，要受到纳税人承受能力和已形成的支出规模的限制，力度过大会挫伤微观经济主体的积极性，引起经济的动荡，这就需要货币政策从流通领域加以配合。就货币政策而言，其政策松紧能增减社会需求，但要受到已经形成的信贷规模及相应的投资规模的限制，力度过大会引起资金短缺进而使经济秩序紊乱，这也要求财政政策在分配领域与之配合。其次，财政政策与货币政策目标的

侧重点不同要求两者协调配合。财政政策与货币政策都能对总量和结构进行调节，但财政政策比货币政策更强调资源配置的优化和经济结构的调整，有结构特征。而货币政策的重点是调节社会需求总量，具有总量特征。

(3) 为了兼顾效率与公平，财政政策必须和货币政策协调配合。财政政策偏重公平分配。财政政策是影响和制约社会总产品和国民收入分配的主导环节，以其调节力度和广度，完全能够建立起利益调节和收入分配机制，即运用税收和社会保障等手段，限制收入分配的过分集中和过快增长，适当缩小居民收入差距，防止两极分化，确保社会稳定，保证收入分配的适度公平，促进经济的稳定增长。货币政策偏重效率。货币政策主要作用于流通领域，参与固定资产和流动资产的积累活动，制约和调节着再分配。而商业银行的营利性决定了货币政策对信贷结构与利率的调节能反映市场供求关系，从而引导资金流向效益好的领域，促进生产效率的提高。

(4) 开放经济要求财政政策和货币政策必须协调配合。在开放经济条件下，财政政策和货币政策涉及国际国内两个市场，因此财政政策和货币政策在宏观体系中的作用更明显。因为财政政策和货币政策同时作用于经济结构和经济总量，共同服务于内外平衡的宏观经济政策目标，而它们本身又有不同的特点，因此两者必须搭配使用。

二、财政政策与货币政策配合的模式

政府根据经济的具体情况和各项调节措施的具体特点，机动地选择不同的政策配合方式。政策配合的方式是多种多样的，就总体而言，大致有以下几种方式。

(1) 扩张性的财政政策与扩张性的货币政策配合，即所谓“双松配合”。这种配合方式可以有力地刺激总需求，但容易引起通货膨胀，留下后遗症，所以一般情况下不宜采用。

(2) 紧缩性的财政政策与紧缩性的货币政策配合，即所谓“双紧配合”。这种配合方式可以有力地抑制总需求，但容易导致较长时间的经济衰退，所以一般情况下也不轻易采用。

(3) 扩张性的财政政策与紧缩性的货币政策相配合或紧缩性的财政政策与扩张性的货币政策配合，即所谓“松紧配合”。这种配合方式可以发挥两种政策的互补性，使总需求扩大但不至于引起通货膨胀，或者使总需求缩减但又不至于导致经济衰退。

究竟如何处理财政政策与货币政策之间的关系，选择哪种组合方式，要具体分析当时的客观经济条件，根据宏观经济目标而定。

三、财政政策与货币政策配合的效果

这里的分析仅限于运用 IS—LM 曲线模型讨论财政政策与货币政策的不同配合方式所带来的对利率和收入的影响。

(一)松的财政政策与松的货币政策

如图 14-2 所示，松的财政政策使 IS 曲线右移；松的货币政策使 LM 曲线右移。松的财政政策导致支出增加，从而货币供给量增加，社会主体收入提高；而松的货币政策导致利率下降和收入提高。也就是说，这种“双松”配合方式定会使收入提高，利率是升是降取决于两种政策各自的力度。由于这种情况下的收入提高有可能起因于价格上升，经济社会将面临通货膨胀的压力。

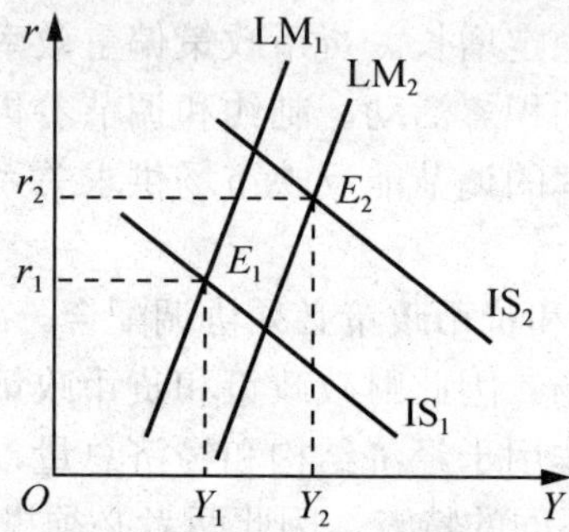

图 14-2　双松配合的政策效果

我们以 $\Delta G\uparrow$、$\Delta G\downarrow$ 分别代表松的财政政策和紧的财政政策，以 $\Delta M\uparrow$、$\Delta M\downarrow$ 分别代表松的货币政策和紧的货币政策。r 和 Y 分别表示利率和收入。$r\uparrow$、$r\downarrow$ 分别表示利率的上升与下降。$Y\uparrow$、$Y\downarrow$ 分别表示收入的上升与下降。则上述关系可通过下面公式表示：

$\Delta G\uparrow$ 导致IS 曲线右移，$\Delta M\uparrow$ 导致LM 曲线右移；

$\Delta G\uparrow$ 导致 $r\uparrow$ 和 $Y\uparrow$；$\Delta M\uparrow$ 导致 $r\downarrow$ 和 $Y\uparrow$。

这种政策配合方式的政策效果可使扩张性的货币政策减少或抵消扩张性财政政策所带来的挤出效应。如图 14-3 所示，最初产品市场与货币市场的均衡点为 E_0，产出为 Y_0，利率为 r_0。政府增加支出后，使 IS_1 曲线上移至 IS_2，新的均衡点为 E_1，产出为 Y_1，利率为 r_1。显然政府的扩张性财政政策在增加产出的同时，也使利率从 r_0 上升到 r_1。高利率对非政府部门的投资产生了挤出效应，使财政支出乘数的扩张力度受到影响。为了克服这一问题，政府决定采用扩张性货币政策，通过扩大货币供应量促使利率下降。于是 LM_1 曲线外移至 LM_2 曲线。在产出未变时，利率先下降至 r_2，然后随产出扩大至 Y_2，利率还会回升到 r_0 水平上冲减了扩张性财政政策的挤出效应。

(二)紧的财政政策与紧的货币政策

同样原理，$\Delta G\downarrow$ 导致 $r\downarrow$ 和 $Y\downarrow$；$\Delta M\downarrow$ 导致 $r\uparrow$ 和 $Y\downarrow$。

“双紧”或“双松”的政策搭配是在特定的经济形势下采用的政策措施，两者在缓和经济矛盾的同时也会带来以下的问题。

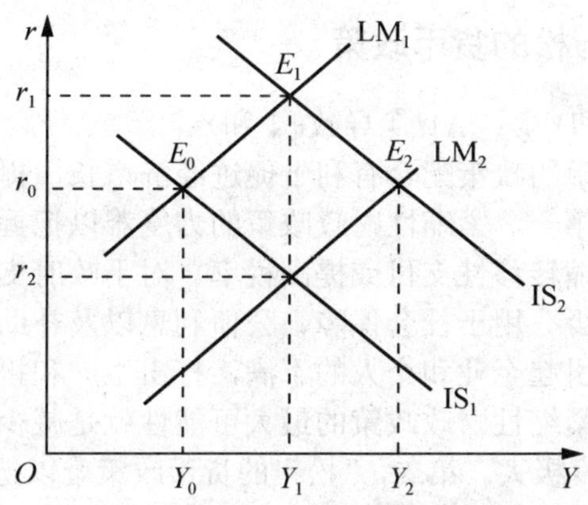

图 14-3　双松配合的政策对挤出效应的作用

(1) 加剧了经济的波动或动荡。这缘于以下两方面：一方面，政府很难准确把握实施“双紧”政策或“双松”政策的时机。财政政策和货币政策存在着不同的政策时滞和调节时滞，政策效果也是一个由弱到强再由强到弱的过程。政策时滞和调节时滞随经济形势的变化而变化，无法准确预知。如果政府不能确定时滞，便贸然制定政策并实施，则可能因为调节时滞较长而调节政策不适应变化后的经济形势，引起政策失误，加剧经济的波动。另一方面，政府很难准确把握“双紧”政策或“双松”政策的力度。财政政策和货币政策的作用效果和影响各不相同。政府可能因为紧缩力度过大导致经济萧条，也可能因为放松的力度不当引起经济的大幅波动。

(2) 易导致社会资源的大量浪费。在采取“双紧”政策之前，银根松弛，投资环境比较好，投资需求高涨，许多项目纷纷上马。但由于许多投资项目具有一定的建设周期，当政府紧缩政策出台时，很多项目还没有完成或者没有足够的资金继续，无法形成现实的生产能力。这就导致了大量资源的浪费。当政府实行“双松”政策时，由于银根比较松，筹资或投资比较容易，人们容易乱上项目、盲目投资，造成资源的浪费。

(三)松的财政政策与紧的货币政策

同理，$\Delta G\uparrow$导致$r\uparrow$和$Y\uparrow$；$\Delta M\downarrow$导致$r\uparrow$和$Y\downarrow$。

“松”财政和“紧”货币的配合容易引起下列问题：第一，挤出效应。当政府通过向公众(企业、居民)和商业银行借款来实行扩张性的财政政策时，会引起利率上升和借贷资金需求上的竞争，导致私人投资减少，从而使财政支出的扩张部分或全部被抵消。第二，过度的财政扩张易导致通货膨胀。扩张性的财政政策必导致财政赤字，包括软赤字和硬赤字两种类型。软赤字是指完全用国债收入来弥补赤字。只要不超过适度的债务规模，软赤字的扩张效应能被有效控制，能与货币政策较好地配合，不会造成严重的通货膨胀。而硬赤字是指用国债收入弥补了软赤字之后，仍然存在入不敷出的资金缺口。硬赤字会导致紧缩性的货币政策失效，形成严重的通货膨胀。

(四)紧的财政政策与松的货币政策

同理，$\Delta G\downarrow$导致$r\downarrow$和$Y\downarrow$；$\Delta M\uparrow$导致$r\downarrow$和$Y\uparrow$。

“紧”财政“松”货币的政策配合有利于促进经济增长，提高资金的使用效率。但是仍然存在问题。表现为：第一，紧缩性财政政策的力度难以把握。紧缩性财政政策的常用方法是压缩政府支出、压缩转移性支付或提高税率。对于政府支出而言，如果不精简政府机构，消费性支出难以减少。用于社会保障、公债利息以及补助金支出的转移性支付更是不能压缩。而提高税率会引起企业和个人的不满，打击生产和投资的积极性，影响经济的发展和政府收入。因此，紧缩性财政政策的最大可能性就是减少政府投资性支出。如何判断哪项投资该压缩，其难度极大。第二，“松”的货币政策难以把握。在紧财政的前提下实行松货币政策，需要一个良好的企业制度基础。企业制度不健全，企业对资金需求没有节制就会导致企业在松货币政策的环境下盲目投资、盲目生产。这不仅提高了社会资金的占用率，还会降低资金的使用效率，造成通货膨胀。

四、财政政策与货币政策搭配的选择

一般情况下，为促进经济较快增长，在宏观经济调控上，往往采取“双松”配合政策，但双松政策的实施必须有足够的未被利用的物资资源、人力资源、先进的生产技术、科学的经营管理和健全的经济运行机制。只有有效的资源方可推动较快的生产发展，促进经济效益的提升。只有先进的技术、管理和健全的机制方可提升有质量的真实的增长。否则可能引起诸多社会问题。

当经济过热和有较重的通货膨胀产生时，往往采取双紧政策。旨在紧缩开支、严格货币投放，减少货币供应量，控制总需求。双紧政策对经济的抑制速度快，效果明显，但不可操之过猛、过快，否则也会带来诸多社会问题。而松紧搭配政策的选择一般适用于社会总供求大体均衡的经济条件下，其目的是为了实现供求结构的均衡。至于在调节中谁松谁紧，则要根据供求矛盾的具体情况而定。财政政策和货币政策的松紧搭配模式对解决总供求结构失衡、产出结构失衡的情况，具有重要的应用价值。

复习思考题

一、名词解释

财政政策　财政政策目标　财政政策工具　货币政策　货币政策目标　货币政策工具　公开市场业务　扩张性财政政策　紧缩性货币政策　贴现率　再贴现率　法定准备金率

二、问答题

1. 简要说明财政政策的目标有哪些。
2. 怎样认识和评价财政政策的效应？
3. 如何理解财政政策的自动稳定功能？
4. 在何种环境下，采取相机抉择的财政政策？
5. 为什么财政政策和货币政策必须相互配合？
6. 试述财政政策和货币政策配合的方式及环境。

三、案例分析

关注房地产首付变化

中国为调控房地产价格，采用了诸多调控政策。单从房地产首付变化，也能明晰中国对房价的调控轨迹。2006 年，首付不低于三成；2007 年，首套房 90 平方米以下首付不低于两成，90 平方米以上不低于三成；二套房首付不低于四成；2010 年，二套房“认房又认贷”(编者注：认定二套房的标准)，首付不低于五成，房价过高地区可暂停发放第三套房贷；2011 年，二套房贷首付提至六成；2013 年，北上广深等城市二套房首付提高至七成；2014 年，二套房“认贷不认房”，对拥有 1 套住房并结清贷款的家庭，第二套房贷可按照首套房贷政策执行；2015 年，二套房首付降为四成。2015 年，二套房首付降为四成。2016 年 2 月 2 日，央行下调首套房首付比。在不“限购”的城市中，居民首次购买普通住房的商业性贷款，最低首付款比例为 25%，各地可向下浮动 5 个百分点。

试分析：

1. 该案例中，主要调控房价的政策是何种政策？
2. 结合该政策，谈一谈影响房价的机理。
3. 结合实际阐明该政策变化的必然性。

第十五章　地方政府间财政竞争

【知识要点】

通过本章的学习，学生应掌握地方政府间财政竞争的基本理论，主要包括财政竞争的含义、财政竞争产生的环境、财政竞争的形式等内容，重点理解地方政府间财政竞争的社会效应及如何进行财政竞争的规范等相关问题。

【引导案例】

2015 年，公司全资子公司芜湖东旭光电科技有限公司、控股子公司芜湖东旭光电装备技术有限公司近日收到芜湖经济技术开发区财政局《关于拨付财政补贴的通知》，总计收到政府补助 14 000 万元，具体情况如下。

公司全资子公司芜湖东旭光电科技有限公司收到芜湖经济技术开发区财政局《关于拨付财政补贴的通知》，通知中称：你公司 1 至 4 线 TFT-LCD 玻璃基板生产线已投产运营，5 至 8 线 TFT-LCD 玻璃基板生产线正在安装调试，项目进展顺利，一期投资已基本完成，现决定给予你公司一次性补助资金 6000 万元。该笔政府补助资金近期已经全额到账。

公司控股子公司芜湖东旭光电装备技术有限公司收到芜湖经济技术开发区财政局《关于拨付财政补贴的通知》，通知中称：截至 2014 年底，你公司已顺利投产运营，根据你公司的投资与经营情况，现决定给予你公司一次性补助资金 5000 万元。该笔政府补助资金近期已经全额到账。

公司全资子公司芜湖东旭光电科技有限公司收到芜湖经济技术开发区财政局《关于拨付财政补贴的通知》，通知中称：你公司第 5 条 6GTFT-LCD 玻璃基板生产线点火运营，现给予一次性奖励补助资金 3 000 万元。该笔政府补助资金近期已经全额到账。

(资料来源：http://news.10jqka.com.cn/ms/000413/20150409/%7Bid%7D%7Bguid%7D/nosource.html)

试分析:

1. 分析政府补贴企业的目的。
2. 分析政府补贴会产生哪些不同的社会效应。

第一节　地方政府间财政竞争基本理论

一、财政竞争的概念

最早从理论上阐述地方财政竞争思想的是美国经济学家蒂博(Tiebout)。他指出，通过“用

脚投票”，消费者——选民可以选择那些最能满足其偏好的地方定居。蒂博的贡献在于为人们对地方性公共物品偏好的显示提供了一种“用脚投票”的准市场方式。地方政府应竭力提供最佳的公共服务和税收组合，否则，那些具有较高税收负担能力的居民和掌握经济发展所需资本的投资者会威胁或暗示离开，从而通过“用脚投票”对本地区政府的财政行为施加影响。作为地方团体利益的集中代表，地方政府迫于压力，被迫采用各种财政手段，竞相争取资源以发展本地经济，财政竞争由此展开。

蒂博以后，理论界关于地方财政竞争的研究主要局限于地方税收竞争领域。最早的研究是从地方政府间的资本竞争所造成的潜在效率问题展开的。“税收竞争的后果可能使地方服务的产出水平低于有效率的产出水平。为了吸引企业投资而实行低税率，地方政府可能会维持一个低于边际收益与边际成本相等时的支出水平，特别是在那些并不为企业提供直接利益的项目上。”[①]竞争结果是各地的福利状况都要比他们只需根据常规的边际成本来决策时低。

中国学者在关于财政竞争方面的研究还不是很多，最有代表性的研究是中国社科院财贸所所做的《中国地方政府间竞争》的研究课题。该研究成果把地方政府竞争看作是一个对非流动要素面的竞争，是各地方政府“生产和供给各自的不流动的产品——政府供给品，或者叫营造市场竞争的环境”[②]

在现行财政分权制度下，地方政府出于政治、经济利益目的，不仅在自然资源、社会资源等方面展开了激烈的竞争，还在地方政府间进行财政的竞争。地方政府间财政竞争是指地方政府通过财政手段争夺有利于本地社会经济发展的稀缺资源或者逃避某些成本的竞争性行为，是地方政府间竞争的一种方式。可以看出，财政竞争仅是地方政府间竞争的一种方式。地方政府间竞争的方式除了通过财政手段进行竞争之外，还可以通过管制手段、法律手段、服务优势和制度优势等方式竞争，就管制手段而言，通过管制政策保护本辖区利益——排斥外地产品，以保护本地企业产品市场。通过管制，还可限制净福利接受者进入本辖区。就法律手段而言，通过在环境执法力度上的松紧掌握来达到竞争目的等。对于地方经济发展所需要的流动性资源要素而言，一个辖区的税收和公共服务组合无疑是影响资源要素流向和流量的重要因素。财政手段中的收入政策(主要是税收政策)和支出政策(主要是提供公共物品和服务)可以被灵活使用，并且能够对经济活动产生有效影响。因此，财政竞争是地方政府间竞争的主要方式，地方政府间竞争主要指的是财政竞争。地方政府间财政竞争的主体是地方政府，地方财政部门是具体执行者。政府间财政竞争的最终目的是提高本地区居民的福利水平。

---

① Oates.Wallace E，Fiscal Federalism，New York：Harcourt Brace Jovanovich,1972.

② “中国地方政府竞争”课题组. 中国地方政府竞争与公共物品的融资. 财贸经济，2002(10).

二、财政竞争产生的环境

(一)要素流动是政府间财政竞争的对象

流动性要素是政府间财政竞争的主要对象。要素的跨区域自由流动，是政府间财政竞争开展的重要前提。在计划经济体制下，不能按照效益最大化的原则在地区之间进行选择。改革开放以来，随着社会主义市场经济体制的不断完善，国家放松政策束缚，鼓励要素的自由流动和优化配置，为政府间争夺人才、技术、资本等稀缺资源的财政竞争创造了条件。但也不能不看到，目前还存在制约要素流动的因素，如户籍制度、非货币化收入(住房、待遇)、非货币化的权利(土地承包经营权、集体盈余分配权)等。上述各种因素在某种程度上制约了政府间财政竞争的规范开展。

(二)财政分权是中国地方政府间财政竞争的内在原因

1994 年的分税制改革，地方政府真正成为一个具有独立经济利益目标和资源配置权限的经济组织，财政竞争本身就是地方政府运用中央赋予的资源配置权追求自身经济利益目标的过程。可以说，1994 年税制改革稳固地确立了促成我国政府间财政竞争的利益格局，一方面，地方政府手中的权力迅速增长，财权财力迅速扩大，地方政府开始有能力追求自身利益；另一方面，地方政府不再仅仅是中央政府政策与计划的执行者，推动地方经济增长和提供公共产品的职责大大增强。因此，地方政府更加注重从自身利益出发，开展区域间竞争，可以说，地方政府间的财政竞争是伴随体制改革应运而生的，是财政分权的必然结果。

(三)自由裁量权的运用是政府间财政竞争得以顺利开展的条件

分税制以及与之相配套的财税法律体系，并没有十分详尽地限定各级政府的财政行为，而是给了地方政府足够大自主决定的弹性空间。地方政府在税收政策上的“自由裁量权”比理论上所允许的要宽泛得多，经常出现“中央决定名义税率、地方决定实际税率”的现象。如对国内上市公司 1996 年至 1999 年各年度分地区实际所得税税率的统计和方差分析显示，不同地区上市企业的实际所得税税率集中在一个狭小的、明显低于 33%的法定名义税率的范围内，地区之间不存在显著差异，这表明我国地区之间存在着在资本市场上争夺流动性资源的税收竞争。而对于支出竞争来说，政府就具有更大的自主权，可以通过各种渠道筹集资金提供公共物品，改善地方的投资环境，从而达到吸引人才及资金流入，促进本地区经济发展的目标。

(四)优惠政策促成和加剧了中国地方政府间的财政竞争

改革开放以来，我国实行差别性的优惠政策措施打破了各地的公平竞争格局，尤其是

实行的区域税收优惠政策，更是加剧了财政竞争中的税收方面的竞争。这些政策除在形式上是由中央政府制定的以外，和标准意义上的政府间财政竞争政策没有差别，同样是为了吸引流动性要素，特别是为吸引资本进入特定辖区。我们无法确切知道地方政府在这些政策出台的过程中发挥了什么样的作用，但可以想象，地方政府必然会为这些政策归属进行激烈竞争。中央为振兴东北老工业基地出台了相应的财税政策，重庆等老工业基地也跃跃欲试，希望能分享政策收益，这说明地方政府在自身的权力受到约束的情况下，摆出了通过中央政府主导下的各种区域优惠政策进行财政竞争的积极姿态。

三、财政竞争的形式

(一)税收优惠竞争是财政竞争的主要形式

改革开放初期，我国的经济和社会环境发生了重大的变化。随着放权让利改革战略和财政分权体制的推行，地方政府开始有了相对独立的经济利益，地方政府出于发展本地区经济的需要，不断地开展地方政府间的财政竞争。改革初期，国家采取的是区域性税收倾斜政策，允许沿海各经济特区和经济开发区实行企业所得税优惠措施来吸引外商投资，这些地区对国内资本也可按优惠税率减征企业所得税。极其优惠的税收措施帮助沿海各经济特区和经济开发区以及整个东部地区吸引了不少外来资本，使得这些地区的发展非常快，经济增长速度明显快于国内其他地区。经济增长速度上的巨大差异，驱使没有享受这一待遇的中西部地区也开始去大力寻求以税收优惠来吸引外商投资和国内资本的流入，从而被动地展开了税收优惠竞争。尽管最初一些地方政府是被动地卷入税收优惠竞争中的，然而随着财政分权改革的推进，税收优惠竞争却逐步成为各级地方政府的一种主动行为。到 20 世纪 90 年代中期，全国各地已经形成了多层次、形式各样的税收优惠体系，这就使得区域间的税收优惠竞争变得异常激烈。目前，税收优惠竞争是我国政府间横向财政竞争的最主要形式。

(二)税负输出是财政竞争的一种新形式

税负输出是一种以辖区为本位的税负转嫁，即将本应由本地区居民承担的税收负担转嫁给其他地区的居民承担。从本质上看，税负输出是一个地区的政府对其他地区所实施的一种间接征税。如果能够成功地实现税负输出，那么进行税负输出的辖区内居民的“财政剩余”就会得以提高，进而提升本地区的公共利益水平。其实，为了尽可能地扩大本地区居民“财政剩余”并以此来提高本地区的公共利益水平，各级地方政府都希望将税收负担转嫁给其他地区承担，一旦条件许可便争先恐后地进行税负输出，这样，税负输出也就成了一种较为特殊的政府间财政竞争形式。我国现行财政体制把大量从流动性税基中产生的税收及其征管权划给地方政府，这就为以税负输出的形式进行政府间财政竞争提供了可能性。

(三)对政府转移支付的争取是一种间接的财政竞争形式

现阶段，我国的政府间转移支付制度还不是很完善，中央对地方的财政转移支付仍沿用“基数法”，具体数额的确定有着相当的主观性和随意性，这就为地方政府寻求从中央财政获取更多的财政转移支付留下了很大的活动余地。对于地方政府寻求更多的财政转移支付的行为，我们与其把它看作中央政府与地方政府之间的一种竞争，不如将其视为各地方政府之间的竞争，因为它实际上就是各地方政府为争夺更多的中央财政转移支付而展开的竞争。所以说，争取中央财政对本地区更多的财政转移支付是一种间接的政府间横向财政竞争形式。类似的横向政府间财政竞争，还体现在各地方政府对中央财政投资以及国债转贷项目等的争夺上。

(四)非税收入竞争的表现形式

地方政府的非税收入，具体来说包括以下五项内容：①行政事业性收费，主要包括规费和使用费；②政府性基金；③罚款和罚没收入；④公共资产、资源收入；⑤其他非税收入，包括赠予收入和财产变现收入等。地方税是地方政府财政收入的重要来源，而收入支出不对称是制度外税收竞争产生的诱因。地方政府对地方税没有多少调整税基和税率的权力，不仅如此，中央政府出台的税收优惠政策往往都是对地方税的减免，对由此造成的地方财政减收不作任何考虑。由于收入和支出不对称，当无法通过正常渠道根据财政支出需要调整收入水平时，地方政府就会利用非税收入进行补充，非税收入竞争就是选择之一。由于现行体制的弊端，我国地方政府决策机制不仅存在公共选择理论所称的“委托—代理”问题，而且决策程序完全倒置，官僚的意愿决定着政府的行为，而政府的行为又代替着居民的选择，基本上不存在居民的偏好表露机制，也不存在居民对政府官僚的民主监督程序，官僚自身利益的最大化往往成为政府行为的直接目标和内在动力。一些政府官员为了自身的“政绩”不讲求效益，在非税收入领域，就表现为政府间非税收入的恶性竞争。对地方领导来说，非税收入竞争是服务于“政绩工程”从而捞取政治资本的手段；对收费人员来说，完不成任务就可能“一票否决”；对其他政府部门的人员来说，财政紧张就意味着工资没有保障。因此，非税收入竞争必然出现。而在支出竞争领域，表现为一些公共基础设施的盲目上马，重复建设。非税收入超常增长，致使地方政府的收入结构扭曲。规范的政府收入体系，税收应该占据主导地位，非税收入则是重要补充。但我国近年来的政府收入体系，呈现出截然相反的收入构成状况。非税收入超常规模增长，在政府收入体系中的地位由“拾遗补缺”演变成占据“半壁江山”，扭曲了政府收入分配关系，分散了国家财力，造成了财政资金的浪费，给社会经济发展带来了很大的负面影响。具体分析，地方政府的非税收入包括预算内非税收入、预算外非税收入和制度外收入。从性质上看，制度外收入不属于政府合法非税收入的范畴，它较大部分隐蔽地集中在地方政府个别部门手中，尤其是集中在县、乡两级政府手中。非税收入超常规模增长的症结在于收费的无序膨胀。导致近

年来地方政府非税收入超常增长的原因是政府收费的过多过滥。无论是收费种类，还是收费数额都极度膨胀，已超出了地方税的收入规模。

(五)支出竞争的表现形式

分税制财政体制改革以后，税收收入都有比较大的增长，经济发展也到了一个新的阶段。各地的财政竞争在收入竞争的基础上，又力图通过提供优质的公共产品和公共服务来吸引外来资源，扩大税基，从而使地方财政竞争逐步从单纯的收入竞争转向收入竞争和支出竞争并存的新阶段，并且在发达地区，财政支出竞争的作用越来越强。以提供优质的公共物品和公共服务的支出竞争在我国地方政府间财政竞争中体现得较明显。通过实证分析，公共服务指数(专门用于综合衡量一定时期内应该提供的基准公共服务的满足程度和绩效水平的指数，其不仅考量实际提供的公共服务对基本公共服务覆盖范围的充分程度、政府的努力程度，而且还考量实际提供水平相对基准公共服务要求的实现程度。该综合指数是由八类基本公共服务绩效指数合成。)高于全国平均水平的所有地方都是资源的净流入地；而公共服务指数低于全国平均水平的地方一般都是资源流出地。规范的支出竞争在地方的发展中占据十分重要的位置，随着经济的发展，政府间的财政竞争必然会逐步由收入竞争走向支出竞争。

第二节　地方政府间财政竞争的社会效应

一、财政竞争的积极影响

(一)约束政府行为

正如市场竞争能够保护消费者免受企业的“掠夺”一样，地方政府间财政竞争也能保护居民免受地方政府官员的“掠夺”。它有助于确保纳税人享受与其所纳税款相适应的公共服务。纳税人所支付的税款不得超过从本地区政府提供的公共服务中所获得的收益，否则，在那些税收负担超过公共服务收益的地区，拥有较高纳税能力的居民和掌握经济发展所需资本的投资者会威胁地方政府或暗示要离开本地，从而通过“用脚投票”对本地政府的财政行为施加影响。正是这种地方政府间财政竞争环境的存在，使得各级政府面临着许多潜在的竞争者，也使纳税人的种种威胁或暗示成为可能。在这种情况下，地方政府为了吸引更多的消费者与投资者，不得不更多地倾听辖区内居民的意见，使公共物品的提供更贴近辖区内居民的意愿。所以，地方政府间财政竞争的存在，导致地方政府的财政决策能更好地反映纳税者的偏好，强化了对政府行为的预算约束，使得各级政府的公共支出结构和支出水平趋于合理。

(二)激发地方政府的制度创新

在财政竞争的压力下，地方政府具有一定的危机感，这促使地方政府进行制度创新，以期在竞争中赢得优势。一般而言，地方政府进行制度创新的途径主要有三种：一是在与中央(或上级)政府财政政策和制度相符合的情况下，对本地现行的制度、政策、措施等做出修改和调整；二是借用和参考相邻地区或先进地区的做法；三是地方政府进行自主的制度创新。无论如何，在财政制度创新方面，无非要解决下列核心问题：在税收收入既定情况下，寻求提供更好服务的途径；或者，在公共服务水平既定情况下，努力降低税负。通过财政制度创新行动，地方政府可以使本地区的政策制度环境更加具有吸引力，有助于促进本地区经济的增长以及福利水平的提高。同时，地方政府的制度创新行动也为中央政府财政政策的制定和制度创新提供了经验。经济发展的本质在于创新。可以说，正是地方政府间财政竞争激发了地方政府制度创新的能动性和主动性，成为推动地方经济发展的引擎。

(三)优化资源配置

在完全自由竞争的市场中，价格信号所引导的产量能够使消费者得到最大满足，资源可以得到有效配置。但是，税收的出现扭曲了价格，损害了价格作为引导资源有效配置的信号作用，造成了额外的经济效益损失，形成“税收楔子”。而在地方政府间财政竞争中，各地区纷纷实行一系列降低税率的措施，这在一定程度上削弱了税收对经济活动包括劳动、储蓄和投资的扭曲作用，有利于贯彻税收中性原则。

(四)改善公共物品供给状况

资源要素的流动取决于公共支出和税收负担的净效应，地方政府间财政竞争也不一定一味降低税率，还可以在保持一定税收负担水平的前提下，提供高水平的公共物品和服务。在财政竞争日益激烈的情况下，地方政府越来越重视支出方面的竞争，竭力提供优质的公共物品和服务。通过这种竞争性提供公共物品和服务，整个社会的公共物品供给状况将得到较大改善，从而增进了居民福利。

二、财政竞争的消极影响

(一)减少政府财力

地方政府间财政竞争更多的是倚重税收竞争，或设置较低的税率，或提供大量的税收优惠，这两者都会影响地方税收收入。地方政府财力短缺，必将影响地方政府职能的有效实现。

(二)扭曲支出结构

对于地方政府而言，资本是地方经济发展所需的重要因素。因此，资本也就成了地方政府间财政竞争的重点对象。地方政府为了吸引资本流入，可能更加关注能直接改善投资环境、提高私人资本利润率的经济基础设施(如交通、道路、通信等)的投入，而忽视直接有益于当地居民的社会基础设施(如教育、卫生、环境保护等)的投入。因此，地方政府间财政竞争可能导致公共支出的结构失衡和缺乏效率。

(三)引发资源频繁流动

过度的地方政府间财政竞争容易引起资源要素的频繁流动。这种状况不但削弱了地方政府的财政实力，而且也产生了不必要的效率损失——资源的流动和配置不再由反映其稀缺性的价格所决定，更为严重的是给偷逃税款提供了可乘之机。在经济全球化的大背景下，国与国之间的竞争日益激烈，而一国内部的过于激烈的地方政府间财政竞争，对一国而言，无疑是一种内耗，会削弱一国的国际竞争力。

(四)有悖公平

地方政府间财政竞争的争夺对象是流动性资源要素。至于流动性较弱的资源要素，不易流入或流出一个辖区，因此不是主要争夺对象。这容易使地方政府对流动性资源要素和非流动性资源要素采取区别对待的态度。在税收方面，地方政府为吸引流动性资源要素而采取低税政策，来自流动性要素的税收收入减少。为了不过度影响公共收入，地方政府只得把一部分税收负担从流动性较强的资源要素转向流动性较弱的资源要素，这种税收负担的转移无疑降低了税收制度的公平性。在支出方面，地方政府可能忽视非流动性资源要素对公共物品和服务的需求。在公共支出总量水平既定的情况下，用于满足非流动性资源要素需求的那部分公共支出往往会被挤占。总之，流动性要素负担较轻的税负却享受较多的公共服务，非流动性要素负担较重的税负却享受较少的公共服务，这显然有悖公平。

(五)扩大地区差距

地方政府间的财政竞争最终可能会拉大地方之间的差距，加剧地方之间的横向财政不平衡，产生马太效应，即强者越强、弱者越弱的现象。因为在竞争中，财政竞争力强的地区处于有利地位，强大的实力可以支撑其以更优惠的税收提供更优质的公共物品和服务，吸引更多的资源要素流入，从而进一步增强其财政竞争力，形成一种良性循环。而财政竞争力原本就比较弱的地区，在公共收入、支出方面无力与实力强的地区展开竞争，导致税源的流失，在竞争中实力日益削弱。

上述分析表明，地方政府间的财政竞争既有积极作用，也有消极影响。因此，财政竞争到底是好还是坏，到目前为止，学术界的理论分析和经验证明结果莫衷一是，难以在好坏之间画出一条泾渭分明的界线。

实际上，关于财政竞争利弊之争在很大程度上取决于对政府行为的假设条件。一般而言，公共经济学假设政府是善良的(即社会福利最大化的追求者)，因此公共经济学家普遍认为地方政府间财政竞争是缺乏效率的或者说是自我残杀性的；而公共选择学派则把政府看作自利性机构，或追求公共收入最大化者(即所谓巨兽型政府)，所以地方政府间财政竞争可以约束政府的行为。1998 年，马斯格雷夫和布坎南曾就财政联邦制背景下的财政竞争问题展开争论。马斯格雷夫对财政竞争持怀疑态度。他认为，如果把政府和财政竞争结合在一起，最终将导致财政单一性，在结果上与集权的体制类似；财政竞争会带来资本寻租，竞争成本很高，抵减了财政竞争作用。而布坎南则赞成财政竞争，因为财政竞争在一定意义上正在给予人们一种退出权，从而对政府施加限制。

总之，理论界一般认为地方政府间财政竞争是必要的，也是现实的，但如果无序过度则是有害的。如果将竞争按其激烈程度分为从零竞争开始一直到100%的竞争(也就是没有限制的竞争)，两极端情况都是不可取的，财政竞争应位于两极端情况之间的某个位置。也就是说，地方政府间的财政竞争应当适度。

第三节　财政竞争的规范

地方政府间财政竞争意味着我国财政分权已经使各级政府存在着潜在的竞争，这无疑是一种进步。从我国 30 多年来改革开放的进程看，正是地方政府间为引进外资、引进技术和人才以及其他资源要素而展开的(财政)竞争深化了改革和开放，改进了政府体系的运作机制，提高了政府公共物品和服务的质量，促进了地方经济的发展。因此，对于地方政府间财政竞争的基本政策导向应以疏为主，从而更加充分发挥地方政府间财政竞争的积极效应。

一、转变政府职能，规范主体行为

在社会主义市场经济条件下，市场机制在资源配置中起基础性作用，政府介入的范围应仅限于市场失灵的领域。按照这个原则，政府职能要界定清楚，符合市场经济要求，改变政企不分的状况，消除地方保护主义的根源。

政府对企业的扶持应通过提供公共物品和服务、创设制度环境进行。地方政府应更新观念，全面客观地认识和评价以公共收入(尤其是税收)政策为手段在财政竞争中的地位和作用，加快实现以公共收入政策为主要竞争手段向以公共收入政策和支出政策为综合竞争手段的转变。地方政府应努力寻求财政竞争形式的转变。地方政府间财政竞争的根本目的在于吸引外地资源要素流入本地，以促进本地经济的发展。

在很长一段时间，地方政府过分依赖税收优惠在吸引资本流动中的作用，财政竞争的主要形式一直是税收竞争。但税收只是影响资源要素流动的其中一个因素，对投资以至对地方经济的发展只能起到有限的作用。因此，地方政府应寻求财政竞争形式的转变，从单一的税收竞争转变到以税收竞争和支出竞争为内容，通过提供优质公共物品和服务来实现地方政府间的财政竞争。一方面，地方政府应将用税收手段筹集到的资金用于改善地方基础设施和公共服务系统，提供良好的投资和生活环境，吸引资本和高素质的劳动力。另一方面，在硬件设施之外，应注意到软件环境的重要性，加强地方政府办公系统的法治意识，提高服务效率和质量，增加政策的透明性和公开度。政府行为应该以法律为最高准绳和最初依据，未经法律明确授予的权力，应该视为对政府的禁止，这是约束政府行为的基础。任何法律均不应当包含对政府进行无限授权的规定，这种规定往往成为政府任意行为的借口。政府的任何决策都必须遵循法定的民主程序。政府决策必须面向社会公示，避免“暗箱操作”。政府决策的公开化可以使居民和企业享有更多的信息，使政府的承诺更加公平可信。

二、完善财税体制，理顺政府关系

在合理划分中央和地方事权的基础上，划分财权，理顺并稳定中央政府和地方政府之间的财政关系。将给予地方的各种权力用法律形式规范下来，推动地方政府的制度内创新而非制度外创新，使各级政府决策的经济结果内部化，使地方既能够发挥各自的比较优势，又对自己的权责心中有底，能从一个较长的时期来考虑地方的发展，从而使地方政府间财政竞争更加规范，更加符合地方的长远发展利益。

修改和完善税收优惠政策，促进地方政府之间公平的财政竞争，避免过度竞争。将以“区域导向型”为主的税收优惠政策改为以“产业导向型”为主的税收优惠政策，调动地方政府发展地方特色经济和优势产业的积极性，促进地方政府开展公平规范的财政竞争。

完善地方税体系，给予地方适度的税收权限，尤其是明确中央和地方之间的税收立法权限。我国税权的划分既要体现全局利益的统一性，又要在统一指导下兼顾地方的局部利益，充分考虑地方政府运用税收调控经济的需要。对涉及全局的税种，开征、停征及税目税率调整权继续集中在中央，经过全国人大立法，提升法律层次。地方税中在全国统一实施的，关系国家宏观调控能力和公众切身利益的税种，应由中央统一制定。但在税目、税率的设计上可设置一些弹性区间，允许地方在弹性区间内确定执行标准。影响范围只在地方本级管辖区域内的地方税税种，立法权归地方，由地方决定其税基、税率、减免、开停征及征收管理等项事宜。但其征收方案需报中央备案。在一定的法律范围内，经中央批准后可授权地方开征部分地方色彩浓厚的新的地方税种。对某些地方小税种，如果征收成本高、征收数额小，地方有停征的权限。通过这些更加合理的税收划分和税收权限分配，地方政府的税收权限将被限制在财政外部性很小的税种上。而有了自主确定公共收入规模的正常渠道之后，地方政府在制度范围内能够运用的财政竞争手段增多，会减少寻求制度外不合法的财政竞争手段。

建立地方政府对预算的自我约束。地方政府预算应当完全由本级人大及其常委会审议和批准，对地方政府在自己的权限范围内做出的预算决策，上级政府不应干预。地方政府应该对自己所做出的预算决策负责，保证地方政府机构正常运转和地方经济发展需要。

建立政府间公平合理的补偿机制。规范财政转移支付制度，为地方政府间财政竞争创造公平的竞争条件，尽量避免地方政府间财政竞争加剧地区间发展的不平衡，影响社会稳定。

三、建立合理的地方官员绩效考核制度

当前我国在很大程度上实行的是以当地国内生产总值(GDP)来考核地方政府官员绩效的制度。合理的考核指标不应该只是经济增长速度，而是应该选择更具有综合性意义的指标，如以绿色国内生产总值(绿色 GDP)替代传统意义上的 GDP。另外，还可考虑建立地方人民对当地主要官员的绩效进行考核的制度。地方官员要使当地人民满意，就不能做出可能影响当地经济和社会发展长远利益的财政竞争行为。

四、提高财政决策过程的民主程度

经过改革，我国财政决策过程的透明度不断增加，但与有效监督的要求相比，还有一定的距离。财政竞争决策应该尽量公开，充分发挥人民代表大会的监督职能，减少暗箱操作带来的失误。财政决策过程民主程度的提高需要进一步完善部门预算的编制和执行制度，细化预算，严格预算管理和监督。同时，推行公共部门的健全化改革，将政府的财政部门、税务部门、土地部门等与政府收支(公共部门收支)行为进行统筹考虑，以利于监督。

五、健全相关机制，完善竞争条件

(一)健全偏好表露机制

地方政府间财政竞争实际是税收价格与相应的公共物品及服务的竞争，财政竞争的有效开展必须以居民能够充分地表达对税收和公共支出组合的偏好为基础。因此，首先应该健全居民偏好表露机制。如扩大基层直接选举范围，提高人民代表大会及其常委会的代表

性；细化政府预算，特别是支出应具体到本级政府的每个部门、每一项，使人民代表大会能够全面掌握政府收支活动；对重要决策，应通过听证会等形式，吸收居民参与。通过以上这些措施，使得政府政策透明公开，居民能够充分了解政府的政策措施，而政府也能够及时了解民情民意，居民和政府之间的信息交流渠道畅通，这有利于健全居民的偏好表露机制。

(二)完善用脚投票机制

“用脚投票”能够显示人们对政府提供的公共物品和公共服务的偏好，为地方政府努力发展本地经济提供一种动力和压力。阻止用脚投票机制的具体措施有诸多方面。

第一，打破地方保护主义与市场分割，建立统一的市场秩序。有效的地方政府间财政竞争必须防止地方保护主义的泛滥，而防止地方保护主义及市场分割的有效途径莫过于建立统一的市场秩序。我国在打破地方保护主义的过程中，可以借鉴美国的双层司法体制及其宪法中的商务条款。双层司法体制中，中央司法机构主要解决全国性的司法案件并对地方之间的案件纠纷有审判权；地方司法机构主要解决地方性司法纠纷。美国的商务条款则建立了中央政府对地区间贸易争端的专属解决权。我国的现实是地方政府屡屡干预地区间的贸易。因此在我国建立类似条款，对于打破地方保护和市场分割可能会更有效。

第二，改革户籍制度，促进人员的跨地区合理流动。地方政府对进入本辖区寻找工作的人员不能施加任何歧视性条件。外地人员迁移到某一辖区满一定期限，并有合法、稳定的收入来源或财产时，应该享有本地居民全部的权利。改革社会保障制度，开征社会保障税，提高社会保障资金统筹级别，建立社会保障资金跨地区流动和调配的制度，使居民可以享受全国大致统一标准的基本社会保障。

第三，消除资源流动的地区封锁。除国家管制的资源外，资源可以在全国范围内自由流动，地方政府不能擅自出台限制本辖区资源流出的政策，不能为资源流动设置人为障碍。

(三)建立利益协调机制

除了完善财政转移支付制度，缓解地方利益冲突，减少不公平的财政竞争之外，还应加强地方之间相关信息的沟通，全面、及时、准确地了解资源要素在各地的流动与分布情况，加强合作。同时，可成立国家协调地区财政利益的专门机构，具体负责协调和解决地方之间财政利益的矛盾与冲突，拟订有害财政竞争行为的判断标准与惩罚措施。

复习思考题

一、名词解释

财政竞争　用脚投票机制　利益协调机制　税负输出

二、问答题

1. 如何理解政府间财政竞争?
2. 地方政府间财政竞争需要具备哪些前提条件?
3. 从财政竞争的影响来看，你是否赞同鼓励财政竞争的观点?
4. 我国目前的财政竞争表现在哪些方面?
5. 如何规范我国地方政府间的财政竞争?
6. 结合实际谈一谈改革地方官员绩效考核制度的必要性及改革方向。

参 考 文 献

[1] 亚当·斯密. 国民财富的性质和原因的研究[M]. 北京：商务印书馆，1981.

[2] 李嘉图. 政治经济学及赋税原理[M]. 北京：商务印书馆，1976.

[3] 凯恩斯. 就业、利息和货币通论[M]. 北京：商务印书馆，1981.

[4] [法]萨拉尼耶. 市场失灵的微观经济学[M]. 上海：上海财经大学出版社，2004.

[5] [德]瓦格纳. 财政学[M]. 北京：商务印书馆，1931.

[6] [美]布坎南，马斯格雷夫. 公共财政与公共选择：两种截然不同的国家观[M]. 北京：中国财政经济出版社，2000.

[7] 马斯格雷夫. 比较财政学[M]. 上海：上海人民出版社，1996.

[8] 邓子基. 财政学[M]. 北京：高等教育出版社，2008.

[9] 陈共. 财政学[M]. 北京：中国人民大学出版社，2007.

[10] 张馨. 财政学[M]. 北京：科学出版社，2006.

[11] 张馨，袁星侯，王玮. 部门预算改革研究[M]. 北京：经济科学出版社，2001.

[12] 项斌，马傧，梁宝柱，陈书明. 中国古代财政思想史稿[M]. 北京：中国财政经济出版社，1993.

[13] 寇铁军. 财政学教程[M]. 大连：东北财经大学出版社，2009.

[14] 储敏伟，杨军昌. 财政学[M]. 北京：高等教育出版社，2006.

[15] 财政部. 2006 年政府预算收支科目[M]. 北京：中国财政经济出版社，2005.

[16] 谭建立，咎志洪. 财政学[M]. 北京：中国财政经济出版社，2008.

[17] 楼继伟. 中国公共财政[M]. 北京：人民出版社，2006.

[18] 上海财经大学课题组. 公共支出评价[M]. 北京：经济科学出版社，2006.

[19] 伯纳德·萨拉尼. 税收经济学[M]. 陈新平，等译. 北京：中国人民大学出版社，2005.

[20] 万莹. 税式支出的效应分析与绩效评价[M]. 北京：中国经济出版社，2006.

[21] 贺忠厚. 公共财政学[M]. 西安：西安交通大学出版社，2007.

[22] 王福重. 财政学[M]. 北京：机械工业出版社，2007.

[23] 贺邦靖. 中国财政监督制度[M]. 北京：经济科学出版社，2008.

[24] 贺邦靖. 国外财政监督借鉴[M]. 北京：经济科学出版社，2008.

[25] 毛程连. 国有资产管理学[M]. 上海：复旦大学出版社，2005.

[26] 孙世强. 完善新型合作医疗中央财政补贴政策的建议. 经济纵横，2010，294(5)：62～65

[27] 孙世强. 经济正义：财政职能的扩展. 学术月刊，2010，489(2)：73～80

[28] 贾康，孟艳. 运用长期建设国债资金规范和创新地方融资平台的可行思路探讨. 理论前沿，2009，296(8)：9～11

[29] 贾康，赵全厚. 财政宏观调控方式的健全与完善. 经济研究参考，2009，2202(2)：1～9

[30] Dahlby B,Wilson L S, Vertical fiscal externalities in a federation. Journal of Public Economics, 2003.

[31] Gang Gong, Justin Yifu Lin. Deflationary Expansion: An Overshooting Perspective to the Recent Business Cycle in China, China Economic Review, 2006.

[32] Kaminski G , Reinhart C, Vegh C. When it Rains it Pours: Procyclical Capital Flows and Macroeconomic Policies. MA: MIT Press, 2004.

[33] Inge Kaul, Pedro Conceicao. The change under way. From lnge Kaul edit: The New Public finance, Oxford University Press, 2006.

[34] Atkinson A B. New Sources of Development Finance(UNU-WIDER Studies in Development Economics). London: Oxford University Press, 2004.

[35] 陈共. 财政学对象的重新思考. 财政研究，2015(4)：2～5

[36] 高培勇. 论完善税收制度的新阶段. 经济研究，2015(2)：4～15

[37] 马海涛，李升. 中国税收制度改革与发展的思考. 湖南财政经济学院学报，2011，134(12)：94～101

[38] 田程. 论德国财政监督的演变及启示. 中国劳动关系学院学报，2015，29(3)：98～100

[39] 马海涛，肖鹏. 中国税制改革 30 年回顾与展望. 税务研究，2008(7)： 27～30

[40] 马蔡琛. 现代预算制度的演化特征与路径选择. 中国人民大学学报，2014(5)：27～34

[41] 苟燕楠. 预算管理体制改革：国际经验与未来构想. 公共管理，2013，338(8)：17～22

[42] 于之倩，李郁芳. 财政分权下地方政府行为与非经济性公共品. 暨南学报，2015，193(2)：102～109

[43] 刘楠楠，侯臣. 我国地方政府债务的可持续性分析. 经济学家，2016，(7)：50～57